L'INQUISITION ESPAGNOLE

BARTOLOMÉ BENNASSAR
avec la collaboration de
Catherine Brault-Noble, Jean-Pierre Dedieu,
Claire Guilhem, Marie-José Marc,
Dominique Peyre

L'INQUISITION ESPAGNOLE

XVe-XIXe siècles

HACHETTE
Littératures

Agrégé d'histoire, ancien pensionnaire de la Casa Velasquez, Bartolomé Bennassar est professeur à l'Université de Toulouse. Son œuvre historique est tout entière consacrée à l'Espagne qu'il a parcourue en tous sens pendant vingt-cinq ans. Ses travaux sur les grandes épidémies dans le Nord de l'Espagne, Saint-Jacques-de-Compostelle, font autorité. Bartolomé Bennassar a publié d'autre part trois romans dont l'un a été adapté à l'écran par Antoine Blondin sous le titre : Le Dernier Saut.

INTRODUCTION À LA NOUVELLE ÉDITION

L'Inquisition, comme le crime, continue à fasciner nos contemporains et l'évocation de l'État totalitaire où l'idéologie est imposée au peuple dès l'enfance, où toute dissidence suppose répression, marginalisation et renfermement, implique presque inévitablement la référence à l'Inquisition. Cette référence procède d'une logique profonde dont la justesse n'est pas contestable mais elle s'accompagne le plus souvent d'images stéréotypées qui ont le plus grand besoin d'une révision complète. Une analyse du vocabulaire de l'opinion à l'égard de l'Inquisition, conduite selon les méthodes quantitatives modernes, produirait probablement, au taux de fréquence le plus élevé, les mots suivants : Torquemada, intolérance, fanatisme, torture, bûcher... L'Inquisition fut tout autre chose si elle fut aussi cela pendant les trente premières années de son histoire.

La bibliographie concernant l'Inquisition est énorme. Lorsque Emil van der Vekene entreprit de publier cette bibliographie en 1963, il trouva 1 950 titres : il s'aperçut également que cette bibliographie croissait au rythme de la production imprimée sans marquer le moindre ralentissement, ce qui témoignait du profond intérêt que l'opinion du monde cultivé accordait à cette institution. 629 titres étaient à inscrire au crédit du XIXe siècle mais déjà 739 pour les années 1900-1961 ! De sorte que lorsque, 30 ans plus tard ou presque, Emil van der Vekene publia une nouvelle édition de son grand œuvre, en 3 volumes, il offrit au public plus de 7 000 titres. Ainsi s'affirmait de façon spectaculaire l'accélération de la production « inquisitoriale ». Les auteurs sont toujours de nationalités fort diverses : Espagnols évidemment, mais aussi Italiens, Français, Portugais, Allemands, Autrichiens, Anglais, Américains, Chiliens et, parmi eux, des historiens israélites tels que Baer ou Roth pour ne citer que les plus remarquables.

Ainsi le flux des travaux concernant l'Inquisition n'a cessé de grossir et certains ont rencontré une audience considérable : le livre de Henry Kamen paru en 1965, *History of the Spanish Inquisition,* qui n'apportait aucune révélation exceptionnelle mais qui apparaissait comme une mise au point claire et complète et qui reflétait bien la tendance nouvelle d'interprétation sociologique de l'institution, a été traduit dans presque toutes les langues européennes. Des ouvrages importants concernant en totalité ou en partie l'Inquisition ont été publiés en si grand nombre que nous renvoyons en note la liste des auteurs les plus notables [1].

Malgré cette floraison de publications, nous croyons que notre livre n'a pas perdu la totalité de ce qui fit, en 1979, sa nouveauté. Nous avions insisté par exemple sur le rôle de l'Institution inquisitoriale comme agent de centralisation politique et de contrôle social. Nous n'étions pas les premiers à développer cette thèse, mais sans doute l'avons-nous soutenue avec plus de force. Or, depuis 1979, nombre de travaux ont confirmé cette orientation : ainsi, le livre de Richard Kagan, *Lucrecia's Dreams,* montre que Philippe II s'est servi de l'Inquisition pour procéder à la détention et au procès d'une jeune femme dont les rêves, soigneusement transcrits par des religieux, nourrissaient l'opposition au gouvernement [2]. Dans un autre genre, le passionnant livre de Jaime Contreras, *Sotos contra Riquelmes,* donne l'exemple de l'utilisation du Saint-Office dans les conflits de pouvoirs entre factions municipales à Murcie et Lorca [3].

A y regarder de près, l'ouvrage le plus complet qui ait été écrit à propos de l'Inquisition espagnole, celui de l'Américain Henry Charles Lea, publié en 1906-1907 à New York, *A History of the Inquisition of Spain* (4 volumes), n'a été dépassé que récemment. Cela est vrai en particulier du fonctionnement du tribunal et de sa procédure ; cela est vrai aussi de ces personnages essentiels que sont les inquisiteurs dont Julio Caro Baroja déplorait que nous ne sachions presque rien.

D'autre part, personne ne s'était occupé vraiment de cette variable pourtant primordiale dans la recherche historique qu'est la chronologie ou, si l'on préfère, la périodisation. L'Inquisition espagnole a duré trois siècles et demi (1479-1834). Comment imaginer qu'elle ait pu demeurer identique pendant une aussi longue période ?

Enfin, et quelle que soit la qualité souvent excellente de leurs recherches, la plupart des auteurs qui ont écrit récemment sur l'Inquisition ont suivi une démarche que je qualifierai de traditionnelle parce que l'institution elle-même n'était pas l'objet véritable de leur étude. Ce qui les intéressait avant tout c'était le sort d'une minorité religieuse poursuivie par l'Inquisition : les crypto-judaïsants, les morisques, les protestants, les quiétistes... Ou bien une catégorie très particulière comme les sorcières. En dépit de deux chapitres importants de H.C. Lea, personne ne s'était aperçu qu'après 1530 les vieux chrétiens de souche avaient constitué, pour des motifs divers, le gibier préféré du célèbre tribunal. Dans ce livre, Jean-Pierre Dedieu réalise à cet égard une première démonstration qu'il a, depuis, prolongée et amplifiée dans son grand ouvrage : l'*Administration de la Foi. Le tribunal de Tolède (XVIe-XVIIe siècles)*.

Or, les conditions de la recherche historique consacrée à l'Inquisition se sont transformées radicalement grâce à l'avènement d'une nouvelle génération de chercheurs qui ont compris la nécessité de retourner aux sources, d'utiliser de façon exhaustive les sources les plus massives et de les aborder avec une mentalité nouvelle que je qualifierai volontiers d'ethnologique.

Parmi les historiens qui connaissent le mieux les sources de l'Inquisition espagnole *stricto sensu* (car je laisse provisoirement de côté les tribunaux d'Amérique et de Sicile), il convient de citer deux Espagnols : Ricardo Garcia Carcel et Jaime Contreras ; un Danois, Gustav Henningsen ; et un Français, Jean-Pierre Dedieu, qui est l'un des auteurs de ce livre [4].

Ricardo Garcia Carcel a pris le parti d'exploiter la totalité de la documentation de l'un des tribunaux pour lesquels, précisément, on a eu la chance de conserver la plupart des procès. Il s'agit du tribunal de Valence au sujetduquel il a publié en 1976 un livre tout à fait remarquable mais limité à la période antérieure à 1530. Cet auteur poursuit ses travaux pour les époques postérieures, de sorte que nous disposerons dans quelques années d'une étude exhaustive concernant le tribunal de Valence.

Jaime Contreras a poursuivi une recherche comparable au sujet du tribunal de Galice, le plus méconnu de tous, mais en même temps il peut être considéré, au même titre que Gustav Henningsen avec lequel il travaille, comme « l'inventeur » authentique des « relations de causes », bien que ces sources fussent connues avant eux. Car ils sont les premiers à avoir compris l'immense parti que l'on pouvait tirer de ces relations ou résumés de procès pour lesquels nous disposons de séries sinon complètes du moins très longues pour tous les tribunaux. Ce sont eux également qui ont élaboré la méthode d'exploitation par ordinateur de ces séries, exposée par Gustav Henningsen dans un article fort suggestif [5]. En même temps, et cela n'a rien de surprenant puisque Henningsen est le directeur du musée du Folklore danois, ces deux chercheurs s'engageaient résolument dans une démarche nouvelle qui leur était suggérée par l'extraordinaire richesse de ces sources. Je crois préférable de donner ici la parole à Gustav Henningsen :

« Ceux qui ont travaillé dans les archives du Saint-Office peuvent porter témoignage de quelque chose de tout différent [6]. Les pièces des procès, selon la nature des délits, nous rappellent bien plutôt les rapports médicaux d'une clinique psychiatrique ; les notes d'un psychologue sur ses conversations avec ses patients ; les analyses détaillées d'un sexologue sur les comportements sexuels anormaux ; les notes de terrain d'un anthropologue désireux de tracer le portrait d'un guérisseur et de sa clientèle ; les études de cas d'un sociologue à propos des normes et des valeurs sociales telles qu'elles se reflètent dans la conversation quotidienne du peuple en ses diverses couches sociales ; les analyses phénoménologiques que l'historien des religions fait de la foi et des rites des juifs ou des musulmans ; la description par un historien de l'Église de la vie des communautés luthériennes ou calvinistes ; l'effort d'un historien de la littérature pour interpréter l'œuvre d'un poète et la mettre en relation avec sa personnalité et les tendances spirituelles de l'époque... »

Ces lignes suffisent à suggérer ce que l'on peut attendre des publications de Henningsen et de Contreras lorsque l'ordinateur aura livré ses résultats et qu'ils pourront les mettre en œuvre. Mais il se trouve que, sans connaître alors ces deux auteurs, j'avais découvert moi-même, il y a une vingtaine d'années, l'admirable filon des relations de causes et la valeur ethnographique de dizaines de procès considérés jusqu'alors comme vulgaires parce qu'ils n'intéressaient que le petit peuple des campagnes et des villes saisi dans ses activités les plus ordinaires, et j'ai réalisé une première utilisation de ce matériel dans *L'Homme espagnol*[7]. Dès les années 1972-1975, j'avais orienté ceux de mes étudiants qui étaient prêts à faire l'effort de lire une langue étrangère et une écriture parfois difficile vers l'exploitation de ces procès ou de ces relations de causes. L'un d'eux, Jean-Pierre Dedieu, se lança dans l'aventure à longue haleine de la thèse de doctorat d'État et, depuis trois ans, ces documents sont devenus son menu quotidien.

Les travaux de certains de ces étudiants m'apparurent d'une telle nouveauté et d'une telle qualité que j'aurais considéré comme une véritable malhonnêteté intellectuelle de les utiliser sans qu'ils soient associés directement à l'entreprise. Car ils n'avaient pas seulement découvert le matériel documentaire, ils en avaient tiré aussi des hypothèses ou des idées qui leur appartenaient en propre. Catherine Brault-Noble a découvert le « Montaillou » judaïsant d'Albuquerque, en Extremadure, toujours vivant quoique dégradé, vers 1565, plus de soixante-dix ans après la conversion forcée ! Marie-José Marc, si elle n'a pas découvert le « Montaillou » musulman d'Hornachos, en Extremadure également, qui était connu avant elle, a trouvé la source essentielle qui le concerne et décrit l'existence de cette communauté musulmane qui, en 1589 encore, pratique presque ouvertement l'Islam. Dominique Peyre n'a pas seulement démontré que dans les années 1573-1577, après la guerre de Grenade et en dépit de la déportation, les morisques demeuraient très nombreux dans la partie orientale du royaume de Grenade où ils conservaient les pratiques musulmanes, en particulier grâce aux femmes ; il a aussi reconstitué, comme l'a fait Jean-Pierre Dedieu dans le cas du tribunal de Tolède, les mécanismes et les itinéraires des visites d'inquisiteurs, si curieusement négligés par l'historiographie.

Pour sa part, Claire Guilhem a défini l'attitude des inquisiteurs à l'égard des discours féminins à l'aide de quelques procès de *beatas* dont elle fait l'analyse exhaustive et de quelques cas de sorcellerie. Quant à Jean-Pierre Dedieu, qui fut autant que moi-même le découvreur des documents utilisés, il a d'abord établi de façon quasi définitive la chronologie différentielle de l'activité du Saint-Office. Il a ensuite montré comment l'Inquisition avait patiemment imposé au peuple chrétien les mêmes croyances, les mêmes discours, les mêmes comportements.

Il est évident en outre que seul je n'aurais pu mener à bien cette tâche dans le bref délai de deux années. Il fallait lire des milliers de relations de causes, des centaines de procès, compulser la correspondance de la *Suprême* avec les tribunaux de province, utiliser enfin les procès-verbaux d'inspection demeurés en friche. De plus, nous voulions que toutes les Espagnes soient saisies par notre recherche. Et si nous ne sommes pas allés entièrement au bout de notre quête puisque nous n'avons utilisé que très rarement et de seconde main la documentation des tribunaux de Barcelone, Majorque, Murcie et Galice, nous avons recouru très largement à celle de tous les autres tribunaux, notamment à celle des tribunaux de Llerena (Extremadure), Cordoue et Grenade, presque inutilisée jusqu'à présent, tandis que le tribunal de Saragosse fournissait la presque totalité de la documentation mise en œuvre dans le chapitre IX. Sans doute avons-nous exploité moins Logroño, Séville, Valladolid, que Cuenca, Tolède et Valence. Mais c'est parce que ces trois derniers tribunaux sont les seuls à disposer, partiellement au moins, des pièces complètes des procès.

Seule une équipe pouvait analyser et mettre en œuvre un matériel documentaire aussi abondant, aussi dense. Hachette a accepté d'emblée d'accueillir le livre d'une équipe, même si je me suis efforcé, au-delà de ma contribution originale, d'assurer l'unité de ton de l'ouvrage.

En dépit des apports de Catherine Brault-Noble, de Marie-José Marc, de Dominique Peyre, de celui aussi de Michel Hugonnet à propos des judaïsants d'Alba de Tormès, la nouveauté de ce livre ne concerne pas la lutte de l'Inquisition contre les minorités religieuses. Dans ce domaine, la recherche était allée très loin et nos découvertes ne pouvaient être que complémentaires. On peut en dire autant de la relation entre Inquisition et sorcellerie, renouvelée par Julio Caro Baroja, ou du combat entre les hommes des Lumières et ceux du Saint-Office à propos duquel nous nous contentons d'un rapide rappel.

Nous avons déjà signalé la piste féconde et cependant trop vite abandonnée que l'historiographie du XIXe siècle avait ouverte et que Ricardo Garcia Carcel a retrouvée avec nous à propos du rôle politique de l'Inquisition, prodigieux instrument de contrôle social au service de l'État monarchique. Ce contrôle supposait une maîtrise complète du territoire dont nous avons défini les modalités. Mais il était garanti plus encore peut-être par une pression psychologique telle qu'elle entraînait la plus grande partie du peuple chrétien dans un jeu compliqué d'aveux et de dénonciations sans exemple dans l'histoire avant le XXe siècle et les nouvelles inventions de Léviathan. La liaison étroite avec l'appareil d'État dont elle est un élément majeur, l'occupation de l'espace et l'emprise sur les esprits et les cœurs, ont assuré l'efficacité redoutable de l'Inquisition bien plus que l'usage de la torture, relativement peu fréquent et généralement modéré, ou le recours à la peine capitale exceptionnel après 1500. Ici nous produisons des chiffres presque définitifs et nos calculs concordent parfaitement avec ceux, plus élaborés encore, de Gustav Henningsen : les comptes fantastiques et les omissions pieuses sont désormais impossibles.

D'autres pistes sont ouvertes par ce livre, inconnues ou presque à ce jour : l'identité, la carrière et le comportement « en situation » des inquisiteurs ; le Saint-Office et les femmes, dont on n'a rien dit depuis Lea qui en a dit fort peu ; l'Inquisition et la foi populaire, celle des vieux chrétiens ; l'Inquisition et le sexe enfin, immense domaine complètement inexploré.

Le lecteur peut ouvrir ce livre où bon lui semble. Nous espérons seulement qu'après être allé d'emblée au plus vif de sa curiosité il acceptera de suivre du début à la fin l'itinéraire que nous lui proposons parce que nous croyons qu'il est à la fois le plus commode et le plus éclairant.

NOTES

1. Il s'agit, outre Julio Caro Baroja et Antonio Dominguez Ortiz déjà bien connus, des Espagnols Miguel Avilés Fernandez, Jaime Contreras, Bartolomé Escandell Bonet, José Antonio Escudero, Mercedes Garcia Arenal, Angel Gari Lacruz, Maria Victoria Gonzalez deCaldas, José Luis Gonzalez Novalin, Miguel Jimenez Monteserin, Consuelo Maqueda Abreu, José Martinez Millan, Virgilio Pinto Crespo, José Tellechea Idigoras ; des Portugais Francisco Bettencourt et Antonio Coelho Borgés ; des Brésiliennes Laura Mello de Sousa et Anita Novinsky ; des Italiens Massimo Firpo, Carlo Ginzburg, Giovanni Gonnet ; du Danois Gustav Henningsen ; des Nord-Américains Richard Greenleaf, Stephen Haliczer, Richard Kagan, William Monter, Sarah Nalle ; des Français Solange Alberro, Raphaël Carrasco, Jean-Pierre Dedieu ; Michèle Escamilla-Colin, Anita Gonzalez, Louis Sala-Molins, et la liste est loin d'être exhaustive.

2. Richard KAGAN, *Lucrecia's Dreams,* University of California Press, Berkeley, Los Angeles, 1984, 229 p.

3. Jaime CONTRERAS, *Sotos contra Riquelmes,* Anaya et Mario Muchnik, Madrid, 1992, 373 p.

4. Il s'agit là des historiens. Car certains archivistes spécialisés dans l'étude et le classement des documents inquisitoriaux connaissent aussi ces sources à la perfection, tels le père Enrique Llamas et Natividad Moreno Garbay.

5. Voir Gustav HENNINGSEN : « El banco de datos del Santo Oficio », in *Boletin de la Real Academia de la Historia,* 1977, t. CLXXIV, pp. 547-570. Un article exceptionnel par sa densité et la force de ses suggestions.

6. Tout différent de ce que l'on a l'habitude d'imaginer ou d'affirmer. Les interrogatoires des inquisiteurs ne suivent nullement un modèle préfabriqué.

7. Bartolomé BENNASSAR : *L'Homme espagnol. Attitudes et mentalités* XVIe-XIXe *siècle,* Paris, Hachette, 1975.

CHAPITRE PREMIER

LES QUATRE TEMPS DE L'INQUISITION

« Nous, N, par la miséricorde divine (...) Inquisiteur général, confiant dans les lettres et la droite conscience de vous, N, de par l'autorité apostolique à Nous concédée (...) vous faisons, constituons, créons et députons inquisiteur apostolique contre la dépravation hérétique et l'apostasie dans l'Inquisition de N, son district et juridiction. Et vous donnons pouvoir et faculté (...) pour enquêter contre toute personne, quelle qu'elle soit, homme comme femme, vivante ou défunte, absente ou présente, de quelque état, condition, prérogative et dignité que ce soit, exempte ou non exempte, résidant, demeurant, ayant résidé ou demeuré dans les villes, bourgs et villages dudit district qui se trouverait coupable, suspecte ou infamée du délit et crime d'hérésie et apostasie, et contre tous les fauteurs, défenseurs et recelleurs d'icelle. Et pour que vous fassiez contre eux et chacun d'entre eux procès en bonne et due forme selon ce que disposent les Sacrés Canons... »

C'est ainsi que ses lettres de pouvoir définissent la mission de l'inquisiteur. Constance du propos : pendant plus de trois siècles la formule n'a guère varié. De 1480 à 1820 le but reste le même : détruire l'hérésie. Mais cette définition juridique suffit-elle pour traiter l'Inquisition espagnole comme un tout géographiquement et chronologiquement uniforme? Constance du propos, certes, mais aussi constante adaptation aux conditions du moment, aux conditions locales. Car l'Espagne des Rois Catholiques n'est pas celle de Philippe II, encore moins celle de Charles III, et la Galice n'est pas l'Andalousie. De Grenade à Logroño, de Philippe le Beau à Ferdinand VII, les tribunaux réorientent leur action, redéploient leurs moyens en fonction des circonstances, en fonction des directives du pouvoir, en dialogue constant avec l'Eglise, l'Etat, les groupes de pression locaux et nationaux, à l'écoute des grands courants de pensée qui traversent l'Europe. A des phases d'intense activité succèdent des plages plus calmes. Sous le nom d'hérésie, ce sont des cibles bien différentes qu'on vise selon les époques et les endroits. La tactique se modifie : à l'itinérance des débuts, succède la sédentarisation de la maturité. Institution polymorphe donc. Inquisitions au pluriel serions-nous tenté d'écrire.

C'est sur cette diversité que nous nous proposons de mettre l'accent ici. La tâche n'est pas facile. Nous avons des histoires générales de l'Inquisition, mais nous ne disposons pas encore des monographies de tribunaux qui nous seraient indispensables pour suivre ces transformations dans le détail. En attendant qu'aboutissent les travaux de tout un groupe de jeunes chercheurs qui se sont attelés au problème, nous ne pouvons présenter que quelques aspects de la question.

LE NOMBRE DES PROCÈS

Et d'abord, combien de victimes? Cheval de bataille des partisans et des ennemis du Saint-Office. Au début du XIXe siècle Llorente calculait : « Année 1481 : il n'y avait alors dans tout le royaume qu'un seul tribunal, établi à Séville. Et au rapport de Mariana, il fit brûler plus de deux mille condamnés en personne, un pareil nombre en effigie, à la place de ceux qui étaient morts ou qui avaient pris la fuite. Ce qui donne pour total vingt et un mille victimes pendant cette première année. Je ne parle pas de celles qui périrent en Aragon où l'Inquisition ancienne était en pleine activité. (...) Année 1483 : il y eut à Séville, suivant ma manière de compter [1] le même nombre de victimes qu'en 1482, c'est-à-dire quatre-vingt-huit, quarante-quatre et six cent vingt-cinq, en tout sept cent cinquante-sept. L'Inquisition commence à Cordoue cette année, et il est probable qu'elle condamna autant de monde que le tribunal de Séville pendant la première année de son établissement. Cependant je réduirai ce nombre à la dixième partie, afin de ne pas m'éloigner du système de modération que j'ai adopté. Ainsi je ne compte pour le tribunal de Cordoue que deux cents individus brûlés en personne, deux cents en effigie et dix-sept cents pénitenciés. Total : deux mille cent victimes. » D'évaluations en extrapolations nous arrivons à 1808. Faisons le total avec Llorente :

Récapitulation :

Condamnés brûlés en personne	031 912
Idem en effigie	017 659
Pénitenciés avec des peines rigoureuses	291 021
	340 592

Commentaire : « Calculer le nombre des victimes de l'Inquisition, c'est établir matériellement l'une des causes les plus puissantes et les plus actives de la dépopulation de l'Espagne [2]. »

De nombreux auteurs n'ont pas tardé à dénoncer le manque de rigueur de ces acrobaties statistiques. A juste titre. Mais leur souci de défendre la mémoire de l'Inquisition des crimes dont Llorente la chargeait est plus évident que la solidité documentaire de leurs travaux. Henry-Charles Lea, lui, n'éprouvait aucune sympathie pour le Saint-Office. Mais son *History of the Inquisition of Spain*, fruit de quarante ans de labeur, reste, en dépit de ses soixante-dix ans d'âge, l'ouvrage le plus documenté sur le sujet. A plusieurs reprises il aborde le problème de la statistique des sentences. L'estimation de Llorente est la seule à laquelle il accorde quelque intérêt et c'est en fonction d'elle qu'il présente ses propres résultats. Il se refuse aux extrapolations hardies et se limite à comparer point par point les quelques chiffres qu'il a trouvés dans les chroniques avec ceux que donne Llorente. Le résultat est toujours le même : Llorente exagère énormément [3].

Avouons que nous comprenons les scrupules de Lea et que les calculs globaux nous paraissent assez vains. Le chiffre total des sentences rendues par l'Inquisition, personne ne le connaîtra jamais, faute de documents. Les archives centrales du Saint-Office, celles de la *Suprême*, que nous conservons après 1499, sont presque muettes sur ce point jusqu'en 1560. Au-delà, grâce aux rapports d'activité annuels que chaque tribunal devait lui envoyer, les relations de causes, intégralement conservées à l'*Archivo Historico Nacional* de Madrid, nous disposons d'une vision complète de l'activité de l'Inquisition, sous forme d'une fiche par procès. L'exploitation de cet énorme fichier est en cours et nous nous sommes largement servi dans ce chapitre des premiers résultats qu'elle a fournis. Avant 1560, il faut nous rabattre sur les archives des tribunaux locaux. Or il semble qu'elles soient perdues, sauf celles de Tolède, Cuenca et Valence. C'est l'étude systématique des fonds de Tolède qui nous permet de présenter une courbe d'ensemble des procès de foi jugés par ce tribunal des origines à son abolition (1483-1820 [4]).

Insistons sur le fait qu'avant 1560 cette courbe est une évaluation, que nous considérons cependant comme raisonnablement sûre, au moins dans ses grandes lignes. L'Inquisition de Tolède aurait ainsi jugé plus de 12 000 personnes, 17 000 en comptant les réconciliés en période de grâce. Mais, encore une fois, ce ne sont pas les chiffres globaux qui intéressent, sinon l'allure générale du graphique.

D'abord une très forte activité (1483-1495) correspondant à l'installation du tribunal à Ciudad Real (1483), à son transfert à Tolède (1485) et à un premier écrémage du district : l'Office poursuit et écrase les noyaux judaïsants de l'archevêché. Les rafles, qui surprennent des communautés massives et peu méfiantes, sont très productives. Le système de la « réconciliation en période de grâce » rend possible des fournées spectaculaires de plusieurs centaines de condamnés. Le principe est le suivant : lorsque les

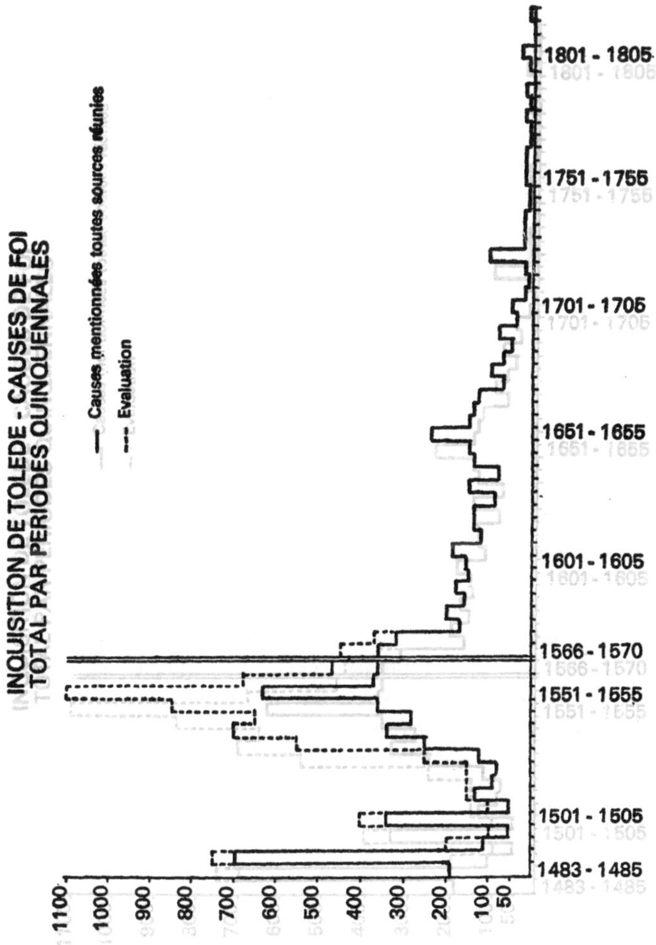
INQUISITION DE TOLEDE - CAUSES DE FOI
TOTAL PAR PERIODES QUINQUENNALES
Causes mentionnées toutes sources réunies
Evaluation
1483 - 1485
1501 - 1505
1551 - 1555
1566 - 1570
1601 - 1605
1651 - 1655
1701 - 1705
1751 - 1755
1801 - 1805
1100
1000
900
800
700
600
500
400
300
200
100
50

inquisiteurs arrivent dans une ville, les délinquants disposent d'un certain délai pour se dénoncer spontanément. Auquel cas on les absout et on les réintègre dans le sein de l'Eglise, d'où leur hérésie les avait faits sortir (réconciliation). On se contente de leur imposer quelque pénitence spirituelle. Tout le monde y trouve son compte. L'Inquisition, qui rompt ainsi le front du silence que risquent de lui opposer les suspects, car dénonciation spontanée de ses propres fautes implique dénonciation des complices; ceux qui se dénoncent parce qu'ils sont sûrs ainsi d'éviter le bûcher et la confiscation des biens qui accompagne nécessairement une réconciliation normale. Des milliers de suspects profitent de ces dispositions dans les premiers temps, ce qui gonfle les chiffres d'activité de façon démesurée. Mais même en excluant (comme nous le faisons) ces « réconciliés en période de grâce » le nombre des personnes jugées reste très élevé. Le record absolu appartient à l'année 1490 avec quatre-cent trente-trois relaxés (brûlés) en personne, relaxés en effigie et réconciliés.

Vers 1495 l'ensemble du district a été écrémé, les principaux foyers de judaïsme détruits, les leaders sont en fuite ou morts. L'activité du tribunal s'effondre, à peine ranimée vers 1501 par la découverte à Herrera del Duque d'une prophétesse juive et d'un important groupe de disciples. Les premières années du XVIe siècle sont une époque d'activité très réduite, ce qui place sous son jour véritable l'offensive politique qui faillit alors emporter le Saint-Office. La stagnation dure jusqu'à la fin des années 1520; c'est alors que se termine le premier cycle.

L'activité remonte alors pour culminer vers 1555 à plus de 200 sentences annuelles, niveau qui égale et même dépasse celui des premiers temps du tribunal. C'est alors que l'inquisition de Tolède connut son activité la plus soutenue, si on la mesure au nombre de sentences. Nous verrons que ce renouveau correspond à la découverte d'un nouveau gibier, les vieux chrétiens, et à l'application d'une nouvelle tactique, les visites du district.

Vers 1555-1560 la courbe amorce une chute brutale, suivie d'un lent déclin qui ramène le nombre annuel des causes aux environs de 30. Pourquoi? L'installation de la Cour à Madrid entraîne la mise en place progressive d'un tribunal concurrent dans la capitale. Mais ce facteur n'a joué que tardivement. La décadence du système des visites du district semble la cause immédiate de l'effondrement, mais elle est elle-même la conséquence d'un changement plus profond dans le travail inquisitorial, une modification de la liste des délits visés en priorité, sur laquelle nous reviendrons dans le corps de l'ouvrage, et une modification de la conduite des procès. Le travail du Saint-Office se fait infiniment plus serein, plus nuancé, plus soucieux de peser exactement la responsabilité de chaque accusé, de le convertir aussi, plus paperassier. Si bien que les trois inquisiteurs qui sont maintenant en poste à Tolède ne réussissent qu'à grand-peine à dépêcher un nombre de causes quatre fois inférieur à celui que deux de leurs collègues expédiaient sans mal auparavant. Vers 1630-1640 s'achève le second cycle.

L'intense persécution qui s'abat sur les communautés de nouveaux chrétiens portugais qui ont émigré en Castille depuis 1580, spécialement sur celle de Madrid, apporte un léger regain d'activité dans les années 1640-1660, plus fort peut-être que la courbe ne le laisse supposer, si l'on tient compte de la complexité des affaires jugées. Troisième cycle. Puis tout s'effondre jusqu'à la quasi-nullité du XVIIIe siècle.

Résumons les leçons que nous pouvons tirer de tout cela. Premier point : des niveaux d'activité très différents selon les époques. 3 ou 4 procès par an, les bonnes années, au XVIIIe siècle, une trentaine dans la première moitié du XVIIe, 200 dans le milieu du XVIe, près de 50 la seule année 1490... En second lieu, un rythme bien marqué, qui met en valeur les premiers temps et le milieu du XVIe siècle et, relativement, le milieu du XVIIe.

Nous ne prétendons pas avoir mesuré ainsi les variations de l'ensemble de l'activité inquisitoriale, ni celles de son poids réel dans le pays. Nous savons bien que les causes de foi n'en sont qu'une partie, que le tribunal juge en outre les causes criminelles où sont impliqués ses agents, fait des enquêtes de pureté de sang pour leur recrutement, mais aussi, moyennant finance, pour le compte de n'importe qui, agissant comme une agence semi publique, qu'il contrôle la diffusion de l'écrit, surtout; qu'il influe ainsi sur de multiples aspects de la vie espagnole que ne reflètent pas nécessairement les causes de foi. Mais comme le proclament les lettres de pouvoir des inquisiteurs, et comme le répète la *Suprême,* les procès de foi sont le noyau même du travail inquisitorial, tout le reste n'est qu'accessoire : « Ayez grand souci de dépêcher les causes de foi, car c'est la principale activité où vous devez mettre votre soin », rappelle une lettre du Conseil aux inquisiteurs de Tolède.

LES CIBLES PRINCIPALES

Expliquer l'allure de la courbe d'activité (p. 23) nous a obligé à faire allusion aux différentes sortes de « gibier » que poursuivait le Saint-Office. C'est que les cibles ont profondément évolué et que sous le mot hérésie on a mis, selon les époques, des choses bien différentes. Revenons au cas tolédan et distribuons les procès dont nous connaissons le thème par type de délit, en reprenant, après simplification, la classification des inquisiteurs eux-mêmes [5].

Le simple énoncé des catégories est révélateur. Tout d'abord les délits classiques, ceux sur lesquels insistent habituellement les historiens du tribunal. En premier lieu judaïsme et mahométisme, délits typiques sinon exclusifs des nouveaux chrétiens, *conversos* ou morisques, délits de minorités, délits contre le christianisme, signe de non-assimilation à la société dominante. Le protestantisme ensuite, auquel nous avons joint, tant ils étaient peu nombreux, les quelques cas d'illuminisme que nous

INQUISITION DE TOLÈDE – CAUSES DE FOI ET TYPES DE DÉLITS
PAR PÉRIODES QUINQUENNALES

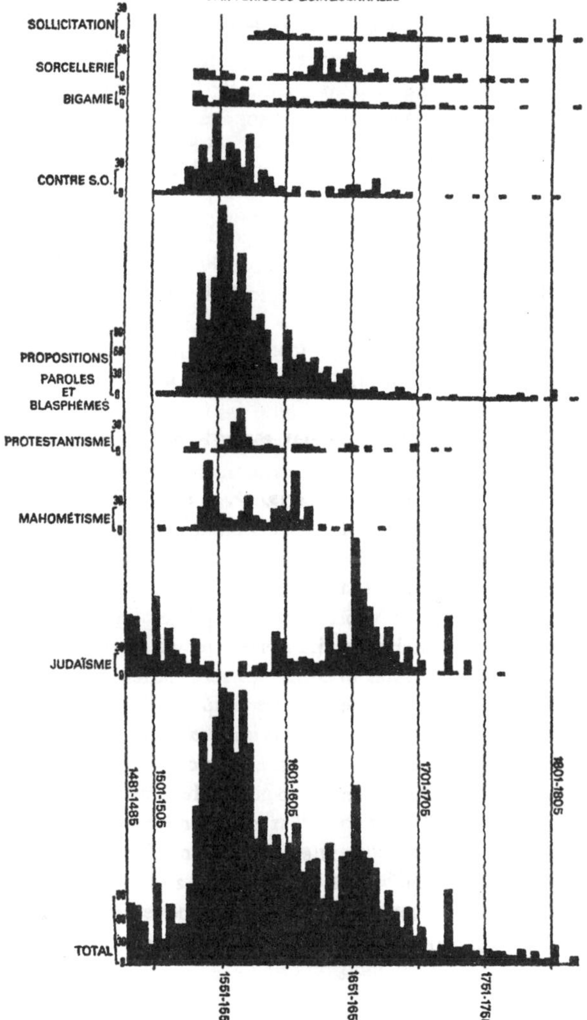

avons rencontrés. Ici aussi, un refus du catholicisme romain, « hérésie » donc, sans aucun doute. La présence d'une catégorie intitulée « délits contre le Saint-Office » n'étonnera pas qui connaît un peu les justices d'Ancien Régime. Chaque juridiction poursuit les offenses faites à ses membres, les insultes qu'on lui adresse, les empiètements sur sa compétence. Trois catégories d'« hérétiques » caractérisés donc, et une catégorie institutionnelle. Nous n'avons rien jusqu'ici que de très conforme aux buts avoués du tribunal.

Que dire des quatre autres types de délits? Sous le vocable « paroles scandaleuses » nous regroupons ce que les inquisiteurs intitulaient ainsi, ou « paroles hérétiques », ou « paroles erronées », plus les blasphèmes et les sacrilèges. Cette classe est donc un agrégat. C'est qu'il est difficile de faire, dans la pratique, le partage entre tout cela. Tel dossier se classera indifféremment dans l'une ou l'autre de ces cases selon les habitudes changeantes de l'époque ou l'humeur des secrétaires. Toutes ces affaires ont en outre un point commun : les délinquants ont très rarement conscience et volonté d'attaquer la foi. Paroles malheureuses d'un artisan ou d'un paysan mal informé, plaisanterie douteuse après un repas bien arrosé, quelques mots bien sentis contre un franciscain qu'on voit trop souvent quêter dans la même rue, ce sont presque toujours de vieux chrétiens qui les profèrent, dont la foi et l'attachement à l'Eglise ne peuvent être mis en doute. Il en va de même pour les bigames, les sorciers (en fait presque tous guérisseurs ou jeteurs de sorts) et, *a fortiori* les sollicitants, ces prêtres qui profitent de la confession pour inviter leurs pénitentes *ad turpia*. Encore ne parlons-nous ici que de la Couronne de Castille. Dans celle d'Aragon il faudrait ajouter à la liste la sodomie et la bestialité! Pour ne rien dire de délits secondaires comme la contrebande des chevaux, qui furent à certains moments du ressort du Saint-Office. Pourquoi donc un tribunal chargé de réprimer l'hérésie se mêle-t-il de pareilles broutilles? N'y a-t-il pas là un abus de pouvoir qui prouve la nature intrinsèquement mauvaise de l'institution?

Il est facile de se scandaliser et l'on ne s'en est pas privé. Il est facile aussi de passer le problème sous silence [8]. Que l'Inquisition se soit intéressée à tout cela n'est pas un accident. Le fait est trop massif. Toutes ces catégories « non classiques » regroupent en effet 55 % des procès, à Tolède, au XVIe siècle, sans doute les deux tiers, une fois effectuées les corrections nécessaires pour tenir compte des documents perdus, 41 % au XVIIe siècle, 55 % au XVIIIe. On ne peut comprendre l'histoire du Saint-Office sans y intégrer cet aspect de son activité, certes moins prestigieux, moins dramatique que d'autres, mais sans doute majoritaire. Nous espérons que les chapitres qui suivent en apporteront la preuve.

Pour l'instant, revenons à l'évolution chronologique. Car ici aussi il y a eu des cycles. Le premier va des origines aux environs de 1525. C'est celui des judaïsants, qui fournissent alors la presque totalité des accusés connus : 99,18 % au XVe siècle, pour être précis... et plus de 91 % à Valence. Quelques rares morisques, quelques cas d'opposition au tribunal, rien d'autre. Cette première période correspond très exactement au premier cycle d'activité que nous définissions dans le paragraphe précédent.

Vers 1525, profond changement. Les judaïsants disparaissent, au point qu'au milieu du siècle un inquisiteur se plaint de n'en plus trouver. A l'inverse, les délits de vieux chrétiens sans histoire prennent le relais et dominent de façon absolue jusque vers 1590, moins nettement jusque vers 1630. Ce sont eux, et spécialement le groupe des « paroles scandaleuses », qui donnent son allure à la courbe totale.

Le mahométisme, qui n'a jamais eu beaucoup d'importance à Tolède, en acquiert circonstanciellement au tournant du siècle du fait d'événements nationaux. Surtout, le judaïsme renaît avec l'arrivée d'immigrants portugais et reconquiert dans les années 1630 son ancienne prééminence. Jusqu'en 1720-1725, date de la dernière grande chasse antijuive qu'ait connue l'Espagne, il occupe le devant de la scène. Ne fournit-il pas la moitié des délinquants dans la seconde moitié du XVIIe siècle?

Le XVIIIe siècle n'appelle pas de commentaire particulier.

C'est donc en quatre temps que nous proposons de synthétiser l'activité de l'Inquisition de Tolède. Deux périodes essentiellement antijudaïsantes encadrant un siècle de « paroles scandaleuses », le tout suivi d'un XVIIIe siècle où le tribunal traîne une existence languissante avant de mourir de sa belle mort au début du XIXe siècle. Une institution antijuive donc, à l'exception d'une fenêtre centrale où, pendant un siècle, elle se tourne vers les vieux chrétiens. Le moment de sa plus forte activité, précisément.

UN MODÈLE GÉNÉRALISABLE?

Retrouvons-nous ailleurs ces quatre temps que nous pensons déceler à Tolède? Le cas de Tolède est-il représentatif? La question, il y a seulement deux ans, aurait été insoluble. Grâce à un ensemble de travaux récents, il nous est maintenant possible d'apporter quelques éléments de réponse. Procédons phase par phase.

Le premier temps (1483-1525) semble se retrouver partout. Il est difficile de construire une statistique homogène à la nôtre des procès du tribunal de Valence sur la base des données fournies par Ricardo Garcia Carcel. Cependant les remarques de cet auteur sur l'activité de cette inquisition jusqu'en 1530 sont très semblables à ce que nous avons trouvé à Tolède, tant pour les rythmes que pour la nature des délits jugés : plus de 900 réconciliés en période de grâce de 1484 à 1488; un total de 2 534 personnes sentenciées pour l'ensemble de la période, 51 par an; plus des neufs dixièmes pour judaïsme [7].

La liste des personnes qui sortirent en *autodafé* à Saragosse de 1484 à 1502 telle que la publie Lea nous amène à des conclusions semblables, en tenant compte qu'il s'agit d'un total partiel, excluant les pénitenciés hors *auto* et les réconciliés en période de grâce [8].

1486-1490	307
1491-1495	186
1496-1500	74
	567

Nous disposons aussi de la statistique, selon toute apparence très sûre, que donne pour Barcelone Père Miquel Carbonell jusqu'en 1505 [9] :

	Hors temps de grâce	*En temps de grâce*	*Total*
1488-1490	308	253	561
1491-1495	307	48	355
1496-1500	147	—	147
1501-1505	136	—	136
Total	898	301	1 199

Tous sont judaïsants, sauf deux bigames, un blasphémateur, un hérétique indéterminé, un mahométisant, deux fauteurs d'hérésie et un *impediente* (personne qui fait obstacle à l'activité de l'Inquisition).

Tout cela établit qu'au XVe et au début du XVIe siècle, les tribunaux de l'Inquisition espagnole se préoccupent presque exclusivement des judaïsants. Après une brève période de très forte activité, une fois écrémés leurs districts respectifs, le nombre des causes jugées s'effondre, habituellement au début du XVIe siècle.

Pour le deuxième temps, nous disposons depuis peu des premiers résultats de l'enquête de Gustav Henningsen et de Jaime Contreras sur les « relations de causes », qui est en train de révolutionner nos connaissances sur l'Inquisition [10]. On nous pardonnera l'aridité du développement qui suit, mais nous entrons ici dans un domaine presque entièrement inexploré où nous devons progresser pas à pas.

Nous allons reproduire une série de tableaux chiffrés où nous comparons systématiquement nos propres chiffres pour le tribunal de Tolède et ceux que Henningsen et Contreras donnent pour l'ensemble des inquisitions espagnoles, Sicile, Sardaigne et Amérique comprises, d'une part, avec ceux qu'ils donnent pour le tribunal de Saragosse, le seul pour lequel leurs résultats soient déjà pratiquement définitifs, d'autre part. Auparavant, quelques remarques s'imposent. 1) L'enquête de Contreras et Henningsen est exclusivement fondée sur les relations de causes et listes de condamnés similaires, alors que nous-mêmes complétons ces séries par d'autres documents. Les bases de travail sont donc différentes, chose particulièrement importante avant 1560-1570. En effet, les relations de causes n'étant pas complètes avant cette date, les chiffres de ces deux auteurs sont très inférieurs à la réalité et la répartition par délits peut-être déformée, exagérant la part faite aux plus graves d'entre eux. D'autre part, faute de documents, leur série ne commence qu'en 1540. Après 1560-1570 nous travaillons pratiquement sur les mêmes bases. 2) Leur enquête n'est pas achevée, en dépit des 50 000 relations de causes analysées jusqu'à maintenant. Les chiffres postérieurs à 1560, quoique infiniment plus solides, restent partiels. Or les tribunaux les mieux étudiés sont ceux de la partie orientale de la péninsule, ceux dont le district comprenait les communautés morisques les plus nombreuses et les plus solides. Il est donc probable que l'importance du mahométisme est surévaluée dans leurs chiffres. 3) Henningsen et Contreras adoptent dans la présentation globale de leurs résultats un découpage chronologique avec coupure en 1614 qui ne correspond pas exactement à celui que nous trouvions dans le cas particulier de Tolède. Pour des raisons de commodité, et considérant que cela ne changeait rien de fondamental, nous coulons nos propres données tolédanes dans leur moule. 4) Enfin, vu l'incertitude des chiffres absolus disponibles, nous avons préféré tout réduire en pourcentages. Au pied de chaque colonne nous donnons le nombre total de cas sur lesquels nous avons calculé ces derniers. Il faudra tenir compte de tout cela dans l'interprétation des tableaux qui suivent [11].

1540-1559

	Total	*Saragosse*	*Tolède*
Judaïsme	1,8 %	4 %	1,9 %
Mahométisme	13,7 %	55,3 %	12,8 %
Protestantisme	4,2 %	6,2 %	1,8 %
Alumbrados	—	—	0,07 %
Propositions	52 %	7,7 %	55,5 %
Bigamie	5,9 %	6,2 %	3,9 %
Sollicitation	0,02 %	—	0,07 %
Contre S.O.	11,3 %	9,6 %	19,7 %
Superstition	1,5 %	1,2 %	1,9 %
Divers	9,5 %	9,8 %	2,2 %
	100 %	100 %	100 %
Base	4 182	481	1 346

1560-1614

	Total	*Saragosse*	*Tolède*
Judaïsme	5,9 %	0,6 %	9,7 %
Mahométisme	31,6 %	56,5 %	12,9 %
Protestantisme	7,5 %	8,8 %	6,7 %
Alumbrados	0,2 %	—	0,1 %
Propositions	29,7 %	8,6 %	46,1 %
Bigamie	5,4 %	1,5 %	4,6 %
Sollicitation	2 %	0,6 %	2,8 %
Contre S.O.	9 %	11,4 %	12,7 %
Superstition	3,8 %	1,2 %	1,5 %
Divers	4,9 %	10,9 %	2,9 %
	100 %	100 %	100 %
Base	29 584	4 194	2 269

Faute de place, nous ne commenterons pas en détail ces chiffres passionnants. Limitons-nous à une analyse des points essentiels pour notre propos. Le deuxième temps de Tolède se caractérisait par une prépondérance des accusés vieux chrétiens, laquelle se traduisait par l'importance du groupe de délits que nous intitulions « propositions ». Le fait qu'il représente 52 % du total de Contreras et Henningsen avant 1560 n'est donc pas pour nous étonner : ce pourcentage est très voisin des 55 et quelques pour 100 que nous calculons à Tolède à la même époque. Il n'en va plus de même entre 1560 et 1614, où les « propositions » représentent nettement moins du tiers des causes et perdent la première place au profit du mahométisme. Une analyse plus fine du cas aragonais nous donne la clef du mystère : la répression antimorisque, qui a toujours joué un rôle important dans certains tribunaux, s'accroît considérablement et fait des Inquisitions concernées les plus actives de toutes : celle de Saragosse semble être celle qui juge le plus de délinquants dans la seconde moitié du XVIe siècle. Tout se passe comme si dans les régions où les communautés morisques sont fortes et virulentes presque toute l'activité du Saint-Office était absorbée par elle, les vieux chrétiens restant relativement à l'abri des foudres du tribunal. Pour ce qui est des délits jugés, nous aurions donc affaire alors à deux types d'inquisitions.

Par ailleurs, nous avons constaté à Tolède un effondrement du nombre des causes jugées vers 1555-1560. Pour les raisons que nous avons signalées plus haut, les chiffres de Henningsen et Contreras ne permettent pas de conclure quoi que ce soit quant à la généralisation de ce modèle. Mais ils enregistrent une augmentation continue du nombre des procès jusque vers 1595. On peut admettre que jusqu'en 1570 ce n'est qu'une illusion due au caractère de plus en plus complet de la source utilisée. Après cette date il est très possible que ce soit un phénomène réel, dont les procès pour mahométisme ne sont peut-être pas les seuls responsables [12]. La chute de l'activité de l'Inquisition de Tolède aurait en ce cas été particulièrement précoce.

Les courbes descendantes qui caractérisent le troisième temps tolédan se retrouvent, elles, partout.

	1540-1559	1560-1614	1615-1639	1640-1700
Total	4 182	29 584	7 565	7 765
			15 330	
Total par an	209	538	302	127
			178	

Quinze procès par an en moyenne entre 1615 et 1700 à Saragosse, contre 75 de 1560 à 1615. 23 contre 42 à Tolède.

L'effacement relatif du délit « proposition » se confirme aussi au niveau général, ainsi que la poussée de la « superstition ».

1615-1700	*Total*	*Saragosse*	*Tolède*
Judaïsme	20,6 %	3,1 %	44,3 %
Mahométisme	9 %	2,4 %	2,5 %
Protestantisme	7 %	10,1 %	1,8 %
Alumbrados	0,6 %	0,07 %	0,6 %
Propositions	21,9 %	24,3 %	19,4 %
Bigamie	6,2 %	5,4 %	4,4 %
Sollicitation	5,4 %	5,2 %	3 %
Contre Saint-Office	4,2 %	6,1 %	6,8 %
Superstition	16,7 %	21 %	11,9 %
Divers	7,9 %	22,4 %	5,2 %
	100 %	100 %	100 %
Base	15 326	1 292	1 949

Les pourcentages du judaïsme s'accroissent partout. Mais cette avance est sélective : Saragosse, par exemple, n'est guère affectée. Tolède, Séville, Llerena, Santiago, Valladolid... fournissent sans doute les gros contingents. Comme dans le cas des morisques, donc, de notables variations régionales, dues à l'inégale répartition des communautés portugaises dans la géographie nationale.

Nous ne disposons plus ni des relations de causes ni des travaux de Henningsen et de Contreras pour nous guider au XVIIIe siècle. Nous nous sommes donc rabattu sur les *Allégations fiscales,* dont Natividad Moreno Garbayo vient de publier un magnifique catalogue. Il s'agit de résumés d'affaires de foi envoyés à la *Suprême* par les différents tribunaux, à une époque où seul le Conseil peut rendre des sentences définitives. C'est sur ce rapport que les juges madrilènes tranchent. La série n'est à peu près continue qu'à partir de 1730-1735, et ne garde qu'un lointain rapport avec le nombre et la nature des causes réellement jugées. Mais la comparaison avec nos résultats pour Tolède montre que, si les chiffres qu'on peut en tirer sont légèrement sous-évalués, ils n'ont rien d'absurde [13].

Nombre de causes par tribunal
(Allégations fiscales)

Tribunal	*Total*	*Par an*
Santiago	208	3
Valladolid	186	2,3
Logroño	295	3,2
Saragosse	330	3,9
Barcelone	220	2,4
Valence	259	2,7
Cuenca	236	2,5
Tolède	186	2
Llerena	239	2,8
Séville	541	5,7
Cordoue	163	1,9
Murcie	361	4
Grenade	262	3,1
Cour	268	3

Pourcentage des types de délit
(Allégations fiscales)
(Tous tribunaux réunis)

	Nombre absolu		*Pourcentage*
Judaïsme	312		7,5 %
Mahométisme	80		1,9 %
Protestantisme	22		0,5 %
Alumbrados + Molinisme	72		1,7 %
Propositions	1 819		43,5 %
Bigamie	315		7,5 %
Sollicitation	644		15,4 %
Contre Saint-Office	216		5,2 %
Superstition	382		9,1 %
Divers	322		7,7 %
Total	4 184	Base	4 184

Les principaux traits que nous trouvions à Tolède se confirment donc : effondrement de l'activité, effacement du judaïsme après 1730, proportion importante des « propositions » qui reflètent la lutte du Saint-Office contre les Lumières.

Que conclure enfin de tout cela? Nous croyons qu'en gros, les quatre temps de l'Inquisition tels que nous les avons définis à Tolède, valent pour l'ensemble de la péninsule dans les tribunaux où le problème mahométan reste secondaire. La présence de communautés morisques importantes et fermées dans la défense de leur culture introduit de grandes nuances dans la seconde moitié du XVIe siècle. Pour le XVIIe siècle, nos conclusions seraient semblables, car l'émigration *conversa* portugaise domine la conjoncture. Tout cela, bien sûr, à titre d'hypothèse. Au rythme où avance la recherche dans ce domaine nous ne devrions pas tarder à arriver à des certitudes plus fermes.

DE LA CRUAUTÉ AUX ACCOMMODEMENTS

Changement des niveaux d'activité, changement des cibles, ces deux mouvements s'inscrivent dans un *trend* plus vaste : petit à petit on note un adoucissement du tribunal. Il peut sembler paradoxal d'employer ce terme à propos de l'Inquisition et nous avons hésité à l'écrire; mais on ne peut se défendre de l'impression qu'on passe d'une institution cruelle, féroce dans les premiers temps, à un tribunal infiniment plus civilisé.

a) *La cruauté des débuts.* — Cruauté des peines d'abord. Rappelons les points fondamentaux du droit pénal qu'applique le Saint-Office. Nous avons déjà vu ce qu'est une réconciliation en période de grâce. On peut brûler quatre classes d'hérétiques : 1) les *pertinax*, ceux qui refusent de se dénoncer en période de grâce ou qui, arrêtés en dehors de cette période, restent fermes dans leurs erreurs. 2) les *relaps*, ceux qui ont été antérieurement réconciliés, en période de grâce ou non, et qui retombent dans l'hérésie. Ces deux catégories sont brûlées en personne, « relaxées en personne » en termes techniques. 3) les suspects en fuite. 4) les suspects défunts. Ceux-là sont brûlés en effigie après un procès sommaire, « relaxés en effigie ». Quand c'est possible, on récupère le cadavre de l'hérétique défunt et on le brûle à sa place. Sinon, on se contente d'un mannequin. Dans tous les cas, la relaxation ou la réconciliation s'accompagnent de la confiscation des biens. Dans un premier temps l'Inquisition semble appliquer strictement et rigidement le droit. La lecture des documents fait frémir. Nous avons élaboré le tableau suivant à partir des listes de condamnés conservées et des procès que nous avons pu retrouver [14].

Inquisition d'Avila : 1490-1500

Réconciliés	74	41,8 %
Relaxés en effigie	31	17,5 %
Relaxés en personne	72	40,6 %

Inquisition de Valence : 1484-1530

Réconciliés et pénitenciés	1 076	53,8 %
Relaxés en effigie	155	7,7 %
Relaxés en personne	754	37,7 %
Absous	12	0,6 %

Inquisition de Guadalupe : 1485

	Listes de condamnés		*Procès conservés*	
Réconciliés et pénitenciés	20	17,8 %	24	41,4 %
Relaxés en effigie défunts	41	36,6 %	9	15,5 %
Relaxés en effigie absents	2	1,8 %	8	13,8 %
Relaxés en personne	49	43,8 %	14	29,3 %

Inquisition de Belalcázar : 1486

	Listes de condamnés		*Procès conservés*	
Réconciliés et pénitenciés	3	2,7 %	3	15,8 %
Relaxés en effigie défunts	60	56,1 %	9	47,4 %
Relaxés en effigie absents	16	14,5 %	2	10,5 %
Relaxés en personne	31	28,1 %	5	26,3 %

On est frappé de l'énorme proportion de condamnés à la relaxation en personne. Certes, la consultation des procès amène à nuancer l'impression laissée par les listes de condamnés qui tendent à ne pas mentionner les personnes condamnées à des peines légères. Même alors les juges n'appliquaient pas aveuglément la loi. A Guadalupe, en 1485, Isabel Gutierrez n'abjura que *de vehementi* quoiqu'elle fût *pertinax.* Il est vrai qu'elle n'avait que treize ans... Le même tribunal relaxa en personne Maria Gutierrez pour avoir dissimulé des choses dans sa confession en période de grâce. Mais d'autres s'en tirèrent avec une période de prison à la volonté de l'inquisiteur, ou plus simplement avec cent coups de fouets et une interdiction de séjour perpétuelle. En droit, pourtant, ils étaient *relaps.* Il reste qu'environ 40 % des personnes jugées en leur présence par le tribunal, hors le temps de grâce, montaient au bûcher. On comprend que beaucoup aient préféré disparaître en abandonnant tout.

Cette férocité est aggravée par l'effet de masse. Ces condamnations tombent sur des communautés peu nombreuses. Ce sont des familles entières qui ont dû être anéanties, et l'arrivée du Saint-Office a dû prendre pour ces foyers *conversos* des allures apocalyptiques. Toutes les victimes de l'Inquisition de Belalcázar proviennent de la Puebla de Alcocer. Toutes celles de l'Inquisition de Guadalupe de la Puebla de Guadalupe... Le tribunal de Ciudad Real jugea en 1484-1485 plus de 200 personnes. Or il n'y avait qu'une cinquantaine de familles de *conversos* dans la ville... Ricardo Garcia Carcel arrive aux mêmes conclusions pour Valence.

Les contemporains se sont rendus compte de ce fait, encore plus notable si on tient compte des cérémonies de réconciliation en période de grâce qui jettent des milliers de pénitents dans la rue, surtout que la publicité faite autour d'elles et la qualité des personnes renforçaient l'effet de masse. « Le dimanche 12 février 1486 tous les réconciliés de sept paroisses de Tolède sortirent en procession au nombre de 750 personnes, hommes et femmes. Ils partirent de San Pedro Martir. (...) Les hommes en corps, tête nue, déchaus, sans chausses, et pour le grand froid qu'il faisait on leur permit de mettre une semelle sous leurs pieds, à condition que le dessus reste découvert, un cierge à la main, éteint. Les femmes en corps, sans vêtements de dessus, figures découvertes, déchausses comme les hommes, avec leurs cierges. Il y avait parmi eux beaucoup de personnages principaux et de personnes honorables. Pour le grand froid qu'il faisait, pour le déshonneur et la honte qu'ils recevaient à cause de la grande foule qui regardait, car il était venu beaucoup de monde pour les voir, ils allaient en poussant de grands gémissements, en pleurant. Quelques-uns même s'arrachaient la barbe et les cheveux. (...) Ils allaient par la cité dans leur tribulation, par où passe la procession du Corpus, jusqu'à la cathédrale. Arrivés là, après qu'on eut dit la messe et prêché, un notaire se leva et commença à les appeler chacun par leur nom en disant : " Un tel est-il là? ", Et le réconcilié levait la chandelle et disait : " Oui ". Le notaire disait alors publiquement tout ce en quoi il avait judaïsé. » Ils furent 5 000 à subir le même sort à Tolède en 1486 et 1487. 300 autres sortirent en une seule fois à Belalcázar en 1486 [15].

La procédure enfin ne semble pas avoir offert dans les premiers temps toutes les garanties souhaitables à l'accusé. Nous n'envisagerons pas ici le problème de la procédure inquisitoriale en soi, auquel tout un chapitre du présent livre sera consacré. Nous nous limiterons à quelques notations pour montrer qu'à l'intérieur même du système inquisitorial les premières années ont été particulièrement dures et ce, en utilisant les remarques que Haïm Beinart fait dans son introduction à la publication des procès de Ciudad Real [16].

On imagine sans peine qu'un tribunal qui expédie plusieurs centaines de causes en un an et demi n'avait pas le temps de soigner le détail ni d'étudier à fond chaque affaire. D'ailleurs, quand le temps pressait, à l'approche des *autodafés*, on procédait par fournées, en dépêchant dans une même sentence jusqu'à 42 personnes dont on assimilait plus ou moins les délits. Système particulièrement regrettable en une matière aussi délicate et difficile à prouver que l'hérésie. Beinart note que nombreux furent ceux qu'on envoya au bûcher sur des rumeurs plus ou moins fondées, que les avocats de la défense ont manifesté pendant longtemps une grande timidité, dont ils ne se sont départis qu'assez tard, obtenant alors des résultats très favorables. La torture, à l'inverse, semble fort peut utilisée au cours de la première période et son usage ne se normalise, tout en restant rare, que tardivement. En dépit du paradoxe apparent, on nous permettra de soutenir que cet usage plus courant est l'indice d'un progrès et une garantie suplémentaire pour l'accusé : il révèle de la part des juges un désir plus grand de fonder leur sentence sur des bases solides. On ne l'utilisait d'ailleurs que dans les cas douteux, sur lesquels elle permettait à la cour de se faire une opinion. « La torture sert à remédier au manque de preuves », selon les paroles de Peña. « Y résister est aussi un des moyens les plus efficaces de se purger de la suspicion d'hérésie », ajoute-t-il, et nous avons pu vérifier sur des cas précis la vérité de cette assertion. Mieux vaut la vie sauve après torture que le bûcher sans tourment préalable.

b) *Prudence et accommodements.* — Très vite des efforts sont faits pour assurer un déroulement plus régulier des procès. Il est symptomatique qu'au milieu du XVIe siècle l'Espagnol Peña insiste sur la nécessité de respecter les formes légales alors que le texte d'Eymerich qu'il commente met précisément l'accent sur les libertés que l'inquisiteur peut prendre avec elles... Des scandales, comme celui du fameux Lucero de Cordoue, semblent d'ailleurs avoir incité le Saint-Office à plus de vigilance sur ce point, et nous trouvons, dans la correspondance du milieu du XVIe siècle, des allusions au temps où les juges étaient des théologiens fanatiques et aux déboires que cela valut à l'Office. Nous verrons que, passées les premières années, l'inquisiteur fut presque toujours un juriste.

La *Suprême* veille de plus en plus sur la régularité des

procès, soit à travers des inspections périodiques des tribunaux, soit en faisant envoyer les dossiers en cours de jugement pour examen. Cette pratique naît dès la première moitié du XVIe siècle. Elle se généralise au XVIIe au point qu'à la fin, le Conseil intervient directement dans le déroulement de presque toutes les affaires. Depuis les années 1550, d'ailleurs, toutes les sentences de relaxation doivent lui être soumises avant exécution et, à partir de 1647, toutes les sentences sans exception. Parallèlement, la fréquence des appels, d'abord à l'Inquisiteur général, ensuite à la *Suprême,* s'accroît. Or nous ne pouvons que ratifier l'opinion de Lea qui estime que presque toujours l'intervention du Conseil amène un adoucissement de la peine.

Ce souci d'une justice plus informée apparaît dans la marche des procès. Les interrogatoires se font plus précis, au point qu'à la fin du XVIe siècle, on voit apparaître des manuels qui contiennent dans l'ordre toutes les questions qu'on doit poser aux délinquants dans tous les types de délits. Qu'on doit leur poser *verbatim,* mot à mot. Un véritable algorithme du travail inquisitorial... De plus en plus on a le souci de bien connaître l'accusé pour jauger exactement sa responsabilité. A partir des années 1560, on lui demande de raconter sa vie, on le soumet à un interrogatoire très précis pour déterminer ses connaissances dogmatiques et sa culture générale. En même temps s'élabore un système de circonstances aggravantes et atténuantes dont l'ampleur et la complexité nous ont surpris quand l'analyse sérielle des relations de causes et des procès nous l'ont révélé.

Tout cela n'est pas fait dans l'unique but de donner des garanties à l'accusé. La volonté de rendre plus efficace le travail du tribunal, de mieux dévoiler la culpabilité de l'inculpé, joue son rôle. Toutes ces complications ne vont pas d'ailleurs sans retarder la marche des affaires, sans les allonger. Mais l'équité (à l'intérieur d'un système donné, bien entendu) y a sans doute gagné.

D'autant que, passé le début du XVIe siècle, les condamnations à mort se font beaucoup plus rares. A Tolède le dernier sursaut de l'ancien style se produit en 1501. Après, c'est le calme plat. Quelques relaxations isolées, seulement, jusqu'à la flambée antiprotestante des années 1560, qui ne fut, comme nous le verrons, qu'un accès très passager et strictement limité au délit de luthéranisme. Le retour en force des mahométisants et des judaïsants à la fin du siècle aurait dû faire remonter les chiffres. A l'*autodafé* du 14 novembre 1599, à Logroño, des 48 luthériens, morisques et *conversos* condamnés, 5 sont relaxés en personne et 8 en effigie (dont 7 en fuite). Mais c'est là le produit de plusieurs années de travail qui s'est accumulé dans l'attente d'un *auto*... Dans un article, dont nous le remercions de nous avoir permis de consulter le manuscrit, Gustav Henningsen, après examen de 50 000 relations de causes conclut qu'entre 1560 et 1700, environ 1 % seulement des accusés ont dû être exécutés, plus 2 % de relaxés en effigie. L'un des chapitres ultérieurs fournira quelques exemples précis de cette attitude nouvelle [17].

Ajoutons que nous avons nous-même vu dans plusieurs cas, au XVIIe siècle, les inquisiteurs tout faire pour ne pas brûler un *relaps* ou un *pertinax* qui, en droit, ne pouvait échapper au dernier supplice. On le bombarde de missionnaires, on attend ce qu'il faut pour lui donner le temps de se convertir, on guette le moindre signe de repentir, sans s'illusionner sur sa sincérité [18]...

Attitude à rapprocher de cette scène qui, à partir du XVIe siècle, n'a rien d'exceptionnel : au cours d'un *autodafé* un condamné aux flammes tombe aux pieds de l'inquisiteur en proclamant sa conversion et son repentir. Et le juge de le relever théâtralement devant le peuple assemblé, de le grâcier *in extremis* et de le renvoyer dans son cachot où on le garde en observation quelques semaines avant de le réconcilier. Publicité certes, car l'effet sur la foule est immense, Mais c'était quand même strictement interdit par le règlement [19].

Assez vite donc le Saint-Office hésite à tuer. Dans la majorité des cas graves la peine normale est la réconciliation avec confiscation des biens, cette dernière d'ailleurs pas toujours appliquée dans la pratique, et la prison perpétuelle. Mais attention, en langage inquisitorial, perpétuel veut dire quatre ans maximum...

N'imaginons pas les inquisitions des XVIe et XVIIe siècles comme des modèles de douceur. Mais il est absurde de leur étendre les descriptions terrifiantes qu'on peut faire des tribunaux à leurs débuts. Tout, encore une fois, dépend des lieux, des dates et des circonstances. Les chapitres qui suivent en donneront plus d'une fois l'illustration.

NOTES

1. LLORENTE utilise ici le chiffre des condamnés à mort par l'Inquisition de Séville, donné par la chronique d'Andrès BERNALDEZ pour 1482-1489. Il en extrapole le chiffre total des sentences rendues, selon une méthode très contestable.

2. Jean-Antoine LLORENTE : *Histoire critique de l'Inquisition d'Espagne,* Paris, 1818, t. IV, pp. 242, 247, 263, 271.

3. Henry Charles LEA : *A History of the Inquisition of Spain,* New York, 1906-1907, rééd. 1966, t. IV, pp. 516-525.

4. Pour plus amples détails pour tout ce qui suit voir Jean-Pierre DEDIEU : « Les causes de foi de l'Inquisition de Tolède », in *Mélanges de la Casa Velazquez,* 1978, t. XIV.

5. La courbe « Total » de la Figure II ne correspond pas à la courbe des procès de foi de la Figure I. Nous ne tenons compte ici que des procès dont la nature est connue de manière certaine alors que nous incluons dans la Figure I toutes les affaires dont nous avons mention.

6. Henry KAMEN dans son *Histoire de l'Inquisition espagnole,* trad. fr. Albin Michel, 1966, ne consacre que 17 pages sur 340 à ces délits, et 12 d'entre elles à la sorcellerie.

7. Voir Ricardo Garcia CARCEL : *Origines de la Inquisicion espanola. El tribunal de Valencia, 1478-1530,* Barcelone, 1976, pp. 109-134, 167-175, 195-214, 241-304.

8. H.-C. LEA : *Op. cit.,* t. I, pp. 592-611.

9. Père Miquel CARBONELL : *Liber descriptionis reconciliationisque... hereticorum*, publié par Manuel BOFARULL DE SARTORIO, in *Coleccion de documentos ineditos del archivo de la Corona de Aragon*, t. XXVII, Barcelone, 1865, pp. 5-235. L'auteur, archiviste de la couronne d'Aragon au moment des faits, semble avoir eu accès aux archives du tribunal, cas presque unique parmi les historiens anciens de l'Inquisition.

10. Les résultats ont été publiés dans l'article déjà évoqué de Gustav HENNINGSEN : *El banco de datos del Santo Oficio*, et dans la communication présentée par Jaime CONTRERAS au Symposium interdisciplinaire de l'Inquisition médiévale et moderne; *Las causas de fé de la Inquisicion española, 1540-1700. Analisis estadistica*, 5-9 septembre 1978, Copenhague. Nous avons participé à ce symposium.

11. La catégorie « Divers » inclut les procès pour sodomie et bestialité jugés par les tribunaux d'Aragon.

12. L'analyse statistique des causes de foi mentionnées dans le catalogue du tribunal de Cuenca suggère que ce serait le cas à Cuenca. Mais nous demeurons sur la réserve.

13. Natividad MORENO GARBAYO : *Catalogo de Alegaciones fiscales*, Madrid, 1977. Un modèle.

14. Nos sources sont : pour Avila, Fidel FITA : « Nuevos datos para escribir la historia de los judios espagnoles », in *Boletin de la Real Academia de la Historia*, t. XV, 1889, pp. 313-346. Pour Valence, Ricardo GARCIA CARCEL : *Op. cit.*, p. 174. Pour Guadalupe et Belalcazar, A.H.N., Inquisicion, Leg. 262, exp. n° 4. Les procès de ces deux derniers tribunaux sont dispersés parmi ceux du tribunal de Tolède conservés à l'A.H.N. dans la série « Judaïsme » des causes de foi.

15. Fidel FITA : « La Inquisicion toledana. Relacion contemporanea... », in *Boletin de la Real Academia de la Historia*, t. XI, 1887, pp. 294-295.

16. Haïm BEINART : *Records of the trials of the Spanish Inquisition, in Ciudad-Real*, trad. anglaise, Jérusalem, 1974-1977.

17. Gustav HENNINGSEN : *Op. cit.*

18. Voir à titre d'exemple l'histoire de doña Isabel Enriquez dont nous faisons un court récit dans le chapitre IV.

19. Voir également le récit que fait d'un cas dont il a été le témoin oculaire l'historien tolédan Sebastian de Orozco, Bibl. del Palacio Real de Madrid, Mss. 1846, F. 146 sq.

DISTRICTS DE L'INQUISITION ESPAGNOLE 1570 - 1820

CHAPITRE II

L'INQUISITION OU LA POLITIQUE DE LA PRÉSENCE

L'ÉTABLISSEMENT DE L'INQUISITION

Cela tout le monde le sait ou presque. Alors, faisons vite. Simple rappel.

Les Rois Catholiques ont hérité en 1474 et 1479 de deux royaumes qui vivaient des temps difficiles. Pour fonder leur pouvoir il leur fallait tout à la fois mettre au pas une noblesse turbulente et qui avait affermi sa puissance à la faveur des guerres civiles du XVe siècle, assainir leurs finances, créer des institutions de contrôle politique et social et assurer l'unité religieuse des Espagnes.

Trois communautés religieuses cohabitaient alors en Espagne : les chrétiens, les musulmans et les juifs. Cohabitation fort ancienne, souvent difficile mais parfois fructueuse et pacifique. Las! Les chrétiens qui, en 1492, achèvent la Reconquête par la prise de Grenade sont désormais les plus forts et vont prétendre imposer leur loi. Sans doute les musulmans bénéficient-ils pour l'heure d'un sursis. Mais les événements se précipitent aux dépens des juifs.

De tout temps, il est vrai, les juifs ont subi des avanies diverses et il existe en Espagne, comme dans le reste de l'Occident, un antisémitisme latent. Au goût du peuple et de ses maîtres à penser, les moines, les juifs ont trop bien réussi, ils sont trop riches, ont fait fortune trop vite. De surcroît, les talents qu'ils ont révélés dans la pratique des finances publiques, de l'exercice de la médecine et des lettres, ont fait d'eux des conseillers très écoutés, des familiers des rois et des grands seigneurs. Il n'en faut pas davantage pour susciter la jalousie, provoquer la haine. Aussi, le fanatisme religieux aidant, de simples incidents, parfois provoqués par l'arrogance de notables juifs grisés par leur puissance, déclenchent à la fin du Moyen Age des vagues de persécution. En 1391 surtout de véritables « pogroms » avant la lettre ont eu lieu dans de nombreuses villes d'Espagne dont les plus importantes : Séville, Barcelone, Valence, Tolède, etc. Souvent, pour garder la vie sauve, des juifs, parmi les plus connus, se sont vus contraints d'embrasser le christianisme. Dès lors ces convertis, dits *conversos* ou *confesos,* sont devenus une catégorie nombreuse. Les chrétiens doutent vite de la foi de ces nouveaux convertis qu'ils accusent facilement de judaïser en cachette. Mais la position sociale des *conversos* n'a pas été affaiblie, au contraire, ils concurrencent la haute noblesse dans les avenues du pouvoir et ils contractent souvent avec elle des alliances matrimoniales, suivant en cela une tradition déjà ancienne. Au début du XVIe siècle le *Libro Verde de Aragon,* manuel de généalogie, prétendra démontrer que les principales familles du royaume ont du sang juif dans les veines.

Le problème religieux n'en est pas moins devenu le plus important. En 1467, à Llerena, en Extremadure, deux *conversos* ont été brûlés vifs pour avoir pratiqué en secret la religion mosaïque. Dans la campagne d'opinion menée contre les *conversos,* les dominicains, contempteurs habituels des hérésies, jouent un rôle déterminant, surtout Alonso de Hojeda, prieur du couvent de Séville, qui exerce une influence importante sur les Rois Catholiques. Il découvre que les *conversos* de Séville se réunissent clandestinement pour judaïser et demande aux souverains de réagir. Une enquête menée alors sous la direction de l'archevêque de Séville, Pedro Gonzalez de Mendoza, révèle que, dans cette ville mais aussi dans toute l'Andalousie et ailleurs en Castille, les *conversos* pratiquent secrètement le judaïsme. Les Rois Catholiques décident alors d'introduire l'Inquisition en Castille et ils réclament de Rome une bulle d'institution.

L'Inquisition d'Aragon avait pu leur servir de modèle : celle-ci existait depuis le XIIIe siècle : cependant, si elle était placée sous la houlette des dominicains, elle dépendait directement de Rome et n'avait plus qu'une activité réduite au XVe siècle. Dans le reste de l'Espagne, l'orthodoxie de la foi était placée sous la responsabilité de l'évêque du lieu et de son tribunal ecclésiastique. Il est impossible que Ferdinand d'Aragon, dont l'acharnement à imposer l'Inquisition fut très remarquable, n'ait pas vu, dans l'extension de cette institution à toute l'Espagne, un moyen d'action privilégié. Surtout en faisant triompher une formule nouvelle où le rôle des rois devenait prépondérant.

En effet, par sa bulle du 1er novembre 1478, le pape Sixte IV décidait la nomination comme inquisiteurs de deux ou trois ecclésiastiques âgés de plus de quarante ans, mais il concédait aux rois d'Aragon et de Castille les pouvoirs de les nommer et de les destituer. Le 27 septembre 1480, à Medina del Campo, les dominicains Juan de San Martin et Miguel de Morillo étaient nommés inquisiteurs et Juan Ruiz de Medina leur assesseur. Ils recevaient toute autorité sur les chrétiens baptisés et, dès après leur nomination, les inquisiteurs prirent le chemin de Séville où ils commencèrent à sévir en octobre 1480, provoquant la fuite ou la vaine rébellion des *conversos*. Le 6 février 1481 fut célébré le premier *autodafé* (acte de foi) au cours duquel furent brûlées 6 personnes [1].

La nécessité d'instaurer de nouveaux tribunaux dans le reste du pays s'imposa rapidement. Le 11 février 1482, un bref du pape ratifiait la nomination de sept autres inquisiteurs, tous dominicains, et parmi eux Tomas de Torquemada. Des tribunaux étaient installés à Cordoue (1482), Ciudad Real et Jaen (1483) et peu à peu se tissait la toile, se constituait le filet qui, moins d'un siècle plus tard, enserrerait toute l'Espagne et la livrerait à la merci du Saint-Office. Il faudra revenir à cette « conquête du terrain ».

Les Rois Catholiques avaient rapidement compris tout le

parti qu'ils pouvaient tirer de l'Inquisition, au seul plan de la puissance de l'Etat et ils lui firent place dans l'organisation des pouvoirs. Dès 1480, les Cortès siégeant à Tolède confirmèrent l'existence des quatre grands Conseils : Etat, Finances, Castille et Aragon; un cinquième fait son apparition, le Conseil de l'Inquisition, appelé dès 1483 *Consejo de la Suprema y General Inquisicion.* A ses débuts ce Conseil est formé de quatre ecclésiastiques, l'un d'eux étant l'Inquisiteur général.

L'établissement de l'Inquisition suscita des oppositions vives sur lesquelles nous reviendrons. Retenons pour l'instant qu'en Aragon Ferdinand profita des circonstances pour « réformer » la vieille Inquisition : désormais le souverain nommait et rémunérait les inquisiteurs, le tribunal dépendant ainsi beaucoup plus du roi que du pape. Les tribunaux de la couronne d'Aragon : Saragosse, Barcelone et Valence, s'occupent en premier lieu des *conversos.* Ceux-ci, grâce à leur argent, exercent de fortes pressions à Rome pour provoquer l'intervention du pape. En 1482, Sixte IV publie une bulle dans laquelle il condamne « la soif de lucre » de l'Inquisition, les jugements expéditifs et les mauvais traitements dont sont victimes de nombreux chrétiens. Et il réclame en conséquence le contrôle du Saint-Office par les évêques. Ferdinand réagit aussitôt et obtient du pape qu'il revienne sur ses décisions. Et le roi pousse même ses avantages : il conduit Sixte IV à délivrer une bulle qui, le 17 octobre 1483, nomme Torquemada Inquisiteur général d'Aragon, Valence et Catalogne, alors qu'il l'était déjà en Castille, plaçant ainsi l'ensemble de l'Inquisition espagnole sous une autorité unique.

Evidemment, la réaction ne se fit pas attendre car c'était une atteinte aux vieux *fueros* (privilèges) de la couronne d'Aragon. De plus, les notables du royaume redoutaient le départ en masse des *conversos*, notamment à Barcelone où la situation économique était critique.

Sans se soucier de l'opposition de ses sujets, et bien entendu des *conversos*, malgré l'importance de leur rôle, Ferdinand nomma en mai 1484 deux inquisiteurs à Saragosse, Gaspar Juglar et

Pedro Arbues de Epila. L'activité intense du nouveau tribunal réunit dans la même opposition les *conversos* gravement menacés et les vieux chrétiens attachés aux *fueros*, et les Aragonais exprimèrent avec fermeté leur refus. Cette même année 1484, deux inquisiteurs envoyés à Teruel pour y établir un tribunal se virent interdire l'entrée de la ville par ses magistrats et ils durent se retirer dans le bourg voisin de Cella d'où ils lancèrent excommunication et interdit sur Teruel. Le clergé de la cité en appela au pape qui invalida les mesures prises par les inquisiteurs. Ferdinand usa d'abord de la menace, puis demanda en février 1485 aux autorités aragonaises de châtier la cité rebelle. En vain. Le roi dut se résoudre à faire appel aux troupes qui stationnaient sur les frontières de Castille et, devant la force, Teruel céda.

Pendant ce temps, à Saragosse, l'idée d'en finir avec l'un des inquisiteurs commençait à séduire les *conversos*. Le crime, qu'ils allaient payer très cher, eut lieu le 15 septembre 1485 dans la cathédrale de Saragosse où l'inquisiteur Pedro Arbues de Epila fut assassiné alors qu'il était agenouillé devant le maître-autel. Les vieux chrétiens qui s'étaient opposés eux aussi à l'Inquisition changèrent de camp devant le drame. Au-delà des meurtriers, arrêtés et exécutés, la répression atteint, durant les années qui suivent, un grand nombre de personnes et Henry Kamen peut évoquer à bon droit l' « immense rafle de *conversos* » qui vise à « détruire définitivement l'emprise politique et sociale des nouveaux chrétiens sur l'administration aragonaise [2] ».

A Valence l'opposition fut moins violente, plus « légaliste » mais elle ne sut pas toujours exploiter ses avantages face à la Couronne.

Ainsi, en 1484, les Valenciens accusent le roi de transgresser leurs *fueros* en installant comme inquisiteurs à Valence des « étrangers »; les *fueros* stipulaient en effet que seules des personnes originaires de la province avaient le droit d'y exercer des fonctions publiques. Ils proposent en même temps des modifications de la procédure inquisitoriale : arrêt de l'instruction en cas de mort de l'accusé avant que ne soit rendue la sentence;

annulation de la confiscation automatique des biens des pénitenciés, etc. Comme les Barcelonais, ils affirment que l'Inquisition va entraîner la ruine des affaires en faisant fuir quantité de gens. Les *brazos* (ordres) seigneuriaux et ecclésiastiques expriment leurs craintes, les premiers mettant l'accent sur le danger d'« impérialisme juridictionnel » que présente l'Inquisition [3]; les seconds soulignant que la nouvelle institution soustrait des revenus importants à l'église locale. Car, assure-t-on au roi, « Les révérends inquisiteurs (...) procédant contre les hérétiques et les observants de la secte judaïque, en ont condamné beaucoup et confisquent leurs biens, lesquels sont sous la seigneurie directe de l'église de Valence [4]... » Cet aspect des choses sera une des causes profondes de l'opposition du clergé local à la volonté royale.

Le roi s'emploie alors à réduire les tensions en accordant quelques privilèges au clergé mais, en même temps, il accélère la mise en place du tribunal. Une ambassade lui est alors envoyée, conduite par Juan Ruiz de Eliori. Cette fois les Valenciens sont plus déterminés. Ils font valoir que l'inquisiteur dominicain Juan de Epiela n'a pas été nommé par le pape, n'a pas été désigné par le provincial de son ordre, n'est pas résident au monastère de son ordre à Valence, ce qui met en évidence la violation du *fuero*. D'autre part et surtout, ils s'en prennent à la procédure, au secret des témoignages et au système abusif de confiscation des biens. Le roi oppose à ces observations une attitude totalement négative et les Valenciens s'inclinent provisoirement, mais en 1486 ils publient un manifeste dans lequel ils dénoncent avec précision les *contrafueros* commis par le souverain et notamment : *a*) la nécessité d'une permission de vente des biens pour ceux qui ont abjuré et ont été réconciliés; *b*) la confiscation des biens des pénitenciés en dehors du temps de grâce; *c*) la confiscation des biens possédés dès l'époque où a été commise l'hérésie; *d*) la limitation de la validité des contrats passés par les condamnés ou réconciliés à la période antérieure à 1479; *e*) le châtiment par cent coups de fouet et la marque au visage pour la fraude fiscale. A toutes ces mesures les Valenciens opposent les *fueros* accordés par Jacques Ier qui avait en son temps reconquis Valence sur les musulmans.

Une nouvelle fois, Ferdinand le Catholique répond par l'affirmation de sa volonté et manifeste l'importance qu'il attache à l'Inquisition. Il rappelle que l'établissement de l'Institution n'a pas provoqué de protestation de la part des Cortès de Tarazona et allègue que les *fueros* ne peuvent justifier l'hérésie.

D'autre part, le roi prend toutes mesures nécessaires pour assurer l'efficacité de son tribunal de Valence. En 1484 il avait ordonné à la population de faire bon accueil aux inquisiteurs et menacé ceux qui entraveraient l'action du tribunal. En 1484 et 1485, deux pragmatiques successives interdisent que des bulles pontificales puissent être invoquées contre l'Inquisition. En novembre 1484, Ferdinand donne au gouverneur de Valence des instructions pour qu'il s'oppose au départ des suspects éventuels. Le monopole juridictionnel assuré, les victimes possibles bloquées, le roi essaie de liquider les ultimes résistances, celle de l'Eglise en particulier.

La situation religieuse de Valence à cette époque est en effet assez particulière : les évêques n'y résident pas et sont représentés par un vicaire général. Leur absence a, sans nul doute, facilité l'implantation du Saint-Office. Cependant, le vicaire général Macia Mercader, Valencien bon teint, s'était violemment opposé aux inquisiteurs, notamment à Gualbes. Le roi parvient à faire remplacer Macia Mercader par un autre vicaire, Marti Trigo, celui-ci évidemment favorable au Saint-Office.

Toutes résistances vaincues, Ferdinand chargea le prieur de Saint-Augustin et Pedro de Luna d'élaborer en janvier 1485 une série de justifications théoriques destinées à légitimer *a posteriori* le coup de force monarchique. L'Inquisition était bien installée à Valence.

Cependant une nouvelle offensive forgée par les *conversos* et appuyée avec prudence par Léon X se manifesta aux Cortès de Monzon en 1510, soit un quart de siècle plus tard. Aragonais, Catalans et Valenciens rassemblèrent leurs critiques contre l'Inquisition : les Cortès demandèrent la limitation des abus des membres du Saint-Office, l'interdiction des activités commerciales, la suppression des exemptions fiscales en leur faveur; le retrait de juridiction dans les affaires de bigamie, de blasphème, d'usure, etc.; la représentation de l'évêque du lieu dans les procès; l'octroi de garanties aux accusés...

Non sans hésitations Léon X ratifia ces revendications. Or, en 1516, mourait Ferdinand et les opposants purent espérer que le nouveau souverain, Charles, donnerait satisfaction, au moins partiellement, à leurs demandes de réformes et tempérerait la rigueur inquisitoriale. D'autant que les Cortès de Castille, réunies à Valladolid en 1518, se mettaient de la partie et formulaient les mêmes revendications. Or, en dépit de quelques concessions, le nouveau souverain suivit la même politique que Ferdinand, soit directement, soit par l'intermédiaire de son conseiller, le cardinal Adrien, Inquisiteur général de 1518 à 1523 et futur pape. Charles fit avorter à Rome la bulle en préparation, qui donnait satisfaction à l'opposition, non sans assortir sa diplomatie romaine de menaces voilées. La capitulation du pape fondait l'Inquisition une seconde fois et Charles Quint achevait l'œuvre de Ferdinand.

Il valait la peine de développer l'exemple de Valence parce qu'il démontre la volonté inébranlable du Roi Catholique d'imposer l'Inquisition à toute l'Espagne et notamment à son propre royaume. Il apparaît clairement que cette nouvelle institution est bien l'affaire des rois d'Espagne et non du pape qui s'est laissé surprendre au début et a manifesté ensuite, bien des fois, mais sans grande énergie, ses réserves ou son opposition. En 1518 il était déjà trop tard : au moment où se déclenchait la grande crise allemande, le pape avait-il les moyens de s'opposer au roi d'Espagne devenu Empereur? Poser la question c'est y répondre.

Instrument de la politique royale, agent efficace de la centralisation et parade à l'action particulariste des *fueros*, le Saint-Office va désormais s'organiser, installer sur l'ensemble du territoire espagnol les tribunaux nécessaires à une occupation satisfaisante de l'espace politique et social, imposer enfin sa présence. Sans doute n'avait-on pas, jusqu'à présent, prêté une attention suffisante à cette entreprise systématique de contrôle social. Il est temps de le faire.

VERS UNE OCCUPATION RATIONNELLE DU TERRITOIRE : LA COUVERTURE GÉOGRAPHIQUE

L'installation des premiers tribunaux a pu être difficile. En quelques années ils n'en sont pas moins établis dans toute l'Espagne, à l'exception cependant de la Galice, de la Navarre et du royaume de Grenade

Entre 1480 et 1484 première série : Séville, Cordoue, Valence, Ciudad Real, Jaen et Saragosse. L'Andalousie où les *conversos* sont très nombreux est dotée d'un dispositif quasi complet. Valence et Saragosse sont aussi d'importants foyers de judaïsme.

De 1485 à 1492 le rythme des fondations s'accélère, remontant de l'Andalousie vers la Castille et renforçant la présence du Saint-Office en Aragon. Ce sont principalement Tolède (1485), Teruel, Barcelone (1486), Murcie (1488), Valladolid, Cuenca, Léon, Palencia (1492). Vers 1495, 25 tribunaux sont en place. Leurs limites suivent alors à peu près celles des divisions ecclésiastiques. On ne se préoccupe pas particulièrement des frontières politiques intérieures des Espagnes : Orihuela, dans le royaume de Valence, dépend du tribunal de Murcie qui est en Castille. Alfaro et Agreda, quoique castillanes, relèvent de Saragosse. Les districts peuvent être modifiés au gré des besoins : Tolède perd Alcaraz au profit de Jaen, Séville perd Cadix lorsque est créé le tribunal de Jerez. Aux fins d'efficacité, les tribunaux n'ont pas alors de siège fixe : les inquisiteurs de Barcelone célèbrent des *autos* à Tarragone, Gerone, Perpignan, outre ceux de la cité comtale. Et quand, en 1483, Pedro Diaz de la Costana et Francisco Sanchez de la Fuente sont nommés inquisiteurs « dans tout le *campo* de Calatrava et l'archevêché de Tolède », ils ne s'installent pas à Tolède où les nouveaux chrétiens sont trop puissants. Ils vont d'abord à Ciudad Real où ils s'en prennent à une communauté *conversa* moins importante. Preuve de leur puissance étant faite, ils s'installent à Tolède en 1485. Cette constante mobilité des tribunaux correspond à la première prise en main du district, à la « visite générale » dont parlent les instructions de Torquemada de 1498 et de Deza [5]. Les inquisiteurs se présentent dans chaque ville accompagnés du *fiscal* ou procureur, de notaires et d'*alguaziles* : en somme le tribunal au complet. Lecture est donnée en chaire des bulles pontificales et des édits royaux qui les mandatent puis tous les assistants, et à leur tête la municipalité, jurent de « servir Dieu et le roi, d'exalter la foi catholique, de défendre et protéger les administrateurs de la Sainte Inquisition ». On proclame alors l'édit de grâce : ceux qui ont judaïsé ont quarante jours pour revenir vers la foi chrétienne moyennant une pénitence bénigne. Les difficultés sont grandes, les inquisiteurs rencontrent des oppositions mais ils savent jouer de leur prestige auprès du peuple contre l'hostilité d'une grande partie des classes dirigeantes.

Vers 1500 l'activité du Saint-Office s'effondre. Les judaïsants, principal centre d'intérêt, se font de plus en plus rares. Or, pour vivre, un tribunal a besoin d'une forte activité, sinon le produit des amendes et des confiscations ne couvre plus les frais. Il faut réduire le nombre des tribunaux; les suppressions se succèdent : Burgos et Palencia au profit de Valladolid en 1499, Léon en 1500, Séville absorbe Jerez, Lérida est partagé entre Saragosse et Barcelone, etc.

A la mort d'Isabelle la Catholique la séparation de fait de la Castille et de l'Aragon oblige l'Inquisition à respecter les nouvelles frontières : ainsi Murcie perd Orihuela, rattaché à Valence en 1507.

Dans ces premières années du XVIᵉ siècle la Castille, qui comptait en 1495 16 tribunaux, n'en a plus que 7. Les circonstances vont évoluer cependant, et au fil des années l'Inquisition parachève son implantation territoriale.

En 1513, dès après la conquête de la Navarre, Ferdinand le Catholique y fonde un tribunal.

En 1520 c'est au tour de la Galice, mais la résistance est telle qu'il faut renoncer momentanément : c'est le proviseur de l'archevêque de Saint-Jacques qui reçoit les pouvoirs inquisitoriaux. Il faudra attendre 1572 pour que les Galiciens acceptent définitivement le Saint-Office.

Le royaume de Grenade conquis par les Rois Catholiques en 1492 est théoriquement partagé entre les tribunaux de Cordoue et Jaen qui en fait, ne font rien dans ce royaume. En effet les morisques redoutent par-dessus tout la venue des inquisiteurs et obtiennent le report de l'installation d'un tribunal à Grenade, qui se fera finalement en 1526.

En même temps, on procède à un remodelage des districts en fonction des exigences de la pratique. En 1510 on rétablit le tribunal de Cuenca, en 1515 on fonde celui d'Orihuela, intégré en 1517 à celui de Murcie, la même année Teruel est supprimé pour faire partie du district de Valence; en 1521 l'évêché de Calahorra passe du district de Valladolid à celui de Navarre, en 1526 celui de Jaen est démembré au profit de Grenade et Cordoue. Les exemples sont nombreux de ces modifications qui, vers le milieu du siècle, donnent aux districts inquisitoriaux des limites qui resteront les leurs, à quelques petites différences près, jusqu'à la suppression de l'Inquisition en 1820.

Après 1560 et jusqu'en 1820 les limites des districts ne varient plus. On précise les frontières pour lesquelles subsiste un doute et on procède à des réajustements de détail, ainsi ces villages de la province de Teruel qui passent de l'inquisition de Saragosse à celle de Valence. Vers 1650 la *Suprême* demande aux tribunaux de lui envoyer la liste complète des villages de leur district.

Les seules modifications au réseau des tribunaux sont apportées par le fonctionnement temporaire d'un tribunal de la flotte et par la mise au point du tribunal de la Cour. Peu de changement donc, mais revenons au moment où se fixent les limites.

Quatorze districts se partagent alors l'Espagne (voir carte p. 42). Ils sont dans l'ensemble, de taille homogène : huit couvrent entre 27 000 et un peu plus de 33 000 km² (Cordoue, Grenade, Séville, Valence, Saint-Jacques de Compostelle, Calahorra, Cuenca, Murcie), trois couvrent entre 42 000 et 48 000 km² (Llerena, Saragosse, Tolède). Il y a cependant des exceptions : les Baléares et les Canaries (respectivement 5 014 km² et 7 273 km²) et Valladolid, véritable géant, avec ses 89 873 km²; les inquisiteurs, d'ailleurs, se plaignent de sa taille. Ce dernier district, entre 1507 et 1541, avait perdu au moins le quart de son territoire : il y a donc un souci d'uniformisation. Ces territoires se caractérisent encore par une certaine massivité si on les compare, en particulier aux districts étroits et complexes de 1507. Le contrôle, à partir de la capitale, qui occupe une situation centrale, en est facilité.

Dernier point à souligner : la liberté à l'égard des frontières politiques et des limites ecclésiastiques. En 1521 les Cortès de Navarre protestent parce que l'Inquisition s'est installée à Tudela et non à Pampelune la capitale, et de plus on consulte, pour certaines causes, les inquisiteurs de Saragosse, véritables étrangers [6]! En 1518 les syndics de Teruel se plaignent de ce que leur ville soit rattachée à l'inquisition de Valence : ne sont-ils pas en effet Aragonais?

Le 21 novembre 1518 la *Suprême* rattache Teruel à Saragosse. Dès mars 1519 elle revient à Valence. Les critères des inquisiteurs ont prévalu sur les convenances politiques. En 1520 on conseille la prudence aux inquisiteurs de Murcie : en cas d'arrestation dans le gouvernement d'Orihuela (partie valencienne de l'inquisition castillane de Murcie) on est prié d'emprisonner les coupables à Orihuela même et de les interroger en valencien [7]. Mais de toute façon Orihuela ne sera pas rendu à Valence.

En 1521 les inquisiteurs de Logroño ont dans leur ressort la Navarre, ainsi que la Rioja et le Pays basque enlevés à Valladolid.

Si, dans un premier temps, les circonscriptions ecclésiastiques sont respectées elles vont être tout aussi malmenées que les frontières politiques. Le tribunal de Saragosse englobe les évêchés de Lérida, Jaca, Barbastro et Huesca, plus des parties de ceux de Tarazona, Siguenza, Pampelune, outre l'archevêché de Saragosse, évidemment. Les inquisiteurs de Tolède se débarrassent de l'archiprêtré d'Alcaraz, qui fait cependant partie de l'archevêché tolédan, car il est trop éloigné : Murcie s'en charge. L'Inquisition ne tient pas mieux compte des privilèges des juridictions exemptes : abbayes et territoires *vere mullius* (ne dépendant d'aucun évêque).

Seule préoccupation qui provoque ces changements : le souci de contrôler au mieux le territoire. Valladolid se plaint qu'on lui enlève une partie de l'évêché de Burgos? « Cette décision a été prise, répond le Conseil, non pour réduire votre district, ni pour vous porter préjudice, mais bien pour châtier les coupables et parce qu'ainsi convenait au service de Dieu et à l'administration de la justice [8]. » Le même tribunal proteste car la ville de Calahorra est donnée au tribunal de Navarre : « C'est parce que l'inquisition de Valladolid ne peut visiter comme il convient la ville de Calahorra, car son district est trop grand [9]. »

Contrôler le district, pendant la première moitié du XVIe siècle, c'est le visiter. Le tribunal n'est plus itinérant; il s'est fixé au centre du district en général; il faut donc mettre sur pied un nouveau mode de contrôle. Dès 1500 on prend conscience de ce besoin. Voici ce que disent les instructions de Torquemada (1498) reprises par Deza (1500) : « Que les inquisiteurs de toutes les inquisitions se rendent dans tous les bourgs et villages de leurs districts où ils ne se sont pas encore rendus personnellement, et qu'en chacun d'eux ils reçoivent les témoins de l'inquisition générale [10]... »

En outre ces instructions recommandent aux inquisiteurs de partir chacun de leur côté avec un notaire du secret afin de gagner du temps et, après avoir examiné les témoignages au siège du tribunal, de procéder à l'arrestation des coupables. Le siège du tribunal est le centre et le pivot de l'action inquisitoriale. Désormais chaque inquisiteur voyage avec un personnel réduit et des pouvoirs limités. La rupture avec l'ancien système n'est pas brutale, mais la formule du tribunal fixe et de la visite, l'un et l'autre se complétant, s'impose. Reprenons les instructions de Torquemada et de Deza : « Que chaque année l'un des inquisiteurs aille par les villes et les villages du district. Qu'en publiant les édits généraux il s'enquiert des personnes qui savent quelque chose du crime d'hérésie, afin qu'elles le dénoncent. Que l'autre inquisiteur reste au siège du tribunal pour expédier les procès en cours. S'il n'y en a pas, que chacun aille de son côté faire ce qui est dit ci-dessus [11]. »

D'une manière concrète que se passe-t-il dans une visite et comment se déroule-t-elle? Nous verrons plus loin de quelle manière la pratique a évolué, le principe des visites restant le même tout au long du XVIe siècle et durant une bonne partie du XVIIe siècle.

Prenons comme exemple deux visites des inquisiteurs de Grenade faites en 1573 et 1575[12] en nous attardant un peu sur la première. Le mercredi 11 novembre 1573 le docteur Mesia de la Sarte « inquisiteur apostolique de la cité et du royaume de Grenade » part visiter l'évêché de Guadix, la ville de Baza et ses alentours, la cité de Huescar. Il est accompagné de Diego de la Torre, notaire du secret, Alonso Hernandez, nonce, de Garcia Chacon, interprète, de Pedro Carillo « faisant office d'huissier ».

Dans les localités visitées l'inquisiteur est accueilli avec décorum par la municipalité, le commissaire, et les familiers (cf. chapitre III) de l'inquisition.

Le samedi 14 novembre l'édit de la foi est proclamé; long

exposé de tous les maux que poursuit l'Inquisition. Chacun est exhorté à venir dire s'il a « entendu dire ou vu faire quelque personne que ce soit, vivante ou morte, présente ou absente, des paroles ou des actes hérétiques, suspects, erronés, téméraires, malsonnants, scandaleux, blasphématoires ». Suit une liste dénonçant les judaïsants, les sectateurs de Mahomet, les illuminés, les protestants, etc., donnant en détail les paroles ou les gestes par lesquelles on peut les reconnaître. Ces édits sont souvent adaptés à la situation; dans un pays à forte densité morisque comme c'est le cas de Guadix, tout ou presque tout portera sur les pratiques de la religion musulmane. Un délai de quelques jours est accordé, au-delà duquel les sanctions encourues sont considérablement aggravées.

Le lendemain, dimanche, l'édit de la foi est à nouveau solennellement proclamé en l'église Saint-Jacques, en présence de l'inquisiteur, de tous les notables de la ville, de la région, et des dignitaires de l'église, devant une foule nombreuse. Un sermon suit la lecture de l'édit. Le lendemain, dans la même église, l'édit est proclamé en *algaravia*[13] par l'interprète Chacon, pour les morisques convoqués spécialement à cette « séance ». Simultanément l'édit est proclamé dans tous les bourgs environnants, dans le marquisat de Zenete et les localités du « *rio* de Almeria, qui, toutes, sont petites, afin que les gens accourent à Guadix qui est à côté ». L'inquisiteur visite Fiñana, le marquisat de Zenete et s'en revient à Guadix où, le délai accordé par l'édit de foi étant écoulé, on proclame la sentence d'anathème, le mardi 8 décembre « jour de Notre-Dame », toutes ces proclamations étant entourées d'une grande solennité. Voici les instructions du Saint-Office à ce sujet : la sentence doit être lue à l'offertoire de la messe : le clergé se rend en procession, avec la croix voilée de noir encadrée de deux cierges, au pupitre où est lue la sentence. Il y reste en silence jusqu'à la fin de la lecture, puis revient à l'autel; pendant que les cloches sonnent à mort, les clercs chantent en plain-chant, à voix basse mais intelligible, à double chœur alterné, le psaume : « O Dieu, ne reste pas muet, voici que tes adversaires grondent... » Après le psaume, sur le même ton, sont prononcés les versets : « Vivants, nous sommes morts. Qui peut nous aider Seigneur, sinon toi, justement irrité de nos péchés? (...) Les cieux révèleront l'iniquité de Judas (...) il partagera le sort de ceux qui ont dit au seigneur : " Loin de nous! " Au jour de perdition ils seront réduits en esclavage, le jour de la vengeance approche [14]... »

Cérémonie impressionnante qui met en condition l'auditoire : l'inquisiteur n'a plus qu'à attendre les dénonciations. Il en recueille 77 à Guadix et prononce 5 jugements, les affaires de peu d'importance étant expédiées pendant la visite. Son travail terminé le docteur Mesia de la Sarte et sa suite partent le 7 janvier pour Baza, où de nouveau, l'édit est lu plusieurs fois, dont une fois en *algaravía,* à Baza même et dans toute sa région. Le 21 janvier on part pour Huescar sans prononcer la sentence d'anathème. Là, on règle d'abord un cas particulier : celui d'un frère profès qui s'est marié. Le mariage est vérifié grâce à un document envoyé par le collègue inquisiteur resté à Grenade; vérification faite, le frère est fait prisonnier et envoyé pour jugement à Grenade.

Le samedi 23 janvier l'édit de la foi est proclamé aux alentours de Huesca. Le jeudi 11 février Mesia de la Sarte retourne à Baza où est lue la sentence d'anathème et où il termine les affaires commencées début janvier mais dont le cours avait été interrompu par le cas du frère profès, à régler rapidement, semble-t-il, et le 26 on retourne à Guadix pour déposer les Sanbenitos manquants, envoyés de Grenade entre-temps; à Huescar et Baza on précise qu'en raison du bon état des Sanbenitos il n'est pas nécessaire de les remplacer. Le 1er mars, tout étant réglé, l'inquisiteur repart pour Grenade où il arrive le lendemain. Il s'est absenté près de cinq mois du siège du tribunal. Il a traité 181 affaires dont 21 ont été jugées sur place. Pas de visite apparemment en 1574. En 1575 c'est le licencié Mogrovejo qui entreprend le 3 septembre une visite qui va durer quatre mois (elle se termine le 5 janvier 1576). L'itinéraire est beaucoup plus long et complexe (il se recoupe deux fois); l'inquisiteur « siège » dans treize localités. Lors de son passage à Noalejo l'édit de la foi est proclamé en plein air, sans doute sur une place et, à cette occasion, on expose à la vénération de la foule des reliques.

A Antequera et Archidona les Sanbenitos des églises sont aussi « visités » et l'on recommande aux sacristains d'en prendre soin. Cette démarche ne semble pas du tout secondaire lors d'une visite; les inquisiteurs surveillent de près les *inhabiles* qui aimeraient faire disparaître toute trace de condamnation, qu'il s'agisse de la leur ou de celle de leurs ancêtres.

Lors d'une visite en 1561 dans l'évêché d'Almeria les inquisiteurs avaient mis en place 210 Sanbenitos de réconciliés et de condamnés!

Enfin l'inquisiteur recueille toutes plaintes et tous témoignages contre les membres locaux de l'inquisition : commissaire et familiers.

Voilà comment peut se dérouler une visite mais, comme nous le disions, la pratique a varié selon les époques. Seul le cas de Tolède étudié, sur toute la période des visites, par Jean-Pierre Dedieu, peut nous permettre de comprendre l'évolution.

A Tolède l'itinérance du tribunal a duré jusqu'en 1493 et après une période « creuse » les visites commencent en 1500. (A partir de cette date Deza rend obligatoire une visite annuelle.) Celles-ci se déroulent, dès lors, régulièrement. L'activité est parfois débordante; en 1513 un inquisiteur passe par Ciudad Real, Almodovar del Campo, Almaden, la Puebla de Alcocer, Herrera del Duque, Guadalupe, Puente del Arzobispo, Talavera la Reina et enfin Tolède en mars 1514. En trois mois il a parcouru près de 600 km!

La période 1525-1530 semble marquer un tournant. Les visites sont plus nombreuses que jamais, leur durée semble s'allonger et le nombre des procès jugés progresse. En 1529 il égale le nombre de ceux jugés à Tolède. Alors qu'elle s'occupait surtout des *conversos*, l'Inquisition commence à s'intéresser maintenant aux vieux chrétiens : nombreux sont les blasphémateurs, auteurs de propos malsonnants, erronés, etc., qui sont jugés en visite. Celle-ci prend donc une nouvelle importance. En trente ans, 35 visites sont faites, à certains moments deux en même temps permettent aux inquisiteurs de parcourir tout le territoire. De 1550 à 1559 11 visites suffisent pour tout le district de Tolède, selon un plan systématique : chaque inquisiteur recommence là où son collègue s'est arrêté l'année précédente.

Dans chaque région, l'inquisiteur séjourne longtemps afin de visiter toute localité de quelque importance et de rendre son action efficace.

Entre 1550 et 1560, Jean-Pierre Dedieu estime qu'un inquisiteur passe au moins le tiers de son temps « d'exercice inquisitorial » en visite et que les quatre cinquièmes des sentences sont rendus en visite. Celle-ci apparaît donc comme la pièce maîtresse du fonctionnement de l'Inquisition durant les deux premiers tiers du XVIe siècle.

L'inquisiteur est présent, réellement présent partout; on le voit agir, user de ses pouvoirs; l'Inquisition devient une réalité concrète aux yeux des gens. Elle impressionne d'autant plus qu'elle n'hésite pas à s'attaquer aux notables. De 1525 à 1560 le tribunal de Tolède se livre à une chasse systématique aux *inhabiles*, convoqués lors des visites. Ainsi la visite se révèle être le meilleur instrument de propagande du Saint-Office : un peu comme *l'autodafé* elle est entourée d'une solennité et d'une pompe, destinées à impressionner la foule qui voit tous les notables se conformer aux ordres de l'inquisiteur.

Vers 1560 cependant, on assiste à un nouveau changement. Les instructions de l'Inquisiteur général Valdès en 1561 enlèvent toute autonomie à l'inquisiteur en visite : il ne peut juger que les affaires légères. La procédure prend le pas sur l'action immédiate et exemplaire qui consiste à juger sur place.

D'autre part ces déplacements reviennent cher, il arrive qu'une visite soit « déficitaire », rapportant moins que les dépenses qu'elle a occasionnées. Les voyages sont éprouvants pour la santé des inquisiteurs. Dans une lettre à la *Suprême* datée du 23 août 1553 l'inquisiteur Valtodano résume la situation. « En outre les forces corporelles ne suffisent pas pour cheminer toute la vie; ni les salaires ne le permettent. » Les deux visites qui se déroulent en 1573 et 1575 dans le district de Grenade se passent en grande partie à la mauvaise saison et de plus dans des zones montagneuses. Les visites restent nombreuses mais leur durée baisse, passant de six mois à un an entre 1530 et 1560 à trois ou quatre mois vers 1570, puis se stabilisant à quatre mois après 1575, ce qui correspond à une obligation réglementaire. Elles représentent entre 10 et 15 % du travail de l'inquisiteur jusqu'en 1580, 6 % après. De la visite minutieuse et complète, localité par localité, on passe à une visite « globale », approximative : on s'installe dans deux ou trois villes d'où l'on envoie proclamer des édits de la foi un peu partout alentour. Un échantillonnage de visites pris à Llerena de 1567 à 1595 illustre bien le phénomène [15] : Sur les 11 visites réalisées durant cette période, 9 se font dans une ville ou deux, pas plus. En 1584, par exemple, l'inquisiteur se transporte à l'autre bout du district, à Ciudad-Rodrigo où il s'installe et fait proclamer l'édit de la foi dans les villes et bourgs de l'évêché, puis il attend les dénonciations. 2 seulement touchent plusieurs localités, respectivement 4 et 6, mais elles concernent un secteur proche du siège du tribunal. L'inquisiteur perd le contact avec la population. Si la chute des procès expédiés durant la visite s'explique par la nouvelle réglementation, que dire de l'effondrement des dénonciations dans les années 1570?

La *Suprême* tente de maintenir le système en vigueur mais les inquisiteurs eux-mêmes se dérobent à la tâche. Certains tombent malades avant ou pendant la visite, d'autres refusent carrément de partir, alléguant le peu d'intérêt de ces visites où l'on se déplace pour quelques causes à peine.

Le Conseil de la *Suprême* organisait périodiquement des visites d'inspection dans les tribunaux afin de surveiller le comportement des inquisiteurs et de leur personnel. Ces inspections étaient confiées à l'inquisiteur d'un autre tribunal qui utilisait un questionnaire, toujours le même, en 49 questions [16]. La question 29 concernait la visite du district soumis au tribunal. On apprend ainsi en 1589 que l'*adelantamianto* de Cazorla, dans le district de Cordoue n'a pas été visité depuis au moins vingt ans. L'inspection du tribunal de Séville en 1628 révèle qu'aucune visite n'a été effectuée depuis 1619 sous prétexte qu'il y a trop de travail au siège du tribunal. Quant à l'exemple extrême, il nous est donné par le district de Barcelone où une lettre des inquisiteurs à la *Suprême,* datée du mois d'août 1576, révèle que le Val d'Aran, dans les Pyrénées, n'a jamais été visité [17].

Durant le premier tiers du XVIIe siècle, la visite joue encore un certain rôle, après quoi elle disparaît à de rares exceptions près.

Avec les commissaires et les familiers le Saint-Office dispose désormais d'un réseau d'agents locaux qui supplée à la visite. Les commissaires sont des ecclésiastiques, représentants de l'Inquisition dans le pays; leurs pouvoirs sont limités mais ils jouent un rôle important : il lisent ou font lire l'édit de la foi, ils recueillent les dénonciations, procèdent aux arrestations sur les ordres du tribunal et mènent des enquêtes à sa demande.

A la fin du XVIe siècle, l'activité du Saint-Office devient plus bureaucratique. Des sondages effectués à Logroño, Cuenca, Llerena, Grenade permettent de penser que le cas de Tolède est représentatif de cette évolution.

L'activité du Saint-Office s'est sédentarisée; on ne va plus chercher le délinquant, on l'attend. Le grand corps de l'Inquisition semble atteint par la paralysie, paraît se scléroser, annonçant déjà le XVIIIe siècle où l'institution connaît une activité réduite.

En quelques décennies, l'Inquisition a mis en place un réseau de districts homogènes, d'une modernité remarquable; sans tenir compte des vieilles limites politiques ou ecclésiastiques, elle a renforcé sa cohésion, visant à une plus grande efficacité. Elle est aussi passée d'une activité itinérante à une sédentarisation qui l'a coupée peu à peu du peuple. La couverture géographique réussie, compte-tenu des moyens mis en œuvre, le Saint-Office a-t-il pu contrôler toutes les catégories de la société?

UN CONTRÔLE SOCIAL SANS LIMITES?

Le Saint-Office a voulu qu'aucune catégorie sociale ne demeure hors de ses prises. Il paraît avoir réussi dans cette entreprise mais ce n'est qu'une impression, encore insuffisamment fondée par l'analyse statistique. Seul, le traitement par ordinateur de l'ensemble des relations de causes entrepris par Gustav Henningsen et Jaime Contreras permettra de répondre de manière définitive à cette question. On observera d'autre part que, grâce à ses *familiers* distribués dans l'ensemble du corps social, l'Inquisition pouvait prétendre surveiller toute la société. Mais la distribution des familiatures a-t-elle été aussi bien répartie qu'il eût été nécessaire? Nous en doutons et le chapitre suivant apportera à cet égard d'intéressantes précisions.

Pour l'heure, nous présentons seulement les résultats de quelques sondages qui concernent les tribunaux de Llerena, soit l'Extremadure, et Logroño, soit le nord de la Castille et les provinces basques, à la fin du XVIe siècle; enfin Tolède, soit la Nouvelle-Castille, sur une très longue période, 1546-1700. Dans ce dernier cas, il faut remarquer que le sondage 1546-1560, qui correspond à l'apogée des visites inquisitoriales, informe surtout la situation des petits bourgs et des campagnes tandis que la période 1560-1630 voit s'équilibrer la représentation des villes et des campagnes et que la période 1630-1700 se distingue par une concentration de la répression à Madrid et par une forte proportion de judaïsants d'origine portugaise (commerçants, financiers, etc.).

Ces sondages ne peuvent prétendre donner une idée générale juste de la situation, car il peut y avoir de grandes différences d'une région à une autre. Les pourcentages donnés correspondent à des ordres de grandeur car l'exploration des archives révèle de temps à autre que des relations de causes ont été égarées dans d'autres séries.

L'Inquisition a-t-elle également poursuivi les hommes et les femmes? On constate immédiatement que les hommes représentent environ les trois quarts des accusés mais la proportion des hommes et des femmes varie selon les délits : quand il s'agit d'un blasphème c'est toujours, ou presque toujours, un homme qui est l'accusé. Pourtant dans certaines régions, et en certaines périodes, le pourcentage des femmes poursuivies arrive à être supérieur à celui des hommes. Prenons le cas extrême de Grenade après le soulèvement des morisques qui, dans les années 1573-1577, comptent pour plus de la moitié des accusés de ce tribunal : parmi les morisques se trouvent plus de 56 % de femmes! De sorte que si nous considérons maintenant l'ensemble des accusés, tous délits confondus, le fort pourcentage de femmes morisques fait que la représentation féminine totale s'élève à plus de 43 %. Dans la grave crise traversée par le royaume de Grenade qui vient de connaître une année de guerre, les femmes ont joué un grand rôle d'endoctrinement, de catéchisation, de défense de la religion de Mahomet. Moins spectaculaires peut-être mais tout aussi intéressantes, car elles informent une longue période, sont les courbes présentées par Mercedès Garcia Arenal à propos des morisques jugés par le tribunal de Cuenca : la courbe des femmes suit de très près celle des hommes et il est évident que les pourcentages globaux en porteraient la marque [18].

Selon les régions et les périodes, morisques et judaïsants exercent une influence plus ou moins grande. Lors de l'expulsion des morisques du royaume de Grenade, les tribunaux castillans, celui de Cuenca parmi d'autres, ont fort à faire avec les nouveaux arrivants. Au XVIe siècle les juifs venus du Portugal comptent pour beaucoup dans l'effectif des accusés de nombreux tribunaux. Il ne faut pas oublier, dans les zones frontières ou maritimes, les étrangers : à Logroño, pour la période 1592-1598, on compte 13 % de Français; le tribunal de Séville juge des personnes de provenances fort diverses : de 1606 à 1612 par exemple, 49 étrangers sur 206 accusés, surtout des Portugais mais aussi plusieurs Français, des Allemands, des Anglais, deux Turcs, un Grec, un Italien... [19].

Si l'on enregistre maintenant les états, charges, offices, métiers et que l'on procède à des regroupements socio-professionnels on constate qu'à Tolède, un quart des accusés environ appartient au monde agricole; les artisans et petits commerçants près d'un autre quart, les marchands et financiers 8 %, le clergé plus de 11 % et les réguliers plus de la moitié de cette fraction. La ventilation des femmes dans ces diverses catégories relèverait ces divers pourcentages sauf celui du clergé.

A Logroño le clergé représente un peu plus de 12 %, les paysans ou bergers environ 22 % mais les artisans et petits commerçants comptent pour 47 %! A Llerena, de 1589 à 1592, on connaît l'appartenance sociale de presque tous les accusés : 250 sur 259. Cette fois le clergé fournit un tribut très élevé, 62 personnes dont 31 séculiers, 26 moines (dont une dizaine de franciscains) et 5 religieuses. Soit un pourcentage inhabituel de 24,8 %. Les laboureurs, *peones*, et autres bergers, charretiers, muletiers, etc., sont 66, soit 26,4 %, un peu plus du quart habituel. Les artisans, petits commerçants et les petits métiers des villes ou des bourgs comptent exactement le même total. Le dernier quart est formé de notables où les médecins et hommes de loi (notaires, avocats, avoués) sont bien représentés mais fort peu les nobles (un *caballero*, un *hidalgo*) et aussi des « divers » soldats, étudiants, domestiques, esclaves, hommes de police (ainsi trois *alguaciles*).

Quelques conclusions provisoires : la forte représentation du clergé et des gens qui ont fait des études (hommes de loi, médecins); la faible représentation de la noblesse; la prédominance des citadins que confirme l'analyse des séries tolédanes où

Madrid compte pour 20 % du total, Tolède pour 12 % et plusieurs petites villes pour 2 % environ. Le cas de Logroño ne permet pas de conclusion car si la petite ville d'Agreda réunit à elle seule 24 % des accusés, 72 de ses 77 accusés sont des morisques, ce qui modifie les données. Cependant Pampelune et Aguilar ont, elles aussi, 5 % des accusés et Logroño 10 %.

Il est très difficile de savoir si le petit nombre des nobles poursuivis doit être attribué à une délinquance faible ou à la volonté de fermer les yeux. Il est pourtant évident que l'action du Saint-Office ne s'arrête ni aux marches du palais ni à la clôture des couvents. Nous verrons plus loin que les *caballeros* pouvaient être durement frappés s'ils s'adonnaient au « péché honteux ». Et certains des personnages les plus en vue de leur époque ont soudain disparu dans les prisons secrètes ou ont connu de graves ennuis : tel fut le cas de l'humaniste Juan de Vergara, de l'archevêque de Tolède Carranza, des docteurs Cazalla (qui périt sur le bûcher), Constantino ou Egidio, de Jean de la Croix, du père Siguenza, de frère Luis de Léon, de Joseph Fernandez de Toro, lui-même inquisiteur, ou d'hommes d'Etat comme Macanaz et Pablo de Olavide. La majorité des victimes des grands *autos* de Valladolid en 1559 et 1561 étaient des hommes et des femmes d'origine sociale fort distinguée et plusieurs procédaient de familles illustres, voire de la haute noblesse. Retenons pour l'instant les cas de frère Luis de Léon, de Joseph Fernandez de Toro et de Pablo de Olavide qui illustrent des situations différentes à des époques différentes.

Luis de Léon naît en 1528. Il appartient à une famille très honorable : son père est auditeur à la Chancellerie de Grenade, son frère gouverneur de la forteresse de l'Alhambra. Un point noir : ses ancêtres paternels, juifs convertis, ont été condamnés par le Saint-Office.

En 1542 Luis est envoyé à Salamanque pour poursuivre ses études. Il entre chez les augustins, fréquente les universités de Tolède, Alcala et, en 1560, est reçu docteur en théologie. L'année suivante le voit occuper une chaire à l'université salmantine. Son tempérament combatif, exigeant et critique lui attire l'hostilité des dominicains en particulier. Les occasions ne vont pas lui manquer de s'opposer à eux, lorsqu'il soutiendra des candidatures ou lorsqu'il postulera lui-même des chaires d'enseignement. Mais les événements prennent une autre tournure lorsque, en 1569, est posée une question doctrinale, fondamentale, à propos de la Bible. Une nouvelle édition venue de France, accompagnée d'un commentaire contesté, incite le Saint-Office à former une commission dont fait partie Luis de Léon. Le concile de Trente, en 1545, avait proclamé l'autorité de la Vulgate de saint Jérôme. Or frère Luis se montre souvent critique à l'égard de cette traduction et n'hésite pas à avoir recours, discrètement, aux sources hébraïques. Une fois de plus, il s'oppose violemment aux dominicains. Finalement le « clan traditionaliste » l'emporte et les commentaires sont supprimés. En 1571 les dissensions idéologiques, loin de s'apaiser, s'attisent. Des accusations sont lancées à propos de la traduction du *Cantique des Cantiques* par frère Luis. Ses amis « libéraux » Grajal et Cantalapiedra sont inquiétés eux aussi et, après dénonciation du prieur du couvent dominicain de San Esteban, ils sont arrêtés les premiers, ce qui provoque la stupeur. Peu de temps après, c'est au tour de frère Luis. Le premier des dix points de l'accusation concerne la Bible. A lui, le grand spécialiste de l'Ecriture sainte, on reproche d'avoir affirmé « que la Vulgate contenait de nombreuses erreurs et que l'on peut écrire un texte meilleur », lui enlevant vérité et autorité. Sept autres se réfèrent à l'interprétation de la Bible et à ses diverses traductions. Le procès lent, minutieux, long, va durer cinq ans! Les inquisiteurs s'entourent de toutes les garanties. Après avoir essayé de réagir, frère Luis abandonne ses prétentions, son agressivité et se met à écrire. Pendant ce temps son couvent et son ordre, dont il est un des plus brillants représentants, les professeurs de l'université envoient des pétitions à la *Suprême*. En 1576, les événements se précipitent, les qualificateurs de Valladolid achèvent d'établir l'hétérodoxie de certains points de sa doctrine et proposent de lui faire démentir publiquement, devant l'université de Salamanque, toutes ses erreurs. Evidemment il n'aurait plus le droit de professer. Certains, même, pensent qu'on pourrait le torturer afin d'obtenir un aveu complet et détaillé. Tout ceci est communiqué à la *Suprême* et, le 7 décembre 1576, coup de théâtre : l'Inquisiteur général, personnage modéré et libéral, ordonne l'absolution pure et simple du maître frère Luis de Léon. Quelque temps plus tard ce dernier faisait une entrée solennelle et triomphale à Salamanque. Dans l'action de grâces célébrée à son couvent il devait avoir une intention pour ses collègues et amis, moins heureux que lui : Cantalapiedra encore prisonnier et Grajal et Gudiel, eux, morts en prison...

Moins connue est l'histoire de Joseph Fernandez de Toro inquisiteur à Murcie [20]. Influencé par le quiétisme il manifeste cette tendance lorsqu'un ecclésiastique, religieux, est amené devant lui pour sollicitation *ad turpia* au confessionnal. Toro semble se contenter d'un simple cas d'obsession par le démon et, persuadant la *Suprême* d'accepter ses vues, il interdit au religieux de célébrer la messe et de confesser « jusqu'à ce que l'obsession soit passée ».

En 1706 il est promu au siège épiscopal d'Oviedo où sa réputation de quiétiste semble l'avoir précédé. Malheureusement pour lui il y a dans cette ville un collège de jésuites. Ceux-ci lui font bon accueil et, comme les dominicains qui cherchaient à savoir par des moyens détournés ce que Luis de Léon disait dans ses cours, ils le mettent en confiance pour le faire parler. En janvier 1707, le père Joseph del Campo envoie une dénonciation précise et détaillée à la *Suprême* expliquant comment, dans une conversation, Toro lui a proposé de lui expliquer la doctrine de Molinos. Il a déjà expliqué et décrit le mode par lequel on atteint le sommet de la perfection dans l'union avec Dieu, en même temps que les sens sont abandonnés à la tentation. L'affaire paraît grave, on fait une enquête à Murcie où les complices féminines de Toro sont arrêtées et avouent. L'Inquisiteur général en réfère à Rome (l'affaire Carranza a servi d'exemple) où le pape fait savoir qu'il réserve sa décision mais que toute la lumière doit être faite. Après s'être défendu et avoir argumenté, comprenant sa situation, Toro passe à des aveux partiels et réclame d'être jugé à Rome où il est finalement transféré en juin 1716. De ses confessions et lettres, sont extraites 455 propositions de différents degrés d'erreur. Pour finir, il abandonne toute défense et reconnaît qu'il a été hérétique, dogmatiste sollicitant, séducteur, blasphémateur, etc. Pour la condamnation, le cérémonial est le même que pour Carranza, il est transféré du château Saint-Ange au Vatican, déposé de sa fonction d'évêque et privé de bénéfice, suspendu à perpétuité des fonctions sacerdotales, il doit finir ses jours dans un couvent hors d'Espagne tout en respectant certaines observances spirituelles.

Autre époque, autre personnage, haut en couleur, Pablo de Olavide [21]. Né en 1725 à Lima où il fait de brillantes études et où il enseigne à l'université de San Marcos, il est incarcéré en 1754 à la suite d'opérations frauduleuses. Deux ans après il est chevalier de Saint-Jacques. Il voyage en France et devient un ardent propagandiste de la philosophie des Lumières, ce qui lui vaut d'être investi de fonctions officielles par Aranda et Campomanes, ministres libéraux de Charles III. Directeur de l'hospice de San Fernando où il tente d'appliquer les idées nouvelles, élu député, sa réputation ne cesse de grandir. En 1767, il est nommé intendant d'Andalousie et assistant de Séville, chargé par le roi du peuplement de la Sierra Morena, œuvre de sa vie et « opération modèle » de l'Espagne éclairée. Il accumule les hautes charges et les honneurs; conseiller très écouté de Charles III et de ses ministres, il participe et inspire de grandes réformes — universitaire et agraire particulièrement. C'est l'entreprise de la Sierra Morena qui le fait connaître à toute l'Europe. Mais ce personnage, brillant causeur, prête le flanc à la critique. A travers lui c'est la politique éclairée des ministres de Charles III qui est visée, et plus spécialement le groupe des *afrancesados*.

Il connaît de graves difficultés avec les divers conseils, une campagne se déchaîne contre lui, en particulier à Séville où une première enquête secrète est menée par l'Inquisition. Le motif d'accusation le plus grave est celui d'impiété. De plus il affirme la supériorité du pouvoir civil sur une juridiction ecclésiastique toujours suspecte d'empiéter sur les droits de l'Etat, ce qui ne lui attire pas la bienveillance des inquisiteurs. La procédure suit son cours. Le départ du ministre Aranda laisse Olavide à découvert; les amis qui lui restent au gouvernement sont aussi victimes d'attaques violentes. S'engage alors une terrible partie où le capucin allemand frère Romuald « colonisateur » de la Sierra Morena, devenu ennemi acharné d'Olavide, joue un rôle très actif. Se doutant du danger qu'il court, Olavide fait espionner ses ennemis; ses maladresses accélèrent sa chute et, le 14 novembre, convaincu d'hérésie, il est arrêté par l'*Alguacil Mayor* de l'Inquisition, un grand d'Espagne, le duc de Mora. Deux ans de prison l'attendent. Traitement infamant, condamnation infamante, liberté surveillée, fuite en France, retour en Espagne, réhabilitation et mort en 1803. L'homme brisé a répudié ses idées éclairées. L'Inquisition l'a choisi parce qu'il se trouvait à portée de ses griffes. Il fallait atteindre un très grand personnage bénéficiant de la confiance et de l'admiration du roi et de ses ministres, donner un avertissement à ces derniers contre lesquels on ne pouvait rien faire sans porter un grave préjudice au souverain.

On a souvent insisté sur les inimitiés qui avaient conduit de grands personnages à être dénoncés à l'Inquisition, leurs ennemis personnels pouvant être les inquisiteurs eux-mêmes, comme c'est le cas pour l'archevêque Carranza, ou encore les inquisiteurs de Séville vis-à-vis d'Olavide. Il serait dangereux de souligner cet aspect au détriment des considérations « idéologiques ». Les inquisiteurs sont inquiétés par un Carranza qui semble peu sûr sur le plan théologique, Luis de Léon est peut-être trop novateur pour ne pas paraître hétérodoxe, quant à Olavide il représente parfaitement ce courant cosmopolite qui menace l'autorité de l'Eglise. C'est aussi pour cela que l'Inquisition n'hésite pas à « frapper haut » et avec vigueur. Les grands bénéficient sans nul doute de protections qui déterminent un comportement différent de l'Inquisition à leur égard mais ils savent aussi qu'ils sont rarement hors de sa portée.

Le chapitre précédent nous a montré comment le Saint-Office s'est intéressé, suivant les époques, à des catégories sociales différentes, ainsi à ses débuts presque exclusivement aux juifs, puis peu à peu aux vieux chrétiens. Il y a des temps « forts », des périodes de crises durant lesquelles toute l'activité est mobilisée par un problème particulier. Il semble cependant que les inquisiteurs aient eu à cœur d'affirmer leur intérêt pour toutes les causes, dans la mesure de leurs moyens matériels : le prestige et l'autorité de l'institution en dépendaient.

Couverture géographique, couverture sociale : pour les réaliser l'Inquisition s'est dotée de moyens efficaces, de conception moderne, parfois en avance sur son temps. A-t-elle vraiment réussi dans cette tâche? Il faudra attendre longtemps avant de pouvoir dresser un bilan précis et, peut-être, cela n'est-il pas d'un grand intérêt en fin de compte. Si elle n'a pas atteint la totalité de la population d'une manière directe, elle est présente à tous les esprits; il faut compter avec elle : voilà peut-être sa véritable réussite. Elle arrive à faire partie de la vie quotidienne, comme en porte témoignage la littérature, par exemple. Si, dans les premiers temps, l'inquisiteur est un personnage inconnu que l'on découvre au hasard d'une visite, l'Inquisition du *Siècle d'Or*, avec tout son cortège d'images, effrayantes ou rassurantes, a pénétré la structure mentale de tous les Espagnols.

NOTES

1. L'expression espagnole est *auto dé fé* = acte de foi. Mais c'est la graphie portugaise *autodafé* qui s'est imposée dans le langage courant et le vocabulaire français.

2. Henry KAMEN : *Op. cit.*, p. 58.

3. Ricardo GARCIA CARCEL : *Op. cit.*, p. 51.

4. *Ibid.*

5. Gaspar Isidro de ARGUELLO : *Instrucciones del Santo Oficio...*, Bibl. Nat. Madrid, Mss. D. 118, F. 13.

6. A.H.N. Lib. 316, F. 166.

7. A.H.N. Lib. 317, F. 23.

8. A.H.N. Lib. 574, F. 66.

9. A.H.N. Lib. 317, F. 211.

10. Gaspar Isidro de ARGUELLO : *Op. cit.*, pp. 13-14.

11. *Ibid.*

12. A.H.N., Inquisicion, Leg. 1953, exp. 74 et 75.

13. Nous sommes en effet en pays morisque : beaucoup de morisques comprennent mal le castillan et parlent l'*algaravia*, langue arabe altérée au contact du castillan.

14. A.H.N., Inquisicion, Leg. 4. Cahier « Orden que se ha de tener en la letura y publicacion del edicto general ».

15. A.H.N., Inquisicion, Llerena, Leg. 1987 à 1989.

16. Nous reviendrons au chapitre suivant sur ce fort intéressant questionnaire.

17. British Museum, Ms. Eg. 1507, fos. 61-62.

18. Mercedès GARCIA ARENAL : *Inquisicion y Moriscos. Los procesos del tribunal de Cuenca*, Madrid, Ed. Siglo XXI, 1978.

19. A.H.N., Inquisicion, Sévilla, Leg. 2075.

20. H.-C. LEA : *Op. cit.*, t. IV, p. 72.

21. Marcelin DEFOURNEAUX : *Pablo de Olavide el afrancesado*, Paris, P.U.F., 1959.

CHAPITRE III

LE POUVOIR INQUISITORIAL

La présence remarquable de l'Inquisition sur l'ensemble du territoire, l'installation durable de tribunaux permanents bien répartis dans le pays, le système des visites enfin, tout cela ne signifie nullement, on l'a déjà compris, que l'Inquisition ait été une institution décentralisée, encore moins régionalisée. Même au premier siècle de son histoire, elle est au contraire un modèle de centralisation. Fondée sur une structure pyramidale de pouvoir, d'un caractère très moderne, elle agit avec une efficacité exceptionnelle qui fait d'elle non seulement l'alliée privilégiée du catholicisme romain mais, beaucoup plus encore, un élément essentiel de l'appareil d'Etat, le meilleur auxiliaire de Léviathan.

Ce n'est pas ainsi sans doute que l'on a coutume de considérer l'Inquisition. Mais ce livre fera, croyons-nous, la démonstration d'une thèse à laquelle Ricardo Garcia Carcel a apporté, avec le cas de Valence, le premier élément décisif. Et nous prétendons prouver d'emblée qu'il n'y eut pas seulement collaboration étroite entre la monarchie hispanique et l'Inquisition mais qu'il y eut, pendant plus de deux siècles, identité entre l'appareil d'Etat et le pouvoir inquisitorial.

Il est parfaitement inutile de s'attarder auprès des certitudes et de répéter ce que d'autres ont fort bien dit. Tout le monde sait que l'Inquisition fut rapidement dirigée par un Conseil, appelé en 1483 *Conseil de la Générale et Suprême Inquisition,* plus brièvement *Suprême.* Un Conseil de gouvernement parmi d'autres, on l'a déjà dit. Bien sûr, il s'agissait d'un tribunal ecclésiastique soumis à l'autorité du pape mais il nous sera facile de montrer que cette dépendance était beaucoup plus théorique que réelle. Rome a accepté de créer l'Inquisition à la demande des Rois Catholiques et assume donc la responsabilité de l'Institution, cela est incontestable. Mais cette création lui a presque aussitôt échappé et, chaque fois que le pape a voulu s'opposer à une initiative de l'Inquisition espagnole ou réduire ses pouvoirs, il a échoué. Après cela on peut toujours prétendre que la nouvelle inquisition est comme l'ancienne *opus romanum*. Ou bien, comme le fait Henry Kamen — dont la lucidité est pour une fois prise en défaut — que, sans Rome « le tribunal aurait cessé d'exister », que « les bulles de nomination, les réglementations canoniques, les sphères de juridiction étaient, toutes, soumises à l'approbation préalable du pape [1] ». Bien sûr, mais cela est confondre le droit et le fait : en droit, la papauté contrôle l'Inquisition espagnole et elle est responsable devant l'histoire de l'activité de cette institution; en fait, celle-ci est un instrument de la monarchie espagnole.

Comment ignorer que bien des membres de la *Suprême* ont siégé aussi dans *d'autres* Conseils de gouvernement? Comment fermer les yeux sur le rôle *politique* de plusieurs Inquisiteurs généraux, par définition présidents de la *Suprême*? Cisneros, Inquisiteur général de 1505 à 1517. Adrien d'Utrecht, ancien précepteur de Charles Quint, de 1517 à 1522. Diego Espinosa, Inquisiteur général de 1566 à 1571 et... président du Conseil de Castille, comme Diego Sarmiento de Valladares de 1669 à 1694, comme Larreategui encore de 1733 à 1740!

Pour que les doutes s'évanouissent, pour que le fonctionnement et le sens du système apparaissent clairement aux yeux de tous, il faut que soient apportées des réponses satisfaisantes à plusieurs questions essentielles. Comment la *Suprême* contrôle-t-elle l'action de l'appareil inquisitorial, comment s'exerce le regard de la hiérarchie? Qui sont les inquisiteurs et quelle est donc la nature de leur pouvoir? Quels sont les moyens en hommes et en ressources dont peuvent disposer les inquisiteurs pour accomplir leur mission? Mais il faudra aussi se souvenir que les inquisiteurs étaient des hommes : cela garantissait — heureusement! — une distance entre les intentions du pouvoir et le vécu quotidien.

L'INQUISITION POUVOIR CENTRALISATEUR : LE REGARD DE LA HIÉRARCHIE

Le Conseil suprême de l'Inquisition, dont les membres étaient (réellement) nommés par le roi, travaillait beaucoup : les conseillers se réunissaient les lundi, mercredi et vendredi matin; les mardi, jeudi et samedi soir. La liaison de ce Conseil avec le gouvernement des Espagnes était une liaison *organique* puisque deux membres du Conseil de Castille assistaient *régulièrement* aux sessions de l'après-midi. Les conseillers étaient choisis pour une large part parmi les inquisiteurs des tribunaux de province auprès de qui venaient siéger des prélats ou des *letrados* d'une expérience certaine. Le Conseil connaissait donc de l'intérieur le fonctionnement du système et les conseillers connaissaient personnellement les inquisiteurs de province, voire le petit personnel grâce aux inspections périodiques organisées par la *Suprême* et auxquelles participait parfois l'un ou l'autre des conseillers.

Les tâches du Conseil étaient multiples : il élaborait les instructions auxquelles devaient se conformer les tribunaux provinciaux, telles les fameuses instructions de Deza en 1500 ou de Valdès en 1561; il les modifiait ou les complétait pour tenir compte de la conjoncture politique ou religieuse. A partir de la fin du XVIe siècle, notamment, il orientait et réorientait constamment l'activité des tribunaux de province au moyen des fameuses *cartas acordadas,* véritables circulaires dont le contenu avait été préparé et décidé au cours des sessions de la *Suprême.*

Le Conseil contrôlait l'activité des inquisiteurs provinciaux, examinait avec soin les rapports des visites accomplies par les inquisiteurs dans leur district, épluchait les relations de causes qui, à partir de 1565 au moins, deviennent régulières mais dont nous connaissons des exemples antérieurs : la première tolédane qui ait été retrouvée date de 1550 mais Gustav Henningsen en signale qui datent de 1540 et nous en avons retrouvé qui datent de cette époque (Saragosse). Ces relations constituent de remarquables condensés de l'activité des tribunaux.

Le Conseil jugeait les causes en appel, examinait toujours les causes les plus graves, celles qui avaient entraîné une condamnation à mort, et il commuait fréquemment les peines de mort en peines de prison ou de galères perpétuelles; il arbitrait aussi les cas de vote en discorde assez fréquents lors des procès importants, il jugeait enfin les membres du Saint-Office convaincus de crimes, par exemple les familiers coupables de meurtre.

L'influence de la *Suprême* sur l'institution est allée croissant et son pouvoir de contrôle s'est développé sans cesse. Les archives en donnent la preuve. Ainsi les relations de causes sont-elles de plus en plus détaillées : au début, c'est-à-dire au milieu du XVIe siècle, elles se limitent à quelques lignes; un siècle plus tard la moindre affaire donne lieu à un résumé de plus d'une page et dès que l'affaire présente quelque relief ce sont plusieurs pages qui sont adressées à la *Suprême*.

Au XVIIIe siècle, lorsque l'institution se défait, devient déliquescente, les initiatives ne partent plus guère que de la *Suprême*. L'affaire de Teruel en 1754, finalement étouffée, ne se déclencha pas à partir de dénonciations, de rapports de familiers ou de commissaires, ni même sous l'impulsion du tribunal de Valence dont dépendait Teruel, mais sur l'initiative personnelle de l'Inquisiteur général, Francisco Pérez de Prado y Cuesta, qui était à l'époque... évêque de Teruel.

Le fonctionnement du Conseil était réglé selon une hiérarchie fort stricte. Le vote se déroulait suivant l'ordre d'ancienneté et les plus anciens votaient les derniers. Bien entendu, le Conseil était présidé par l'Inquisiteur général. De 1481 à 1820, on recense 45 Inquisiteurs généraux : la moyenne du mandat est donc d'un peu plus de sept ans et demi mais ce n'est qu'une moyenne et cinq Inquisiteurs généraux demeurèrent plus de vingt ans en poste, soit Fernando de Valdès (1546-1566), Gaspar de Quiroga (1573-1594), Diego de Arce y Reinoso (1643-1665), Diego de Sarmiento y Valladares (1669-1694), Felipe Beltran (1761-1783). A l'inverse, quelques autres n'exercèrent leur mission que pendant quelques mois, tels Juan Pardo de Tavera en 1538, Alonso Fernandez de Aguilar y Cordova en 1699 et Diego de Astorga y Cespedes en 1720.

Dans l'ensemble, il s'agissait d'une fonction durable qui permettait à l'Inquisiteur de bien contrôler l'appareil encore qu'il y ait pu avoir conflit entre le Conseil et son président. La liaison de ce Conseil avec la haute Eglise est évidente : la grande majorité des Inquisiteurs généraux étaient des prélats déjà pourvus d'un évêché ou d'un archevêché. Six d'entre eux furent en même temps Inquisiteur général et primat d'Espagne, c'est-à-dire archevêque de Tolède et une douzaine avaient déjà accédé à la pourpre ou obtinrent le chapeau de cardinal durant leur mandat.

La *Suprême* n'hésitait pas à contrôler sur place l'activité d'un tribunal et l'action personnelle de chaque inquisiteur. Elle conférait une mission d'inspection à l'un de ses membres ou, plus souvent, à un inquisiteur pris dans un autre tribunal en lui octroyant les pleins pouvoirs pour mener son enquête. Après quoi, l'inquisiteur établissait un rapport circonstancié qu'il remettait à la *Suprême* : ce rapport pouvait entraîner la destitution ou la mutation des « révérendissimes pères » qui ne donnaient pas satisfaction.

L'on a fort peu travaillé sur ces rapports d'inspection et c'est très regrettable car ils jettent une lumière vive sur le fonctionnement des tribunaux tout en rapprochant les inquisiteurs du commun des hommes. Dès son arrivée auprès du tribunal visé, l'inspecteur rassemblait des témoins qu'il choisissait à son gré : en fait presque tout le personnel du tribunal, des inquisiteurs aux huissiers et aux gardiens de prison, était interrogé. Mais les prisonniers qui se trouvaient alors dans les cellules, en attente de leur procès; les condamnés qui purgeaient une peine de réclusion; les familiers du Saint-Office et des personnes diverses pouvaient aussi être utilisés comme témoins. C'est ainsi que l'inspecteur entendit 63 témoins à Cordoue lors de sa visite de 1577, 37 lors de l'enquête de 1597. A Séville, l'inspection de 1628 comporta l'audition de 95 témoins dont 32 faisaient partie ou avaient fait partie du tribunal. Mais d'autres étaient des familiers, d'autres étaient des condamnés « réconciliés », d'autres encore des magistrats ou des officiers de la cité.

Ces inspections n'obéissaient pas à une périodicité régulière. Nous savons, par exemple, que le tribunal de Cordoue a fait l'objet d'inspections en 1544, 1577, 1589, 1597; celui de Séville en 1611 et 1628. L'enquête pouvait concerner une personne nommément désignée par le procès-verbal parce que des accusations avaient été portées contre elle : ainsi à Cordoue, en 1597, l'inquisiteur, docteur Alonso Ximenez de Reynoso, était visé et le rapport final retint contre lui 39 griefs; à Séville, en 1611, c'est l'inquisiteur Alonso de Hoces qui est sur la sellette et 30 chefs d'accusation seront énoncés par le visiteur. A notre connaissance le record est détenu par l'inquisiteur de Cordoue, docteur Cristobal de Vallesillo, qui, en 1589, se vit accuser de 106 griefs par le docteur Luis de Capones, inquisiteur de Séville, chargé de l'inspection. Peut-être de nouvelles recherches révèleront-elles des dossiers encore plus lourds.

La plupart des inspections avaient cependant une portée générale : elles comportaient une visite détaillée des prisons avec appréciation sur l'état de chaque cellule; l'examen des prisonniers et de leur état de santé; l'inspection du « secret »; de la dépense, du matériel, et, bien entendu, de l'ensemble du personnel du tribunal.

Pour mener leur enquête, les inspecteurs disposaient d'un questionnaire modèle de 49 questions qu'ils posaient à leurs témoins. L'information recherchée concernait l'exercice des fonctions inquisitioriales : quelle était l'assiduité et la compétence des inquisiteurs, leur niveau culturel, comment exécutaient-ils les instructions? Quel était leur comportement envers les accusés? Etaient-ils suspects de complaisance envers eux? Avaient-ils omis de procéder contre des suspects? Avaient-ils contrôlé les témoignages? Usaient-ils de la torture sans indices suffisants? Mais l'enquête s'intéressait aussi à la personne des inquisiteurs et à leurs mœurs : quelles étaient les relations qu'ils entretenaient entre eux? Avaient-ils des concubines publiques ou entretenaient-ils des relations avec les prisonnières ou avec les femmes ou les filles des accusés? Etaient-ils accessibles à la corruption? Avaient-ils visité leur district régulièrement ou non?

Le questionnaire s'informait des familiers, de leur nombre, de leur condition, de la régularité de leur nomination; du sort des prisonniers qui devaient être « honnêtement traités », de leur défense, du comportement du juge des biens et du receveur des séquestres, des officiers de police enfin.

Une telle inspection exigeait plusieurs mois d'enquête et donnait lieu à un volumineux rapport. Celui de Séville en 1628 compte 1 023 folios, soit plus de 2 000 pages. Le rapport dressait la liste des griefs retenus contre chaque membre du personnel : ainsi le rapport qui suivit l'enquête de 1577 à Cordoue présentait le catalogue de griefs suivant :

— 2 contre l'inquisiteur licencié Andrès de Alba (devenu inquisiteur de Valladolid).
— 3 contre l'inquisiteur licencié Alonso de Reynoso (devenu inquisiteur de Tolède).
— 18 contre l'inquisiteur licencié Francisco Gasca Salazar (devenu inquisiteur de Saragosse).
— 20 contre l'inquisiteur docteur Alonso Lopez, encore à Cordoue.

- 13 contre l'inquisiteur licencié Juan de Portella, encore à Cordoue.
- 10 contre le procureur (fiscal) Quintana.
- 7 contre Juan Lopez de Alegria, notaire du secret.
- 7 contre Sebastian Camacho, notaire du secret.
- 4 contre Juan Carrillo, notaire du secret
- 4 contre Alonso Gallego de la Cueva, notaire des séquestres.
- 1 contre Miguel de Ybarguen, *alguazil.*

La *Suprême* disposait ainsi d'un extraordinaire dossier personnel dont elle usait à l'instant d'orienter les carrières, de faire les promotions ou de les briser. L'historien, quant à lui, découvre, les hommes, dépouille les inquisiteurs de leur masque de tribunal.

QUI ÉTAIENT LES INQUISITEURS? OU LA NATURE DU POUVOIR

Chose étrange! La plupart des historiens de l'Inquisition se sont fort peu occupés de cette question que nous jugeons essentielle : qui étaient les inquisiteurs? Lea lui-même...

Une fois encore Julio Caro Baroja, avec sa perspicacité habituelle, a posé en termes clairs le problème dans le brillant et court essai qu'il a consacré au *Señor inquisidor.* « Nous allons admettre que nous savons beaucoup de choses de l'Inquisition en général. (...) Mais voici que le personnage le plus important dans ce tribunal n'apparaît pratiquement pas dans les œuvres des apologistes, des détracteurs, des historiens ou des critiques. (...) Le personnage auquel je fais allusion est l'inquisiteur, écrit ainsi en minuscules. De l'Inquisiteur en majuscules on a parlé davantage. Cet inquisiteur peut être Torquemada ou le cardinal Cisneros. Le Grand Inquisiteur, un prélat moins connu, un cardinal bureaucratique, comme le cardinal Espinosa, don Fernando Niño de Guevara ou le cardinal Zapata. Mais qui est, comment est l'inquisiteur? De la fin du XVe siècle au commencement du XIXe ce fut un personnage courant de la vie espagnole (...) Par où commencerons-nous son étude? Par ce qu'il a du « fonctionnaire », c'est-à-dire d'un point de vue général, ou par ce qui en fait un homme, par son moi propre [2]? »

Cette longue citation était utile. Dans l'association d'idées de l'opinion commune, le mot inquisiteur n'appelle pas le mot fonctionnaire. Les cauchemars et les frissons suscités par l'inquisiteur, cette auréole de romantisme noir qui environne le personnage, ne distinguent jamais le fonctionnaire. Et pourtant! Si la plupart des inquisiteurs avaient d'abord été des fonctionnaires, des gens engagés dans une « carrière », dans un cursus d'honneurs et de fonctions, si leur activité inquisitoriale n'avait été, parfois, dans cette carrière qu'une étape? Des fonctionnaires consciencieux ou négligents bien plus que des moines fanatiques obsédés par la traque des âmes pécheresses, anxieux de surveiller et de punir? Sait-on, par exemple, qu'en règle générale et dans la plupart des tribunaux, les inquisiteurs suspendent leurs audiences à l'heure juste, même au plus fort des interrogatoires, même si les accusés sont enfin parvenus au seuil des aveux? Voici des fonctionnaires conscients de leurs droits : il est midi [3]!

Il faut sans plus attendre pourfendre un mythe. Parce que l'inquisition médiévale fut la chose des dominicains, parce que l'Inquisition espagnole sous les Rois Catholiques fut d'abord sous l'emprise des dominicains, parce que le premier Grand Inquisiteur fut le dominicain Torquemada, on imagine volontiers que l'Inquisition espagnole fut dirigée et contrôlée par l'ordre des frères prêcheurs dont on connaît le rôle essentiel dans la lutte contre les hérésies.

Il est vrai que l'on compte quelques dominicains parmi les 45 Grands Inquisiteurs : outre Torquemada on peut citer frère Garcia de Loaysa (1538-1546), Luis de Aliaga (1618-1625), Antonio de Sotomayor (1632-1643) ou encore Jaime Tomàs de Rocaberti (1694-1699) qui fut en même temps général des dominicains et Grand Inquisiteur. Mais, on le voit, la présence des dominicains au sommet de la hiérarchie du Saint-Office demeura très épisodique et les dominicains ne disposèrent jamais d'une position dominante au sein de la *Suprême.*

On peut d'ores et déjà affirmer qu'il en était de même dans les tribunaux provinciaux, que les inquisiteurs en minuscules, selon l'expression de Julio Caro Baroja, n'étaient pas en majorité des dominicains. Et ce fut vrai d'emblée, même si la proportion des dominicains fut plus forte au début de l'histoire du tribunal : à Valence, de 1478 à 1530, sur 20 inquisiteurs recensés on ne repère que 5 dominicains, contre 12 séculiers, tous chanoines de quelque cathédrale et 3 personnages sur lesquels on manque d'informations précises [4].

Mais quelle était donc l'origine des inquisiteurs? L'exploitation du précieux fichier constitué par Jean-Pierre Dedieu pour le tribunal de Tolède, même si ce fichier ne concerne que les XVe et XVIe siècles, permet d'esquisser une réponse d'autant que le tribunal de Tolède était sans doute le plus considéré de tous : la *Suprême* envoyait à Tolède les inquisiteurs les plus distingués, ceux qui incarnaient en somme le modèle de la fonction.

De 1482 à 1598, Jean-Pierre Dedieu a recensé à Tolède 57 inquisiteurs. Les moines brillent par leur absence : un seul dominicain, semble-t-il! Le fait d'évidence est la solide formation universitaire de ces inquisiteurs : on compte parmi eux 41 licenciés et 14 docteurs. Ainsi 96,5 % de ces inquisiteurs sont des *letrados.* Ils font partie de cette catégorie à qui appartient *réellement* le gouvernement des Espagnes au temps de Charles Quint et plus encore de Philippe II.

Regardons-y de plus près. Non seulement il s'agit de *letrados* mais une forte proportion d'entre eux sont passés par les collèges universitaires les plus célèbres (*colegios mayores*), ceux qui ont servi de pépinière à la haute administration et aux Conseils de gouvernement : 12 au moins de nos inquisiteurs tolédans procèdent du collège de San Bartolomé de Salamanque, le plus illustre de tous; 6 encore viennent du collège de Santa

Cruz de Valladolid qui était à peine moins fameux et 6 autres viennent de collèges fort notables. Cette proportion importante (42,1 %) de gens ayant fait leurs études dans les meilleurs collèges, cette proportion exceptionnelle de *bartolomicos* (21 %) en disent long sur les qualités intellectuelles des inquisiteurs de Tolède et en même temps sur leur prédisposition à faire de grandes carrières dans les avenues du pouvoir.

Et, de fait, au moment de leur nomination au tribunal de Tolède, nombre d'entre eux sont installés dans la haute Eglise : 26 déjà (45,6 %) étaient chanoines d'une cathédrale, d'autres étaient vicaires ecclésiastiques ou chantres. Et leur carrière ultérieure démontre la justesse de ce diagnostic facile : 14 de nos inquisiteurs siègeront au Conseil suprême de l'Inquisition, 10 d'entre eux devinrent évêques et 4 archevêques (à Grenade, Compostelle, Palerme et Burgos). Deux futurs Inquisiteurs généraux figurent dans notre échantillon.

Mais ce n'est pas seulement dans des fonctions d'Eglise que s'exerceront par la suite les talents de nos inquisiteurs tolédans : plusieurs deviendront auditeurs des chancelleries de Grenade et Valladolid et trois présidents de ces hautes cours. D'autres même présidents des grands Conseils, ainsi Francisco Tello de Sandoval, président du Conseil des Indes, et Mauricio Pazo y Figueroa, président du Conseil de Castille. Quant à don Antonio Zapata de Mendoza, issu de la haute noblesse, il sera, au XVIIe siècle, vice-roi de Naples.

Ainsi, dès la fin du XVIe siècle, l'itinéraire politique d'un fils de grande famille peut passer par l'Inquisition : né en 1550, Antonio, fils du comte de Barajas, fut *colegial* de San Bartolomé de Salamanque et devint, très jeune, chanoine de la cathédrale de Tolède. Le voici ensuite chapelain de son ancien collège salmantin et l'étape inquisitoriale de sa vie commence alors : il est d'abord affecté au tribunal de Llerena, puis en 1584 (il a donc trente-quatre ans) il est nommé à Tolède. Après quoi s'ouvre la carrière du prélat : évêque de Cadix, puis de Pampelune, archevêque de Burgos, cardinal de Santa Cruz,

Antonio Zapata de Mendoza deviendra Inquisiteur général (de 1626 à 1632), patriarche des Indes et vice-roi de Naples.

On allèguera à juste titre qu'il s'agit là d'une carrière exceptionnelle favorisée par la haute naissance de l'intéressé. Certes! Mais voici le cursus de Francisco Tello de Sandoval : frais émoulu lui aussi du collège de San Bartolomé, licencié, il devient chanoine de la cathédrale de Séville, puis, en 1540, inquisiteur de Tolède. Il sera ensuite envoyé comme visiteur au Mexique. Devenu évêque d'Osuna, puis de Plasencia, il présidera successivement la chancellerie de Grenade, celle de Valladolid, enfin le Conseil des Indes. Grande carrière où la fonction politique est au moins aussi importante que l'action pastorale du prélat.

Que dire alors de Fernando de Valdès! Originaire d'une famille noble de Salas, dans les Asturies, il fit aussi ses études au collège de San Bartolomé et finit par occuper les plus hauts postes de l'Eglise et de l'Etat : successivement évêque d'Orense, Oviedo, Léon, Siguenza et archevêque de Séville; mais aussi membre du Conseil suprême de l'Inquisition et Grand Inquisiteur; mais encore président de la Chancellerie de Valladolid et président du Conseil d'Etat sous Philippe II!

On pourrait rapprocher de la carrière de Valdès celle de frère Garcia de Loaysa. Mais que dire enfin de Ramon José de Arce, Inquisiteur général de 1797 à 1808! C'est le cas limite. Avec lui il n'est guère question de la foi et des dogmes, cet inquisiteur n'est qu'un auxiliaire du pouvoir : créature de Godoy avec qui il courait les jupons, amant préféré de la marquise de Mejorada, cet Inquisiteur général ne serait-il pas... franc-maçon? Dérision!

Revenons à des itinéraires plus classiques. Il ne manque pas il est vrai d'hommes qui ont accompli l'essentiel de leur carrière en gravissant les degrés de la hiérarchie du Saint-Office. Sous Charles II, Diego de Sarmiento y Valladares, *colegial* de Santa Cruz de Valladolid, quitta ce grand collège pour devenir procureur de l'inquisition de Valladolid, puis inquisiteur dans ce même tribunal, ensuite conseiller de la *Suprême,* enfin Inquisiteur général pendant vingt-cinq ans (1669-1694), tout en occupant les sièges épiscopaux d'Oviedo et de Plasencia. De même, le *riojano* Juan Marin de Rodiezno, né à Najera en 1628, commença ses études à Grenade sous la protection d'un oncle qui présidait alors l'Audience de cette ville [5]. Devenu *colegial* d'un autre grand collège de Salamanque, celui de Cuenca, il fit ses débuts dans les rangs du Saint-Office comme procureur du tribunal de Cordoue en 1655, puis devint inquisiteur de Grenade et finit sa vie comme évêque de Badajoz, de 1681 à 1706.

Toutes ces carrières sont significatives : de fortes études universitaires où les droits civil et canonique *(Leyes* et *Canones)* comptent au moins autant que la théologie sont la condition nécessaire à l'entrée dans les avenues du pouvoir. Pour les plus doués ou les plus chanceux, les plus adroits aussi, le parcours signale toujours les mêmes stations : un grand collège universitaire, l'entrée dans un chapitre ou le vicariat d'un diocèse, les débuts au Saint-Office comme procureur, l'exercice de la charge d'inquisiteur dans un ou plusieurs tribunaux, l'appel au Conseil suprême de l'Inquisition et l'élévation à l'épiscopat, la présidence d'une des audiences (Grenade et Valladolid en Castille; Barcelone, Saragosse et Valence en Aragon; les Audiences des Indes); enfin, distinction majeure, la présidence d'un des grands Conseils du royaume : Conseil des Indes, de Castille, d'Etat... Le politique et le religieux sont indissociablement liés mais il s'agit bien d'exercer le pouvoir.

Il y a donc lutte, compétition, pour obtenir ce pouvoir. N'imaginons surtout pas que les études de haut niveau aient donné à nos inquisiteurs le seul goût de la spéculation intellectuelle, leur aient permis d'accéder à une conception irénique des relations humaines. Julio Caro Baroja rappelle opportunément que « l'université était une école de violence intellectuelle » où les maîtres cherchaient à se constituer des clientèles, construisaient avec leurs étudiants des partis qu'ils lançaient les uns contre les autres. La pratique de la délation était habituelle de sorte que les licenciés ou docteurs devenus inquisiteurs n'avaient ni peine ni scrupule à la recommander au peuple chrétien pour débusquer l'erreur ou l'hérésie ou le délit grave de mœurs. Les dons de l'esprit les plus remarquables pouvaient s'accorder avec l'ambition la plus exacerbée, la jalousie, l'orgueil, l'ostentation, l'absence de charité. Tel ce Diego de Simancas dont Julio Caro Baroja ébauche le portrait : juriste de grande compétence incontestablement, voire spécialiste en sciences politiques d'une catégorie reconnue, auteur d'un livre sur la République, d'un traité sur les majorats... Mais malgré sa réussite « professionnelle » puisqu'il siégea longtemps au sein de la *Suprême,* un ambitieux toujours insatisfait, un personnage orgueilleux, convaincu de ses mérites, acharné à accabler ses adversaires parmi lesquels l'infortuné archevêque Carranza...

Reprenons les procès-verbaux d'inspection que nous évoquions précédemment. Ils sont explicites : nos inquisiteurs sont des hommes. A quelques exceptions près (tel ce Lucero qui souleva Cordoue contre lui), ce ne sont pas des monstres. Ni des saints. Simplement des hommes, avec leurs faiblesses, leurs complaisances, leurs petitesses, leurs mouvements de générosité, leurs gestes de pitié, leurs passions et leurs goûts, leurs négligences, leurs ridicules...

Que reproche-t-on par exemple au docteur Alonso Ximenez de Reynoso, inquisiteur de Cordoue, qui fut l'objet, à la suite de l'inspection de 1597, de 39 chefs d'accusation? Sa volonté de puissance : « Il veut dominer et soumettre tout le monde. » Et les exemples précis suivent : il prétend imposer son vote aux autres membres du tribunal, insulte le personnel du Saint-Office, etc. Mais aussi son manque d'assiduité qui retarde l'expédition des affaires : il n'assiste pas à certaines audiences, pour aller à la chasse, ne se présente pas à certaines séances de torture, de sorte qu'il faut l'aller chercher... Le résultat est que certaines personnes n'ont pu paraître à l'*auto* de 1595 parce que leur procès n'était pas terminé et l'une d'elles, le docteur Ramirez de Messia, est morte en prison. Mais Ximenez de Reynoso est aussi convaincu d'avoir accepté des cadeaux, d'avoir accordé pour 400 reaux une familiature, de trafiquer de son influence... Enfin, il vit en concubinage avec une dame de Grenade, doña Maria de Lara, qu'il entretient de façon si notoire qu'elle est la fable de Cordoue : ne l'a-t-il pas installée dans la *juderia* avec sa mère et son frère? Ne vient-elle pas chez l'inquisiteur à la nuit tombée pour ne se retirer qu'au matin? Certains témoins sont précis : les amants couchent ensemble, nus, et les draps de lit portent la marque de leurs étreintes; l'inquisiteur arrive au tribunal avec de longs cheveux blonds sur son habit, visiblement épuisé par ses nuits d'amour. On dit même qu'il a défloré doña Maria lorsqu'il était procureur à Grenade et qu'il a eu d'elle trois enfants. Mais en l'absence de Maria il a besoin d'autres femmes qu'il fait venir chez lui pour jouer de la musique et chanter.

Alonso Ximenez de Reynoso incarne ainsi l'inquisiteur autoritaire et paillard. Alonso de Hoces, inquisiteur à Séville, contre qui l'inspection de 1611 retient 30 griefs, serait davantage une figure de comédie : violent, excessif, vénal, incompétent enfin et, pour comble, le goût du chant, de la poésie, de la danse. Alonso de Hoces a l'injure facile : il qualifie un de ses collègues de vilain, n'en voudrait pas pour son laquais, traite un autre de coquin *(bellaco)*, menace un familier du Saint-Office, en injurie un autre, insulte une veuve honorable, de mœurs irréprochables, en prétendant qu'elle vit en concubinage; il a la main leste et dégaine promptement. Il manque d'assiduité aux audiences, ne respecte pas le secret de l'instruction, accepte de nombreux cadeaux, soit directement, soit par l'intermédiaire de ses domestiques et on prétend que ses serviteurs et lui-même ont accumulé une fortune : onze cas précis de subornation sont cités. Il a même conseillé aux justiciables de corrompre les officiers du tribunal, affirme le rapport. Enfin,

Alonso de Hoces est accusé de manquer de dignité dans son comportement : au lieu de chevaucher gravement, comme les autres inquisiteurs, il se rend souvent à pied de Triana à Séville, se promène autour de la Bourse avec les négociants, converse avec n'importe qui. Il chante des couplets licencieux, récite des poèmes lestes de Gongora, joue de la guitare, chante des séguedilles en compagnie des rufians et danse en public. Bref, il a perdu tout crédit et compromet la réputation du Saint-Office. Enfin, et c'est le grief numéro un, il est taxé d'inculture (*falta de letras*).

Quant aux inquisiteurs de Cordoue inspectés en 1577 (Francisco Gasca et Alonso Lopez), quant au procureur Quintana, ils sont tous trois coupables d'indulgence excessive envers des accusés ou des prisonniers. Ainsi ont-ils permis au docteur Diego Perez, archidiacre de Jaen, d'avoir livres et papier dans sa cellule, d'assister aux offices religieux, de sortir dans la cour pour se récréer. Ils ont donné une guitare et des cartes à jouer à un autre détenu, ont autorisé d'autres prisonniers à recevoir des denrées alimentaires envoyées par leurs familles...

Résumons-nous. Les inquisiteurs ne formaient en aucune façon une caste de moines fanatiques, retranchée du reste du monde. Choisis dans une très forte proportion (autour de 90 %) parmi les séculiers, ils avaient déjà accédé à la haute Eglise à laquelle les destinaient leur éducation et leurs dons. Par leur formation, ils étaient en majorité des juristes éminents et c'est tout naturellement qu'ils en venaient à rendre la justice, à faire appliquer les lois, civiles et religieuses, comme à l'exercice d'un métier. Ce pouvait être des hommes d'une qualité intellectuelle remarquable et Claire Guilhem, par exemple, a pu admirer la manière dont les interrogatoires des *beatas* avaient été conduits par les inquisiteurs de Tolède dans la première moitié du XVIIe siècle : « Ces interrogatoires sont, à notre sens, remarquables de sobriété et de rigueur. Les inquisiteurs se refusent à tout ce jeu de complicités avec les accusées, bâti autour de questions équivoques, suggérant des réponses baroques et fantasmagoriques. Ces questions portent essentiellement sur la manière dont ces femmes pratiquent l'oraison mentale, en atteignent les degrés. (...) Aucun intérêt complaisant pour les étranges impulsions, mains chevillées, douleurs et courbatures, extases et ravissements [6]... »

Mais ces hommes étaient engagés dans la course au pouvoir, ils avaient le souci d'une carrière qui pouvait conduire les meilleurs d'entre eux, ou les plus habiles, à présider l'une des grandes cours de justice des royaumes, à siéger dans l'un des Conseils de gouvernement ou à la dignité épiscopale. La fonction inquisitoriale ne représentait dans leur esprit qu'une étape, plus ou moins longue, de leur *cursus honorum*. Et l'exercice du pouvoir inquisitorial se distinguait mal des autres pouvoirs, ne serait-ce qu'en raison des implications politiques fréquentes de l'action inquisitoriale [7]. D'autre part, les inquisiteurs partageaient les passions et les faiblesses des autres hommes : l'orgueil et l'ambition étaient leurs passions dominantes et, dans la course aux honneurs, ils n'épargnaient guère les autres concurrents possibles. Certains d'entre eux étaient violents ou même brutaux, d'autres étaient cupides, d'autres encore n'entendaient pas renoncer aux plaisirs de la chair. Ils pouvaient aimer la musique, la danse, la poésie et citer Gongora. Et si se révélaient parmi eux des sadiques, d'autres étaient accessibles à la pitié, capables de générosité. Des hommes enfin qui vivaient leur époque, rien de plus et rien de moins.

LES MOYENS DU POUVOIR : HOMMES ET RESSOURCES

Lorsque nous écrivons inquisiteurs nous pensons aux juges : soit deux ou trois par tribunal, à qui il convient d'ajouter les procureurs. Mais, bien entendu, chaque tribunal disposait d'un important personnel exécutant sans lequel il n'aurait pu mener sa tâche à bien.

A Valence en 1500 il y a deux inquisiteurs et un assesseur, le procureur, plus un officier de police *(alguazil)*, trois notaires, deux courriers (nonces), un receveur des amendes et confiscations, un huissier, deux gardiens et un chirurgien. Le poste de receveur est dédoublé; en 1519 et en 1523 apparaissent un médecin et un juge des biens confisqués. Soit dix-huit personnes en 1523.

A Séville, à la fin du XVIe siècle, l'équipe est plus nombreuse encore : trois inquisiteurs, un procureur, un juge des biens confisqués, quatre secrétaires, un receveur, un officier de police, un avocat du trésor, un gardien des prisons secrètes, un notaire du secret, un comptable, un notaire des biens, un courrier (nonce), un huissier, un gardien de la prison perpétuelle, deux chapelains, un médecin. Au total vingt-deux personnes sans compter quelques subalternes. De plus, le tribunal de Séville a ses experts attitrés pour les qualifications des causes, six juristes et six théologiens. Il s'agit, il est vrai, de l'un des tribunaux les plus considérables.

Tous ces officiers avaient des fonctions précises : ainsi le notaire des séquestres devait-il enregistrer tous les biens mis sous embargo en attendant que soit décidée leur restitution ou leur confiscation; le notaire du secret enregistrait les déclarations des témoins et des accusés et le notaire général jouait le rôle de secrétaire du tribunal en enregistrant les sentences, les édits, organisant les *autodafés*. L'*alguazil* était chargé de procéder à l'arrestation des suspects, de diriger la poursuite s'ils étaient en fuite; les nonces, chargés primitivement du transport des dépêches à l'intérieur du territoire soumis au tribunal, virent souvent leurs fonctions s'élargir et ils agirent comme délégués des inquisiteurs; l'huissier jouait aussi le rôle de porte-parole du tribunal. Quant au receveur des amendes et confiscations, Garcia Carcel en fait un officier de tout premier plan parce que « délégué des finances royales » dans chaque tribunal. Peut-être avant 1530, parce que le produit des biens confisqués aux judaïsants fut considérable mais, par la suite, cette fonction perdit de son importance pour la retrouver épisodiquement, ainsi de 1650 à 1680.

Lorsque les tribunaux se furent enracinés et sédentarisés, environ l'an 1530, ils eurent besoin de pouvoir compter sur un réseau d'informateurs et d'agents suffisamment qualifiés pour prendre d'importantes responsabilités. D'où la mise en place, à peu près à cette époque, comme le souligne Jean-Pierre Dedieu, d'un réseau très serré de commissaires et de familiers, « un réseau de contrôle territorial unique sous l'Ancien Régime qui ne sera pas dépassé avant la fondation de la Garde civile ». Les familiers méritent à eux seuls une étude, mais il ne faudrait pas négliger le rôle des commissaires à qui des missions très importantes ont été confiées. Aussi sont-ils eux-mêmes très souvent des *letrados,* titulaires de la licence. Ricardo Garcia Carcel écrit un peu hâtivement que « l'inquisition valencienne n'eut pas de commissaires ». Avant 1530 sans doute mais ensuite elle en eut comme les autres et même dans de petites localités : ainsi le 1er août 1658 l'un des inquisiteurs de Valence écrit au commissaire du Saint-Office à La Torre de Lloris, Joan Bautista Malferit, pour qu'il fasse des recherches dans les registres paroissiaux afin d'avoir la preuve d'un mariage de Martin Escribano, alias Andrès de Ruperes. Et le 11 août l'extrait du registre de mariage ainsi que les déclarations des quatre témoins sont expédiés par le commissaire au tribunal de Valence. L'on verra de même le tribunal de Valence et l'Inquisiteur général demander en 1754 une enquête au commissaire de Teruel à propos d'une procession sacrilège.

Les commissaires sont tout spécialement chargés de mener des enquêtes dans les localités éloignées du siège du tribunal, de procéder à l'audition des témoins et d'enregistrer leurs déclarations. Toujours à propos de l'affaire de polygamie de Martin Escribano, le commissaire de Quintanar, Andrès Clemente de Arotegui, sera chargé par l'inquisition de Cuenca d'entendre les témoins en septembre 1659. Dans les villes importantes, le Saint-Office peut même disposer du concours de plusieurs commissaires. Ainsi, lorsque l'affaire Herrera vient devant le tribunal de Cordoue en 1597, comme tous les témoins sont à Jaen, l'Inquisition charge ses deux commissaires dans cette ville, les licenciés Arias Pizarro et Ortega, de procéder à l'audition des témoins et d'enregistrer leurs déclarations. Ainsi pouvait-on gagner du temps et épargner l'argent. Evidemment, le tribunal de Tolède disposait de plusieurs commissaires à Madrid. Les commissaires que nous apercevons « en situation » dans les affaires de *beatas* dont eut à connaître le tribunal de Tolède au XVIIe siècle sont tous des *letrados*, licenciés ou même docteurs.

Il reste à rappeler quels étaient les moyens financiers du Saint-Office. A cet égard nous serons bref car nous n'avons pas de révélations à faire après les remarquables travaux de Ricardo Garcia Carcel auxquels un récent article de Jean-Pierre Dedieu apporte des confirmations pour le cas de Tolède. Pour sa part Henry Kamen avait effectué une très claire mise au point.

Il est sûr que l'Inquisition n'a pas été condamnée à vivre du produit des amendes et des confiscations. Ainsi à Valence et jusqu'en 1530 les recettes sont toujours supérieures aux dépenses (salaires compris) sauf lors des 4 années 1492, 1501, 1519, 1525. Et les finances royales eurent alors leur large part de la fructueuse exploitation de la richesse juive. Mais après 1530, le déficit s'installe de sorte qu'il faudra assurer au Saint-Office des ressources propres, indépendantes des amendes et des confiscations, ce à quoi s'employa notamment l'Inquisiteur général Valdès. L'Inquisition reçut les revenus d'un certain nombre de bénéfices ecclésiastiques en même temps que des *juros* [8] ou des rentes, par exemple. Il reste que la recherche de ressources nouvelles après le tarissement du filon juif a pu guider la politique inquisitoriale. Jean-Pierre Dedieu pense notamment que la multiplication des visites dans les années 1510-1560 a pu avoir, entre autres buts, celui de faire surgir les délits... et les amendes [9]. De là à penser que c'est le dénuement de l'institution qui a provoqué l'extension de la juridiction inquisitoriale à d'autres délits il y a un pas que nous hésitons à franchir. L'explication nous semble plus simple : toute administration, tout organisme humain cherche à agrandir son influence, à élargir son champ d'action, à assurer ses prises. Faute de juifs.... ce furent les morisques, les blasphémateurs et tant d'autres!

Il reste que l'Inquisition aurait eu des difficultés financières pires, si nombre de ses officiers n'avaient joui de bénéfices ecclésiastiques. Et que la pénurie a pu favoriser la corruption évoquée par le cas d'Alonso de Hoces et dont Garcia Carcel a trouvé à Valence quantité d'exemples.

LE PROBLÈME DES FAMILIERS. MILICE SUPPLÉTIVE OU GROUPE DE PRESSION?

Le cas des familiers de l'Inquisition, déjà abordé à diverses reprises, mérite que l'on s'y arrête, d'autant plus qu'il a été dans l'ensemble fort peu étudié : ainsi Henry Kamen, pourtant bien informé, consacre moins de deux pages aux familiers en se faisant surtout l'écho des plaintes que leur nombre croissant suscita dans la société civile [10].

Le familier est-il, comme l'écrit Kamen, « un employé laïque du Saint-Office toujours prêt à accomplir les tâches que lui demandait le tribunal » qui, en échange des services rendus, se voyait concéder un certain nombre de privilèges? La définition est correcte quoiqu'elle ne tienne pas compte de la chronologie et il est aussi nécessaire de savoir quelle était l'origine de la familiature, qui étaient les familiers, quel était leur mode de désignation et quels furent leurs comportements.

Les familiers sont apparus très tôt dans l'histoire de l'Inquisition espagnole puisque Ricardo Garcia Carcel en compte déjà 25 en 1501 à Valence. Il est certain qu'ils sont nés d'un besoin, celui de compter sur des auxiliaires laïques capables de participer directement à une poursuite ou à une arrestation et le fait que l'acte de nomination s'accompagne d'une autorisation explicite de port d'armes le confirme expressément. C'est par exemple un familier du Saint-Office, Agustin Moranti, de Castellon de Villanueva, qui, le 9 juillet 1658, procède à l'arrestation du trigame Martin Escribano dont nous avons déjà utilisé le cas. Mais les familiers pouvaient également jouer le rôle d'informateurs et d'espions, « de cinquième colonne » selon l'expression d'Henry Kamen. De fait, en 1617, l'affaire des *beatas* d'Almagro qui demeura inachevée *(inconclusa)* naît d'une dénonciation faite au commissaire de l'Inquisition par un familier du Saint-Office, Alonso Martinez Castellanos, qui est au service des Fugger.

Toutefois, et Kamen l'observe à juste titre, la plupart des dénonciations proviennent de voisins, d'amis, de parents, et le rôle des familiers en la circonstance n'est qu'accessoire. Ils servent avant tout de police supplétive, agissant par délégation de pouvoirs comme bras séculier en l'absence des rares *alguazils* dont puisse disposer l'Inquisition. Leur nom s'explique probablement par les conditions dans lesquelles ils étaient nommés au début, à la table des inquisiteurs, au cours des visites que ceux-ci accomplissaient dans leurs districts.

Ce qui est certain, c'est l'augmentation rapide du nombre des familiers en liaison avec l'activité maximale de l'institution. A Valence, ce nombre passe ainsi de 25 en 1501 à 57 en 1568. A Cordoue l'augmentation avait été plus rapide encore et nous allons d'ailleurs prendre ce tribunal comme exemple pour esquisser une sociologie des familiers et analyser le sens de l'évolution de la familiature.

C'est, semble-t-il, en 1544 que le nombre des familiers de Cordoue atteint le maximum : pour la seule ville de Cordoue, ils sont déjà 78 mais ils sont encore 20 à Baeza, 20 à Ubeda... Et pour savoir combien ils sont alors dans le ressort de Cordoue il faudrait encore connaître leur nombre à Jaen, à Andujar, à Cabra, à Lucena, à Montilla, à Montoro, à Martos, à Ecija, à Palma del Rio, dans les localités plus petites qui dépendent de Cordoue, dans le district *(partido)* de Calatrava, dans *l'adelantamiento* de Cazorla, etc. Quoi qu'il en soit, l'inspection de 1544 recueille les plaintes de la population contre le nombre excessif de ces familiers dont les privilèges de toutes sortes rendent la vie plus difficile aux autres. Une première limitation est alors décidée : le nombre des familiers de Cordoue sera limité à 55 et celui des familiers de Baeza, Ubeda, Jaen, Ecija, etc., devra également être réglementé. La *concordia* de 1553 réduira le nombre des familiers de Cordoue à 40 et cette mesure sera respectée au moins un temps comme le prouvent l'inspection de 1577 et le mémoire des familiers de 1580... en attendant qu'apparaissent, au siècle suivant, les surnuméraires.

La réaction que nous avons observée à Cordoue a été générale et elle a abouti à cet accord de 1553 que nous évoquions ci-dessus, pour le royaume de Castille, puis à ceux de 1554 pour Valence et de 1568 pour l'Aragon. Henry Kamen précise que ces accords limitèrent le nombre des familiers à 805 pour le tribunal de Tolède, 1 009 pour celui de Galice, 554 pour le ressort de Grenade, 1 215 pour celui de Saragosse et 905 à Barcelone. Ce sont tout de même des chiffres élevés.

Mais qui étaient les familiers? Dans quels secteurs de la population étaient-ils choisis? La situation n'a cessé d'évoluer comme nous le montre l'examen du cas de Cordoue.

En 1544, au terme d'une période de recrutement intense, aucun doute n'est permis. C'est le petit peuple urbain des artisans et des boutiquiers, essentiellement vieux chrétien, qui fournit au Saint-Office les auxiliaires de police dont il a besoin. Nous connaissons la profession de 68 personnes sur 78. Ces professions se distribuent ainsi :

Les familiers de Cordoue en 1544 : classement professionnel

Métiers du cuir (cordonniers, bâtiers, selliers, bourreliers, corroyeurs, pelletiers, fabricants de *guadamecis*...)	23
Métiers du textile et de la confection (tondeurs, cardeurs, tisserands, chapeliers...)	19
Métiers du métal (forgerons, batteurs d'or, ferronniers)	6
Métiers du bâtiment (carriers, charpentiers, maçons)	5
Fourniers (ouvriers boulangers)	5
Sparterie et vannerie	2
Métiers de l'agriculture (ouvriers des pressoirs, maraîchers, laboureurs)	6
Loueur de mules	1
Majordome d'église	1
Total	68

Ainsi le groupe des familiers ne compte-t-il pas le moindre *caballero* ni même aucun représentant de la bourgeoisie urbaine des marchands et des hommes de loi. L'homogénéité de ce groupe est tout à fait impressionnante; faut-il conclure que dans une première phase les familiers ont été recrutés parmi le petit peuple des « émotions » antisémites? On est tenté de le croire.

Et cela d'autant plus que la ville de Cordoue n'est pas une exception : en 1544, à Baeza, pas un *caballero* parmi les 20 familiers; pas un *caballero* à Ubeda où les quelques indications de métiers que l'on possède sont conformes au modèle cordouan (peintre, maçon, cordonnier, cardeur, laboureur, etc.).

En 1580, c'est-à-dire lorsque la génération précédente a été renouvelée, la sociologie des familiers est fort différente. Sur 40 familiers voici déjà 8 *caballeros* dont le nom est précédé du titre de *don,* et quatre d'entre eux sont d'ailleurs « vingt-quatre » de Cordoue[11]. Il est également possible que d'autres familiers, à propos desquels nous ne disposons pas d'indications de métiers, soient des *hidalgos* : ainsi Bartolomé Ximenez de la Pastora, Diego de Esquibel, Juan Ximenez de Escobar, Lorenzo de Almagro, Hernando Alonso de Arriaga, Gonzalo Parrillo de Cordoba, etc. De plus un autre familier, qui n'est pas *caballero*, Martin Alonso de Cea, est lui aussi « vingt-quatre » de Cordoue, ce qui le situe à un rang élevé de la hiérarchie urbaine. D'autres familiers sont magistrats municipaux : ainsi deux d'entre eux sont jurats. On compte encore trois marchands et un notaire public. De sorte qu'en 1580 les artisans et boutiquiers sont devenus minoritaires. Certes, ils n'ont pas disparu : on relève dans la liste un cardeur, un tisserand, un chaussetier, un pourpointier, deux fabricants de *guadamecis*, un cordonnier, un lormier, etc. Avec l'appoint d'un laboureur et d'un ouvrier de pressoir cette catégorie constitue à peine un peu plus du tiers de l'effectif alors qu'elle en formait la quasi-totalité en 1544.

Pourquoi ce changement? Les hypothèses les plus plausibles sont les suivantes : le prestige de l'institution encore contestée au début du XVIe siècle s'est affermi et les représentants des couches dominantes de la société urbaine se sont donc efforcés de l'investir. Au surplus la familiature est une source presque inépuisable de privilèges et elle devient de plus en plus recherchée.

De nombreux procès nous apprennent en effet que les familiers défendent avec acharnement les privilèges que leur accorde la familiature : ainsi, en 1586, plusieurs familiers de Cordoue qui ne sont pas *caballeros* (ils n'ont pas droit au titre de *don*) mais qui jouissent d'une bonne situation économique puisqu'ils sont inscrits sur les listes des *caballeros de contia* [12] intentent un procès au *corregidor* de Cordoue qui a prétendu les faire paraître à l'*alarde*, soit une revue militaire où ils devaient se rendre avec armes et chevaux. Le *corregidor* a beau faire valoir que dans les villes d'Andalousie où il existe des *caballeros de contia* les familiers de l'Inqûisition qui ne sont pas *hidalgos* et qui ont la *contia* ne sont pas dispensés d'un tel service, l'Inquisition décide de protéger leur privilège... en attendant que Sa Majesté en dispose autrement. Ce procès fait bien apparaître que plusieurs des familiers dont nous ne savions rien mais aussi plusieurs des artisans de 1580 sont riches. La familiature, dès cette époque, révèle une situation sociale confortable.

Ce procès et d'autres concernant des familiers de Jaen, Montoro, Moron de la Frontera, Séville, qui datent tous des années 80 du XVIe siècle, montrent l'importance des privilèges sociaux et économiques des familiers : ils sont exempts d'hôtes, du logement des gens de guerre, de la participation aux revues (*alardes*), de la contribution financière au nettoyage des rues de la ville (cas de Séville), de la contribution aux approvisionnements de l'*Invincible Armada,* etc. En même temps ces procès nous montrent que la familiature est détenue de plus en plus par les notables ou les gens riches et qu'elle suscite de vives contestations parmi le peuple urbain puisque les privilèges des uns aggravent l'humble condition des autres.

Il reste que ces privilèges n'étaient pas la raison de l'intérêt que les *caballeros* témoignaient à la familiature puisqu'ils en jouissaient déjà de toute façon. Mais la familiature avait aussi le grand avantage de faciliter le port d'armes et surtout d'accorder un privilège de juridiction qui pouvait se révéler précieux. Qui plus est, la concession de la familiature était précédée d'une enquête généalogique et la pureté des origines des familiers se trouvait ainsi explicitement confortée.

Le plus simple est de reproduire le texte d'un acte de familiature. Voici celui qui fut rédigé en faveur de Bartolomé de Ortega Cabrio, l'un des personnages les plus influents de la ville d'Ubeda :

« Nous les inquisiteurs apostoliques des villes et évêchés de Cordoue et Jaen (...) considérons après enquête que vous, don Bartolomé Ortega Cabrio, habitant d'Ubeda, êtes digne de confiance pour devenir l'un de ceux qui servent le Saint-Office de l'inquisition.

« C'est pour cela que nous vous nommons et désignons comme familier du Saint-Office car il est de notre volonté que voūs soyez l'un des familiers du " nombre " de l'inquisition de la ville d'Ubeda et nous exhortons les justices ecclésiastiques et laïques de cette ville et nous leur enjoignons, ainsi qu'aux justices de toutes les autres villes, de considérer que vous êtes familier et que vous jouissez de tous les privilèges dont doivent et peuvent jouir les titulaires (de cette condition) selon le droit, la coutume et les cédules de Sa Majesté.

« Nous vous donnons licence et faculté pour que vous puissiez porter et que vous portiez des armes offensives comme défensives, de jour ou de nuit, publiquement ou secrètement.

« Et en vertu de la très sainte obéissance et sous peine d'excommunication et de cent ducats pour les dépenses extraordinaires du Saint-Office nous demandons aux justices ecclésiastiques et civiles de notre district et aux *alguazils* qu'ils ne saisissent ni ne vous ôtent lesdites armes et qu'ils ne violent pas les privilèges et exemptions dont les familiers doivent jouir, qu'ils ne vous molestent ni inquiètent de manière quelconque.

« En vertu de quoi nous vous ordonnons de remettre cette cédule signée de nos noms à l'un des secrétaires dudit Saint-Office et de vous faire inscrire sur le registre et matricule où sont enregistrés les familiers de ce Saint-Office.

Fait le 6 avril 1581 par le licencié Molina de Mediano sur ordre des seigneurs inquisiteurs. »

On constate que l'acte affirme à deux reprises et de la manière la plus nette l'exemption des familiers à l'égard des justices ordinaires et qu'il autorise le port permanent d'armes « offensives et défensives ». Il n'est donc pas étonnant que, dans une Andalousie où se préparent les temps de la violence aristocratique, de tels privilèges aient été recherchés. Aussi trouvons-nous de nombreux *caballeros* parmi les familiers : à

Cordoue ou Séville comme dans de plus petites villes telles qu'Ubeda, Baeza, Andujar, Iznatoraf... A l'occasion de crimes de sang dont ils ont été les protagonistes ou les complices, la juridiction inquisitoriale témoigne alors d'une étonnante indulgence envers ces *caballeros* qui sont aussi des familiers...

Devenue une source de privilèges bien plus qu'un engagement de service comme elle l'avait été au début de l'histoire du Saint-Office, la familiature ne pouvait échapper au risque de la vénalité. Les inspections des tribunaux montrent qu'à plusieurs reprises certains inquisiteurs ont trafiqué des familiatures, soit en les vendant, soit en accaparant les cadeaux des prétendants : l'inquisiteur de Séville Alonso de Hoces doit, par exemple, répondre en 1611 de plusieurs accusations de cette sorte. Mais la *Suprême* elle-même, en difficultés financières, mit en 1651 des familiatures en vente au prix de 1 500 ducats. La vénalité de la fonction a sans doute permis à de nouveaux chrétiens de s'infiltrer ici ou là au sein de cette milice « sainte ». N'était-ce pas la meilleure des garanties?

Un rapide sondage effectué dans le catalogue des familiers du tribunal de Cordoue nous permet de formuler quelques hypothèses sur l'évolution de la situation après 1630 : il est vrai que l'on trouve parmi les familiers bon nombre de *caballeros*, « vingt-quatre » de Cordoue ou *regidores* perpétuels de quelque ville voisine : Cabra, Martos, Ubeda, etc., chevaliers des grands ordres militaires, voire possesseurs d'un titre de noblesse, ainsi les Aguayo marquis de Santaella. Beaucoup d'autres exerçaient des professions libérales comme notaire, médecin, pharmacien, ou avaient une position notable dans le négoce. Néanmoins le nombre des laboureurs est remarquable.

D'autre part, la familiature est devenue souvent un bien patrimonial que l'on cherche à conserver dans le lignage. Après 1630, un bon quart des familiers de Cordoue ont été précédés dans l'exercice de la fonction et la jouissance du privilège, par un père, un grand-père, un beau-père ou un oncle. A signaler aussi l'accession de quelques femmes à la familiature : telles, en 1648, Catalina Agustin de Canete, familière de Montilla et, en 1790, Luisa de Agarbe y Armejo, familière d'Andujar.

Beaucoup de notables n'ont vu dans la familiature qu'un élément de prestige, souvent aussi, notamment chez les *caballeros,* un élément de pouvoir et de contrôle social. Mais l'accaparement des charges de familiers par les notables a, sans aucun doute, diminué l'efficacité de l'institution comme police des croyances et des mœurs. Les notables ont détourné à leur profit la familiature sans se sentir engagés au service de l'institution. Auxiliaires redoutables du pouvoir inquisitorial au début de l'histoire du Saint-Office, les familiers ne seront plus ensuite, et surtout après le milieu du XVIIe siècle, que l'incarnation de privilèges inutiles et insupportables dont l'idéologie des Lumières se servira lorsque s'esquissera la mise en question du redoutable Tribunal. Telle est au moins notre hypothèse actuelle.

NOTES

1. Henry KAMEN : *Op. cit.,* p. 148.
2. Julio CARO BAROJA : *El senor inquisidor y otras vidas por oficio,* Madrid, Alianza Editorial, 1970, pp. 17-18.
3. Seule la lecture intégrale des procès peut faire prendre claire conscience de ce phénomène. Cependant, on peut aussi l'observer dans les relations de causes des tribunaux américains qui sont beaucoup plus détaillées. Par exemple les relations de causes de Lima à la fin du XVIIe siècle.
4. Ricardo GARCIA CARCEL : *Op. cit.,* pp. 135-136.
5. Julio CARO BAROJA : *Op. cit.,* pp. 21-22.
6. Pour plus amples détails voir Claire GUILHEM : *Des femmes, l'Inquisition et la foi,* Maîtrise d'histoire, exemplaire dactylographié, Toulouse-Le Mirail, 1976.

7. Voir ci-dessous le chapitre XI « Pour l'Etat, contre l'Etat ».

8. Un *juro* est une obligation sur un revenu de la Couronne, portant intérêt annuel.

10. Henry KAMEN : *Op. cit.*, pp. 154-155.

11. Un « vingt-quatre » est un magistrat municipal analogue à nos consuls ou échevins ou aux *regidores* de Castille. Ce nom qui n'apparaît qu'en Andalousie vient de ce qu'à l'origine les conseillers municipaux de certaines villes étaient au nombre de 24.

12. Catégorie sociale qui apparaît surtout en Andalousie. Non nobles mais jouissant d'une bonne position économique et capables d'équiper un cheval pour la guerre.

CHAPITRE IV

L'INQUISITION OU LA PÉDAGOGIE DE LA PEUR

LA PEUR ET SES RAISONS

En mai 1652, une émeute grave éclata à Séville comme dans les autres villes d'Andalousie : la hausse brutale des prix des denrées de première nécessité, après trois années de maladies, de misère et de famine, jeta le peuple dans la rue, le lança contre l'arsenal de la ville où il s'arma. Durant plusieurs jours le peuple sévillan, maître de la rue, pilla les greniers et ouvrit les prisons, rendant les détenus à la liberté. Mais il prit bien garde de ne pas toucher aux prisons de l'Inquisition. « Exception curieuse, commente Antonio Dominguez Ortiz, qui démontre le respect terrifié qu'elle (l'Inquisition) inspirait. »

Il est bien vrai. Durant trois siècles, l'Inquisition a régné par la peur. L'ordre qu'elle a inspiré était la mesure de la peur. Les inquisiteurs les plus conscients ont souhaité obtenir ce résultat : la peur devait dresser le plus formidable des obsctacles sur les routes de l'hérésie.

Voyez Francisco Peña rééditant en 1578, en l'actualisant, le *Manuel des inquisiteurs* rédigé à la fin du XIVe siècle par Nicolau Eymerich, imprimé une première fois en 1503, et qui fut, semble-t-il, le manuel le plus courant (il sera encore édité en 1585 et 1587). Peña est parfaitement explicite : « Il faut rappeler que la finalité première du procès et de la condamnation à mort n'est pas de sauver l'âme de l'accusé mais de procurer le bien public et *de terroriser le peuple (ut alii terreantur)*. (...) Aucun doute que d'instruire et *de terroriser le peuple* avec la proclamation des sentences, l'imposition des *Sanbenitos* soit une bonne action. » Et aussi, lorsqu'il s'agit de justifier les exécutions en effigie des contumax : « En cas de condamnation par contumace, il est bon de dresser une statue du contumax sur laquelle on affichera le nom et la condition du condamné et de la livrer ainsi au bras séculier, exactement comme on ferait si le contumax était présent (...) pratique très louable, dont l'effet *terrifique* sur le peuple est évident... »

Le résultat ne fait aucun doute. Le Saint-Office répand la terreur, distille la peur dans les esprits des riches et des pauvres, des savants et des ignorants, des gens d'Eglise et des paysans. Thérèse d'Avila le constate, même si elle ne s'émeut guère : « Des gens vinrent me trouver en grande alarme, me disant que nous traversions des temps difficiles, qu'une accusation serait peut-être portée contre moi et que je risquais de comparaître devant les inquisiteurs. Mais ces propos m'amusèrent et me firent simplement rire. Je n'ai jamais éprouvé la moindre crainte à cet égard. »

Certitude de marbre, ou inconscience? Car enfin, Luis de Léon, l'archevêque Carranza... pouvaient donner à réfléchir à Thérèse. En tout cas, les petites gens n'avaient pas cette belle assurance. L'Inquisition était le plus redoutable loup-garou dont ils se menaçaient les uns les autres au premier écart de langage. Ou plus charitablement, ils se mettaient en garde : « Faites attention à ce que vous dites », les avertissements de ce genre rapportés par les témoins encombrent les procédures. Ainsi à Grenade, une femme bien intentionnée conseille à une jeune morisque d'abandonner ses pratiques musulmanes, sinon, « ils la brûleraient en ce Saint-Office ». Une autre morisque demande à son interlocutrice chrétienne de faire silence sur ce qu'elle lui a confié « car on brûle à Grenade ». Et lorsque l'arrestation survient, elle peut susciter une telle terreur, un tel désespoir, qu'elle conduit parfois au suicide, tel ce marchand de Valladolid, *converso* d'origine portugaise, Diego Mendez, qui se pendit dans sa cellule en 1625; tel le *converso* valencien Rafael Bario qui fit de même; tel encore le tailleur morisque Luis Correon qui se pendit dans sa cellule de Llerena en 1591.

Mais cette recherche de la peur est-elle à l'époque tellement originale? Les justices ordinaires, au moins les justices criminelles, poursuivaient les mêmes fins. « Dans le supplice corporel, la terreur était le support de l'exemple : *effroi physique, épouvante collective,* images qui doivent se graver dans la mémoire des spectateurs, comme la marque sur la joue ou l'épaule du condamné » souligne Michel Foucault. Pourtant, il est bien vrai — et le peuple révolté de Séville l'avoue par son comportement —, que l'Inquisition fait peur davantage. Alors pourquoi?

Réponse suggérée : *la procédure inquisitoriale.* Louis Sala-Molins en est pour sa part convaincu et l'une des démarches majeures de l'introduction qu'il donne à sa belle édition du *Manuel des inquisiteurs* est de démontrer que les manières de l'Inquisition sont « pires que celles d'à côté », que par sa façon de mener l'enquête, de juger, d'absoudre ou de condamner, l'Inquisition a mis en place « un régime pénitenciaire pas tout à fait comme les autres ».

Peut-être. Mais il faut y regarder de plus près. Et surtout ne pas se contenter, pour fonder sa conviction, des instructions d'un manuel, d'un guide de conduite de l'inquisiteur. Ce qu'il faut savoir, c'est comment les inquisiteurs se sont comportés dans la réalité, face aux accusés. Et pour le savoir, il faut avoir lu des milliers de documents à propos des causes les plus diverses; des documents de Saragosse ou de Séville, de Valence ou de Llerena, de Grenade ou de Valladolid; des textes du XVe, du XVIe, du XVIIe ou du XVIIIe siècle. C'est ce que nous avons fait, et quelques autres avant nous ou avec nous. Parce que, Louis Sala-Molins le dit fort bien lui-même : « L'institution, au moment décisif, c'est l'inquisiteur. » Or, jusqu'à la fin du XVIIIe siècle en Occident, toute procédure est de nature inquisitoriale, à la seule exception de l'Angleterre à partir de la Grande Révolution. Présentant le *Manuel des inquisiteurs,* Louis Sala-Molins écrit : « La théorie se dévoile qui, tout entière orientée vers l'aveu, lui subordonne l'ensemble de la procédure. Les témoignages, les dépositions, la torture, la défense, autant d'éléments d'un même projet : faire avouer le suspect, le confondre. » Sans aucun doute. Mais les intentions, les objectifs des justices civiles sont-ils différents? Michel Foucault le rappelait récemment : « Ecrite, secrète, soumise, pour construire ses preuves, à des règles rigoureuses, l'information pénale est une machine qui peut produire la vérité en l'absence de l'accusé. Et du fait même, bien qu'en droit strict elle n'en ait pas besoin, cette procédure va tendre nécessairement à l'aveu. » Sans doute parce que l'aveu apparaît comme la plus forte des preuves, qu'il l'emporte sur toute autre. Mais aussi parce qu'en avouant, l'accusé se juge et se condamne lui-même.

Alors, si la procédure est en cause, ce ne peut être toute la procédure, ni même le principe qui l'anime. Que l'Inquisition médiévale soit responsable ou non de ce type de procédure, il a été adopté par les justices d'Occident. Si l'Inquisition est redoutée davantage, si même elle terrifie, quelles sont les vraies raisons de cet inquiétant pouvoir? Il faut l'établir, quitte à pourfendre les idées reçues lorsqu'elles sont fausses. Joyeuse besogne d'historien.

LES MAUVAISES RAISONS : LA TORTURE

Dans le catalogue des idées reçues, la plus tenace concerne l'emploi de la torture. Il y a longtemps déjà, Lea avait montré que l'Inquisition espagnole avait usé beaucoup moins de la torture qu'on ne le croyait. Après lui, Kamen et tout récemment Garcia Carcel ont apporté d'autres éléments au dossier. Mais c'est le dossier tout entier qu'il faut ouvrir, enrichir et plaider si l'on veut comprendre et savoir.

Jusqu'au XVIIIe siècle, la torture a une place stricte et

reconnue dans le droit criminel classique. Elle est un des moyens habituels de recherche de la vérité même si beaucoup de juges s'en méfient car ils en reconnaissent l'ambiguïté. Surtout, la façon de torturer est très éloignée des atrocités contemporaines. Michel Foucault, une nouvelle fois, définit parfaitement cette torture, disons classique : « Ce n'est point la torture déchaînée des interrogatoires modernes; elle est cruelle certes, mais non sauvage. Il s'agit d'une pratique réglée, qui obéit à une procédure bien définie; moments, durée, instruments utilisés, longueur des cordes, pesanteur des poids, nombre de coins (...) tout cela est, selon les différentes coutumes, soigneusement codifié. La torture est un jeu judiciaire strict et, à ce titre, par-delà les techniques de l'Inquisition, elle se rattache aux vieilles épreuves qui avaient cours dans les procédures accusatoires : ordalies, duels judiciaires, jugements de Dieu. Entre le juge qui ordonne la question et le suspect qu'on torture, il y a encore comme une sorte de joute; le patient est soumis à une série d'épreuves, graduées en sévérité et auxquelles il réussit en tenant ou auxquelles il échoue en avouant [1]. »

On ne saurait mieux dire. Mais comment les inquisiteurs eux-mêmes concevaient-ils la torture et son emploi?

Eymerich qui rédigeait son *Manuel* à la fin du XIVe siècle, se montrait fort prudent : l'inquisiteur ne devait recourir à la torture qu'à défaut d'autres preuves. Et s'il devait s'y résoudre, persuadé que l'accusé lui cachait la vérité, il était bon qu'il ne fasse torturer l'accusé que modérément et sans effusion de sang « se rappelant toujours que les tourments sont trompeurs et inefficaces ». Eymerich conseille de se contenter de la manière traditionnelle « sans chercher de nouveaux supplices ni en inventer de plus raffinés ». Il propose de les doser suivant la gravité du crime supposé, notion fort importante sur laquelle nous reviendrons.

Or, les principes d'Eymerich sont constamment ratifiés par les *Instructions* espagnoles, celles de 1484, dites de Séville; de

1488, de 1500, de 1561, dites de Madrid; ou encore par les instructions de 1576, 1627, 1630, 1667. Pour sa part Francisco Peña, commentant et complétant l'œuvre d'Eymerich, examine les cas des enfants et des vieillards qu'il faudra se contenter de frapper à coups de bâton (!) ou de fouetter; et celui des femmes enceintes qu'il ne faut ni torturer ni terroriser... avant l'accouchement. Mais Peña prend parti avec force « contre ces juges sanguinaires qui, à la recherche d'une vaine gloriole — et laquelle, mon Dieu! — imposant des tortures nouvelles, contrevenant ainsi au droit et à l'honnêteté, aux plus démunis des accusés... » La conclusion de Peña est forte : « Que l'inquisiteur ait toujours présente à l'esprit cette sentence du législateur : l'accusé sera torturé de telle sorte qu'il soit sain pour la libération ou pour l'exécution. » Le *Manuel* de Pablo Garcia, le plus complet de tous, plusieurs fois réédité au cours du XVIIe siècle, est également très explicite à cet égard.

La mise en garde de Peña signifie cependant que certains inquisiteurs ont mis en œuvre de nouveaux tourments, qu'ils ne se sont pas contentés des supplices habituels : *potro, garrucha, toca,* dont on dira plus loin quelques mots. Nous avons d'autres preuves que l'Inquisition, dans ses premiers temps, a usé d'autres procédés de torture (mais sans savoir lesquels). Dans leur grand effort pour tenter de réduire l'Inquisition au droit commun les Cortès aragonaises de 1510, 1512 et 1519, réunies à Monzon, puis à Saragosse; les Cortès catalanes en 1515 à Lerida; enfin, les Cortès de Castille à Valladolid en 1518, ont toutes demandé, non point l'abolition de la torture, ce qui eût été inconcevable, mais le respect du droit commun en la matière, l'interdiction d'*innover,* de recourir à des tortures nouvelles [2].

Cette découverte ne remet nullement en cause notre affirmation initiale. Il n'existe aucune raison pour imaginer que, dans la foule des juges, civils ou ecclésiastiques, le monopole du sadisme ait été dévolu à quelques inquisiteurs. Mais c'est là un fait d'opinion qui n'a pas valeur scientifique. Pour affirmer que la torture intolérable, celle qui met en péril la vie de l'accusé ou risque de le laisser infirme pour le restant de ses jours, est demeurée très exceptionnelle, nous disposons d'arguments objectifs autrement solides. Sans même prendre en considération les instructions qui proscrivaient formellement ce genre de torture. Voyons cela.

Les quatre procès-verbaux de visites évoqués dans le chapitre précédent et qui concernent Cordoue (1577 et 1597), puis Séville (1611 et 1628), où l'activité des inquisiteurs est passée au crible, ne révèlent aucun cas de ce genre. A Cordoue en 1577, au contraire, le procureur Quintana et les deux inquisiteurs Lopez et Gasca sont taxés d'indulgence excessive envers certains prisonniers. A Cordoue encore, en 1597, on note seulement que l'inquisiteur Alonso Ximenez de Reynoso néglige d'assister aux séances de torture de sorte que ses collègues sont obligés d'aller le quérir.

Autres exemples, à Valence, Ricardo Garcia Carcel a examiné toutes les procédures des années 1478-1530 : 2 354, certaines incomplètes, il est vrai. Il n'a trouvé que 12 procès où l'application de la torture soit certaine, *garrucha* ou *potro* dans tous les cas.

Plus significatif encore : le nombre des hommes et des femmes qui résistent victorieusement à la torture est considérable. La plupart des morisques d'Hornachos, qui subissent la torture lors du grand coup de filet de l'Inquisition sur ce bourg, de 1589 à 1592, résistent aux tourments et n'avouent pas. Les 5 *conversos* suspects de judaïser arrêtés en 1622 par le tribunal de Valladolid résistent tous les 5 à la torture et leurs causes sont suspendues. A Séville, de 1606 à 1612, 21 personnes sont mises à la question : 11 avouent une partie au moins des délits qui leur sont imputés mais les 10 autres nient obstinément. Ainsi, deux femmes morisques supportèrent victorieusement trois séances de torture, soit le maximum de ce qu'on était en droit d'administrer. On constatera de même que bon nombre des hommes accusés par le Saint-Office de Saragosse de l'un des péchés abominables, sodomie ou bestialité, ont « vaincu » les tourments, selon le terme exact utilisé par le document.

Cette résistance suppose certes une aptitude remarquable à la souffrance. Mais elle est rendue possible par la nature des supplices et par les règles que les juges sont tenus de respecter, et que, à la différence des juges laïques, ils respectent presque toujours de façon stricte.

On a déjà nommé ces supplices : la *garrucha* était une poulie qui manœuvrait une corde liant les poignets de la victime. Celle-ci était hissée lentement à une certaine hauteur, puis relachée brutalement d'un coup ou par secousses successives; le *potro* était un chevalet sur lequel le supplicié était attaché par des cordes auxquelles le bourreau donnait des tours successifs de sorte que les cordes s'enfonçaient dans la chair des victimes; la *toca* enfin était un entonnoir de tissu par lequel on laissait l'eau d'une jarre s'écouler lentement dans l'estomac du patient. A Séville, par exemple, en 1607, l'esclave turc du duc de Medina Sidonia, Manuel de Mendoza, supporte sans faiblir 12 tours de corde et 3 petites jarres d'eau : il a donc enduré à la fois le *potro* et la *toca*. La plupart des autres accusés ne subissent généralement pas plus de 3 tours de corde.

A Valence les supplices de la *garrucha* et du *potro* sont décrits avec précision par un texte fort remarquable cité par Ricardo Garcia Carcel, dont il vaut la peine de traduire au moins quelques passages :

« On doit administrer la torture très lentement et avec modération selon l'importance du délit et le bourreau ne doit ni effrayer les suppliciés ni les menacer, ni ne doit leur adresser la parole. (...) Les inquisiteurs doivent bien prendre garde à ce que le bourreau lie les cordes à la main gauche (...) de telle sorte que le supplicié ne devienne pas manchot ni qu'on lui rompe un os, et les tours que l'on donne à la corde sur les bras ne doivent pas se donner l'un après l'autre rapidement car ainsi la corde entre dans les chairs (...) et produit de l'effet et si on va vite elle ne se sent pas et ils surmontent ce tourment; de même dans la torture du *potro* d'un garrot à l'autre il faut laisser passer le temps; et quant à la *garrucha* on doit l'administrer très progressivement car si on lève la perche trop vite ils souffrent cette douleur d'un coup et après ils ne la sentent pas...

« Quant à répéter les tourments on doit le considérer attentivement et on ne doit pas le faire si de nouveaux indices ne surviennent pas et seulement dans le cas et de la manière permises, conformément au droit, et on peut continuer sans de nouveaux indices s'il n'a pas été suffisamment torturé, selon la nature des témoignages et des indices... [3]. »

Question de dosage, on le voit, où interviennent les aptitudes à endurer la souffrance, la force et la faiblesse des caractères, mais aussi le nombre des témoignages et l'importance des indices. Les inquisiteurs décident de ce dosage. Parfois aussi les médecins appelés comme experts.

Francisco Tomás y Valiente nous présente ainsi le cas d'un obscur tisserand tolédan, Alonso de Alarcon, poursuivi en 1636 pour blasphèmes hérétiques. Le procureur réclama que l'accusé soit soumis à la torture. Mais la santé d'Alarcon inspirait certaines inquiétudes et les inquisiteurs jugèrent bon de le faire examiner préalablement par deux médecins, les docteurs Puelles Escobar et Bermudez qui formulèrent le même diagnostic : le prévenu pouvait être torturé du côté gauche mais non du côté droit car il avait perdu l'usage de son bras droit à la suite d'une attaque de paralysie! Les inquisiteurs suivirent cet avis et Alarcon fut attaché sur le chevalet où on lui infligea deux tours de corde [4].

Tolède une fois encore. Une femme, la *beata* Ana de Abella, accusée en 1654 d'être une « hérétique apostate, mystificatrice, illuminée, usant de pactes implicites ou explicites avec le démon ». Le procureur demanda qu'elle fût remise au bras séculier mais préalablement « soumise à la torture afin qu'elle confesse entièrement la vérité sur elle-même et ses complices ».

Les inquisiteurs ne suivirent pas la demande du procureur. Ana de Abella, veuve pauvre et solitaire, était une violente qui s'abandonnait parfois à des accès de démence. Insomniaque et sans appétit, elle massacrait les objets familiers, s'en prenait à ses compagnes de détention. Au lieu de la livrer au bourreau, les inquisiteurs la confièrent aux médecins et c'est ainsi qu'elle disparut du tribunal. Sans doute son procès fut-il suspendu.

Revenons à des cas plus ordinaires. La torture doit être proportionnelle à l'ampleur des charges qui pèsent sur l'accusé. Un seul témoignage et, sauf exception, la torture en restera aux premières manœuvres : deux ou trois tours de corde, un voyage de *garrucha*. Si l'accusé « tient », il a partie gagnée. Le texte signale qu'il a éliminé les indices *(purgar los indicios)*. Sa cause est généralement suspendue et il est libéré. Si, au contraire, plusieurs témoins s'accordent dans leurs délations, si les indices s'accumulent, l'épreuve sera beaucoup plus dure. Mais si l'accusé la surmonte et, quelles que soient les charges, il a sauvé sa tête. Ce qui a pu conduire l'Inquisition, à l'instar des justices civiles, à ne pas infliger la torture à un accusé convaincu de son crime par des preuves accablantes.

Il reste que la signification donnée à la torture faisait la part belle aux gens doués d'une grande résistance à la douleur et d'une réelle force morale. Le destin pouvait être tout différent pour des personnes sur lesquelles, a priori, pesaient des suspicions identiques. En voici un exemple.

Nous sommes à Séville, dans les années 1611-1612, en une époque où les *conversos* d'origine portugaise bénéficient d'une rémission incontestable, acquise à prix d'or il est vrai. Voici cependant que comparaissent devant le tribunal sévillan deux femmes accusées toutes deux de judaïser et dont l'une doit être la mère ou la tante de l'autre. La première, Ana López, 45 ans, vit à Osuna et a été dénoncée par son neveu : arrêtée le 17 décembre 1610 elle nie d'emblée, reste ferme dans ses dénégations, persévère sous la torture : sa cause est suspendue et elle est libérée. L'autre, Maria López, 22 ans, vivait également à Osuna où s'était rassemblé un foyer important de *conversos*. Elle n'a été dénoncée elle aussi que par un seul témoin, certainement le même car il s'agit encore d'un mineur détenu par le Saint-Office de Grenade et elle a été arrêtée le même jour. Au début Maria nie aussi fermement qu'Ana et produit des témoins à décharge; mais elle est enceinte et elle ne sera donc torturée que plusieurs semaines après son accouchement, le 15 février 1612. Maria, peut-être éprouvée par sa grossesse et une détention plus longue, n'a pas ou n'a plus la même endurance qu'Ana. Au troisième tour de corde, elle avoue et dès lors elle est intarissable. Le verdict sera la « réconciliation » avec deux ans de prison, six ans de bannissement d'Osuna et la perte de ses biens [5].

Voici qui est clair. Mais il reste que l'usage de la torture n'a jamais été la règle pour l'Inquisition et peut même apparaître, à certaines époques, comme l'exception. La conjoncture politique ou religieuse modifie le comportement des juges de telle sorte qu'il faut se garder des généralisations.

Il est vrai que la torture n'est jamais utilisée à propos de certains délits : l'inquisition de Valence ne l'emploie jamais dans les cas de propositions injurieuses, scandaleuses ou téméraires, de blasphèmes, de bigamie. A Séville, dans les années 1606-1612, la torture n'est pas non plus administrée aux bigames et blasphémateurs, ni aux personnes poursuivies pour sortilèges, ou pour des propositions erronées concernant la fornication; en fait on s'aperçoit très vite que la torture est réservée aux cas d'hérésie (judaïsants, sectateurs de Mahomet, luthériens, éventuellement illuminés, etc.), et, dans le royaume d'Aragon, aux gens suspects de sodomie ou de bestialité. En revanche, la torture est toujours épargnée aux prêtres sollicitants.

Il s'en faut de beaucoup cependant que toutes les personnes suspectes d'hérésie soient torturées, qu'elles avouent ou non. Parlons chiffres tout en négligeant l'exemple valencien où la proportion des cas de torture est si faible qu'elle en devient suspecte : à Grenade, de 1573 à 1577, le Saint-Office a examiné 563 cas et en a jugé finalement 256. Ces 256 procès ont donné lieu à 18 cas de torture (7,03 %). Pourtant les morisques constituaient à eux seuls le gros bataillon du gibier inquisitorial. Or, 8 morisques seulement ont été torturés. Ce n'est pourtant pas parce que les autres ont avoué sans faire de difficultés : 15 morisques ont nié du début à la fin. Les « protestants » ont été plus durement traités : 15 d'entre eux ont été jugés et parmi eux 6 soumis à la torture.

A Séville, de 1606 à 1612, le Saint-Office juge 184 personnes dont 21 ont été torturées (11,4 %) : cette fois ce sont les morisques les plus mal lotis : 14 d'entre eux ont été torturés alors qu'ils étaient 31 seulement. A l'inverse, 3 « luthériens » sur 12 seulement ont subi les tourments, tous en 1606. On constate que les protestants anglais bénéficient d'une grande complaisance. Ne cherchons pas plus loin : depuis la paix de 1604, l'Espagne vit une idylle diplomatique avec l'Angleterre de Jacques Ier. A l'inverse, le climat s'alourdit à l'égard des morisques : les temps de l'expulsion expliquent ces sévérités.

Nous voyons poindre la conjoncture. Nouvelle illustration : l'attitude du Saint-Office de Valladolid à l'égard des *conversos* dans les années 20 du XVIIe siècle, exactement de 1622 à 1626. Pendant ces cinq années, le nombre des *conversos* incarcérés par le Saint-Office est de 104 mais, durant les années 1622-1624, les poursuites sont peu nombreuses et aucune des 13 personnes arrêtées en 1622-1623 n'est torturée. Les *conversos* vivent le beau temps du comte duc d'Olivarès qu'ils soutiennent de leurs deniers. Mais, en 1624, l'affaire du docteur Enriquez, médecin du duc d'Albe, enterré selon les rites mosaïques, modifie la situation. Durant les années 1624-1626 on relève 18 cas de torture appliquée à des *conversos* par le Saint-Office de Valladolid.

Résumons-nous. La torture inquisitoriale n'est qu'un avatar de la procédure pénale « classique ». Elle reste très limitée dans ses applications, dans ses modalités comme dans ses domaines d'exercice. Procédure peu fréquente sinon exceptionnelle (10 % des cas au total?), elle ne justifie nullement la réputation redoutable de l'Inquisition.

LES MAUVAISES RAISONS : L'ATROCE RIGUEUR DES PEINES

Michel Foucault rappelle la hiérarchie des châtiments telle qu'elle était prescrite par l'ordonnance de 1670 qui, en France, régla jusqu'à la Révolution les formes de la pratique pénale. La voici : « La mort, la question avec réserve de preuves, les galères à temps, le fouet, l'amende honorable, le bannissement [6]. »

Est-il légitime de ranger la question parmi les sentences alors qu'elle est un moyen d'investigation? Mais laissons cela et relevons plutôt que l'ordonnance oublie d'autres peines fort pratiquées telles que la prison à temps ou la confiscation de biens.

L'Inquisition n'use pas d'autres peines. Ce sont très exactement les mêmes sinon qu'elle associe à la peine temporelle une peine spirituelle : réprimandes, abjurations pour faute légère *(de levi)* ou pour faute grave *(de vehementi)*, réclusion à temps pour instruction dans la foi, suspension de ministère pour les clercs, voire dégradation; comparution à l'*auto* public en habit de pénitent...

Foucault n'oublie certes pas de préciser que « les supplices proprement dits ne constituaient pas, loin de là, les peines les plus fréquentes ». Sans doute « la proportion des verdicts de mort, dans la pénalité de l'âge classique, peut paraître importante : les décisions du Châtelet pendant la période 1755-1785 comportent 9 à 10 % de peines capitales... [7] ».

Alors, l'Inquisition se singularise-t-elle par une proportion très forte des verdicts de mort ou des peines les plus dures (galères, prison perpétuelle)? Oui et non. Oui avant 1530, non au-delà de cette date, c'est-à-dire lorsque fut passée la grande vague de répression dirigée contre les judaïsants en qui il faut voir, sans l'ombre d'un doute, les principales victimes du Saint-Office. Le premier chapitre de cet ouvrage l'a déjà, croyons-nous, suffisamment démontré. Mais il faut revenir sur cette période pour qu'apparaisse mieux l'importance de la chronologie.

Une fois de plus, recourons au travail de Garcia Carcel. Avant 1530, l'inquisition de Valence a donc instruit 2 354 procès. On ignore la peine qui a frappé 357 des accusés : restent 1 997 sentences connues. Eliminons encore 155 cas : ceux des gens brûlés en effigie, condamnés par contumace, car nous connaissons de nombreux exemples de gens condamnés à cette peine dont le procès fut réouvert lorsqu'ils tombèrent aux mains du Saint-Office et qui ne furent pas alors condamnés à la peine capitale. Le *Manuel des inquisiteurs* prévoit d'ailleurs explicitement cette procédure. Nous connaissons donc le sort effectif de 1 842 personnes : parmi elles 754 ont été remises au bras séculier, soit 40,93 %. C'est une proportion impressionnante, terrifiante même. Certes, Garcia Carcel précise que le tribunal de Valence fut le plus sévère après celui de Séville. Mais, selon H.C. Lea, qui a mis à mal les exagérations de Juan Llorente et réduit considérablement, peut-être trop, les chiffres de condamnations à mort, le tribunal de Tolède aurait fait brûler 297 personnes de 1483 à 1501 et celui de Saragosse 124 pendant une période comparable, 1485-1502. Cela fait encore beaucoup : une telle rigueur était bien de nature à terroriser le peuple.

Mais après 1530 et, plus encore, après les grands *autos* de Valladolid et Séville en 1559 et 1561, dirigés contre les luthériens, le changement est évident. La peine de mort devient exceptionnelle. Les calculs de J. Contreras et G. Henningsen, dont il a été question dans le premier chapitre, l'établissent formellement. Nos propres sondages confirment sans l'ombre d'un doute : les périodes choisies, de quelques années chacune, concernent des régions différentes. L'enseignement de ces sondages n'en est que plus significatif.

Grenade de 1573 à 1577, au lendemain de la guerre de Grenade, circonstance propre à amplifier la répression, au moins contre les morisques : 286 personnes jugées et 4 condamnations à mort, soit 1,39 %. Llerena, ou l'Extremadure, de 1589 à 1592, lorsque l'Inquisition entreprend de réduire le bastion morisque d'Hornachos : 259 personnes poursuivies et une seule condamnation à mort dont un morisque est victime : soit 0,38 %. Séville, de 1606 à 1612 : des années très ordinaires en apparence mais qui encadrent l'expulsion des morisques : 206 sentences, pas une condamnation à mort. Cette fois 0 %. Valladolid, de 1622 à 1626, période calme : 78 jugements, aucune peine capitale. Encore 0 %.

Dernier exemple : l'*auto* de Llerena du 23 avril 1662, au terme d'une période très répressive qui, depuis la chute d'Olivarès, vise les judaïsants portugais. L'Extremadure, province frontière du Portugal, est évidemment concernée au premier chef par cette répression. L'*auto* de 1662 prononce 110 condamnations, dont 3 au bûcher : soit 2,72 %.

Ainsi, dans les 5 cas considérés, le pourcentage des peines capitales n'atteint jamais 3 %. L'échantillon observé concerne 917 personnes, soit environ la moitié de l'effectif jugé à Valence avant 1530.

Faut-il croire alors que l'Inquisition ait condamné massivement à des peines très dures comme les galères, à temps ou à vie? De fait, à Grenade, on relève 33 condamnations aux galères sur 286 sentences (11,53 %) et 25 sur 206 à Séville (12,13 %). Mais seulement 4 galériens pour 259 jugements à Llerena (1,54 %) et 4 pour 78 à Valladolid (5,12 %). Si l'on y regarde de plus près, on constate que presque tous les condamnés aux galères (toujours des hommes, évidemment) sont des polygames ou des morisques.

La conclusion semble s'imposer : les premières décennies de l'activité inquisitoriale ont tracé dans les mémoires un tel sillage de terreur que la peur a longuement survécu aux déchaînements de la répression. L'Inquisition terrorisait alors, non parce qu'elle tuait, mais parce qu'elle avait tué en quarante ans quelques milliers de personnes, ce qui était évidemment considérable.

En fait, une telle hypothèse ne résiste pas à l'analyse. L'ensemble du peuple chrétien ne pouvait ignorer que l'immense majorité des victimes étaient les crypto-judaïsants. Faut-il rappeler que 91,6 % des personnes poursuivies par le Saint-Office de Valence avant 1530, c'est-à-dire au temps des bûchers, sont bien en effet des crypto-judaïsants. Or, le cas de Valence est le cas général. Barcelone arrive même à 99 % et la proportion des judaïsants dans les condamnés dépasse toujours 90 %. Si le peuple chrétien a grand peur du Saint-Office, ce n'est pas parce qu'il a peur de la mort. Eymerich et Peña peuvent bien, à longueur de *Manuel*, vouer les hérétiques au bûcher : ces recommandations n'ont plus rien à voir avec la réalité. Trois exceptions cependant : à l'avènement de Philippe II, lorsque la *Suprême* entreprend d'étouffer les germes de la Réforme en Espagne; au royaume d'Aragon lorsque le Saint-Office juge les hommes accusés du péché abominable [8]; dans les années 1648-1660, après la chute d'Olivarès, lorsque le *converso*, de préférence portugais, redevient l'ennemi public numéro un. Et même alors, on demeure très loin des tueries initiales. En fait, les inquisiteurs ont changé. Ils répugnent désormais à donner la mort et les judaïsants eux-mêmes ne sont plus promis aux bûchers. Ainsi, l'histoire de doña Isabel Enriquez, épouse du corregidor d'Alba de Tormes, Andres Lopez de Fonseca, lui-même condamné à la prison perpétuelle, en 1624, par le Saint-Office de Valladolid. Isabel fut accusée par de nombreux témoins d'avoir participé à plusieurs cérémonies selon les rites juifs et notamment à l'enterrement du médecin particulier du duc d'Albe, Jorge Enriquez, dont les funérailles avaient été célébrées selon les rites mosaïques. Son cas était clair. Elle fut cependant torturée *in caput alienum*, c'est-à-dire afin de recueillir des informations sur ses complices et elle dénonça plusieurs personnes mais elle refusa ensuite de ratifier ces aveux ce qui, on le sait, les rendait sans valeur. Condamnée à être livrée au bras séculier à l'issue de l'*auto*, elle reçut à la veille de la cérémonie la visite de trois religieux choisis pour leur science et leur éloquence qui l'adjurèrent de décharger sa conscience avant de mourir. Cette démarche fut vaine et elle partit à l'*auto* avec les autres pénitents. Pendant le sermon qui accompagnait l'*auto*, elle demanda audience à son confesseur qui se trouvait auprès d'elle et, au cours de cette audience, elle confessa sa participation à divers actes du culte mosaïque ainsi que celle d'autres personnes dont son mari. Mais elle refusa ensuite de ratifier une partie de ses aveux et notamment de reconnaître la présence de son mari à l'une des cérémonies, alléguant qu'il était absent ce jour-là d'Alba de Tormes et n'avait donc pu y participer. L'enquête ouverte prouva que cette déclaration était fausse : le docteur Lopez de Fonseca était bien à Alba de Tormes ce jour-là. Le procureur accusa alors Isabel de confession mensongère et elle fut condamnée une nouvelle fois au bûcher. Elle réclama alors une autre audience et reconnut qu'elle avait menti. Sa condamnation fut commuée en réconciliation assortie de prison perpétuelle (mais non irrémissible) le 22 juin 1624. Ainsi les inquisiteurs ont-ils accepté à plusieurs reprises de remettre leur sentence et finalement d'annuler la condamnation à mort alors qu'elle était « à deux pas du bûcher ». Peña, contre l'avis d'Eymerich il est vrai, recommandait de ne pas accorder la vie sauve à l'impénitent « qui à deux pas du bûcher dirait vouloir abjurer ». Il jugeait cette conversion juridiquement irrecevable et dépourvue de sincérité [9]. Les inquisiteurs de Valladolid en ont décidé autrement en cette année 1624 à l'égard d'Isabel Enriquez comme de son mari puisque, à suivre le *Manuel*, celui-ci aurait dû être condamné à mort comme relaps. Et même avant 1530, Garcia Carcel a trouvé de nombreux cas de relaps qui ne furent pas condamnés à mort.

De même, en 1606, les inquisiteurs de Séville dialoguent-ils longuement avec le Français Mathieu Decamps qui magnifie sa foi luthérienne, avoue avoir été ministre de la « secte » afin de sauver les âmes de ses frères et espère recevoir le martyre du Saint-Office. Le salut de ce luthérien fervent intéresse les inquisiteurs sévillans qui obtiendront finalement sa « réconciliation ». Comme ils l'obtiendront du laquais sévillan né à Paris, Carlos Glado, autre luthérien convaincu. Pour tous deux, la prison perpétuelle non irrémissible, soit la possibilité de retrouver la liberté à condition toutefois que Mathieu Decamps revienne vivant de cinq années de galères sur les navires du Roi Catholique.

A l'évidence, l'Inquisition torture moins que la justice civile et, passées les folies meurtrières des premières décennies, ne tue qu'exceptionnellement. Au XVIIIe siècle même, des peines capitales ne seront prononcées que de loin en loin : 1714, 1725, 1763, 1781. Nous jugerons que ces exceptions sont atroces puisque les victimes n'étaient coupables que de délits d'opinions ou de mœurs. Elles ne s'étaient pas livrées à des violences contre les hommes ou les biens. Les inquisiteurs auraient répondu que les crimes d'hérésie étaient les pires puisqu'ils étaient une agression contre les âmes, contre le salut, ou le pire des suicides, celui de l'âme. C'est bien ainsi, en effet, qu'Eymerich et Peña prétendent justifier à plusieurs reprises leur rigueur : parce que les crimes d'hérésie sont les plus horribles. Bien des gens, au XVIe siècle, pensaient comme eux. Quoi qu'il en soit il faut rejeter l'affirmation de Louis Sala-Molins : « Autour de l'Inquisition, sans elle et contre elle, d'autres tribunaux s'humanisent en même temps que le tribunal romain, lui, se durcit [10]. » Ou alors il faut assigner à ce durcissement des limites chronologiques très précises : 1478-1530 ou peut-être seulement 1478-1516. Lorsque Peña, en 1578, réédite en le commentant le *Manuel* d'Eymerich, le Saint-Office, loin de durcir ses attitudes, ne cesse de relâcher sa rigueur. Un manuel, quelle que soit son influence, n'est pas la réalité vécue.

Vérité qu'il fallait affirmer aux dépens des idées reçues même si elle scandalise. Mais qu'on ne s'y trompe pas. La machine inquisitoriale demeure impitoyable. Elle ne broie plus les corps, elle évite les supplices, elle garde les vies. Mais elle casse les volontés, elle broie les cœurs, elle éteint le feu des idées, elle désespère les uns si elle peut parfois rassurer les autres en les réinstallant dans une communauté. En répudiant la cruauté, l'Inquisition conserve tout son pouvoir d'effroi.

LES VRAIES RAISONS : L'ENGRENAGE DU SECRET

Les peuples d'Espagne ont mal accepté la mise en place de la procédure inquisitoriale. Juan Llorente, parfois suspect, rassemble sur ce thème une gerbe de documents convaincants. Or, quels sont les chevaux de bataille lancés contre la manière de procéder du Saint-Office par les Aragonais aux Cortès de Monzon en 1510 et 1512, puis aux Cortès de Saragosse en 1518, par les Catalans aux Cortès de Lerida en 1515, par les Castillans aux Cortès de Valladolid en 1518? Ce sont les mêmes. Ce qui heurte profondément les Espagnols, c'est le secret dans lequel sont tenus les accusés dès leur arrestation. Les prisons de l'Inquisition vont d'ailleurs recevoir dans les textes l'appellation de « prisons secrètes ». Les accusés ne savent ni de quoi ils sont accusés, ni par qui ils le sont; ils ne peuvent recevoir la visite des gens de leur famille et sont même tenus à l'écart les uns des autres. L'anonymat des témoins apparaît à beaucoup comme une innovation scandaleuse. Ainsi, les capitulations présentées par les Cortès aragonaises à Charles en 1518, contiennent de nombreux articles relatifs aux témoins (articles 5, 7, 8, 9, 18, 25) : les articles 7 et 8 affirment le droit pour les accusés de connaître les noms des témoins qui avaient déposé contre eux et les dates de ces dépositions; l'article 9 demandait que la peine du talion soit appliquée aux faux témoins. D'autre part l'article 11 réclamait le droit de visite pour les parents des accusés. Les Catalans formulèrent les mêmes revendications et la pragmatique qui aurait été préparée par le chancelier flamand de Charles, Jean Le Sauvage, dont Llorente donne le texte mais qui ne vit jamais le jour, peut-être en raison de la mort prématurée du chancelier, réduisait effectivement l'Inquisition à la pratique du droit commun ecclésiastique. Les attendus de la pragmatique faisaient explicitement référence aux abus du secret et les articles 10, 11, 15 et 16 réglementaient l'audition des témoins dont les accusés avaient le droit de connaître l'identité et les déclarations. De même l'article 13 accordait le droit de visite aux proches des accusés : femme, enfant, parents et amis. Ainsi la protestation, née de 1485 à Saragosse, contre une telle procédure « très nouvelle et jamais usitée, fort préjudiciable au royaume », parut proche d'aboutir. De fait les trois brefs du pape Léon X en 1519 semblaient annoncer la victoire des adversaires de la nouvelle procédure, peut-être grâce à l'argent distribué à Rome par les *conversos*. Il fallut la mort de Léon X en décembre 1521, l'avènement au trône de Pierre du cardinal Adrien d'Utrecht, désireux de conserver au tribunal sa formidable puissance, la pression de la monarchie hispanique pour que ces brefs soient finalement rapportés et que triomphe la redoutable procédure du secret.

Il est vrai que toute procédure tend alors au secret. Encore Michel Foucault : « En France, comme dans la plupart des pays européens — à la notable exception de l'Angleterre — toute la procédure criminelle, jusqu'à la sentence, demeurait secrète : c'est-à-dire opaque non seulement au public mais à l'accusé lui-même. Elle se déroulait sans lui, du moins sans qu'il puisse connaître l'accusation, les charges, les dépositions, les preuves [11]. » L'édit de 1498, contemporain de la mise en place de la procédure inquisitoriale en Espagne et ce ne peut être un hasard, veut une instruction aussi secrète que possible. Et l'ordonnance de 1670 rend impossible à l'accusé de connaître les pièces de la procédure, l'identité des témoins, le contenu de leur déposition. Ainsi la procédure du secret, que l'Inquisition d'Espagne va porter à sa perfection, est-elle conforme à une tendance de l'époque que nous identifierons volontiers avec le développement de l'Etat moderne, sa volonté de puissance et de contrôle des sujets, surtout si l'on observe avec quelle persévérance les hommes qui incarnaient l'Etat en Espagne — Ferdinand d'Aragon, puis Cisneros, Charles Quint lui-même — ont œuvré pour conserver cette procédure. Il n'en est pas moins vrai que la vive opposition soulevée en Espagne par cette procédure judiciaire démontre son caractère insolite, sa nouveauté. Elle est bien une agression contre ce que les gens appelaient leurs libertés.

Et il est certain que cette procédure sert grandement le Saint-Office, facilite sa tâche. Il n'est que de lire les *Instructions* sévillanes de 1484, ou les madrilènes de 1561, ou mieux encore Eymerich et Peña. Ils multiplient les mises en garde contre la publicité des noms des témoins. Ainsi Eymerich : « Qu'il [l'inquisiteur] tienne compte du danger représenté par la puissance de la famille, par celle de l'argent ou de la malveillance et il verra alors que bien rares sont les cas où il pourra rendre publics les noms des délateurs... » Et Peña vient à la rescousse : « En juridiction inquisitoriale on ne publie plus aujourd'hui, en aucun cas et nulle part, les noms des témoins ni des délateurs pour les raisons évidentes énumérées par Eymerich. » Suit une longue justification au terme de laquelle Peña admet seulement, comme les *Instructions* madrilènes de 1561, la possibilité de communiquer à l'accusé la date de la déposition, le lieu et la date du délit. De même Peña déconseille formellement, sauf exception rarissime, les confrontations entre témoins et acccusés car « s'il y a confrontation il n'y a pas de secret [12] ».

L'intention est claire. Car, à l'abri du secret, la délation peut se déployer et l'Inquisition l'encourage vivement, en fait une œuvre sainte productrice d'indulgences voire, comme l'affirme à la légère Eymerich, garantie du salut éternel [13]! Tous les délateurs sont acceptés, fussent-ils hérétiques eux-mêmes, excommuniés, infâmes, criminels, voire parjures. Seul est récusé le témoignage de l'ennemi mortel de l'accusé, de celui que l'Espagnol appelle son « ennemi capital ».

Or, à l'égard du secret, il y a accord entre la théorie et la réalité vécue. Dans les 49 questions qui constituent l'interrogatoire des visites d'inspection faites aux inquisiteurs, la question n° 6 concerne le respect du secret. Et la lecture intégrale de quatre procès-verbaux de visites (Cordoue 1577 et 1597, Séville 1611 et 1628) nous a convaincu que le visiteur inquisitorial prenait grand soin de contrôler le respect du secret. Et de fait, dans les procès dont nous avons lu les pièces, la règle du secret fonctionne parfaitement. Du moins en apparence. Lorsque les juges donnent lecture aux accusés des témoignages portés contre eux, ils prennent bien soin d'omettre non seulement l'identité des témoins mais les circonstances qui permettraient de les reconnaître. Soit, parmi bien d'autres, le procès du trigame Martin de Escribano qui se déroule à Valence de 1658 à 1660. Le Saint-Office a accumulé 23 témoignages à charge contre Escribano. Lorsque la « publication » des témoignages a enfin lieu le 23 février 1660, les juges se contentent de numéroter les témoignages et d'en donner lecture à l'accusé en lui fournissant comme seule précision la date de la déposition.

Que l'on imagine maintenant le drame d'un accusé très ordinaire. Il ne s'agit point d'un hérétique fervent, propriétaire d'une pensée originale qui connaît parfaitement les raisons de son arrestation; pas davantage d'un crypto-judaïsant cultivé qui doit surtout craindre les dénonciations de ses proches; pas davantage d'un bigame qui a changé de nom et n'a guère de peine à savoir ce dont on l'accuse. Il s'agit bien plutôt d'un homme un peu fruste qui a blasphémé à ses moments de colère ou qui a tenu des propos complaisants sur la fornication, qui s'est risqué un jour à prétendre que l'état des gens mariés valait bien celui des religieux. Ou bien d'une femme analphabète qui, un jour ou l'autre, s'est avisée de consulter l'enchanteresse et a sollicité d'elle un philtre d'amour; ou d'une femme déjà âgée, d'une piété dévorante, obsédée par l'angoisse du salut, qui rassemble autour d'elle d'autres femmes pour prier et méditer, pour une approche plus directe de leur créateur. Pour ces hommes et ces femmes, l'arrestation par les gens du Saint-Office a déjà été un coup de tonnerre. Et voici qu'ils comparaissent maintenant devant le redoutable tribunal après une détention de plusieurs jours, voire de plusieurs mois s'il a fallu interroger des témoins lointains ou provisoirement absents. Ils sont demeurés isolés du monde extérieur, sans nouvelles de leur famille, en proie à leurs terreurs, aux pièges de leur imagination. Et voici maintenant que l'appareil solennel du tribunal environne les accusés. On leur demande d'abord de prêter serment, de jurer de garder le secret de l'instruction, de promettre de dire la vérité. On les questionne sur leur état civil, leur métier, on voudrait savoir s'ils n'ont pas eu, d'aventure, quelque proche parent arrêté par le Saint-Office et réconcilié par lui. On s'intéresse à leurs pratiques religieuses, à leur niveau d'instruction religieuse. Enfin, le procureur demande aux accusés s'ils présument la raison pour laquelle ils comparaissent devant le Saint-Office. Ils peuvent fort bien ne pas le savoir exactement, se poser à eux-mêmes des questions. Qui donc, au sein du peuple chrétien, en ces temps où l'on pouvait vivre sa foi comme une passion, ne s'était une fois ou l'autre, opposé à ses interlocuteurs à propos d'un article du dogme, au sujet de la grâce, du purgatoire, des pouvoirs du pape? Qui donc pouvait se prévaloir de n'avoir jamais risqué une proposition erronée? De sorte que l'accusé pouvait fort bien livrer au tribunal une part de lui-même dont les juges ne soupçonnaient rien.

A partir de quoi l'interrogatoire traquait l'accusé, l'opposait à lui-même, lui rétorquait ses dires, lui extorquait de nouveaux aveux. En ce sens le secret fonctionnait comme un engrenage. Et Louis Sala-Molins a raison d'affirmer que les chances étaient réduites « de sortir indemne d'un tribunal inquisitorial ». Reprenons nos échantillons et admettons que sortent indemnes de l'aventure tous ceux dont les causes sont suspendues, ce qui implique leur libération immédiate et la restitution de leurs biens si ceux-ci ont été mis sous séquestre; et tous ceux qui ont été absous, ce qui signifie le rétablissement de l'accusé dans la plénitude de son honneur.

Valence de 1478 à 1530 : 12 absolutions sur 1 862 sentences connues, ce qui est dérisoire, 0,65 %! Mais Garcia Carcel ne signale aucune suspension, ce qui est invraisemblable. Il est probable que bon nombre des 357 causes dont on ignore la conclusion correspondent à des suspensions. Mais ce n'est qu'une hypothèse. Grenade 1573-1577 : 22 absolutions ou suspensions pour 286 causes jugées, soit 7,69 %. Llerena 1589-1592 : 55 absolutions et suspensions pour 259 sentences, soit 21,23 %, l'un des meilleurs taux que nous connaissions. Séville 1606-1612 : 48 sentences blanches sur 206, soit 23,30 %, le meilleur taux. Valladolid 1622-1626 : 18 absolutions et suspensions pour 78 causes jugées, c'est-à-dire 23,07 %. Voici encore l'*auto* de 1593 à Saragosse : 29 suspensions et absolutions sur 139 causes, soit 20,86 %.

Peut-être cette gerbe d'exemples est-elle trop maigre. Mais si nous obtenions quelques confirmations on pourrait admettre qu'après 1570, 20 % des accusés seulement s'en tiraient sans grand dommage. Avant cette date moins encore. Bien sûr, certaines peines étaient légères : une admonestation, parfois assortie d'une amende. Mais c'était déjà une condamnation et elle était grave pour la réputation de l'accusé.

Certes, et cela pouvait rendre une chance aux accusés, la règle du secret était enfreinte ou tournée plus souvent qu'on ne croit. L'inspection de visite de 1577 à Cordoue révèle par exemple que l'inquisiteur Gasca a autorisé deux prisonniers à recevoir quelque nourriture de leur famille et ils ont, par ce moyen, reçu aussi des billets. La même visite montre que les lavandières communiquent avec les prisonniers en traversant un patio; elle découvre qu'une détenue a accouché en prison après une détention si longue qu'elle ne peut avoir conçu son enfant qu'en prison, ce qui suppose un minimum de communication! Le dépensier de l'Inquisition, Pedrosa, que l'on retrouvera au banc des accusés, est sans doute le père et il semble bien qu'il ait favorisé les liaisons des prisonniers avec l'extérieur [1]. Or, le cas de Cordoue n'a rien d'exceptionnel. La visite de Séville en 1611 permet d'établir que l'inquisiteur Alonso de Hoces a enfreint lui-même le secret de l'instruction 4 fois au moins. A Llerena, dans les années 1589-1590, c'est le gardien de la prison « secrète », Juan Duran Medina qui organise les communications des détenus avec l'extérieur, entretient des relations amicales avec certains d'entre eux. Une fois même il va jusqu'à laisser par mégarde (!) la porte d'une cellule ouverte, permettant ainsi la fuite d'un prisonnier.

D'autre part les dispositions pouvaient être si précises qu'elles rétablissaient les souvenirs des accusés et leur permettaient alors d'identifier leurs délateurs. Il s'agissait désormais de démontrer que ces témoins étaient sans valeur parce qu'ennemis mortels de l'accusé. Il faut reconnaître que l'Inquisition admettait une définition large de l'ennemi « capital ». Ecoutons la *beata* Juana Bautista devant le tribunal de Tolède en 1636 : « Les témoins dont il m'a été donné publication [entendons les témoignages] ne sont pas dignes de foi et de crédit parce qu'ils disent des choses invraisemblables et ne justifient pas leurs propos et parlent par ouï-dire, et leurs opinions sont sans fondement. Parce que lesdits témoins sont mes " ennemis capitaux " et pour assouvir leur injuste colère et me déshonorer ils ont déposé personnellement. Celui qui m'inspire le plus de crainte et de méfiance, que je récuse comme ennemi *capital* est Luis Gomez parce qu'il a soutenu que j'avais une fille alors que je suis demoiselle et à ce propos nous avons eu de multiples querelles (...) et Micaela Tribiño est également mon ennemie *capitale* puisqu'elle voulait me faire quitter la chambre que j'occupe dans la maison... [15] »

Le motif allégué pour récuser le témoignage de Micaela est mince. De fait, il suffisait d'une ou deux querelles publiques, ponctuées d'injures bien senties, attestées par les témoins de la défense, pour que les récusations soient admises. La lecture des procédures nous livre d'innombrables cas d'identification de témoins par les accusés et, bien souvent, de récusations acceptées par le Saint-Office. Peña admettait d'ailleurs que « les cas d'inimitié mortelle sont nombreux et variés ». Ainsi le secret pouvait-il être déjoué.

La récusation pouvait améliorer le sort de l'accusé sans le sauver puisque l'Inquisition admettait que deux témoignages concordants suffisaient à fonder une conviction sinon à justifier une condamnation. De plus le tribunal, s'il recevait assez facilement les récusations, cultivait l'incitation à la délation en ne poursuivant pas les faux témoins, contrairement à ce qu'il aurait dû faire. La question n° 14 de l'interrogatoire de visite concernait la recherche des faux témoins éventuels et elle ne semble guère avoir préoccupé les visiteurs. Lorsque, en 1627, il s'avère assez rapidement que les témoins à charge contre la *beata* Jeronima de Noriega sont parjures et malintentionnés, au point que l'affaire est suspendue, ils ne sont pas poursuivis pour ces dénonciations calomnieuses. Cette attitude suffit à démontrer à quel point le Saint-Office tenait à conserver l'appoint des témoignages secrets qui nourrissaient son action.

LES VRAIES RAISONS : LA MÉMOIRE DE L'INFAMIE

La protestation de l'opinion espagnole contre le droit inquisitorial au début du XVIe siècle tirait également argument de l'insolite réprobation dont les enfants des condamnés par le Saint-Office se trouvaient frappés. Juan de Mariana évoque cette protestation : « Ce qui leur paraissait le plus étrange était que les enfants paient pour les délits des parents. » Et le projet de pragmatique préparé par Jean Le Sauvage prévoyait d'ailleurs le retrait des *sanbenitos,* ces tuniques d'infamie qui devaient rester suspendues dans les églises du lieu de résidence des condamnés pour perpétuer la mémoire de leur ignominie.

On sait que cette protestation se brisa sur la volonté royale. Et il ne fait pas de doute que l'une des raisons profondes de la terreur inspirée par le Saint-Office est la réputation d'infamie qui s'attachait à tout un lignage après la condamnation grave de l'un de ses membres.

L'Inquisition disposait de trois moyens pour couvrir d'infamie un homme ou une femme. Le moins grave était la pénitence publique parce qu'il demeurait ponctuel et pouvait être effacé par le temps : une partie des condamnés devaient paraître à la procession des pénitents lors de l'un des grands *autos* qui étaient célébrés chaque année ou tous les deux à trois ans dans chacune des villes où siégeait un tribunal. Au cours de la cérémonie, les condamnés abjuraient leurs erreurs *de levi* (cas de suspicion faible) ou *de vehementi* (cas de suspicion forte) dans les cas les plus graves, et s'ils s'étaient repentis, ils étaient « réconciliés » dans le sein de l'Eglise de façon publique. Les gens qui avaient seulement été condamnés pour blasphème ou pour délit de mœurs étaient généralement exposés à demi-nus à la honte publique et recevaient, publiquement encore, cent à deux cents coups de fouet. Ce n'est que dans le cas où un pénitent était venu se dénoncer spontanément pour une faute demeurée secrète qu'il était dispensé d'une pénitence publique selon l'adage : « A faute secrète pénitence secrète. »

Les deux autres sanctions étaient beaucoup plus graves parce qu'elles avaient pour elles la durée et demeuraient efficaces au terme de deux ou trois générations. Les condamnés pouvaient en effet être astreints au port du *Sanbenito,* tunique de couleur jaune (noire dans le cas d'une condamnation à mort) frappée de croix rouge. S'il s'agissait de simples blasphémateurs, par exemple, le port du *sanbenito* ne durait que le temps de la cérémonie. Mais s'il s'agissait de pénitents convaincus d'hérésie et « réconciliés » ils devaient porter le *sanbenito* durant plusieurs années chaque fois qu'ils sortaient de chez eux, ou même durant leur vie entière. C'était là une mesure si violente qu'elle suscita une résistance obstinée et l'usage s'établit de suspendre ces habits dans l'église paroissiale ou, éventuellement, la cathédrale après qu'ils avaient été portés quelque temps. Le Saint-Office admit cette concession mais veilla à ce que les *sanbenitos* fussent toujours visibles et les noms des condamnés brodés sur les tuniques aisément lisibles (*Instructions* de 1561). Ainsi, lors de sa tournée de 1577, le visiteur de l'inquisition de Cordoue constate que beaucoup de noms inscrits sur les tuniques ne sont plus lisibles parce que les *sanbenitos* ont été placés dans le cloître de la cathédrale sous des gouttières et il demande que l'on y mette bon ordre. Lors de la visite qu'il accomplit dans le territoire de sa juridiction en 1573 l'inquisiteur de Grenade, Diego Mesia de Lasarte, vérifie soigneusement l'état des *sanbenitos* pendus dans les églises des villes où il passe. Il constate avec satisfaction qu'ils sont en bon état et en bonne place à Huescar et Baza. En revanche à Guadix il fait remettre en place plusieurs *sanbenitos* qui manquaient à l'appel. Deux ans plus tard, l'inquisiteur Mogrovejo recommandera aux sacristains de nettoyer périodiquement les *sanbenitos.*

Il ne fait pas de doute que beaucoup de réputations douteuses en matière de foi avaient été perpétuées par ce moyen. On savait que X ou Y avait un *sanbenito* suspendu dans telle ou telle église, même s'il avait pris la précaution de changer de résidence. Ainsi apprend-on que l'un des hommes arrêtés à Grenade en 1573 ou 1574 a un *sanbenito* à Cordoue. Autre exemple : une riche famille de *conversos* de Jaen, les Herrera, s'était fabriqué à coups de faux documents un lignage immaculé. Malheur! Un très vieux témoin révélera l'existence d'un *sanbenito* jadis porté par le grand-père, « réconcilié » par le Saint-Office et suspendu dans l'une des églises de la ville.

Or, l'Inquisition a fait un large usage de cette sanction, à temps ou à vie. Elle concernait toujours des hérétiques : judaïsants, morisques, luthériens... Ainsi le tribunal de Tolède aurait condamné 186 personnes au *sanbenito* de 1575 à 1610 et encore 183 de 1648 à 1794. Celui de Grenade infligea la même honte à 112 personnes, presque toutes morisques, pendant les seules années 1573-1577. A Séville, par contre, de 1606 à 1612, il n'y eut que 12 condamnés à l'ignominieuse tunique. On conçoit que de véritables expéditions clandestines aient été menées en direction de nombre d'églises pour en faire disparaître ces habits de ténèbres.

Aussi grave ou pire, l'*inhabileté.* Les descendants des condamnés à mort, voire des condamnés à la prison perpétuelle après « réconciliation », étaient frappés d'inhabileté, c'est-à-dire qu'ils étaient atteints d'incapacité civile à l'instar des condamnés eux-mêmes. Il leur était interdit de porter des vêtements de soie et des bijoux, de porter des armes, de monter à cheval ou même à dos de mulet. Chose beaucoup plus grave, ils se voyaient fermer un grand nombre de vocations ou de professions : ils ne pouvaient entrer dans les ordres, ni exercer de fonction publique. La pratique de la médecine, le courtage en foire, le commerce des étoffes, la boucherie leur étaient, théoriquement au moins, interdits. Ils ne pouvaient passer aux Indes.

L'*inhabileté* fut, à l'évidence, dirigée contre les descendants des juifs : elle eut pour but de les exclure d'une grande partie des activités économiques et des fonctions sociales qu'ils avaient dominées. La preuve en est que l'*inhabileté* date des instructions de Torquemada de 1484 et des décrets des Rois Catholiques en 1501, c'est-à-dire d'une époque où l'institution était entièrement vouée à la répression du crypto-judaïsme. Par la suite elle put frapper les descendants d'hérétiques d'un autre type.

Lorsque le Saint-Office avait à juger des inhabiles qui avaient transgressé les prohibitions, il leur infligeait en général de lourdes amendes. Or, on constate que le délit d'inhabileté concerne avant tout les juridictions où les *conversos* étaient nombreux, celles de Llerena et Valladolid notamment ou encore de Saragosse, Séville aussi, mais après 1620. Ainsi Marie-José Marc a-t-elle enregistré 30 condamnations pour inhabileté sur 259 par le tribunal de Llerena de 1589 à 1592, soit 11,58 %, ce qui est une forte proportion. Or tous les condamnés appartiennent à la localité d'Albuquerque, siège d'une forte communauté *conversa* durement frappée par le Saint-Office, 20 ans auparavant [17]. M.-J. Marc a ainsi reconstitué quatre familles d'Albuquerque où les fils et petits-fils des condamnés de 1572 sont réputés « inhabiles » 20 ans plus tard : il s'agit des López, Rodriguez, Herrera et Castro. Ainsi l'Inquisition contribuait à renforcer la ségrégation entre nouveaux et vieux chrétiens et à fortifier le préjugé de la pureté du sang [18].

Le cas de Cristobal Rodriguez éclaire ce que pouvait signifier l'*inhabileté* pour des gens habitués à tenir une place notable dans la hiérarchie sociale. Cet homme, fils et petit-fils de condamnés par le Saint-Office, était cependant en 1590 *regidor* perpétuel et *alferez* (soit commandant de la milice) du bourg de Los Santos dont il avait été également *alcalde de la Hermandad,* c'est-à-dire officier de police. Sa position faisait scandale et il fut dénoncé. Devant le tribunal, il produisit une cédule spécifiant qu'il était en droit d'exercer ces fonctions. Il avait en effet appris par sa mère qu'elle l'avait conçu pendant son mariage mais à la faveur d'un adultère avec un vieux chrétien. Ainsi il valait mieux, au regard des juges et surtout de l'opinion, être le fils naturel d'une liaison adultérine que né d'un légitime mariage mais fils d'un hérétique. Peut-être la déclaration de la mère était-elle un mensonge destiné à préserver l'avenir social de son fils.

LES VRAIES RAISONS : LA MENACE DE LA MISÈRE

Francisco Tomás y Valiente a présenté l'histoire d'un obscur compagnon tisserand, Antonio de Alarcon, jugé à Tolède en 1635 pour blasphèmes hérétiques. Alarcon fut finalement condamné à l'adjuration *de levi,* cent coups de fouet et au bannissement du royaume de Tolède et de la ville de Madrid pour une durée de six ans.

Or, quelques mois plus tard, Alarcon adressait au Conseil suprême de l'Inquisition une demande de grâce afin d'être dispensé du bannissement. Il arguait qu'il avait une femme et six filles à élever et qu'il n'y parviendrait pas s'il devait être banni. La demande fut rejetée bien que le malheureux Alarcon, manchot et perclus, ait proféré ces blasphèmes dans un moment d'égarement mental comme il en connaissait souvent. C'était condamner une famille nombreuse à la misère.

Tomás y Valiente a ainsi attiré l'attention sur l'importance économique du bannissement, et à juste titre. Celui-ci demeurait sans conséquences graves pour un propriétaire vivant de ses rentes, un prêtre ou un religieux. Il en allait différemment pour un marchand, un boutiquier, un artisan, un laboureur dont l'activité professionnelle et le revenu étaient associés depuis des années déjà, depuis toujours peut-être, à la même ville, à la même clientèle, à la même terre.

Or le bannissement à temps ou à vie était infligé avec une relative facilité par le Saint-Office pour des délits mineurs tels que les blasphèmes « hérétiques », les propos trop lestes ou les entraves à l'action de l'Inquisition : 15 bannissements seulement à Grenade de 1573 à 1577 sur 286 sentences, soit 5,24 %. Mais 32 à Llerena pour 259 jugements, soit 12,35 % ; 32 à Séville pour 206 jugements, soit 15,53 % ; 9 sur 78 à Valladolid, soit 11,53 %. Certes, le bannissement perpétuel est très rare et il était bien plus souvent limité à 1, 2, 4 ans, voire à 6 mois. Mais cela pouvait suffire à plonger des familles modestes dans d'insolubles difficultés économiques.

L'Inquisition maniait d'ailleurs l'arme économique avec une redoutable efficacité. L'*inhabileté* n'était pas seulement un moyen d'atteindre durablement la réputation d'un lignage. Elle permettait aussi d'infliger des amendes aux contrevenants. Surtout elle incitait les inhabiles à acheter une dispense, moyennant le paiement d'une taxe au roi et d'une autre au pape, ce qui effaçait les interdictions dues à leur ascendance. Comme l'amende était plus ou moins proportionnelle à la richesse, c'était tout à la fois le moyen d'alimenter les caisses de l'Inquisition et d'affaiblir les descendants de l'ancienne minorité religieuse.

Certains auteurs ont écrit avec légèreté qu'une arrestation entraînait *ipso facto* la confiscation des biens du prévenu. Il s'agit en fait de la mise sous séquestre qui ne préjugeait en rien de la destination de ces biens, contrairement à ce qu'écrit Ricardo Garcia Carcel : « Dans la pratique il n'y avait pas de différence entre le séquestre théoriquement conjoncturel et la confiscation définitive [17]. » Nous pourrions produire quantité d'exemples où les biens sont effectivement rendus [18]. La confiscation intervient quand l'accusé est condamné à mort ou réconcilié, jamais semble-t-il, quand l'accusé est seulement astreint à l'abjuration, *de levi* ou *de vehementi*. Mais il peut alors être frappé d'une amende. Ainsi à Séville, de 1606 à 1612, le Saint-Office a condamné

158 personnes sur 206 à des peines diverses. Mais le nombre des confiscations de biens ne s'élève qu'à 10 et celui des amendes est très faible, 5 seulement.

Si l'on étudie attentivement les confiscations de biens et les amendes (qui peuvent s'appeler compositions), on s'aperçoit qu'elles frappent surtout les *conversos* convaincus de judaïsme et les morisques mal convertis. La volonté d'affaiblir économiquement les minorités religieuses au profit des vieux chrétiens est au moins aussi évidente que la nécessité pour l'Inquisition de se procurer des ressources. Pourquoi à Valence le Saint-Office accable-t-il les pénitents de « compositions » (22 par exemple en 1487, pour un total d'environ 16 000 sous valenciens) et multiplie-t-il les confiscations? Parce que ses victimes sont les *conversos*? 91,6 % des accusés! Pourquoi à Grenade, de 1573 à 1577, le nombre des confiscations est-il anormalement élevé : 107 sur 286 causes jugées? parce que le gibier est avant tout formé de morisques dont quelques autres doivent supporter des amendes d'importance variable. Comment se répartissent les 47 amendes infligées de 1589 à 1592 par le tribunal de Llerena en une époque où les judaïsants, traqués vingt ans plus tôt, sont d'une grande discrétion? 28, soit 60 %, concernent les « inhabiles » qui sont tous descendants des *conversos* et 4 affectent les morisques.

Lorsque la répression se déchaîne à nouveau contre les crypto-judaïsants, généralement portugais, après 1640, puis de 1721 à 1725, les confiscations de biens vont bon train et il s'agit souvent de véritables fortunes. Ainsi le dossier n° 2067, de la section Inquisition de l'*Archivo historico nacional* contient 101 inventaires de biens confisqués par le Saint-Office de Séville et appartenant pour la plupart à des marchands installés à Séville ou à Osuna. Certains de ces inventaires suggèrent des biens considérables. Henry Kamen a insisté à juste titre sur les énormes sommes prélevées par l'Inquisition sur les banquiers portugais dès avant la chute d'Olivarès : 300 000 ducats versés par Manuel Fernandez Pinto en 1636! 250 000 ducats pris à Diego de Saravia en 1641! 100 000 ducats aux Pasarino en 1646!

Ainsi l'Inquisition ne se contente pas de punir. Elle crée une mémoire de la honte; « elle prend les biens; elle enlève l'honneur. »

LA FORCE DES EXEMPLES

En 1559, un coup de tonnerre ébranla l'Espagne catholique. L'archevêque de Tolède, Bartolomé de Carranza, dominicain célèbre qui avait représenté deux fois son pays au concile de Trente, venait d'être arrêté par le Saint-Office pour des propositions qualifiées d'hérétiques par des théologiens de son ordre tels que Melchor Cano, propositions qu'ils avaient cru déceler dans les *Commentaires sur le catéchisme chrétien* de l'archevêque. Quelques mois auparavant, le pape Paul IV avait autorisé l'Inquisition à procéder exceptionnellement, et pour deux ans, contre les évêques qui ne relevaient que du pape, tout en maintenant que le jugement devait avoir lieu à Rome. C'est en vertu de cette autorisation que Carranza fut arrêté. Et bien qu'il ait été réclamé par Rome de façon continuelle, et notamment par une délégation en 1565, il demeura sept ans en prison en Espagne sans être transféré.

Ce n'était certes pas la première fois que l'Inquisition s'en prenait à une personnalité célèbre, en dépit des précautions recommandées par les manuels lorsqu'il s'agissait des grands de ce monde. Elle avait déjà alors frappé bon nombre de clercs en renom ou de nobles. A Valence, il est vrai, et avant 1530, 4 nobles seulement et 27 ecclésiastiques furent l'objet de procès et c'est une faible proportion; mais elle correspond à l'époque où le tribunal sévissait presque exclusivement contre les judaïsants. Quand le domaine juridictionnel de l'institution s'élargit, des personnages de haut vol tombèrent beaucoup plus fréquemment dans les filets du Saint-Office.

Avant 1559, cela avait déjà été le cas du secrétaire d'un

archevêque de Tolède, un distingué érasmisant, Juan de Vergara, dès 1533. Puis celui de l'abbé bénédictin Alonso de Viruès, prédicateur de l'empereur, ou d'humanistes comme Diego de Uceda ou le professeur d'Alcala, Mateo Pascual. En cette même année 1559 les grands *autos* de Valladolid et Séville firent de terribles exemples puisque de savants docteurs : Agustin de Cazalla à Valladolid, Constantino Ponce de La Fuente et Juan Gil Egidio à Séville, furent exécutés réellement (comme Cazalla) ou en effigie; et au cours de ces mêmes *autos* d'autres grands de ce monde furent réconciliés et condamnés à la prison perpétuelle : tels don Pedro Sarmiento et don Luis de Rojas, fils et neveu du marquis de Poza; don Juan de Ulloa, chevalier et commandeur de Saint-Jacques; doña Maria de Rojas, religieuse au couvent de Sainte-Catherine-de-Sienne et fille de la marquise d'Alcañizes; doña Mencia de Figueroa, dame d'honneur de la reine, parmi bien d'autres représentants de la noblesse.

Plus tard, l'Inquisition ne cessa de faire des exemples spectaculaires : en 1572, par exemple, elle ouvrit le procès de trois célèbres professeurs de Salamanque dont l'un des plus grands mystiques espagnols, Luis de Léon. En 1593 elle fit de même avec un autre maître illustre, Francisco Sanchez *el Brocense.* Au XVIIe siècle, elle s'en prit parfois aux figures les plus populaires, telle la mère Louise de Carrion qui suscitait un véritable culte et fut poursuivie en 1634 pour imposture et sortilèges en attendant de traquer, à partir de 1650, les riches judaïsants portugais. Au XVIIIe siècle, pour ruiner le prestige des idées nouvelles et malgré son affaiblissement, elle parvient encore à atteindre certains des représentants les plus notables de l'esprit des Lumières, même quand ils étaient ministres. Ce qui fit le malheur de Macanaz sous Philippe V et plus encore de Pablo de Olavide, victime du dernier grand procès d'inquisition ouvert en 1776, dont la carrière politique fut ainsi ruinée.

A la faveur de ces exemples, on peut juger que le Saint-Office n'a guère tenu compte du privilège de la naissance ni de la situation sociale et les ecclésiastiques furent particulièrement visés : à Llerena, dans les années 1589-1592, sur 259 personnes jugées, il y a 65 clercs, soit une proportion très élevée de 25,30 %. Les exemples célèbres ne sont donc pas isolés.

Mais plus encore peut-être l'Inquisition savait faire un usage extraordinaire du châtiment et impressionner à jamais l'imagination populaire. Evoquant les mutations de « l'art de punir » et l'avènement de la « douceur des peines » Michel Foucault écrit : « Dans le supplice corporel la terreur était le support de l'exemple : effroi physique, épouvante collective, images qui doivent se graver dans la mémoire du spectateur. (...) Le support de l'exemple maintenant, c'est la leçon, le discours, le signe déchiffrable, la mise en scène et en tableau... » Mais l'Inquisition avait su très tôt, avec brio, associer les deux démonstrations, celle des supplices et celle des signes et des discours. Un *autodafé* était avant tout une cérémonie religieuse de grand apparat, un « acte de foi » public auquel les monarques et leur Cour, deux siècles durant, prêteront le charisme de leur présence dans les occasions les plus fameuses (ainsi les *autos* de Valladolid en 1559 et 1561), et les Bourbons eux-mêmes, après avoir tenté de les fuir, assisteront aux *autos*.

Des témoins de toutes sortes : religieux, voyageurs, ont décrit très souvent ces *autos* qui ont été célébrés par centaines aux XVIᵉ et XVIIᵉ siècles puisque, dans chacun des 14 tribunaux que l'on peut considérer comme définitifs, il y avait un *auto* par an ou, au moins, tous les deux, trois ou quatre ans. Une interminable procession à laquelle participaient les autorités civiles et religieuses (ainsi le personnel des Audiences à Grenade et Valladolid, les *corregidores*, les chapitres cathédraux, les moines de certains couvents), parcourait la ville en direction d'une grand-place où était dressé l'échafaud : c'était là qu'avait lieu le sermon, c'était là que les pénitents abjuraient leurs erreurs, c'était là que les hérétiques repentis étaient « réconciliés » solennellement dans le sein de l'Eglise en présence d'une foule souvent énorme, qui participait réellement à la cérémonie en priant, en chantant, en pleurant. La mise en scène était impressionnante : roulements de tambour et sonneries de trompettes, habits des pénitents qui affichent les signes de leur infamie selon un code familier aux initiés : bonnet, bâillon, cagoule, corde, *sanbenitos* de diverses couleurs, sillage dansant des courtes flammes des cierges, effigies des contumax aux masques parfois grimaçants, cercueils où reposent les condamnés décédés prématurément, théâtre des hiérarchies temporelles et spirituelles, aveux et proclamation des repentirs, obstination diabolique des damnés... Qui pouvait donc résister à la force de suggestion d'un tel spectacle où les sons et les odeurs affolaient les sens?

Les supplices venaient ensuite et mobilisaient d'autres acteurs, ils étaient célébrés sur d'autres théâtres. Supplices simples du fouet pour les blasphémateurs ou les débauchés et la foule parfois raillait, plaisantait les victimes. Supplices plus rares mais terrifiants des bûchers où flambaient les effigies et aussi les corps des relaps ou d'hérétiques impénitents, parfois tordus par les derniers spasmes de la vie.

NOTES

1. Toutes les citations qui précèdent sont empruntées à l'ouvrage magistral de Michel FOUCAULT : *Surveiller et punir*, Paris, Gallimard, 1975. Il faut aussi recourir à l'intéressante édition du *Manuel des inquisiteurs*, avec introduction, traduction et notes par Louis SALA-MOLINS, Paris, Mouton, 1973.

2. Jean Antonio LLORENTE. Le titre exact est *Memoria critica sobre cual ha sido la opinion nacional de Espana acerca del tribunal de la Inquisicion*. Plusieurs éditions récentes sous le titre : *La Inquisicion y los espanoles*.

3. Ricardo GARCIA CARCEL : *Op. cit.*, pp. 184-185.

4. Francisco TOMÁS y VALIENTE in *Historia 16, Numero especial La Inquisicion,* décembre 1976, pp. 19-36.

5. A.H.N., Inquisicion, Séville, Leg. 2075.

6. Michel FOUCAULT : *Op. cit.*, p. 36.

7. Ibid., pp. 36-37.

8. Voir ci-dessous le chapitre X consacré à l'étude de cette question.

9. Le *Manuel des inquisiteurs, op. cit.*, p. 178 sq.

10. *Ibid.*, p. 42.

11. Michel FOUCAULT : *Op. cit.*, p. 39.

12. *Le Manuel des inquisiteurs, op. cit.*, p. 134.

13. *Ibid.*

14. A.H.N., Inquisicion, Leg. 1853, Exp. I.

15. Cité par Claire GUILHEM : *Op. cit.*

16. Marie-José MARC : *Comportements et mentalités en Extremadure à la fin du XVI*[e] *siècle,* Maîtrise d'histoire, exemplaire dactylographié, Toulouse-Le Mirail, 1976.

17. Ricardo GARCIA CARCEL : *Op. cit.*, p. 145. L'erreur de cet auteur, pourtant remarquablement informé, vient sans doute de ce qu'avant 1530 le tribunal de Valence a surtout poursuivi des judaïsants dont les biens ont été effectivement confisqués.

18. Ainsi les relations de causes de Séville de 1606 à 1612. A.H.N., Section Inquisition, Leg. 2075.

CHAPITRE V

L'UNIFICATION RELIGIEUSE ET SOCIALE : LA RÉPRESSION DES MINORITÉS

LES OFFENSIVES CONTRE LES JUIFS ET LES CRYPTO-JUDAÏSANTS

L'année 1478 scella à jamais le destin de la communauté juive de la péninsule ibérique et en particulier des royaumes de Castille et d'Aragon. Une ère nouvelle fondée sur la souffrance, la crainte, la suspicion et la pauvreté commença pour une des minorités les plus laborieuses et opulentes de la population espagnole. Au cours du Moyen Age, les juifs, de par leur nombre et leur position sociale, détenaient une place privilégiée dans la société castillane. Ils formaient essentiellement une bourgeoisie urbaine, accaparant les activités commerciales et financières; ils étaient serviteurs de la royauté en tant que conseillers, fermiers des impôts, administrateurs des domaines de la Couronne; enfin, ils avaient l'exclusivité de certains secteurs scientifiques comme la médecine, preuve de leur haut niveau culturel. Cependant, la plupart des juifs menaient une vie obscure et modeste derrière leur échoppe d'artisans. Mais tous appartenaient au monde urbain; d'après Andrès Bernaldez, chroniqueur des Rois Catholiques, les juifs étaient : « ... Marchands, courtiers, collecteurs d'impôts, commerçants, intendants de la noblesse, fonctionnaires, tailleurs, cordonniers, tanneurs, tisserands, épiciers, colporteurs, marchands de soieries, forgerons, joailliers et autres métiers analogues : aucun ne travailla jamais la terre, ni ne devint fermier, charpentier ou maçon... [1] »

Tout au long des XIe, XIIe et XIIIe siècles, existait une tolérance mutuelle entre les trois principales communautés espagnoles : chrétienne, juive et maure; et au sein de chaque état, les minorités dissidentes étaient bien acceptées, fait anachronique à une époque où l'intolérance confessionnelle croissait en Europe. Cette coexistence était fondée en partie sur un équilibre militaire et politique entre musulmans et chrétiens, équilibre qui fut rompu après la victoire des chrétiens sur les maures à la bataille de Las Navas de Tolosa en 1212. Le vainqueur en vint peu à peu à établir sa loi. Dès le début du XIVᵉ siècle, la situation politique se dégrada aux dépens des juifs, aggravée par les événements néfastes qui ravageaient alors toute l'Europe : terribles épidémies, famines, guerres et crises économiques auxquelles il fallait trouver un bouc émissaire, un *chivo expiatorio*. Le juif fut choisi pour jouer ce rôle. Commencèrent alors les pogroms avant la lettre, dont le prototype fut l'épisode de 1391 où plus de 4 000 personnes périrent à Séville par exemple. Toutes les grandes villes ayant des *aljamas* (quartiers spéciaux réservés aux juifs) furent atteintes par ce mouvement. Les juifs épargnés furent contraints de recevoir le baptême afin d'échapper à la mort. Ces convertis par force et non par conviction, dont le nombre allait croissant, furent considérés dès le début comme de faux chrétiens qui pratiquaient en secret leur ancienne religion. Des mots nouveaux apparurent dans le vocabulaire de l'homme de la rue pour les désigner : *marrano*, *judaïsante* et *judeoconverso*.

En parallèle, des mesures discriminatoires furent prises contre les juifs : en 1412, un décret leur interdit de porter des vêtements de soie, de détenir des armes, d'exercer une charge publique ou de se prévaloir de titres honorifiques; ce même décret les exclut de certaines professions, comme celles d'épicier, de charpentier, de tailleur et de boucher; il les parqua dans des endroits réservés (les ghettos) et leur enleva le droit de changer de résidence.

La classe nouvelle des *judeoconversos* n'en conserva pas moins la position sociale acquise par les juifs : elle accapara les activités financières et commerciales, une part notable des postes de responsabilité dans les municipalités, l'exercice de la médecine et un grand nombre de métiers artisanaux. Le baptême lui ouvrit par ailleurs des portes jusque-là interdites : celles des charges ecclésiastiques et de Cour. Les conversions avaient de plus un intérêt non négligeable : celui de favoriser les mariages mixtes entre vieux et nouveaux chrétiens par lesquels on s'introduisait dans la noblesse de Castille et d'Aragon. En 1449, une pétition à l'adresse de l'évêque de Cuenca déclarait que les plus nobles familles d'Espagne avaient du sang juif. En Aragon, presque toutes les maisons de l'aristocratie étaient atteintes, en particulier celle des Henriquez dont Ferdinand le Catholique descendait par sa mère. D'autre part, les *conversos* fondèrent de puissantes familles et suscitèrent un malaise au sein de la noblesse, jalouse de préserver ses privilèges : don Juan Pacheco, marquis de Villena et grand maître de l'ordre de Santiago, descendait de part et d'autre du juif Ruy Capon. Son frère don Pedro Giron était grand maître de l'ordre de Calatrava et neveu de l'archevêque de Tolède.

Mais un problème essentiel qui affectait la vie religieuse empoisonnait les rapports entre *conversos* et chrétiens : les *judeo-conversos* continuaient à pratiquer en secret ou en public leurs anciens rites et peu d'entre eux devenaient des chrétiens sincères : « On ne trouvait parmi les *conversos* pour ainsi dire pas de vrais chrétiens, comme la chose est bien connue en Espagne [2]. »

Dès les premiers jours de leur règne en 1474, les Rois Catholiques décidèrent d'extirper ce mal du royaume. Des mesures discriminatoires et raciales furent appliquées contre les juifs : en avril 1481, les juifs de Castille recevaient l'ordre de se confiner dans les ghettos. A la fin de l'année, un ordre d'expulsion partielle était signifié à la population juive d'Andalousie. En 1482, les évêchés de Séville et de Cordoue, ensuite, en 1486, les diocèses de Saragosse, d'Albarracin et de Teruel bannissaient à tout jamais de leur territoire les communautés juives. Le 31 mars 1492, douze ans après l'établissement de l'Inquisition, un édit d'expulsion était publié donnant aux juifs d'Espagne jusqu'au

31 juillet, le choix entre le baptême ou l'exil. Selon Dominguez Ortiz, 200 à 250 000 personnes préférèrent recevoir le baptême, alors que 150 000 s'exilèrent[3] parmi lesquelles le financier Isaac Abrabanel qui avait financé la prise de Grenade.

Le problème *converso* se trouva posé désormais de façon plus aiguë car il devenait le masque de l'hérésie. Bien que la haine populaire s'acharnât sur ces nouveaux chrétiens, ils faisaient partie intégrante de la société espagnole où ils jouaient un rôle important par la puissance financière et intellectuelle qu'ils détenaient. Déjà la propagande antisémite et anti-*conversa* appuyée par les prédicateurs, en particulier Alonso de Hojeda, prieur dominicain de Séville, avait décidé Isabelle la Catholique à instaurer un appareil inquisitorial quatorze ans plus tôt. Dès son installation, le tribunal du Saint-Office agit rapidement. A la suite d'une tentative de complot fomentée par un notable nouveau chrétien, Diego de Susan, dans le but de sauvegarder l'honneur et la prépondérance des *conversos*, eut lieu le 6 février 1481 à Séville le premier *autodafé*. Au cours de cette cérémonie, 6 personnes montèrent sur le bûcher, tous citoyens riches qui avaient occupé des fonctions honorifiques. Face à l'action inquisitoriale, les *conversos* essayèrent de lutter désespérément. L'assassinat de Pedro Arbuès, inquisiteur de Saragosse, dans la nuit du 15 septembre 1485, n'était que la conséquence du désespoir dans lequel se trouvaient les nouveaux chrétiens. Ceux-ci, depuis l'installation du Saint-Office, vivaient dans la crainte et la terreur, incapables de se révolter ouvertement contre l'arbitraire des arrestations et la multiplication des *autodafés* de la part du tribunal inquisitorial. Mais l'assassinat d'Arbuès fut une erreur politique grave des *conversos*, car, entre 1486 et 1503, l'Inquisition aragonaise mit fin à leur emprise politique et sociale en les pourchassant irrémédiablement. Au cours de ces seize années, les *autodafés* se succédèrent. La classe riche, cultivée et dirigeante de Saragosse fut atteinte en plein cœur par la condamnation d'un grand nombre de ses membres. Les familles nobles nouvelles chrétiennes n'échappèrent point à ce sort : la famille Santangel, qui détenait depuis plus d'un demi-siècle des postes clefs dans le gouvernement d'Aragon, eut 15 membres jugés par le Saint-Office dont Luis, armé chevalier par Juan II, et son cousin, financier de l'expédition de Christophe Colomb. Pendant cette période, 68 personnes montèrent sur le bûcher, soit 42 % des condamnés, et ils n'appartenaient pas, dans la plupart des cas, au monde laborieux de l'artisanat mais à des familles bien placées dans la hiérarchie sociale.

A Majorque, le tribunal sévissait durement : de 1488 à 1499, il prononça 347 peines capitales sans que l'importante communauté *conversa* de l'île réagisse. En Castille, il en allait de même : les douze premières années de fonctionnement de l'Inquisition furent l'expression d'un conflit de races et de classes sans parallèle dans toute l'histoire de l'Espagne. Aussi, beaucoup de judaïsants préférèrent-ils la fuite et l'exil : à l'*autodafé* du 10 juin 1491 à Barcelone, 3 personnes montèrent sur le bûcher et 126 furent condamnées par contumace.

Le décret du 31 mars 1492 ne résolut pas le problème d'unité religieuse. La coexistence encore admise jusqu'en 1506 du catholicisme et de l'islamisme ne favorisa pas l'intégration rapide dans un même creuset des différentes coutumes et cultures. Elle contribua au contraire au durcissement de la politique du Saint-Office. L'exemple de Valence est caractéristique. A la suite des prédications de saint Vincent Ferrier, au début du XVe siècle, l'importante communauté juive formée de 1 000 familles, s'était convertie en majorité, créant un autre problème d'hérésie : le judaïsme. Au cours de la première moitié du XVe siècle, il y eut environ 30 à 40 procès d'hérésie et au cours du siècle suivant, plusieurs centaines de judaïsants montèrent sur les bûchers.

Après la mort de Torquemada en 1498, le nouvel Inquisiteur général, don Diego de Deza, continua d'appliquer la même politique. Le XVIe siècle commença sous le signe de la répression et de l'intolérance : le tribunal de Valence jugea 15 cas en 1496, 63 cas en 1499. La découverte de la synagogue dans la maison du couple Salvador Vivès et Castellana Guoret, oncle et tante de Luis Vivès, en janvier 1500, fut pour le Saint-Office la preuve de l'état d'hérésie dans lequel vivaient les *conversos.* Afin de mieux les démasquer, les inquisiteurs établirent un registre des coutumes et pratiques juives et judaïsantes d'après les aveux de plusieurs juifs poursuivis. Le juif récitait régulièrement les Psaumes de David; observait le Sabbat (jour de repos à la fin de la semaine où il changeait de vêtements, de draps, mettait une nappe blanche sur la table et n'éclairait pas depuis la veille); il célébrait la Pâque de l'Agneau (le 14 mars de chaque année en commémoration du repas qui précéda la fuite d'Egypte); il respectait aussi les jeûnes du Pardon et de la Reine Esther au mois de septembre, les Pâques du pain sans levain et des herbes amères; il pratiquait certains rites dans la vie quotidienne : la circoncision, les toilettes des bébés et des morts, la manipulation spéciale de la viande (nerf sciatique et graisses enlevés). Le judaïsant semblait moins traditionaliste et moins attaché aux usages de son ancienne religion, sans doute faute de livres, et ses pratiques étaient plus libres.

On sait déjà que 91,6 % des victimes de l'inquisition valencienne avant 1530 étaient des *conversos* condamnés à des peines variées. Des familles entières avaient été exterminées, comme celle de Luis Vivès : 9 de ses proches montèrent sur le bûcher (ses parents, son grand-père maternel, 2 grands-oncles, 2 oncles et 2 cousins).

La répression exercée contre les nouveaux chrétiens eut une répercussion néfaste sur le milieu intellectuel. Valence s'était rendue célèbre par ses activités scientifiques dans le domaine de la médecine; elle détenait ce privilège depuis le Moyen Age, période où la promiscuité raciale et religieuse avec les musulmans lui avait permis d'assimiler la culture arabe. Les crises du XIVe siècle instaurèrent un déséquilibre économico-social qui porta atteinte à l'unité culturelle judéo-arabe. La culture juive, par la suite, se dilua jusqu'à complète disparition. Jusqu'à la fin du XVe siècle, les barbiers et chirurgiens valenciens avaient une situation sociale et scientifique privilégiée. Les diverses réformes faites dans la deuxième moitié du XVe siècle leur permirent d'avoir un quasi-monopole des études médicales pour la Castille et l'Aragon : en 1462, ils établirent des études réglementaires de chirurgie; en 1478, ils obtinrent la permission de disséquer les cadavres; en 1502, l'université, comprenant une section chirurgie, était créée. D'autre part, l'introduction de la presse à imprimer dans la péninsule ibérique, montée pour la première fois à Valence en 1474, facilita une meilleure diffusion des documents écrits. Le tribunal du Saint-Office dès les premières années du XVIe siècle, s'attaqua à cette classe privilégiée en arrêtant d'abord son leader, Alcanyc. Alcanyc, considéré comme le chef du mouvement pour le renouveau scientifique à Valence dans la deuxième moitié du XVe siècle, avait été examinateur des médecins plusieurs années de suite, professeur à l'université dès sa fondation; il avait établi, bien avant la création de l'université, une classe pour ceux qui se destinaient à la chirurgie. Son arrestation, le 9 février 1504, sa détention jusqu'au 24 novembre 1506 (détention la plus longue pour un prisonnier avant 1530) et sa mort sur le bûcher ainsi que celle de sa femme donnèrent le signal de départ d'une répression systématique contre le milieu scientifique [4]. L'Inquisition condamnait non seulement le médecin mais aussi sa famille : il y eut 11 membres jugés dans la famille de Pedro Tomar, 4 membres dans celle de Ferrer Torrella. L'exemple de Jaume Torrès et de son entourage est plus caractéristique. Jaume Torrès, professeur de chirurgie entre 1515 et 1521, appartenait à une famille de médecins : son oncle, médecin à Gandia et arrêté par le Saint-Office était encore en procès en 1521 [5]; sa fille était l'épouse d'un professeur de la faculté de médecine mort de peste avant d'être arrêté. Sur 25 membres représentant quatre générations, 9 personnes furent condamnées par le tribunal inquisitorial [6].

L'université souffrit indirectement de l'action du Saint-Office car elle comptait seulement 7 *conversos* parmi les professeurs considérés presque tous comme vieux chrétiens. D'après la bibliothèque de Jaume Torrès inventoriée au moment de son arrestation, le niveau culturel de cette génération de médecins était indéniablement élevé. Elle se caractérisait par des idées en avance sur le temps, rompant définitivement avec le mouvement scolastique soutenu par l'Inquisition.

ARBRE GÉNÉALOGIQUE DE LA FAMILLE TORRÈS

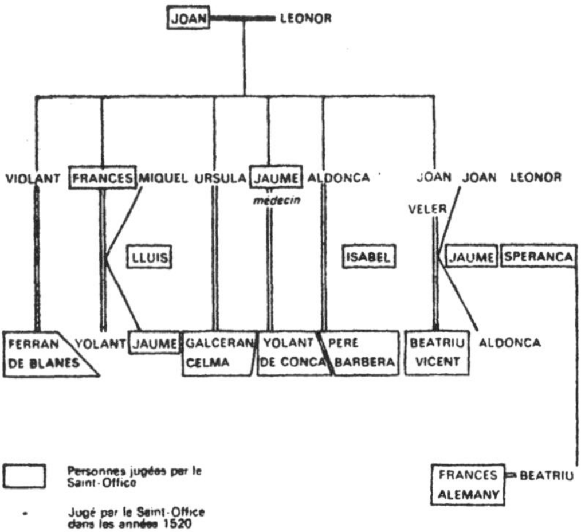

En 1516, l'arrivée au pouvoir d'un jeune roi, le futur Charles Quint, remit en question l'action du Saint-Office, mais sans succès comme nous l'avons vu.

La révolte sociale des *Germanias*[7] manifesta une opposition certaine à l'administration royale et notamment à la fiscalité. Mais, bien que de nombreux rebelles fussent *conversos*, ils ne s'en prirent jamais à l'Inquisition. Pourtant, au cours des *Germanias*, le Saint-Office jugea un grand nombre de nouveaux chrétiens accusés d'avoir fomenté la révolte. L'*autodafé* du 14 février 1521 condamna 68 personnes, celui du 19 mai, 50 personnes, et enfin celui du 1er mars 1522, 37 personnes.

Par la suite, le tribunal valencien continua à fonctionner de façon redoutable pour les *conversos*. Malgré tout, le nombre des victimes diminua à cause de l'extermination progressive des juifs et aussi de leur fuite ou de leur mort naturelle. La majorité des descendants s'intégra volontairement au fur et à mesure dans la masse. Les *conversos* en effet, de par leurs origines, portaient la marque de l'infamie. Depuis le début du XVe siècle, se développait le concept de *limpieza de sangre* ou pureté de sang, fondement de l'intégrité raciale vieille chrétienne, né de l'infiltration dans toutes les couches de la société des idéaux de la chevalerie : honneur et orgueil hérités de la Reconquête. Les répercussions sociales de cette notion apparurent dans l'introduction progressive de la discrimination raciale aux dépens du *converso* haï en raison de ses activités commerciales et financières et de son origine religieuse. Le critère de pureté de sang devint l'élément de référence de la société espagnole. Ceux qui n'étaient pas *ex puro sanguine procedente* se voyaient refuser l'accès dans les universités (Salamanque, Tolède, Valladolid ou Séville), dans les ordres militaires (Santiago, Alcantara et Calatrava), dans certains ordres religieux (dominicains, hiéronymites, franciscains et, plus tard, jésuites); ils ne pouvaient faire partie du personnel inquisitorial ni obtenir de charges; mais dans ce dernier cas, l'interdiction n'était pas respectée pour des raisons économiques. Dès son installation, l'Inquisition appliqua l'interdiction exprimée dans les *Instructions* de Torquemada publiées à Séville en 1484 : « ... Aux enfants et petits-enfants des condamnés [par l'Inquisition] d'occuper ou de posséder des charges ou des fonctions publiques, de recevoir des honneurs, d'accéder à la prêtrise, d'être juge, maire, officier de police, magistrat, juré, administrateur, contrôleur ou inspecteur des poids et mesures, négociant, notaire, écrivain public, avocat, avoué, greffier, comptable, trésorier, médecin, chirurgien, marchand, courtier,

LA SITUATION SOCIALE DES JUDAÏSANTS A ALBURQUERQUE

	H	F*
COMMERCE		
marchand	12	2
marchand de bestiaux	1	—
marchand en draps	1	—
marchand en toiles	1	—
mercier	1	—
chiffonnier	—	1
ARTISANAT		
a) textile		
tondeur	5	2
cardeur	—	4
teinturier	2	1
tisserand	1	2
tailleur	9	6
chapelier	1	—
b) cuir		
cordonnier	23	7
c) métal		
fabricant d'épées	1	—
forgeron	—	1
chaudronnier	—	1
tourneur	1	1
d) les petits métiers		
charretier	—	2
muletier	—	2
MÉDECINE		
médecin licencié	—	1
médecin bachelier	1	—
médecin	—	2
apothicaire	—	2
DROIT		
juriste bachelier	1	—
juriste	—	1
avoué	4	—
notaire	5	2

CHARGES ET OFFICES		
a) urbain	—	—
b) ordres militaires	—	—
c) Saint-Office	—	—
d) rentier	2	1
PAYSANNERIE		
paysan	—	1
ouvrier agricole	—	2

Note : H : homme.
F : femme.
* Métier exercé par leur père ou leur mari.

changeur, collecteur d'impôts, fermier de dîmes, ainsi que d'être titulaire d'un autre emploi public [8]. »

Cependant, le règne de Charles Quint ne connut pas une politique de persécutions systématiques. La Réforme en Allemagne et l'infiltration des idées protestantes en Espagne incitèrent Philippe II, roi depuis 1556, à raffermir l'action inquisitoriale et une nouvelle vague de répression s'abattit sur les *conversos* dans la deuxième moitié du XVIe siècle. Ainsi, l'Extremadure, province frontière avec le Portugal, fut l'objet d'une épuration radicale vers les années 1560-1570, en particulier Albuquerque, gros bourg agricole, situé au nord de Badajoz dont il dépend administrativement et à quelques kilomètres de la frontière portugaise, que nous pouvons prendre comme exemple.

Entre 1566 et 1575, 240 causes furent jugées, comprenant 196 cas de judaïsants [9]. Une importante communauté *conversa* vivait donc dans cette petite ville où elle détenait une place socio-économique typique; elle constituait la bourgeoisie commerçante (drapiers, merciers, marchands et marchands de bestiaux), le monde artisanal (tondeurs, cardeurs, teinturiers, tisserands, tailleurs, cordonniers, fabricants d'épées, forgerons, chaudronniers, tourneurs, chapeliers et chiffonniers), le monde des « petits

ARBRE GÉNÉALOGIQUE DE LA FAMILLE ROL ANGEL

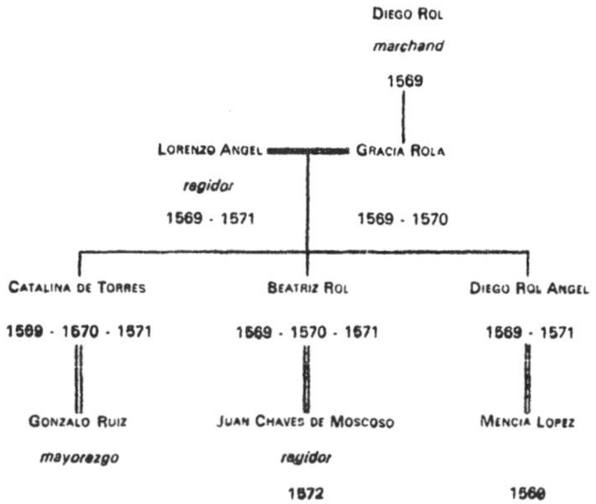

N.B. Les dates correspondent aux *autodafés* auxquels les personnes ont participé.

métiers » (charretiers et muletiers), la classe « cultivée » (médecins, apothicaires, juristes, avoués, notaires). Cette micro-société représentait 26 *fuegos* ou familles, soit 130 membres dont 100 ont été jugés par le Saint-Office, qui détruisit ainsi les cellules familiales mais aussi le système économique ancestral. Chez l'artisan par exemple, l'échoppe se transmettait de père en fils à travers les générations. Il en était de même de l'avoué, propriétaire de sa charge vénale et héréditaire. Bien peu échappèrent aux poursuites inquisitoriales qui frappaient à jamais d'infamie des individus et leur descendance sans tenir compte de leur rang social. En trois ans, le Saint-Office extermina une des plus hautes familles de Badajoz : celle du *regidor* Lorenzo

Angel, liée par des alliances matrimoniales à la bourgeoisie commerçante. Entre 1569 et 1571, 7 personnes furent jugées : 7 eurent leurs ossements brûlés (le grand-père, Diego Rol, en 1569 et le père, Lorenzo Angel, en 1571); le fils, Diego Rol Angel, monta sur le bûcher en 1571; 4 revinrent dans le sein de l'Eglise : la mère en 1570, la belle-fille en 1569 et les deux filles condamnées à la prison perpétuelle en 1571 après avoir confessé leurs fautes sur le bûcher à l'autodafé de 1570 [10]. Dans l'ensemble, Albuquerque fut plus atteinte que le reste de l'Extremadure. Il y eut seulement cinq cas d'abjurations *de levi* et *de vehementi*, 18 personnes montèrent sur le bûcher, 9 eurent leurs ossements brûlés en effigie et 18 furent condamnées par contumace. La répression sévit de façon ininterrompue pendant neuf ans (1566-1575), créant un climat de suspicion et de terreur parmi la population de cette petite ville. La communauté judaïsante disparut, au prix d'un désastre économique entraîné par la dissolution de corporations comme celle des cordonniers (23 condamnations). Quinze ans après, l'Inquisition jugea un seul cas de judaïsant.

En 1580, le rattachement du royaume du Portugal à la couronne de Castille eut une répercussion néfaste sur la minorité *conversa* ibérique. Le Portugal, au moment de l'édit de 1492, avait accueilli un grand nombre de judaïsants fuyant l'Espagne et, grâce à une politique de tolérance, ceux-ci avaient pu faire souche. Cette période d'accalmie prit fin en 1547, lorsque Rome publia la bulle d'institution d'un tribunal du Saint-Office, autonome et calqué sur celui du royaume espagnol. Jusqu'à l'annexion du Portugal, les trois tribunaux : Lisbonne, Evora et Coïmbra ne célébrèrent ensemble que 34 *autodafés* comportant 169 cas remis au bras séculier et 1 998 pénitents, faible proportion pour un pays ayant une importante communauté *conversa*, soit 1/5 de la population. La situation se renversa en 1580, sous le gouvernement de l'archiduc Albert d'Autriche, gouverneur et Grand Inquisiteur du Portugal. Cette année-là eurent lieu 34 *autodafés* condamnant 222 personnes au bûcher. Face à ce danger, les marranes cherchèrent refuge en Espagne où la situation économique leur était favorable. Les nouvelles possessions d'Amérique avaient donné une impulsion à un commerce florissant et bien que les lois aient interdit aux *conversos* d'émigrer aux Indes beaucoup s'installèrent à Mexico et à Lima, où ils formèrent souvent l'oligarchie marchande.

Jusqu'en 1624, les exilés portugais vécurent en paix grâce aux sommes importantes versées à la Couronne qui avait alors de graves difficultés financières : en 1601, ils obtinrent la levée de certaines entraves à l'immigration moyennant 1 860 000 ducats et, en 1605, un décret pontifical leur accorda un pardon général pour toutes les fautes commises. L'Inquisition respecta cette trêve; ainsi à Séville par exemple, où la communauté marrane était importante, le tribunal jugea peu de cas entre 1606 et 1612. Il y eut seulement deux condamnations à des peines légères : celle de Geronimo Rodriguez Pardos âgé de vingt et un ans en 1606 qui vint se dénoncer spontanément. Il fut réconcilié avec 6 mois d'instruction religieuse dans un couvent mais perdit ses biens; et celle d'une femme en 1612 qui, après avoir avoué sous la torture, fut réconciliée avec confiscation de ses biens, 2 ans de prison dont un de *recogimiento* et 6 ans de bannissement d'Osuna. Le procès de Hernan Perez en 1606, accusé devant l'évêque de Porto Rico, se termina par sa libération et la remise de ses biens séquestrés au moment de son arrestation. Dans les années 1607, 1608, 1610 et 1611, les inquisiteurs ne jugèrent pas un seul *converso*, à preuve des orientations politiques de l''Espagne à ce moment-là [11]. Mais à la fin du règne de Philippe III, le Saint-Office prit conscience du péril marrane comme le montre l'augmentation du nombre des judaïsants dans les *autodafés*. Au cours de l'*autodafé* du 2 décembre 1625 à Cordoue, sur les 45 condamnés, 39 étaient d'origine portugaise et 4 furent remis au bras séculier. Dans les années 1623-1624, l'affaire Enriquez porta préjudice au milieu *converso* installé à Valladolid et dans cette région. Cette ville, capitale du royaume entre 1601 et 1606, avait été un des principaux centres d'accueil pour les marranes portugais. En 1622, le médecin du duc d'Albe, Jorge Enriquez mourait et était enterré, d'après des témoignages anonymes, selon les rites juifs. L'arrestation de toute la famille du médecin s'ensuivit ainsi que celle de certains amis proches.

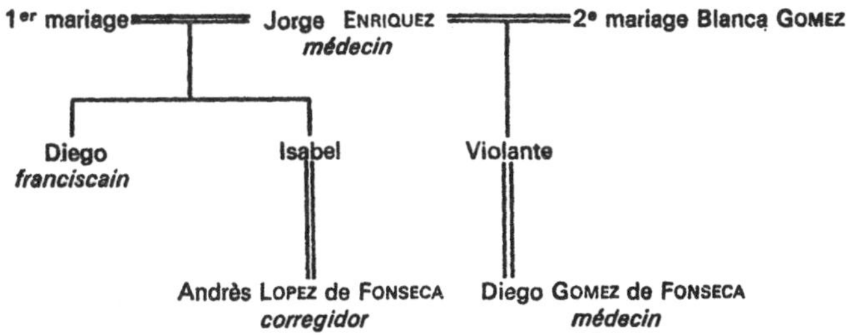

Furent emprisonnés pour cause de judaïsme : la veuve, doña Blanca Gomez, les enfants, don Diego, moine franciscain, doña Isabel et son mari Andrès Lopez de Fonseca, *corregidor* habitant Alba de Tormes, doña Violante et son mari Diego Gomez de Fonseca, docteur à Alba de Tormes; doña Ana Rodriguez, veuve vivant à Alba de Tormes et Isabel de Paredes accusées toutes les deux d'avoir participé à l'ensevelissement du défunt selon la coutume juive. Isabel de Paredes, dont on ne connaît pas les liens de parenté avec la famille Enriquez, fut soupçonnée d'avoir procédé à la toilette du mort. Ces gestes de propreté, peu courants semble-t-il au XVIIe siècle et confondus avec les rites juifs, furent dénoncés lors des divers procès; preuve d'accusation insuffisante car 5 personnes furent absoutes et libérées en 1624 : Isabel de Paredes, doña Ana Rodriguez, doña Blanca Gomez, Diego Gomez de Fonseca et don Diego Enriquez. Le tribunal inquisitorial condamna 2 personnes : Isabel Enriquez et son mari Andrès Lopez de Fonseca, accusés l'un et l'autre de judaïsme. La première, mise à la torture *in caput alienem,* déclara avoir participé à plusieurs reprises à des cérémonies juives. Le deuxième, bien qu'il détînt une place importante dans la hiérarchie sociale en tant que *corregidor,* n'échappa point au jugement du Saint-Office. L'aveu d'une première réconciliation en 1604 et de son origine portugaise influença fortement le verdict des inquisiteurs. Vingt ans après le pardon général octroyé par Rome en faveur des marranes, la tolérance à l'égard de cette minorité était de nouveau contestée. Le procès d'Andrès Lopez de Fonseca [12] eut des répercussions sur le plan local car, dans les années suivantes, l'Inquisition poursuivit essentiellement les *conversos* d'origine portugaise. Pendant l'année 1625, 52 personnes furent arrêtées dont 43 étaient nées au Portugal et 6 autres avaient des origines portugaises plus lointaines ou des liens de parenté avec des *judeoconversos* portugais. Il en fut de même l'année suivante où, sur les 23 condamnés, 13 avaient des attaches avec ce pays. Comme dans l'affaire Enriquez, les familles subirent le même sort : en 1625 et 1626, 15 familles furent emprisonnées, soit 34 personnes, preuve que l'appareil inquisitorial à Valladolid désirait anéantir les noyaux crypto-judaïsants. De plus, la collaboration étroite entre le tribunal de Valladolid et ceux du Portugal, en particulier celui de Coïmbra, pour lutter contre les fuites des marranes du Portugal, n'était que la démonstration de la politique répressive et exterminatrice appliquée contre les marranes pris entre deux feux.

En 1626, la première banqueroute du règne de Philippe IV facilita l'intégration dans la société castillane des financiers portugais qui prenaient ainsi la place des banquiers génois, en faillite. Malgré la contestation des contemporains, le Premier ministre, le comte duc d'Olivarès, orienta sa politique en faveur de l'argent juif, moyen de renflouer les caisses vides de l'Etat. En 1628, sous l'influence du comte duc, Philippe IV accorda aux financiers portugais la liberté de s'établir et de commercer, mesure qui leur permit d'étendre leur influence sur les principales voies d'échanges entre l'Espagne et l'Amérique. A partir de 1627, apparaissent dans la *Hacienda Real* des noms à résonance portugaise comme Fernandez Pinto, Nuñez Saravia et Duarte Fernandez. Malgré tout, les marranes ne purent échapper aux conséquences de leur origine raciale. Après la victorieuse révolte de leur pays contre la Couronne d'Espagne en 1640, ils commencèrent à être considérés par les Castillans comme une cinquième colonne. Déjà, avant la fin d'Olivarès, en 1643, le couperet tombait : en 1636, l'Inquisition intenta une action contre le financier Manuel Fernandez Pinto accusé de judaïsme. Ce dernier, au cours de sa carrière, avait prêté à Philippe IV 100 000 ducats. Le tribunal parvint à lui extorquer, au cours du procès, l'énorme somme de 300 000 ducats sous forme de confiscations. Le cas de Juan Nuñez Saravia fut plus caractéristique. Nous rencontrons ce financier pour la première fois parmi les dix banquiers portugais qui consentirent un prêt de 2 159 438 ducats à la Couronne en 1627. En 1630, il fut dénoncé comme judaïsant et protecteur des judaïsants; mais le Saint-Office ne prit aucune mesure contre lui et continua de rassembler des preuves venant de France et d'Amérique qui l'accusaient d'aider financièrement ses coreligionnaires résidant à l'étranger. Son arrestation, ainsi que celle de son frère au début de l'année 1632, et sa condamnation à l'abjuration *de vehementi* et à une amende de 20 000 ducats au cours de l'*autodafé* de Tolède le 13 décembre 1637, ruinèrent sa réputation : son nom ne figura plus jamais sur la liste des banquiers au service de la Couronne.

Les efforts d'Olivarès pour intégrer les marranes portugais dans la société espagnole s'étaient révélés vains et, à sa chute, les financiers portugais vivant en Espagne se trouvèrent dans une situation difficile : sans patrie et sans soutien officiel. Une nouvelle ère de répression commençait pour les judaïsants, dirigée par le successeur de l'Inquisiteur général frère Antonio de Sotomayor, Arce Reinoso, qui organisa une chasse dirigée contre tous les suspects de judaïsme, qu'ils appartiennent au milieu de la haute finance ou au monde artisanal. Les XVIIe et XVIIIe siècles furent marqués par la destruction de familles puissantes, comme celles des Saravia, Montesinos et Enrique. Diego de Saravia, apparenté à Juan Saravia fut arrêté, jugé et condamné à la confiscation de 250 000 ducats or en 1641. En 1646, ce fut le tour du vieux financier Manuel Enrique. A l'*autodafé* de Cuenca en 1656, figurèrent Mendès Brito déjà réconcilié une première fois et Fernanda de Montesinos Tellez, condamnés l'un à l'abjuration *de vehementi,* au port du *sanbenito,* au bannissement et à 6 000 ducats d'amende, l'autre à la même peine mais avec une amende plus lourde : 10 000 ducats. Tous les deux étaient des hommes riches, liés de part et d'autre au milieu de la haute finance. Au moment de son arrestation, Montesinos possédait une fortune évaluée à 567 256 ducats mais une partie était immobilisée à Amsterdam; son mobilier était estimé à 10 000 ducats. Le gouvernement, alarmé par la chute des grands financiers de la Couronne, conclut un accord avec l'Inquisition le 7 septembre 1654, aux termes duquel le Saint-Office ne devait s'intéresser qu'aux biens personnels des prévenus, laissant au Conseil le soin de s'occuper des sommes investies au compte des sociétés. La distinction entre le financier lui-même et l'établissement qu'il dirigeait était ainsi faite. La répression n'épargna point les *conversos* possesseurs de charges d'Etat. Francisco Coello, administrateur des impôts à Malaga, comparut à l'*autodafé* de 1654; Diego Gomez de Salazar, administrateur du monopole des tabacs de Castille, fut réconcilié au cours de l'*autodafé* de Valladolid le 30 octobre 1664. Rares furent ceux qui purent en réchapper comme Manuel Cortizos de Villasante. Ce dernier, né à Valladolid de parents portugais, avait été porté aux plus hautes dignités du royaume. A la fin de sa vie, il était chevalier de l'ordre de Calatrava, seigneur de l'Arrifana, membre du conseil des Finances et secrétaire de la *Contaduria Mayor de Cuentas* (service le plus important du Trésor royal) honneurs qu'il avait acquis dans la première moitié du XVIIe siècle où les statuts de *limpieza de sangre* étaient encore rigoureusement appliqués. A sa mort, en 1650, on se rendit compte qu'il n'avait jamais cessé de judaïser et avait été enterré selon le rite juif. Son rang social et l'éclat de sa carrière sauvèrent sa famille du désastre. Jusqu'à la guerre de Succession, les Cortizos continuèrent d'exercer de hautes fonctions dans les services de la couronne. Si la recrudescence des persécutions touchait les grandes familles des riches marranes, la majorité des *conversos* d'humble origine subissait en silence la politique répressive inquisitoriale. Un contemporain résidant à Madrid nous a laissé un récit dramatique sur cette période : « Depuis samedi dernier, l'inquisition de Madrid a jeté en prison dix-sept familles portugaises. (...) Rue des Peromostenses, on construit en hâte une prison assez vaste pour contenir tous les malheureux qui, chaque jour, tombent dans le piège. D'aucuns affirment qu'il n'est pas, à Madrid, un Portugais, à quelque classe qu'il appartienne, qui ne judaïse » (18 septembre 1655). « Le lundi 13 à minuit, l'Inquisition s'est emparée des personnes de quatorze commerçants et financiers portugais, notamment de deux marchands de tabac. Ces gens prolifèrent comme des champignons » (16 septembre 1655). « Il ne reste pas un vendeur de tabac à Madrid que l'Inquisition n'ait fait arrêter. L'autre jour, elle a appréhendé deux familles entières, parents et enfants... » (23 octobre 1655) [13]. Les registres des confiscations nous confirment la multiplication des arrestations : à Cordoue par exemple, dans les années 1541-1543, la somme des biens séquestrés s'élevait à 10 501 126 maravedis (28 488 ducats) alors qu'un siècle plus tard (1652-1655) elle était de 52 100 115 [14]. Au cours de cette période, le nombre des cas jugés pour judaïsme était nettement le plus important; à l'*autodafé* de Llerena le 23 avril 1662, sur les 88 personnes présentes, 78 furent condamnées pour judaïsme avec 71 réconciliations, 2 remises au bras séculier et 4 brûlés en effigie. La plupart des accusés étaient portugais ou descendants de Portugais habitant les grands centres : Trujillo, Caceres, Plasencia, Mérida, Don Benito, Villanueva de la Serena, Almendralejo et Valencia de Alcantara où ils avaient essentiellement une activité commerciale : les deux condamnés à mort étaient des marchands [15].

Pour échapper à l'action du Saint-Office, beaucoup choisirent l'exil. Dans les vingt dernières années du règne de Philippe IV, 12 000 familles s'expatrièrent parmi lesquelles celle des frères Cardoso, administrateurs des impôts. Mais ce furent les plus riches qui purent s'installer à l'étranger laissant derrière eux une situation économique désastreuse due à la multiplication des banqueroutes au sein des classes commerçantes de Madrid et d'autres villes. Privée de l'aide financière des marranes, l'Espagne allait vers la décadence.

Sous le règne de Charles II, l'élimination des banquiers portugais continua. Luis Marquèz Cardoso, directeur du monopole d'Etat des tabacs, appartenant à une riche famille qui occupait dans la société la même place que les Cortizos, fut réconcilié ainsi que sa femme à l'*autodafé* de Tolède en 1669. Francisco Baez Eminente, considéré comme le plus grand financier de Castille, fut condamné en 1691. L'accord du 7 septembre 1654 semble avoir été appliqué pour sa famille car son fils continua de rendre des services à la couronne. En 1691, l'Inquisition arrêta et jugea deux autres banquiers Simon Ruiz Pesoa et Francisco del Castillo originaire d'Ecija. Les règnes des deux derniers Habsbourg se caractérisèrent par l'élimination du milieu financier *converso.*

Les judaïsants demeurèrent la principale préoccupation du Saint-Office tout au long de la deuxième moitié du XVIIe siècle mais l'intensité des hécatombes diminua après 1680. A l'*autodafé* de Grenade le 30 mai 1672, il y eut 90 victimes dont

79 *conversos* parmi lesquels se trouvaient 57 Portugais. Celui de Madrid, le 30 juin 1680, condamna 104 judaïsants sur les 118 pénitents et 20 personnes furent remises au bras séculier. Les bûchers continuaient de brûler à Majorque où les inquisiteurs menaient une politique d'extermination systématique contre les descendants des juifs : les *Chuetas*. Ces derniers avaient déjà connu une ère de persécution sous les Rois Catholiques. Par la suite, une certaine tolérance permit aux *conversos* de vivre librement et de pratiquer en secret leur ancienne religion. La communauté judaïsante fidèle aux traditions ancestrales détenait entre ses mains l'artisanat, le commerce et le numéraire des îles Baléares. En 1675, la mort sur le bûcher du jeune Alonzo Lopez mit le feu aux poudres car deux ans plus tard fut décrétée l'arrestation générale des *conversos*. En 1678, le tribunal inquisitorial appréhendait 237 personnes suspectées d'avoir fomenté un complot. Au printemps 1679 eurent lieu, à Majorque, cinq *autodafés* où 221 réconciliations furent prononcées. Les confiscations effectuées à l'occasion des arrestations totalisèrent la coquette somme de 2 500 000 ducats. Anéantis pour un certain temps, les *Chuetas* réagissaient dix ans plus tard dans une tentative de complot sous la direction d'Onofre Cortes et de Rafael Valls. Au cours des quatre *autodafés* de 1691, 37 personnes montèrent sur le bûcher. Jusqu'à l'époque contemporaine, les judaïsants, relégués à leur triste sort, végétèrent, subissant courageusement les méfaits de la discrimination raciale par l'interdiction de mariages mixtes (non par la loi mais par la coutume) et l'exercice de tout office public.

Le XVIIIe siècle commença avec un changement de dynastie qui n'apporta aucune modification dans les pratiques religieuses et la mentalité des individus. Le règne de Philippe V connut la dernière vague de répression dans les années 1720-1730. D'après Lea, les 64 *autodafés*, célébrés entre 1721 et 1727, condamnèrent plus de 824 judaïsants et virent monter sur le bûcher une centaine de victimes [16], nombre important qu'explique une nouvelle vague de Portugais arrivés pendant la guerre de Succession. Un des plus célèbres cas fut celui du docteur Zapata, médecin royal condamné pour judaïsme dans un *autodafé* de Cuenca, le 14 février 1725. Né en 1660 à Murcie, de parents portugais, il judaïsa dès son plus jeune âge. Il fit des études brillantes dans les universités de Valence et d'Alcalá. Dans les années 1690, suspecté de judaïsme, il fut incarcéré par l'inquisition de Cuenca qui, faute de preuves suffisantes, le libéra. Sa carrière n'en souffrit point car il devint médecin des cardinaux Portocarrero et Borja et fut admis dans la Société Royale de Séville. Ses pratiques religieuses attirèrent l'attention du Saint-Office. Après avoir été arrêté et torturé, il fut condamné à l'abjuration *de vehementi*, à un an de prison, à dix ans de bannissement et à la confiscation de la moitié de ses biens. Si Zapata occupe une place dans l'histoire juive, le rayonnement de sa carrière et de ses écrits dans la pensée espagnole sont aussi importants. Il mena un combat contre le dogmatisme qui régnait alors en médecine; son œuvre posthume *Ocaso de las formas aristotelicas (Crépuscule des formes aristotéliciennes)* parue en 1745, constituait une attaque solidement étayée contre les abus de la Scolastique et du culte de Galien, bases de la médecine traditionnelle de l'Espagne au XVIIIe siècle.

Les *conversos* de cette période connurent des châtiments aussi rigoureux que ceux qu'avaient subis leurs ancêtres. D'après les tableaux des confiscations du tribunal de Llerena [17], nous pouvons suivre l'évolution chronologique des persécutions au cours des XVIe, XVIIe et XVIIIe siècles. Les cas jugés aux *autodafés* du 10 juin 1541 et du 24 juillet 1542 rapportèrent la somme de 1 841 260 maravedis, chiffre modeste correspondant à l'accalmie de l'action antijuive sous Charles Quint surtout préoccupé par l'hérésie protestante. Entre 1657 et 1664, la somme prélevée sur les biens de 60 familles fut de 19 919 743 maravedis; l'arrivée en masse des Portugais (rappelons que Llerena est à moins de 200 km de la frontière portugaise) après 1580 et la chute d'Olivarès, protecteur des *conversos* en 1643, expliquent l'augmentation de la somme. Entre les années 1706 et 1727, les *autodafés* se succédèrent rapidement : 30 novembre 1719, 30 novembre 1722, 26 juillet 1723, 4 février 1725, 26 août 1725 et 22 juin 1727 au cours desquels, entre 1721 et 1725, 43 personnes furent condamnées dont une monta sur le bûcher [18]. La somme des confiscations s'éleva à 42 021 724 maravedis prélevée sur 29 victimes, preuve de la dureté inquisitoriale à l'égard des hérétiques. Entre 1728 et 1740, les confiscations faites aux dépens des accusés rapportèrent 36 808 289 maravedis. Les années 1741, 1742, 1743 et 1744, virent une baisse du nombre des *autodafés* et par là même des cas jugés : les biens confisqués furent évalués à 3 072 920 maravedis.

Llerena ne connut cependant pas la vague de répression comparable à celle qui s'abattit à Madrid, Séville, Grenade, Cordoue et Murcie entre les années 1720-1725. A Grenade par exemple, 60 condamnés furent brûlés en personne ou en effigie pour 269 pénitents [19]. Les villes riches ayant un intérêt économique et financier furent plus atteintes que les autres.

Vers la moitié du XVIIIe siècle, la communauté *conversa* avait cessé de poser un problème religieux grave. La dernière vague de répression avait amené le déclin et la ruine des pratiques judaïsantes en Espagne. A la fin du XVIIIe siècle, les procès contre les *conversos* étaient rares. Le dernier intenté se passa à Tolède en 1756. Entre 1800 et 1820, on ne compta que 16 cas de judaïsme concernant 10 étrangers et 6 personnes accusées d'hérésie.

Cette rapide diminution était la conséquence du manque de « matière première » et de l'évolution des idées. Par la réhabilitation des *Chuetas* majorquins sous Charles III, les Castillans faisaient un pas vers la tolérance.

L'influence déclinante du Saint-Office demeura cependant jusqu'en 1820 et le critère de *limpieza de sangre,* encore en vigueur au début du XIXe siècle, ne facilitait pas l'intégration sociale et religieuse des *conversos.* En 1811, les *Cortès* de Cadix abolissaient ce statut qui fut remis en vigueur en 1824 sous

Ferdinand II. La situation politique et les influences de la pensée européenne firent disparaître peu à peu et à tout jamais de l'Espagne les lois raciales : en 1865, il n'était plus nécessaire de prouver sa *limpieza* pour rentrer au service de l'Etat.

L'abolition de l'appareil inquisitorial dans la première moitié du XIXe siècle ne put gommer des esprits plus de quatre siècles de persécutions et de répression. L'Espagne contemporaine subissait les conséquences de ces actes. Le décret de 1492 porta une première atteinte à l'évolution du royaume de Castille-Aragon. La fuite et l'exil de 150 000 juifs détruisirent l'équilibre démographique d'alors en créant une large brèche parmi la population espagnole. En jugeant des milliers de malheureux *conversos*, le Saint-Office marqua d'infamie une frange de la population dont la disparition des rangs de la société créa un problème grave : l'Espagne se privait au fur et à mesure de ses forces dynamiques et riches. Trois phases de répression au cours des XVe, XVIe, XVIIe et XVIIIe siècles démantelèrent progressivement le monde artisanal, commercial et financier : les premiers temps du fonctionnement du tribunal inquisitorial virent une multiplication d'*autodafés* sans précédent, condamnant au bûcher un grand nombre d'hérétiques et de *conversos*. L'arrivée des marranes portugais à la fin du XVIe siècle, incita le Saint-Office à faire une chasse sans répit et exterminatrice aux judaïsants quelle que fût leur position dans la hiérarchie sociale. Le début du XVIIIe siècle connut la dernière vague de persécution.

Si, à l'origine, la politique inquisitoriale soutenue par les Rois Catholiques avait une motivation proprement religieuse, elle agit par la suite selon d'autres critères sous l'influence de la haine populaire à l'égard des non-chrétiens et de facteurs économiques. Le statut de la *limpieza de sangre* créé de toutes pièces par le vieux chrétien, imbu de son prestige militaire, comme vainqueur de l'hérétique maure, introduisit dans la mentalité castillane le concept de discrimination raciale et sociale. L'Espagne connut alors deux catégories d'individus : l'homme libre, et l'exclu enchaîné à sa condition. Pour échapper à ce sort misérable, sans avenir, jusqu'à la fin du XVe siècle, le juif dans de nombreux cas préféra choisir le baptême. Cette solution le sauva un certain temps des poursuites inquisitoriales. Malgré tout, la culture et l'idéologie ancestrales restaient ancrées en lui, car il continua à pratiquer en secret les rites et coutumes de son ancienne religion. En fait, peu de *conversos* devinrent des chrétiens sincères. La fuite et l'exil étaient la seconde solution pour avoir la liberté et, dès le XVIe siècle, les judaïsants émigrèrent vers les Pays-Bas, l'Italie et l'Angleterre.

Ceux qui restèrent en Espagne furent traqués, pris et condamnés. Leur nombre est encore hypothétique. Selon les documents compulsés, les cas relatifs aux femmes furent remarquablement nombreux, à cause de leur attachement aux traditions familiales et religieuses. Le *converso,* quelle que soit son appartenance, à la masse laborieuse pauvre de l'artisanat, au milieu riche de la « haute bourgeoisie » ou à la classe cultivée évoluant dans l'entourage de la Cour, subit passivement, après une forte résistance initiale, les conséquences de la politique du Saint-Office qui exprima de façon radicale les tensions et les passions de la société espagnole.

LES OFFENSIVES CONTRE LES MORISQUES

Lorsque en 711, les Arabes et les Berbères conduits par Muza Ben Nusair et Tarik pénétrèrent en Espagne, la péninsule tomba entre les mains des musulmans et resta sept siècles sous leur joug, au moins partiellement. Les chrétiens repliés dans les montagnes du Nord organisèrent la croisade qui fut en même temps une guerre de libération. Elle fut très longue et très laborieuse, marquée par quelques événements d'importance capitale : la prise de Tolède en 1085 qui libéra la moitié Nord du pays, puis la victoire de Las Navas de Tolosa en 1212. Pendant plus d'un siècle, aucun événement majeur ne se produisit et la prise de Grenade en 1492 par les Rois Catholiques mit un terme à cette reconquête sur l'Islam.

Mais la population maure, réduite à une minorité au sein d'un pays chrétien, était entrée dans l'histoire de l'Espagne, et en faisait partie intégrante.

Aux termes de la Capitulation de Grenade, les souverains acceptèrent que les maures soient considérés comme de libres sujets de la Couronne et exercent librement leur culte. Pourtant, une politique d'évangélisation débuta sous l'impulsion d'Hernando de Talavera, premier archevêque de Grenade, puis avec le cardinal de Cisneros qui, à l'inverse de son prédécesseur, adopta une attitude ferme, voire brutale, qui aboutit à des conversions forcées mais aussi à de violents soulèvements. Ces derniers furent un prétexte pour Cisneros pour contraindre les musulmans à choisir entre le baptême et l'exil. Après la révolte des maures dans la chaîne des Alpujarras aux environs de Grenade, Isabelle la Catholique publia en 1502 une ordonnance donnant à tous les maures des provinces de Castille le choix entre la conversion ou l'exil. Plus tard, Valence et le royaume d'Aragon connurent le même sort. Peu à peu, tous les musulmans d'Espagne tombèrent sous le coup de la conversion et en 1526, il fut admis que le pays n'en comptait plus, du moins théoriquement.

Ceux qui optèrent pour le baptême formèrent cette minorité nouvelle qu'on désigne sous le terme de « morisques ». A partir de là, l'Espagne catholique s'efforça de les assimiler à la population chrétienne. Mais en dépit des efforts dirigés en ce sens, le problème morisque ne fut jamais résolu et la monarchie prit finalement le parti d'une expulsion qui eut lieu au début du XVIIe siècle sous le règne de Philippe III et se déroula en plusieurs opérations.

Mais, de la chute de Grenade à l'expulsion, un peu plus d'un siècle s'écoula durant lequel l'histoire de morisques se réduisit à une résistance acharnée contre l'assimilation à la population chrétienne. La communauté morisque éprouva toujours en effet le sentiment d'avoir été trahie. Par les Capitulations de Grenade, les Rois Catholiques s'étaient engagés à respecter l'exercice de la religion musulmane conformément à la tradition de tolérance du Moyen Age espagnol. Cet engagement n'avait pas été tenu et, de surcroît, l'intolérance fut ensuite appliquée au royaume d'Aragon.

Le drame des morisques est qu'on les accuse de ne pas adhérer à une religion qui leur est étrangère et au sein de laquelle ils n'ont pas été éduqués. Par extension, on leur reproche leurs comportements et leur genre de vie qui ne sont pas conformes à ceux des chrétiens. Musulmans dans leur cœur, ils continuent alors à observer en secret l'Islam et ses rites et à vivre en marge de la société.

Les coutumes que les morisques se sont efforcés de respecter avec le plus de constance concernent les prescriptions alimentaires. S'abstenir de vin et de viande de porc est une règle impérative édictée par Mahomet, le Prophète. Les morisques voient dans le respect de ce précepte une condition de leur salut, et en contre-partie il est l'indice flagrant de l'adhésion à la communauté islamique. Ces pratiques alimentaires revêtent à leurs yeux une importance telle qu'une morisque peut, par exemple, faire cracher de force à sa fille un morceau de porc qu'elle est en train d'avaler. De plus, la viande destinée à être mangée devait être tuée d'une manière spéciale. Gabriel Madrono est surpris en train d'égorger dans les champs une brebis conformément au rite islamique. Cela lui vaudra de prendre le chemin de la prison inquisitoriale.

En revanche, l'abstention de vin semble avoir été moins générale. A Grenade, au moment de la révolte, on a même vu des femmes s'adonner à la boisson et à l'alcool. Diverses cédules royales cherchèrent à réprimer le délit d'ivresse fort répandu, semble-t-il, chez les morisques, preuve qu'ils n'ont pas toujours pris en considération cet interdit.

Les morisques conservent, bien sûr, les pratiques religieuses compatibles avec leur situation. Ainsi, parmi tous les rites musulmans, celui de la prière coranique fut de loin le plus observé. Certains l'ont maintenu jusqu'en prison! L'usage de la prière ou *çala* s'effectuait n'importe où, chez soi, au bord de la route, plus fréquemment en groupe, chez des amis, et ceci est un trait caractéristique de cette communauté : toutes les manifestations sont l'objet d'une réunion familiale ou amicale. A Hornachos, localité en majorité morisque, la communauté profitait de ce que les chrétiens se rendaient à la messe pour se recueillir et prier dans les *huertas* environnantes.

La prière était dite cinq fois dans la journée : à l'aube, au milieu du jour, l'après-midi, au coucher du soleil et au début de la nuit. Orientée vers le soleil levant, la récitation de la prière était accompagnée d'inclinations et de prosternations : elle se composait de formules de louanges adressées à Allah et à son Prophète. Les morisques récitaient de préférence la *Fatiha,* sourate liminaire du Coran, prière qu'on considère volontiers comme l'équivalent du *Pater noster* chrétien. Ils revêtaient parfois des vêtements spéciaux mais accomplissaient toujours le *guadoc,* c'est-à-dire les ablutions rituelles qui précèdent la récitation de la *çala.* Le musulman ne peut accomplir la prière qu'après s'être mis en état de pureté légale. Le *guadoc* se limite à la toilette de certaines parties du corps et l'eau utilisée doit être propre, sans odeur, ni saveur, ni couleur et, de plus, ni bouillie ni chauffée au soleil. Cet usage a dû être maintenu scrupuleusement si l'on en juge par Garcia Carrasco qui part travailler aux champs en prenant avec lui une petite cruche d'eau dont il se sert pour faire ses ablutions. A ceux qui sont malades ou en voyage dans des régions arides, le Coran permet d'avoir recours à de la terre ou du sable. Cette mesure de tolérance n'était pas inconnue des morisques puisque les *alfaquis* d'Hornachos la signalent.

Il leur arrivait, en d'autres occasions, de se laver le corps tout entier, ce qui ne manquait pas de choquer les chrétiens.

Une autre obligation rituelle a fait l'objet d'un respect constant et presque unanime : le jeûne du Ramadan. Il dure un mois, est obligatoire, excepté pour les malades et les voyageurs.

Du lever au coucher du soleil, les morisques s'abstenaient de toute nourriture et attendaient la nuit pour se restaurer.

A la fin du Ramadan, se situe la première des quatre grandes fêtes, celle de l'*Alagher Asçagher,* c'est-à-dire, « la petite fête » ou « fête de la rupture du jeûne » parce qu'elle clôture le Ramadan. Elle dure trois jours, c'est la fête de la charité et on donne l'aumône aux pauvres. Les musulmans grenadins de l'époque nasride (1232-1492) payaient un tribut en blé. Léonor Hernandez fut dénoncée pour avoir jeûné et regardé la lune à la fin du mois : de plus, son mari se rendit à la ville pour informer ses amis de l'approche de cette fête.

La deuxième est l'*Abetelquivir* ou « grande fête », c'est celle du sacrifice des moutons : les morisques l'appellent Pâques et elle commémore le sacrifice d'Abraham.

La troisième ou *Lalaaçora* se célébrait quarante jours après la seconde. Les morisques honoraient ainsi, le dizième jour de la lune de Muharram, les Prophètes et, parmi eux, Jésus. Ils devaient à cette occasion jeûner et veiller spécialement à s'abstenir de tout péché.

Enfin, trois mois après, c'était la dernière des quatre fêtes elle s'appelait *Atheucia* et nous ne savons rien à son sujet.

Ils observaient le vendredi et, ce jour-là, ils avaient coutume de changer de linge et de s'habiller proprement. La nuit, ils réunissaient, à tour de rôle, parents et amis pour chanter, danser et manger leur nourriture préférée. En 1538, Juan de Burgos sera traduit devant le tribunal de Tolède parce qu'il organisait chez lui des réunions où l'on venait « *por la noche à tocar y bailar zambras y comer alcuzcus* » « la nuit jouer de la musique, danser la zambra et manger du couscous ».

Quant au pèlerinage à La Mecque que tout fidèle est invité par le Coran à faire au moins une fois dans sa vie, il semble que les morisques ne l'aient pratiquement jamais effectué. Il y a l'exemple dans un récit d'un pèlerinage fait par un morisque aragonais à la fin du XVIe siècle ou dans les premières années du XVIIe siècle. Les difficultés qu'une pareille entreprise suscitait sont à l'origine du fait que la plupart soient morts sans l'avoir accomplie.

L'aumône, qui fait partie des cinq obligations rituelles de l'Islam, était généralement accomplie à l'occasion, nous l'avons vu, de la fête de la rupture du jeûne ou le vendredi. Elle était envoyée de préférence le jeudi dans la nuit à l'heure où débute la fête du vendredi. Elle était distribuée chez les pauvres et les veuves de la communauté. Elle pouvait être en nature et, à la fin d'un repas chez Maria Merino, chacun des sept invités remet ainsi un bol de farine. Une autre fois ce sont des jarres d'huile qui sont remises en aumône.

Les grands événements, c'est-à-dire, la naissance, le mariage ou la mort étaient, dans la mesure du possible, célébrés dans les traditions de la communauté.

Les plus importants rites de naissance sont les *fadas*, c'est-à-dire, la consécration du nouveau-né à Dieu. Quand l'enfant a sept jours, on le lave, on grave des inscriptions sur son front, et on lui met autour du cou des amulettes avec des versets du Coran. Après, on lui choisit un nom islamique et, à la fin, on sacrifie un animal. Il faut ajouter la circoncision qui se faisait d'abord le huitième jour mais qui fut progressivement reportée vers la huitième année.

Le rite de la purification avait lieu à l'occasion du mariage. En outre, l'épouse qui revêtait parfois une coiffe de couleur sur la tête était conduite à la maison de son futur époux, qu'elle franchissait du pied droit.

Enfin, la mort constituait une occasion de réunir les plus proches pour rendre un dernier hommage au disparu. Au préalable, le mort était lavé de la tête aux pieds puis arrangé avec un soin extrême : il était parfumé avec des eaux (de laurier, de romarin, ou de fleur d'oranger), puis il était revêtu d'une chemise propre ou de ses plus beaux habits et enseveli dans un drap neuf. Il était veillé dans une pièce éclairée seulement par des bougies où s'enfermait la famille qui récitait des oraisons pour le repos de son âme. Ensuite, le cadavre était enterré dans la terre vierge, la tête tournée vers l'Orient, dans le cimetière situé en dehors de la commune. Sur la tombe, on déposait de l'eau, du pain et des grappes de raisins secs.

Il faut reconnaître que les morisques ont respecté ces coutumes d'une manière quasiment constante car, même durant les années de soulèvement à Grenade, ils ont redonné tout leur faste à ces cérémonies. Ils veillaient surtout à ce que l'accomplissement de ces rites se fasse chez les leurs, n'hésitant pas pour cela à employer la force.

Certains morisques ne se soignaient que selon leurs traditions mais plus étranges sont quelques aspects de leur vie, certaines pratiques dont la nature et la finalité sont apparemment dépourvues de sens et échappent complètement à notre entendement. Pourquoi Alvaro Haïti de Perales et sa femme ne s'accouplent-ils qu'à même le sol dans une *funda,* par respect, prétendent-ils de la loi de Mahomet?

D'autres se livraient à des pratiques de magie et de sorcellerie, jugées beaucoup plus graves parce qu'elles supposaient l'intervention diabolique.

Les relations que les morisques entretenaient avec les chrétiens trahissaient une grande ambiguïté et une méfiance réciproque. Ils ne pouvaient échapper à une vie en commun avec les chrétiens en raison de la structure même de l'habitat qui voulait que chacun voie fatalement ce qui se passait chez l'autre.

Quant à l'Inquisition, elle jouissait d'un tel prestige aux yeux des chrétiens qu'ils n'hésitaient pas à faire part systématiquement au Saint-Office de leurs doutes à propos de telle ou telle personne. A tel point qu'ils dénoncent abusivement des attitudes ou des paroles qui apparaissent fort innocentes.

Les Morisques se distinguaient d'abord par leur langue : ou bien ils parlaient en *algaravia,* ou bien ils éprouvaient des difficultés à s'exprimer en castillan. Ils se reconnaissaient encore à un nom, un prénom ou un surnom d'origine arabe. En certaines circonstances, un morisque ne pouvait dissimuler son appartenance à la secte islamique. Ainsi, une femme est surprise dans une cour en train de faire la prière musulmane, ou un passant voit un garçon tout nu en train de laver une jarre et s'aperçoit qu'il est circoncis.

Ces différences se révèlent notamment lorsque des morisques sont invités à partager le repas d'un voisin vieux chrétien. Bien des morisques n'ont pu cacher leur aversion pour le plat de porc que les chrétiens leur avaient servi souvent intentionnellement pour les forcer à révéler leurs croyances intimes. Juan Herrador, de Alcala, refuse de manger dans les assiettes qui ont contenu cette viande et de se servir du couteau qui a découpé le porc. En revanche, Diego Garcia acceptera de bon cœur l'invitation de son voisin parce qu'on est à l'époque du Carême et il est sûr que son hôte ne l'incitera pas à manger du lard.

Il est difficile de contrôler toujours son langage. Ainsi, bon nombre de morisques prononçaient le nom de Mahomet à tout propos. Joana, une esclave de Malaga, monte sur une chaise avec un chaudron d'eau chaude : au bord de la chute, elle invoque aussitôt le Prophète pour qu'il lui vienne en aide... mais hélas, tout haut. Un autre, au cours d'une conversation, pour ajouter foi à ses paroles dit « *Por la verdad de Mahoma* ».

C'est ainsi que les rapports devenaient difficiles chez un couple dont le mari était morisque et la femme chrétienne de vieille souche; ou encore en prison, dans une cellule collective où se formaient aussitôt deux groupes antagonistes. Dans la prison de Cuenca, les morisques retiraient de leurs paillassons troués des brins de paille qu'ils tressaient en forme de croix pour les fouler ensuite aux pieds et les chrétiens, de leur côté, prenaient un malin plaisir à faire frire et à manger ostensiblement du porc.

Souvent, la colère était mauvaise conseillère : elle était à l'origine d'écarts de langage : les morisques étaient parfois l'objet de provocation de la part des chrétiens qui prenaient plaisir à les traiter de « chiens maures », ou à insulter et maudire le Prophète, ce qu'un morisque ne pouvait tolérer et qui le mettait régulièrement hors de lui.

Non seulement ils restaient fidèles à l'Islam au fond de leur cœur et pratiquaient en secret, mais ils opposaient aussi une résistance farouche à l'assimilation de la doctrine catholique et de ses préceptes. Ils utilisaient même des stratagèmes pour annuler l'effet des cérémonies auxquelles ils ne pouvaient se soustraire. En 1573, à Belmontejo, Juan Sierra lave avec de l'eau chaude la tête de son fils au retour de son baptême pour effacer plus sûrement toute trace de l'eau baptismale et des saintes huiles. Certains allaient jusqu'à substituer à leur bébé un enfant déjà baptisé.

Ils se mariaient, si cela était possible, selon le rite musulman. Le fait de vivre maritalement sans être mariés était considéré par l'Inquisition comme suspect et, s'il s'agissait de morisques, comme le refus de reconnaître l'institution ecclésiale du sacrement de mariage. Or les couples qui vivaient en concubinage étaient nombreux : Alvaro Merino qui vivait à Hornachos, avait conseillé à ses cousins-germains originaires de Ronda venus se réfugier chez lui de se marier pour échapper aux poursuites de l'Inquisition qui les accusait de vivre maritalement.

Les morisques cherchaient aussi à soustraire les enterrements aux rites chrétiens ou, pour annuler les effets de ceux-ci, ils les accompagnaient de rites authentiquement musulmans. C'est pourquoi il fut décidé à la *Junta* de Madrid en 1587, sous le règne de Philippe II, que tous les morisques sans exception devraient recevoir une sépulture religieuse et seraient enterrés dans les mêmes cimetières que les chrétiens.

Ils refusaient notamment de se rendre à la messe et si par hasard ils y assistaient, c'était pour adopter une attitude irrespectueuse. Beaucoup de curés se sont plaints de la mauvaise conduite de leurs « ouailles morisques ». Certains faisaient des gestes obscènes au moment de l'élévation. D'autres arrivaient lorsque l'office avait commencé et partaient avant la fin. Un *alguazil* était pourtant chargé dans les villages de vérifier s'ils s'y rendaient, le dimanche et les jours de fête d'obligation. On les surprenait le dimanche au travail, sans le moindre respect pour le jour du Seigneur et on les trouvait le vendredi ou les jours de Carême attablés devant une pièce d'agneau grillé ou en train de se faire cuire un pot-au-feu. Ils recevaient de mauvaise grâce l'enseignement donné par les prêtres et se montraient incapables de réciter correctement les prières.

Les parents morisques retardaient s'ils le pouvaient l'éducation catholique de leurs enfants. En même temps, et c'était une façon de préserver la conscience religieuse du groupe, ils organisaient l'enseignement des croyances musulmanes. Celui-ci se transmettait le plus souvent au sein de la famille, de parents à enfants, mais aussi lors de réunions amicales sous la direction d'*alfaquis* que l'Inquisition poursuivait avec persévérance ou, à défaut, sous l'impulsion de morisques très instruits dans la foi et les rites de l'Islam.

Les livres et les manuscrits arabes étaient des instruments indispensables à cette survivance de l'Islam. Or, de nombreux ouvrages arabes ont été retrouvés chez les morisques, même dans les régions les plus reculées de l'Espagne : livres de prière ou traités sur la manière de conjurer les démons, manuels de vie sociale et ouvrages spécialisés, ils témoignent d'une grande variété.

Mais l'opposition morisques-chrétiens s'est inscrite également dans une vaste polémique à caractère théologique. Les morisques attaquaient l'Eglise, contestaient certains sacrements comme ceux de la confession et de l'Eucharistie. La confession, d'ailleurs, devenait souvent un objet de plaisanterie ou de curiosité de la part des morisques qui n'admettaient pas le rôle d'intermédiaire du prêtre entre Dieu et les hommes. Et lorsqu'ils le pouvaient, ils tournaient la confession en dérision, comme à Miravete : dans ce village, le prêtre était sourd et tous les morisques allaient se confesser à lui; ils prenaient plaisir à répondre à toutes les questions « *no, no, no* » et cela en criant, à la grande joie de ceux qui, à quelques pas, assistaient à la scène. Les éléments essentiels du dogme étaient remis en cause : la Trinité, la virginité de Marie; les statues, les images pieuses et les croix constituaient pour eux autant de thèmes polémiques.

Du refus de conformité aux pratiques religieuses chrétiennes à la raillerie des sacrements de l'Eglise, il n'y a qu'un pas à faire, et ils ne résistaient pas souvent à la tentation. Il leur arrivait même de se livrer à des parodies de culte. Mais comment leur reprocher ce que les chrétiens eux-même faisaient avec autant de complaisance quand il s'agissait de l'Islam? Ce n'était en fait qu'une façon de répondre aux provocations de leurs adversaires.

La plupart des chrétiens étaient collectivement hostiles au peuple morisque; les trois sentiments qui dominaient étaient le mépris, la peur et la haine. Les chrétiens reprochaient surtout aux morisques d'être trop prolifiques, trop laborieux et trop avares. Le petit peuple ne pouvait s'empêcher de les envier à cause de l'enrichissement qu'ils réalisaient dans les activités commerciales ou artisanales. Dans le royaume de Valence, le petit peuple chrétien considérait que, par leur docilité, ils contribuaient à maintenir un régime seigneurial à peine supportable. Malheureusement, cette hostilité pouvait donner lieu à de véritables massacres : à Grenade, le 2 avril 1569, 110 morisques furent assassinés à l'intérieur de la prison de l'Audience. Ces violentes manifestations s'expliquent par la peur : peur permanente de l'insurrection, peur d'être capturé par les pirates nord-africains, peur de tomber entre les mains des *bandoleros*. Si certaines craintes étaient fondées, d'autres étaient le fruit de l'imagination populaire.

L'aversion des chrétiens à l'égard des morisques était renforcée par le sentiment que ces derniers étaient issus d'une race bâtarde : les musulmans descendent d'Ismaël, fils de l'esclave Agar, alors que les chrétiens se considèrent comme issus de la branche directe d'Isaac. Cette conception raciste des origines des musulmans justifia l'application des statuts de la pureté de sang à l'égard des morisques bien qu'ils ne fussent pas employés avec autant de vigueur que pour les judaïsants. En effet, le ressentiment que les chrétiens portaient aux morisques était beaucoup moins fort que celui inspiré par les juifs. Le morisque était méprisé, redouté, mais il ne soulevait nullement un sentiment de répulsion physique ou théologique.

Cette haine était partagée. Elle se traduisait chez les morisques par un refus de se mêler aux autres, mais la peur de révéler ses croyances intimes et d'encourir de graves ennuis expliquait assez facilement cette attitude. Les contacts avec les chrétiens, il en existait malgré tout, correspondaient surtout à des tentatives de prosélytisme, des discussions où le morisque essayait de faire prévaloir sa religion. Miguel de Palma, originaire de Zafra, fut mis à l'index pour avoir dit simplement que la loi des maures était supérieure à celle des juifs. Les femmes n'étaient pas les dernières à déployer de l'énergie pour amener de nouveaux adeptes à l'Islam bien que l'Inquisition fût particulièrement sévère sur ce point.

Au danger de voir des chrétiens séduits par l'Islam s'ajoutait la crainte que les morisques n'établissent de trop bons rapports avec les Turcs et les maures d'Afriques du Nord. Combien de morisques ne furent-ils pas accusés d'intelligence avec les « Infidèles »! L'Espagne livrait aux Turcs depuis quelque temps une guerre dont l'issue était incertaine et on avait même signalé la présence de ces derniers dans les montagnes, en particulier au moment de la révolte des *Alpujarras*.

Les côtes espagnoles étaient le théâtre permanent d'incursions de pirates, souvent des morisques renégats réfugiés à Alger. Aussi en 1579 en Andalousie et en 1586 à Valence, interdit-on aux morisques de vivre dans les régions côtières parce qu'ils pouvaient y trouver plus de facilités pour s'enfuir.

Les archives de l'Inquisition sont remplies de procès intentés à des gens que l'on avait appréhendés alors qu'ils s'enfuyaient vers le Maghreb et des chrétiens revenaient en Espagne avec des récits terrifiants relatant les horreurs auxquelles ils avaient été soumis en terre maure durant leur captivité. En effet les morisques ne désespéraient pas de connaître une revanche et c'est dans les prophéties, très nombreuses en Espagne au XVIe siècle, que se trouve exprimé cet espoir. L'essentiel de ces prophéties se rattache au Coran ou à Mahomet. Elles affirment la foi en la victoire de l'Islam et beaucoup de morisques comptaient sur la venue du

Grand Turc qui les délivrerait et leur permettrait d'asservir à leur tour tous les chrétiens.

L'Espagne de l'époque moderne luttait à la fois contre les morisques et contre les protestants et il semblerait qu'un rapprochement ait été fait entre les deux communautés ou du moins ait été tenté. A vrai dire, la division des chrétiens était un argument polémique pour les morisques qui faisaient prévaloir qu'on ne pouvait prêter foi à une religion et à une Eglise en proie à un schisme.

Ce curieux rapprochement s'est opéré au cours du XVIe siècle et dans le dernier tiers du XVIIe. Protestants et morisques vivaient une situation sociale et politique analogue, celle d'une minorité opprimée et affrontée à l'ordre établi. Ils trahissaient une même sensibilité religieuse et faisaient appel à l'autorité du Livre. Ils prenaient des positions communes : condamnaient la présence des statues dans les églises, critiquaient le clergé et l'Eglise romaine, etc. Fait étrange, les morisques étaient au courant des doctrines protestantes grâce à la profusion des livres qui pénétrèrent clandestinement en Espagne et plus particulièrement à Valence, Grenade, en Aragon où ils étaient très nombreux.

L'appréhension qu'avaient les inquisiteurs de Saragosse de voir morisques et protestants faire bon ménage les a incités à s'occuper, dès le début du règne de Philippe II, du sort des morisques qui partaient pour le Béarn où la pénétration de la Réforme était forte et qui nourrissait des visées annexionnistes sur l'Aragon. Les morisques sont allés jusqu'à implorer Henri IV, roi de France. Dans les procès d'inquisition de Tolède, ont été retrouvés quelques cas de conversion de morisques au protestantisme. Cette conversion leur apparaissait, à tort, comme un moyen de se libérer et de s'affranchir de l'oppression inquisitoriale. Cependant, il ne faut pas exagérer l'importance de ces rapports car le contact est resté faible, les morisques ne se sont servis des autres que pour se fournir des arguments et un appui politique.

A partir du règne des Rois Catholiques, la monarchie espagnole a fait de l'unification religieuse l'un de ses objectifs principaux. Elle s'efforça notamment d'assimiler les morisques et de les fondre dans le peuple chrétien. Dans cette vaste entreprise qui consistait à extirper définitivement l'Islam du pays et à amener les morisques à une adhésion sincère, l'Eglise, le gouvernement et l'Inquisition prirent tour à tour ou simultanément diverses mesures mais l'Inquisition resta l'organe principal de la répression : elle contrôla et dirigea les actions les plus énergiques et les plus cohérentes pour résoudre le problème morisque au fil de la conjoncture.

Nous retrouvons toujours le même cycle d'événements dans les diverses provinces d'habitat musulman : d'abord, décision de baptême forcé, puis soulèvement armé des morisques, enfin réactions officielles qui ratifient l'assimilation complète au peuple chrétien tout en accordant une période intermédiaire de grâce.

La répression varia dans l'espace et dans le temps. Elle connut des moments forts qui alternaient avec des périodes d'accalmie où l'Inquisition était conduite à faire des concessions et ce furent les monarques, notamment Charles Quint, qui freinèrent le zèle du Saint-Office.

Le premier qui organisa la répression inquisitoriale contre les morisques fut Alfonso Manrique. Il fut le cinquième Inquisiteur général, archevêque de Séville et plus tard cardinal de l'Eglise romaine. Il institua un catalogue des accusations à porter contre les morisques, qui était publié tous les ans sous la forme d'un édit, l'un des dimanches de Carême. Les chrétiens étaient obligés de dénoncer dans un délai de six jours et sous peine d'excommunication tous les gestes et paroles relevés dans le comportement ou le langage des morisques qui allaient à l'encontre de la foi chrétienne.

Il y a un aspect du problème de l'assimilation auquel l'Inquisition était particulièrement sensible : celui de l'instruction religieuse des morisques. On lui a souvent fait grief de persécuter des convertis de fraîche date qui n'avaient été catéchisés que très superficiellement. En fait, dans la première moitié du siècle, l'Inquisition est régulièrement invitée à faire preuve d'indulgence pour tenir compte de ce que les morisques sont des néophytes dans la foi catholique.

Alors, des écoles, des couvents, des cures furent fondés pour instruire les jeunes enfants morisques, des missions évangéliques organisées et, en 1566, une *doctrina christiana en lengua arabiga y castellana* fut éditée à Valence. Elle était l'œuvre de l'archevêque de cette ville, don Martin de Ayala qui voulait rendre le catéchisme plus accessible aux morisques. Les efforts en ce sens ne firent que s'accroître tout au long du XVIe siècle, mais les moyens mis en œuvre restaient insuffisants et l'échec fut évident. Les autorités tentèrent le recours aux mariages mixtes dont ils encourageaient la célébration et divers décrets obligeaient les morisques à se mêler aux chrétiens, mais le préjugé très répandu de la *limpieza de sangre* et les graves conséquences pratiques de ce préjugé s'opposaient à la généralisation de ces mariages.

Quant aux édits de grâce, ils furent concédés fréquemment par le roi, le pape ou l'ordinaire du lieu, ou encore par l'Inquisition : on proposait aux morisques l'absolution de leurs hérésies à condition d'avouer leurs fautes. Mais ces édits eurent fort peu d'effet parce que les morisques n'avaient aucune envie de devenir chrétiens et se contentaient d'utiliser ces édits pour gagner du temps et échapper à l'Inquisition.

En contrepartie, les mesures prises pour faire disparaître toute trace de l'Islam abondaient. Ces ordonnances se succédèrent dès l'époque de la conversion obligatoire, pour contraindre les morisques à se conformer aux us et coutumes de leurs nouveaux maîtres. Peu à peu, tous les aspects de leur vie religieuse et sociale devinrent l'objet d'une interdiction.

Les premières cédules royales que nous connaissons remontent à 1501 et concernent l'une, les bains de Grenade, et l'autre les livres. Les livres et les manuscrits arabes susceptibles de transmettre le dogme coranique devaient être remis aux autorités, exception faite pour les livres de médecine, de philosophie ou les chroniques. L'Inquisition, suivant en cela l'exemple des Rois Catholiques, fit une véritable chasse à ces ouvrages tout au long du siècle. Une condamnation pour ce motif comportait obligatoirement la confiscation des biens et pouvait être accompagnée de flagellation publique et même d'une peine de galères.

D'autres cédules visaient le port d'armes et de vêtements arabes, la langue, les *zambras* (danses), le *deguëllo* (rite islamique pour tuer un animal pour la consommation alimentaire) et enfin les coutumes relatives aux naissances, mariages et enterrements. Cette liste de prohibitions aboutissait à la suppression de toutes les caractéristiques culturelles des morisques. Ils essayèrent vainement d'intervenir auprès de Charles Quint, offres d'argent à l'appui, pour les faire reporter.

En 1526, les morisques grenadins virent l'Inquisition de Jaen transférer son siège à Grenade. Sa venue suscita une si grande émotion que l'inquisiteur Manrique leur concéda une période de grâce de trois ans durant lesquels ils pourraient venir confesser leurs fautes et bénéficier d'indulgence. Etaient exclus, malgré tout, ceux qui s'obstinaient à nier, ceux qui transmettaient la foi musulmane et ceux qui circoncisaient leurs enfants. Cependant, trois ans après, le premier *autodafé* célébré dans la ville ne vit que 3 morisques parmi les 89 pénitents.

De 1530 à 1549, nous connaissons mal l'activité du tribunal, mais les persécutions furent sévères si l'on en juge par les multiples démarches entreprises par les morisques pour en atténuer les effets. Ce qui préoccupait le plus les Grenadins, c'était la confiscation des biens, châtiment appliqué sans exception à tous les cas de mahométisme. Pour suspendre cette sanction, ils proposaient en échange d'offrir des subsides à la Couronne : 120 000 ducats en 1543, 200 000 en 1555, et 100 000 à la Couronne et 3 000 annuels à l'Inquisition en 1558. Après maintes négociations, ces offres ne furent pas acceptées. L'opposition aux activités du Saint-Office était le fait, bien sûr, des morisques persécutés, mais les pétitions envoyées à la Cour furent appuyées par le capitaine général de Grenade, par des nobles espagnols et même par l'archevêque. Les représentants de l'ancienne noblesse morisque s'étaient associés à ces pétitions.

De 1550 à 1580, la répression inquisitoriale fut assez limitée, mais le fait que 609 morisques aient été « réconciliés » avec confiscation de leurs biens, atteste que le Saint-Office n'avait pas renoncé à sa politique de dépouillement des nouveaux chrétiens. On peut estimer qu'entre 1550 et 1570, il s'empara annuellement des biens d'environ 60 morisques. On comprend pourquoi, après la dispersion des Grenadins à travers toute la Castille, conséquence de la guerre des *Alpujarras* (1569), les Inquisiteurs ont eu des difficultés à réunir les 3 000 ducats redevables annuellement au Conseil suprême.

Ce recours, devenu habituel, à la confiscation des biens des morisques indique clairement une des causes de la rébellion. En même temps, on assiste à une remontée du pourcentage des morisques condamnés par rapport aux non-morisques. Les activités de l'Inquisition contre les morisques atteignirent leur apogée dans les cinq années qui précédèrent la révolte des *Alpujarras*, puis diminuèrent, comme cela est logique une fois les morisques expulsés, les victimes privilégiées redevenant, comme avant 1530, les judaïsants.

Pour comprendre l'importance accrue des confiscations à cette époque, il faut tenir compte de plusieurs facteurs : le tribunal devait subvenir à ses besoins d'argent et n'avait pas beaucoup de sources de revenus pour payer ses frais courants qui étaient toujours très élevés. En 1571, par exemple, même après avoir renvoyé une grande partie de son personnel, l'inquisition de Grenade comptait 29 *oficiales* dont les soldes s'élevaient à plus de 1 100 000 maravedis annuels. De plus, les dignitaires recevaient de généreuses subventions pour leur logement et réservaient de substantielles sommes pour la construction et l'entretien des maisons inquisitoriales, à quoi il faut ajouter le paiement de la nourriture des prisonniers trop indigents pour l'assurer eux-mêmes et l'argent consacré à la préparation des *autodafés*. Il y eut d'importants déficits, et en 1567, une mauvaise récolte due à la sécheresse eut de graves conséquences sur la situation financière de l'Inquisition de Grenade. La rumeur d'un soulèvement de l'Albaïcin causa une telle panique que les inquisiteurs investirent dans l'achat d'armes pour se défendre.

De 1560 à 1568, les persécutions contre les morisques augmentèrent pour deux raisons : l'intensification de la guerre contre les Turcs et la fin des négociations pour obtenir l'arrêt des séquestres, en 1569. De plus, les inquisiteurs visitèrent des districts jusqu'alors exemptés, et procédèrent contre des délits qui n'avaient jamais été réprimés autrefois. En 1560, le Conseil suprême décida que certains rites (ablutions, *zambras* et *deguëllo*) devaient être châtiés comme des pratiques hérétiques malgré les instances de l'inquisiteur inspecteur qui demanda de traiter de tels délits avec clémence parce qu'ils étaient davantage dus à l'ignorance qu'à des intentions hérétiques. Au cours d'inspections dans différentes régions, les inquisiteurs firent preuve d'une grande rigueur. Mais l'apogée de la sévérité fut atteint lors d'une visite à Malaga en 1568 par l'inquisiteur Gonzalez.

Il est intéressant de constater que la peur de l'Inquisition ne se limitait pas aux récents convertis. A Grenade, qui abritait une nombreuse population de vieux chrétiens, le Saint-Office ne trouvait pas de logement pour ses officiers parce que « les habitants de ce lieu se refusaient à voir entrer les agents de l'Inquisition dans leur maison ». A partir de 1560, avec la montée du banditisme et la menace d'une insurrection générale, les inquisiteurs éprouvaient à leur tour une réelle terreur des morisques, ils savaient que les prisonniers des prisons secrètes étaient regardés comme des martyrs de l'Islam et que, dans l'éventualité de troubles, la première attaque serait dirigée contre les bâtiments de l'Inquisition, ce qui correspondait en effet aux projets des conjurés. Aussi, le 1er mars 1567, l'inquisition de Grenade s'adressa à la *Suprême* pour lui signifier l'insécurité dans laquelle vivaient les gens de l'Inquisition et demander qu'on lui accordât une garde supplémentaire.

A Valence, le problème était plus complexe. Cette province comptait la plus grande population maure de toute l'Espagne, presque exclusivement rurale et assujettie aux gros propriétaires terriens. Le soulèvement en 1520 des *Germanias*, révolution urbaine dirigée contre la noblesse locale donna l'idée aux instigateurs de ce mouvement d'affranchir les vassaux maures en les baptisant pour abattre le pouvoir seigneurial. De 1520 à 1522, des milliers de maures furent baptisés de force. Mais la révolte fut étouffée et, dès lors, on pouvait penser que ces baptêmes administrés de force ne seraient pas considérés comme valables et que les morisques étaient en droit de redevenir musulmans. Mais les autorités et surtout l'Inquisition ne l'entendirent pas ainsi et le Saint-Office entreprit de veiller à ce que ces nouveaux chrétiens prennent à cœur leur nouvelle condition religieuse.

Au début, la monarchie envisagea une politique pacifique et c'est en ce sens que l'Inquisiteur général écrivit le 28 avril 1524 à tous les tribunaux. Pourtant, le spectre de la répression commença à faire son apparition. Charles Quint fut délié par le pape du serment qu'il avait fait de ne pas inquiéter les derniers musulmans d'Espagne. Il devait parallèlement prendre les dispositions nécessaires pour les amener à la conversion. En mai 1525, Manrique accorda des délégations de pouvoir pour Valence à don Gaspar de Avalos, évêque de Guadix. Face aux résistances rencontrées, l'assimilation par la voie pacifique céda progressivement le pas à la répression.

Le 13 septembre de cette même année, le roi ordonna de baptiser tous les musulmans. S'ils acceptaient, ils jouiraient des mêmes libertés que les chrétiens. Mais en même temps, l'étau se resserrait par le biais des mesures prises contre eux. Le 8 décembre, le roi posa un ultimatum : la conversion ou l'expulsion prévue à la fin de 1525.

En janvier 1526, les chefs des morisques obtinrent de la Couronne et du Grand Inquisiteur Manrique une *Concordia* ou accord secret qui leur était plus favorable : l'accord interdisait, entre autres, à l'Inquisition de procéder contre leurs personnes et leurs biens durant une période de 40 ans; ils pouvaient porter des vêtements autres que ceux des chrétiens et utiliser leur langue pendant 10 ans. Mais ils devaient consentir à se faire baptiser. Cet accord fut rendu public en 1528 et ne sembla pas satisfaire la grande masse morisque. Des révoltes éclatèrent dans la province dont le point chaud fut la Sierra de Espadan.

D'ailleurs en dépit de cet accord et des bulles pontificales de 1530 et 1532 qui donnaient à l'Inquisiteur général la possibilité d'absoudre systématiquement les morisques repentants, le Saint-Office ne ralentissait pas son activité aux dépens des nouveaux convertis : de 1532 à 1540, la plupart des 441 personnes jugées pour hérésie à Valence étaient morisques.

Le problème religieux était avant tout un problème politique qui trahissait une contradiction flagrante. En fait, les seigneurs ne voulaient pas que le changement de religion des morisques implique aussi un changement dans leur statut de dépendance servile. Les morisques, de leur côté, se refusaient à « vivre comme des chrétiens et à payer comme des maures ». Or le roi ne se résolvait pas à obliger les seigneurs à traiter les morisques en hommes libres, tandis que l'Inquisition se désintéressait de cet aspect des choses et prétendait ne s'occuper que de l'apostasie des morisques.

En Aragon, où, comme à Valence, régnait Ferdinand, les maures ne subirent au départ aucune pression pour se convertir car ils étaient protégés par la puissante noblesse terrienne et l'autorité des Cortès. Ils constituaient une appréciable main-d'œuvre, d'où l'expression « plus on a de maures, plus on a de profit ». On recommandait sans cesse aux inquisiteurs de les laisser tranquilles. En 1510, aux Cortès de Monzon, un compromis fut trouvé : les maures d'Aragon, même ceux de Valence, ne seraient ni expulsés, ni obligés de recevoir le baptême. Cet engagement fut renouvelé en 1519 par les Cortès de Saragosse.

Mais lorsque, à leur tour, les maures valenciens tombèrent sous le coup de la conversion forcée, l'existence de communautés musulmanes en Aragon devint incompatible avec une Espagne résolue à imposer le christianisme à peu près partout. Les maures d'Aragon durent se faire baptiser à la même époque que ceux de Valence et l'Inquisition avait l'ordre de les prendre en charge. Cependant, aux Cortès de Monzon en 1528, le roi demanda de ne pas procéder contre eux tant qu'ils ne seraient pas instruits convenablement dans la foi.

En 1533, les seigneurs protestèrent contre les tribunaux inquisitoriaux qui s'emparaient des terres confisquées à leurs victimes, ce qui revenait à les pénaliser eux-mêmes, puisque ces terres leur appartenaient.

Si les royaumes de Grenade, Valence et Aragon connaissaient une forte concentration de morisques, il existait notamment en Castille de nombreuses localités où la communauté morisque était majoritaire. Il serait intéressant de s'arrêter sur l'histoire de l'une d'entre elles, par exemple Hornachos.

Hornachos est actuellement une petite ville de 7 200 habitants, située dans le sud-est de l'Extremadure. Elle se trouve à 270 km environ à vol d'oiseau de Madrid et appartient à la province de Badajoz, district d'Almendralejo. Les origines de cette petite ville remontent à l'époque romaine et elle doit sa création à l'impulsion donnée par de petits travaux pratiqués sur les terres avoisinantes.

Située sur le versant méridional d'une sierra qui porte le même nom, Hornachos possède une position géographique privilégiée : elle est abritée des vents et bien arrosée mais à l'écart des grandes routes, ce qui lui assure un isolement parfait.

Durant le XVIe siècle et les neuf premières années du XVIIe siècle, sa population était morisque à de très rares exceptions près. On pense que cette population morisque était probablement de souche extrémègne mais il est probable que quelques Grenadins, dans les années qui ont suivi la rébellion, sont venus rejoindre cette communauté.

Vers la fin du XVIe siècle, il n'y avait guère plus de 100 chrétiens à s'y aventurer, dont une vingtaine de moines perdus au milieu des 4 ou 5 000 habitants de la communauté. C'est ce caractère largement majoritaire de l'élément morisque qui explique son indépendance de toujours.

Fait curieux : l'Inquisition semble ne s'être intéressée à eux qu'assez tardivement. Et les études démographiques sur les morisques d'Extremadure révèlent des omissions à propos d'Hornachos. On attribue ces omissions à la peur des ecclésiastiques face aux habitants de cette ville.

Nous avons pu cependant retrouver les résumés des procès inquisitoriaux intentés aux Hornachegos, qui datent des années 1590-1592, c'est-à-dire environ une vingtaine d'années avant l'expulsion générale. 133 causes concernant 81 personnes sont soumises au tribunal à cette époque. Ce sont surtout des adultes, entre 30 et 50 ans, mais beaucoup sont âgés, atteignant même 80 ans. La plupart étaient des artisans, d'autres des laboureurs et leurs *regidores* et leur avoué figurent également parmi les accusés.

Comme tous les morisques d'Espagne, on avait voulu les amener à la vraie foi et, à cet effet, un couvent de franciscains avait été fondé en 1530 par l'archevêque de Séville, auparavant évêque de Badajoz, don Alonso Manrique. Mais ce fut peine perdue : leur violence était telle qu'ils auraient un jour lapidé la statue de saint Jacques, patron de l'Espagne et arraché les yeux à celle de saint Pierre!

La marginalité et l'opposition farouche à l'intégration, qui s'expliquent en grande partie par l'isolement géographique, confèrent un caractère original à cette communauté. La redoutable réputation qu'elle avait acquise au fil des temps est peut-être la seule raison pour laquelle l'Inquisition ne s'est intéressée que très tard à Hornachos.

Cette communauté vivait non seulement dans le respect de la foi et des traditions islamiques comme toutes les communautés morisques espagnoles mais se singularisait aussi par des actes d'un autre ordre, dont les rapports de procès inquisitoriaux font mention : les gens d'Hornachos pratiquaient le meurtre, l'agression, le vol et fabriquaient de la fausse monnaie. Ils terrifiaient toute la région et se considéraient comme une république. Ils se réunissaient en « conseil d'Etat » dans une grotte de la sierra.

Il est vrai qu'aucune poursuite sérieuse n'était engagée contre eux. Ils corrompaient des personnages influents de la Cour et l'impunité dans laquelle restèrent leurs délits est due aussi à l'absentéisme des magistrats espagnols. Ils jouissaient de privilèges, comme l'utilisation d'armes et d'autres libertés concédées par Philippe II.

Le fait d'être majoritaire leur conférait sûrement un sentiment de sécurité, de sorte qu'ils vivaient seulement dans une clandestinité relative. Pourtant, dans cette communauté où une certaine liberté d'action était effective pour les raisons énoncées plus haut, on prenait néanmoins des précautions pour ne pas être l'objet d'une dénonciation. Pourquoi Alonso Tello de Las Ovejas demande-t-il à son compagnon de route de se poster sur une éminence le temps qu'il fasse sa prière, sinon pour veiller à ce que personne ne vienne?

De plus, ils prenaient soin d'éviter les dénonciations : Maria Terino et ses proches offrent 50 ducats à un homme pour qu'il renonce à les dénoncer au Saint-Office. D'autres ont recours à des moyens plus violents : ainsi, Gonzalo Garcia Larios tua d'un coup d'arquebuse un *alcalde de la Hermandal* d'Hornachos. Quant au *regidor,* Alvaro Gonzalez, il abuse de sa fonction et de son pouvoir en faisant tuer les gens qui avaient exprimé l'intention de se rendre à l'Inquisition faire des révélations sur leurs coreligionnaires.

C'est ainsi que l'Inquisition, dont le rôle était d'assurer l'orthodoxie et de réprimer toute manifestation de fidélité à l'égard de l'Islam, prit connaissance de délits dont la nature n'était pas a priori de son ressort. Ses rapports confirment ainsi le caractère délinquant de cette communauté dont les exploits ne se sont pas arrêtés là. Car, débarqués dans les premiers mois de 1610 sur la côte africaine, près de Tétouan, ils devaient se regrouper et faire de Salé, au Maroc, une république indépendante du sultan et reconstituer un style de vie proche de celui qu'ils avaient connu en Espagne, puisqu'ils formèrent une redoutable république corsaire.

Nous savons de source sûre que leur expulsion a été décrétée avant celle des autres localités de la même région et le curé d'Hornachos déclara à ce moment-là : « Ensuite, le Conseil a considéré que ces gens méritent un plus grand châtiment que les autres à cause de l'atrocité des délits qu'ils ont commis. Il ne convient pas que dans cette ville il en subsiste un seul, car ce sont des gens très pernicieux et qui donnent un mauvais exemple. »

Parmi les reproches formulés par les morisques contre l'Inquisition, on retrouve très souvent la rapacité! On comprend dès lors mieux les paroles d'Isabel de Linan qui poussait ses codétenus à nier qu'ils fussent musulmans s'ils ne voulaient pas perdre tous leurs biens. En effet, un homme accusé de « mahométisme » était généralement sanctionné par l'excommunication, parfois provisoire, mais la confiscation des biens était toujours définitive. Lorsque le suspect était arrêté, ses biens étaient mis aussitôt sous séquestre. L'*alguazil* prélevait en outre 20 ducats pour l'entretien du prisonnier. Si la somme n'était pas réunie, on procédait à la vente publique de certains biens du prévenu jusqu'à ce qu'on l'obtienne. L'Inquisition conservait un pourcentage sur les biens saisis. Nous ne savons pas à combien celui-ci s'élevait, peut-être 10 %. A Grenade, nous l'avons vu, la part qui revenait à l'Inquisition était plus élevée.

En 1534, le roi demanda aux inquisiteurs valenciens de ne pas confisquer les biens des morisques poursuivis pour hérésie et apostasie ainsi que ceux des *alfaquis* et des relaps. Les peines pécuniaires ne devaient pas excéder 10 ducats, applicables à l'Eglise pour des œuvres pieuses. Ces amendes rapportaient environ 500 livres par an à l'Inquisition.

Mais ces atténuations de la rigueur inquisitoriale avaient,

comme à Grenade, une contre-partie financière : selon un accord passé en 1571, les morisques devaient payer en deux fois 50 000 sous valenciens, soit 2 500 livres. Les morisques d'Aragon, qui avaient obtenu en 1534 — avec l'appui des nobles — des conditions comparables, devaient verser plus de 32 000 sous annuels à l'inquisition de Saragosse.

Ces revenus ont disparu avec l'expulsion, de sorte que la situation financière de plusieurs tribunaux en fut altérée. De nombreuses requêtes furent adressées par les inquisiteurs au roi pour remédier à ce manque à gagner.

L'Inquisition apparaissait aux yeux des écrivains morisques comme le tribunal du diable « où préside le démon qui a pour conseillers le mensonge et l'aveuglement », allusion au caractère secret de la procédure. Elle était au service de l'obscurantisme au point que les morisques soupçonnaient beaucoup de chrétiens de pratiquer contre leur gré pour échapper aux poursuites. Les mots ne sont pas assez forts pour traduire la haine et l'horreur qu'elle leur inspirait. Un manuscrit morisque rapporte ainsi que les inquisiteurs sont les alliés du démon et certains pensaient même que la Reine Isabelle était en enfer pour avoir institué l'Inquisition.

Les morisques ne pouvaient pardonner à l'Inquisition son existence car l'activité qu'elle déployait les obligeait à vivre dans la clandestinité et à s'organiser en société semi occulte. Sans elle et la pression psychologique qu'elle exerçait sur les chrétiens, ils n'auraient pas eu à se méfier de ces derniers.

Comment, alors, vivre musulman en terre chrétienne? L'Islam permet à ses fidèles, projetés dans un monde hostile et forcés d'embrasser une autre religion, de cacher leur foi et de ne rien dévoiler qui pourrait compromettre leur vie. Dès lors, la *taquiya* ou non-manifestation de la croyance, était le moyen de se défendre contre le Saint-Office. Un texte de 1504, réponse d'un *mufti* d'Oran aux morisques de Grenade, énumère les précautions que le morisque doit prendre pour continuer à pratiquer en Espagne. Il affirmait la nécessité de feindre pour survivre.

L'Inquisition accusa volontiers les morisques de se montrer hypocrites, reproche pour le moins curieux quand on sait qu'elle ne leur avait pas donné le choix. Face à la peur qu'ils avaient du Saint-Office, leurs réactions étaient diverses : parfois ils menaçaient ou essayaient de corrompre ceux qui avaient l'intention d'aller témoigner contre eux, dans certains cas ils faisaient des révélations sur leurs coreligionnaires pour être épargnés, mais, le plus souvent, la solidarité était de règle; les gens libres invoquaient Allah pour qu'il vienne en aide aux malheureux prisonniers de l'Inquisition. Les morisques accusaient le Saint-Office de vouloir leur damnation en les forçant à renier l'Islam et à commettre les pires horreurs pour étouffer en eux toute trace de leur religion d'origine.

Ils ont constitué, durant les trois quarts de siècle antérieurs à l'expulsion, la principale proie des inquisiteurs de Valence, Saragosse et Grenade. Durant la période 1550-1580, à Grenade, ils ont formé la majeure partie des pénitents et dans les douze *autodafés* célébrés pendant ces trente ans, il y eut 780 morisques sur 998 condamnés, soit 78,1 %. A Tolède, 190 sur 606 personnes étaient morisques et à Murcie, où les judaïsants étaient nombreux, l'*auto* de septembre vit un quart de morisques.

Les inquisiteurs leur appliquaient deux sortes de traitement : la « réconciliation », accompagnée de la confiscation des biens pour tous ceux accusés de « mahométisme », mais comme, aux yeux des inquisiteurs, un morisque était par essence même un adhérent à l'Islam, cette peine le plus souvent était appliquée. L'examen des questions financières a démontré plus haut combien les morisques ont contribué à alimenter les caisses de l'Inquisition.

Le deuxième traitement, la peine capitale, fut rarement appliqué, infiniment moins qu'à l'encontre des judaïsants et peut-être même des protestants. Les plus visés étaient essentiellement les chefs religieux et les relaps. Toujours à Grenade, à la même époque (1550-1580), 14 furent brûlés, mais 6 subirent cette peine en tant que criminels de guerre la première année de la rébellion. Les morisques brûlés en effigie atteignaient un chiffre plus impressionnant : 65 contre 8 non-morisques, la moitié était passée en Afrique, l'autre moitié avait disparu dans les prisons secrètes à la suite de tortures, suicides, maladie ou vieillesse. De 1589 à 1592 en Extremadure, sur 101 morisques dont 81 provenaient de cette fameuse ville d'Hornachos, un seul fut brûlé en personne, un certain Juan de Guzman, originaire de Guadalcanal et non d'Hornachos. Dans le royaume de Grenade, entre 1573 et 1577, 3 sur 152 condamnés furent envoyés au bûcher.

Y a-t-il eu uniformité ou non dans la persécution des morisques tout au long du XVIe siècle?

Prenons un exemple : celui de Cuenca. L'Inquisition locale intensifia son activité contre les morisques à trois moments : de 1520 à 1535, de 1565 à 1575, et de 1605 à 1610, c'est-à-dire qu'à partir du début de son action contre les morisques, les périodes d'activité intense de l'Inquisition encadrent les deux principaux affrontements entre morisques et chrétiens, la rébellion de Grenade de 1568-1570, et l'expulsion générale de 1609-1614.

Il est difficile d'établir le nombre total des victimes morisques. A Grenade encore, on peut estimer que 1 000 à 1 500 personnes subirent la procédure inquisitoriale dans le courant du XVIe siècle. Pour une communauté de 150 000 habitants et dans le laps de temps d'une génération et demie, cela représente peu. La répression inquisitoriale fut donc relativement modérée mais elle se poursuivit jusqu'à l'époque de l'expulsion.

Deux facteurs résument en partie sa politique : elle avait besoin d'argent et elle voulait amener les morisques à la vraie foi. Elle fut, de ce fait, moins sévère que des tribunaux civils comme celui de la *Capitania General* de Grenade ou de l'*Audiencia*. Elle s'est heurtée à une résistance plus ou moins marquée selon l'importance des appuis obtenus par les morisques ou selon qu'ils étaient majoritaires ou non.

A la fin du XVIe siècle, lorsqu'elle constata son échec, l'Inquisition partagea avec la noblesse et la Couronne la responsabilité de la décision d'expulsion générale dont elle devait, par ironie du sort, subir les inconvénients en perdant l'une de ses deux principales sources de revenus.

NOTES

1. Andrès BERNALDEZ : *Memorias del reinado de los Reyes Catolicos*, Biblioteca Reyes Catolicos, Madrid, 1962, p. 256.
2. Henry KAMEN : *Op. cit.*, p. 33.
3. Antonio DOMINGUEZ ORTIZ, in *Historia 16*, décembre 1976, *art. cit.*, p. 39.
4. Sources citées par Ricardo GARCIA CARCEL : *Op. cit.* Leg 345 et 347. Archives du royaume de Valence, Maestre Racional.
5. *Ibid.*, Leg. 338 à 347.
6. A.H.N., Inquisicion, Valencia, Leg. 5, 311.
7. La révolte dite des *Germanias* fut limitée à la région de Valence. Elle fut presque contemporaine de celle des *Communidades* de Castille puisqu'elle se déroula de 1519 à 1521.
8. Henry KAMEN : *Op. cit.*, p. 130.
9. A.H.N., Inquisicion, Llerena, Leg. 1987 et 1988.
10. Antonio RODRIGUEZ MONINO : « Les judaïsants à Badajoz de 1493 à 1599 », in *Revue des études juives*, 1956, p. 74.
11. A.H.N., Inquisicion, Séville, Leg. 2075.
12. A.H.N., Inquisicion, Valladolid, Leg. 2135, exp. 1, 3, 6, 8, 9.
13. Henry KAMEN : *Op. cit.*, p. 234.
14. Henry KAMEN : « Confiscations in the economy of the Spanish Inquisition » in *Economic History Review*, 2[d] series, vol. XVIII, n° 3, 1965, pp. 514-515.
15. A.H.N., Inquisicion, Leg. 1287, exp. 39.
16. H.-C. LEA : *Op. cit.*, p. 553.
17. Henry KAMEN, voir note 14.

18. Henry KAMEN : *Histoire..., op. cit.*, p. 241.

19. *Ibid.*

20. Signalons une fois pour toutes que les pages qui suivent doivent presque tout à : Antonio DOMINGUEZ ORTIZ et Bernard VINCENT : *Historia de los moriscos*, Bibl. de la Revista de Occidente, Madrid, 1978, n° 36; à Louis CARDAILLAC : *Morisques et chrétiens*, Paris, Lib. Klincksieck, 1977; à Marie-José MARC : *Comportements et mentalités en Extremadure à la fin du XVIe siècle, op. cit.*, Maîtrise d'Histoire; enfin à Dominique PEYRE : *Comportements et mentalités dans le royaume de Grenade 1573-1577*, Maîtrise d'Histoire, exemplaire dactylographié, Toulouse-Le Mirail, 1976.

CHAPITRE VI

L'INQUISITION ET LA DÉVALUATION DES DISCOURS FÉMININS

FACE À L'AUTORITÉ DU VERBE FÉMININ...

Le 22 juillet 1529, à Tolède, la *beata* Isabel de la Cruz, sœur du tiers-ordre franciscain de Guadalajarra sort en *autodafé* pour y être fouettée publiquement et condamnée à la prison à vie.

Principale accusée d'une série de procès visant des illuminés, l'Inquisition reconnaît en elle l'authentique inspiratrice d'un courant mystique qui enseigne l'abandon à Dieu, éthique périlleuse en ce qu'elle suggère l'impeccabilité conférée par cet amour.

Sa popularité est considérable dans toute la Nouvelle-Castille et, pour frapper les esprits susceptibles d'avoir subi son influence, le spectacle édifiant de son châtiment est reproduit dans toutes les villes où s'est exercée sa prédication.

Il s'agit là d'un procès célèbre, non pas tant en ce qu'y figure cette béate fille de *conversos* que parce que c'est le premier engagé par l'Inquisition contre l'illuminisme.

Un siècle plus tard, à Tolède, une autre femme, béate également, Ana de Abella est poursuivie, arrêtée, interrogée par le Saint-Office.

Ecoutons l'accusation :

« Reléguant la crainte de Dieu, au péril de son salut et au mépris de la justice que *Vuesta Suprema* administre avec la rectitude dont ce tribunal est accoutumé, elle a commis une hérésie et est hérétique, apostate, mystificatrice, Illuminée, faisant usage de pactes implicites ou explicites avec le Démon, croyant des tribulations diaboliques, et soutenant et faisant usage de propositions contraires à la Sainte Foi Catholique, croyant des supercheries et des Illusions démoniaques allant à l'encontre de ce que croie et dit la Sainte Eglise Catholique Romaine. (...)

« Et je déclare ladite Ana de Abella coupable d'avoir perpétré lesdist délits d'hérétique apostate, illuminée, trompeuse, sainte simulée, sacrilège, excommuniée, prévenue dissimulatrice dans ses aveux et réponses aux interrogatoires, fausse et simulatrice pénitente et qu'elle a encouru l'excommunication majeure et la saisie de ses biens depuis le jour qu'elle a commis cesdits délits.

« Que ses biens soient attribués au conseil de Sa Majesté et à son recteur en son nom, livrant sa personne à la justice et au bras séculier pour qu'elle soit condamnée (...) afin que le bras séculier l'exécute dans toute la rigueur du droit, dans sa personne et dans ses biens afin que cela lui serve de châtiment et aux autres d'exemple. (...) Pour cela, je demande que cette prévenue soit soumise à la torture afin qu'elle confesse entièrement la vérité sur elle et ses complices. Et que ne cesse la torture que lorsqu'elle aura avoué [1]. »

Il semblerait au premier abord que l'Inquisition en un siècle n'ait guère modéré ses ardeurs répressives.

Contre Ana de Abella l'hérétique illuminée, le fiscal requiert la peine de mort. A l'issue du procès, le jugement en fait une folle que l'on enferme à l'hôpital de Balsamo.

Par un singulier processus, l'hérétique apostate est devenue une individualité inclassable que les inquisiteurs se refusent à juger et renvoient dans un ailleurs inqualifiable : la démence.

Les archives de l'Inquisition recèlent plusieurs affaires de ce genre, conservées dans une série encore peu explorée, celle des *ilusas* et *iludentes.* Y prédominent les procès de ces femmes, dites béates, que l'on retrouve en Espagne à chaque entreprise religieuse passionnée. Filles des villes, elles y servent Dieu un pied dans le siècle, telle cette béate qui, précédant les démarches réformatrices de Thérèse d'Avila, était allée à Rome en mendiant et à pied, demander des autorisations pour fonder des monastères de déchaussées alors que la sainte en était encore aux interrogations. Thérèse d'Avila obéissait à l'apôtre : « Comme il en est dans toutes les églises des Saints, que les femmes se taisent dans les assemblées, car il ne leur est pas permis d'y prendre la parole; mais qu'elles se tiennent dans la soumission comme le dit aussi la loi » (Paul, *Iʳᵉ Epître aux Corinthiens,* XIV, 33-34), tout en rêvant « d'avoir la liberté de prêcher, de confesser et d'amener les Ames à Dieu [2] ».

Aussi faudra-t-il parler d'*ilusas* et forcer l'anonymat du délit puisqu'il ne s'agira que de femmes ici.

Trois siècles durant, le Saint-Office questionne, torture et châtie des *ilusas.*

A notre connaissance tous les tribunaux d'Espagne sont ici en cause hormis ceux de Galice, Navarre, Catalogne et du royaume de Valence.

Des recherches systématiques nous autoriseraient peut-être à tirer profit de cette notation car si ces régions ne connurent pas de femmes *ilusas,* elles furent les foyers privilégiés en Espagne d'une autre illusion : la sorcellerie.

Des femmes donc, dont l'histoire reste à faire.

Fallait-il croire Menéndez Pelayo qui, il y a près d'un siècle il est vrai, s'est refusé à réveiller leurs paroles estimant « qu'il était préférable de laisser dormir dans l'oubli ces affaires intéressantes pour le seul historien des mœurs, qui cherche à y satisfaire une curiosité quelque peu puérile ». L'historien des hétérodoxes espagnols se refuse à faire de l'histoire avec de petites histoires de femmes. L'historiographie du sujet abonde en réflexions de ce genre.

Qu'elles émanent de laïcs ou de religieux, de défenseurs ou d'adversaires de l'Inquisition, toutes se rejoignent sur ce thème, faisant appel à toute la misogynie du lecteur, soit-elle lectrice, de ce que ces affaires expriment la bêtise, la confusion d'esprit d'un sexe.

De même que l'historien, l'inquisiteur est homme d'écriture, aussi va-t-il, comme lui, appeler sottise ce qui se transmet par la seule parole.

Le zèle inquisiteur qui donne la parole aux *ilusas* avant de les envoyer à l'oubli prouve une volonté de savoir que l'historien se doit de questionner.

Il s'agira donc de donner la parole à bêtise, ... et de voir.

Il ne faudrait pas croire, qu'au temps des *ilusas,* les Espagnols partageaient l'aptitude du Saint-Office à cerner la bêtise féminine.

Ainsi au XVIIe siècle, Philippe IV, faible et tourmenté, est entouré de conseillères en spiritualité. Sœur Maria de Agreda, délicate épistolière, est une inspiratrice discrète tandis que la Madre Luisa de Carrion est connue et vénérée de toute la Cour. Cette religieuse avait fondé à Carrion de los Condes (province de Palencia) une confrérie (*hermandad*) de dévôts, défenseurs de l'Immaculée Conception de la Vierge, qui comptait, en 1625, 40 000 congréganistes dont Philippe IV, ses frères, l'Infante qui était chez les *Descalzas reales,* le prince Philibert de Savoie, 5 cardinaux et plus de 150 couvents.

Tenue pour sainte dans les deux Castilles à cause des miracles qui lui étaient prêtés et que divulguaient trois livres manuscrits, tous s'arrachaient les morceaux des étoffes qu'elle touchait ainsi que médailles et images pieuses la représentant.

En 1634, l'Inquisition s'inquiète de cette popularité et de l'orthodoxie des propos de la sœur. Poursuivie par le tribunal de Valladolid pour imposture et sortilèges (*impostura y hechizos*), elle mourut de mort naturelle dans sa cellule à soixante-seize ans (le 28 octobre 1636) avant son jugement définitif. Elle est si populaire qu'il faudra douze ans à l'Inquisition pour extirper après sa condamnation le culte dont elle faisait l'objet jusqu'à la lointaine Cadix.

De cette mode, des femmes s'emparent. Des femmes qui

trouvent dans le « je » de la délibération intime, une promotion individuelle; non plus épouse-mère, religieuse ou prostituée mais sujet de son choix.

Promotion contrariée par l'Eglise puisque les femmes n'y ont pas la parole. Thérèse d'Avila, que déchire son ardeur auto-répressive, ne sera publiée qu'après sa mort grâce à l'intercession de frère Luis de Léon en faveur d'une œuvre jugée dangereuse par l'Inquisition.

Malgré cela, ce modèle d'auto-répression qu'est son autobiographie a été longtemps considéré comme un ouvrage à ne pas mettre entre toutes les mains de femmes.

Si elle a échappé à l'Inquisition, c'est à son respect et à sa soumission aux confesseurs, à l'Eglise et à la hiérarchie qu'elle le doit, bien plus qu'à ses écrits qui, malgré elle, laissent passer quelque chose du monstre qui l'habite.

Il y eut ainsi, quelques décennies avant que l'idéologie de la famille et du mariage chrétien n'orientent et ne canalisent le « je » féminin, des femmes qui s'emparèrent de la foi et s'y exprimèrent; individualités inclassables que les hommes de leur temps ont écoutées, leur demandant de « figurer certaines formes de compromis irréalisables sur le plan collectif, de feindre des transitions imaginaires, d'incarner des synthèses incompatibles ».

Il serait bon de nuancer une telle affirmation.

Les béates qui, dans la première moitié du XVIe siècle, inspirèrent en partie l'illuminisme, vivifié par la pensée d'Erasme, authentiques conseillères, respectées de l'élite théologienne du temps, ressemblent peu à celles qui, deux siècles plus tard, répondent au besoin de merveilleux et de prodiges d'un peuple qui, relégué aux rites spectaculaires, confond foi et superstition.

Mais il est vrai aussi, qu'à leur endroit, l'intérêt de l'Inquisition n'a pas failli.

Les *ilusas* qu'elle poursuit, sont bien ces individualités inclassables, béates pour la plupart, sans autre protection que leur réputation de sainteté qui fait d'elles des personnalités vénérées, donc suspectes au zèle inquisiteur.

En 1511, la *beata* de Piedrahita, tenue unanimement pour sainte, est poursuivie par l'Inquisition pour illuminisme.

Contemplative, elle s'applique à de longues extases, et affirme dialoguer ainsi avec le Christ dont la mère ne la quitte jamais.

Son affaire est suspendue, autant parce qu'alors le Saint-Office ne parvient pas à cerner l'erreur dans ses propos que grâce aux hautes protections dont elle bénéficie.

Il a été écrit que l'Espagne connut au XVIe siècle une vie religieuse sans pareille. Tous participèrent alors à une intense jubilation dans l'exaltation de la divinité, sans que puissent être distinguées pratiques ostentatoires et intensité de la foi.

Cependant, dès le milieu du XVIe siècle, l'Inquisition freine ce mouvement incontrôlable. Un exemple : sous l'influence de l'index de 1559, la littérature ascéto-mystique, florissante à l'avènement de Philippe II, disparaît. Et en 1601, un dominicain, frère Alonso Girón, demande l'interdiction de publier toute littérature de ce style en castillan.

A l'exemple de la réforme carmélitaine, « refuge pour l'oraison mentale menacée », la foi vive s'enferme dans les cloîtres.

Il faudrait rappeler les poursuites dont furent victimes Thérèse d'Avila, Jean de la Croix, Ignace de Loyola, Luis de Léon et tant d'autres. Qu'en somme, tous ceux qui ont de quelque manière participé à la Contre-Réforme catholique en Espagne furent inquiétés et que leurs écrits, jugés équivoques, ne furent publiés qu'après leur mort.

La méditation sur l'écrit, privée d'œuvres essentielles en castillan, reste l'affaire de clercs et de confesseurs, conseillers et médiateurs désormais indispensables.

Précisément, ce qui caractérise les *ilusas* dont nous avons examiné les affaires est la résistance qu'elles opposent au diktat de l'enfermement communautaire.

Elles prétendent à la sainteté dans le siècle. Elles y sont les *siervas de Dios.*

La béate madrilène doña Geronima de Noriega, dont l'Inquisition suspend la cause en 1628, pourtant accusée en tant que « blasphématrice hérétique, partageant les erreurs des *Alumbrados,* mystificatrice, victime d'*ilusión* du démon, etc. » en est un modèle [3].

Doña Geronima de Noriega, veuve de trente-six ans est béate du Carmel. Elle en porte l'habit distinctif et déclare « avoir fait profession d'humilité, de vêtement honnête et de recueillement dans la maison ».

Son engagement succède à la perte d'un mari et d'un fils chéris. A l'ombre du Carmel elle a confié sa vie spirituelle à un religieux de cet ordre, docte confesseur qui la conduit vers la perfection.

Bien que vivant dans le siècle, la société de doña Geronima est réduite à des femmes, locataires de sa maison, attirées là par sa réputation de sainteté.

Auprès d'elles, elle se fait l'intermédiaire du courant spirituel du Carmel : « J'ai conté à doña Maria de la Serna [une locataire] de nombreuses choses du livre de la vie de sainte Gertrude et de celle d'autres saints, cela afin d'essayer de l'attirer au service de Dieu et de la rendre dévote et je lui disais en particulier, qu'il valait mieux jouir de Dieu en faisant le coussin ici, dans la quiétude et dans la paix que toutes les fêtes qu'il y a dans le monde. » De bouche à oreille, par les femmes, sa réputation de sainteté se transmet et attire à elle les aspirants à une vie dévote.

Ses contemporains sollicitent également son aide morale et matérielle pour sortir de l'état du péché. Une affaire de ce genre la conduira devant l'Inquisition, sur la dénonciation de femmes de sa maison, jalouses du rôle qu'elle joue auprès d'un homme cher à l'une d'elles.

Dans le siècle, doña Geronima, dépend étroitement de sa réputation de sainteté.

A la première querelle de voisinage, ceux qui l'adoraient hier s'apprêtent à « la faire brûler aujourd'hui ». Face à l'Inquisition, la dévote fait preuve d'une sereine assurance. Laïque attirée par la vie monastique et les valeurs qu'elle développe, elle essaie de s'y conformer afin de vivre quotidiennement, avec intensité, son idéal chrétien. A l'issue des interrogatoires, le Saint-Office suspend son affaire, verdict attestant de ce que l'Inquisition n'est pas plus une répression aveugle qu'obscurantiste. Elle ne sanctionnera que l'imprudence de la béate.

Les bavardages féminins, doña Geronima le sait désormais, prêtent à équivoque lorsqu'ils sont le fruit de la superstition, faute contre la culture et l'intelligence inlassablement corrigée par la béate qui refuse à s'assurer la gloire par l'aveu de pseudo-visions, révélations et miracles.

Mais aussi, doña Geronima de Noriega est-elle une exception.

La plupart des *ilusas* poursuivies par le Saint-Office ne lui ressemblent que par le sexe et l'état. La dévote madrilène « rachète » sa vie dans le siècle par l'obéissance aux confesseurs et la protection du Carmel proche. « Il est très important que le maître soit avisé, je précise donc de bon entendement et d'expérience, si avec cela, il est docte, c'est une excellente affaire. » Thérèse d'Avila sait de quoi elle parle; rien ne doit se dire ni se vivre sans leur avis, toute prétention à l'intériorité doit se réaliser sous leur contrôle.

Car Satan l'illusionniste s'attaque de préférence aux femmes, cependant que, et cela est notable en Espagne, ce sont elles qui cherchent et parviennent à vivre leur foi comme un guide vers la perfection : « Le Seigneur leur accorde ces grâces beaucoup plus souvent qu'aux hommes. Je l'ai entendu dire par le saint frère Pierre d'Alcantara, et je l'ai constaté moi-même. »

Pour Thérèse comme pour doña Geronima de Noriega, la parole d'un homme docte est d'évangile, mais ajoute-t-elle, je l'ai constaté moi-même. Prudente certes, mais elle sait ce qu'elle dit.

La béate Juana Bautista, poursuivie à Tolède en 1636, folle visionnaire, dont la compagnie est activement recherchée par certains dévots, ne partage pas la circonspection de la *Madre.*

Aussi, à l'affirmation de l'Inquisition : « Parce que cette dernière traitant de questions spirituelles a eu besoin d'un confesseur à qui communiquer ses visions et révélations pour être guidée », elle répond : « Elle n'a communiqué avec aucun de questions spirituelles (...) quant à la confession, si elle a tant changé de confesseurs, c'est qu'ils se moquaient d'elle et qu'ils n'aiment pas les pauvres (...) et que l'un d'eux lui avait dit : " *a la loca, a la loca* ", en se moquant d'elle. » Ce qui l'amène à la conviction qu'il est possible de se passer de confesseurs : « Plusieurs fois, comme je n'avais pas de péchés à me faire pardonner, je ne me confessais pas et ne pouvais pas aller communier; alors Notre-Seigneur me disait que j'y aille et c'était lui qui me le demandait. »

La contestation de Juana n'est certes pas radicale; elle se confesse quand elle peut, communie quand elle veut et ne confère pas de ses visions avec les ecclésiastiques [4].

Pour sa part, Ana de Abella avoue des révélations : « Et à Talavera, alors qu'elle faisait une confession générale dans l'église des récollets, elle a vu le Christ ressuscité qui portait une épée nue à la main et menaçait le confesseur, lui disant " que tout lui était déjà pardonné " et encore " que Notre-Dame lui disait qu'elle n'avait pas besoin de se confesser aux prêtres, qu'elle se confesse à elle ". »

Aussi, Ana de Abella communie-t-elle plusieurs fois aux dires du curé délateur. Parce qu'elle en a le droit et que le Christ lui a dit qu'elle était « confirmée dans la grâce ». Ce qui, en langage théologique, veut dire qu'elle ne peut pas pécher.

Les *ilusas* qu'entend le Saint-Office refusent le contrôle des confesseurs parce qu'elles se refusent à pratiquer l'autorépression. Elles refusent d'être définies et limitées par un savoir qui leur dit qui elles sont, ce que sont leurs visions et leurs révélations. De Catalina de Escarate, *ilusa* d'Almagro qui est mariée, le prêtre qui la confesse dira : « Je l'ai sermonnée en tant qu'*homme versé dans l'Ecriture et la Loi divine*, lui disant de s'occuper du gouvernement de sa maison, du service de son mari et de l'éducation de ses enfants et qu'elle ne s'occupe plus de révélations, parce que celles dont elle parlait étaient illusions du Démon dont le Saint-Office pourrait avoir connaissance. »

A l'autorité de l'homme des Ecritures et de la Loi, Catalina répond par l'autorité d'une femme : « Et que même si les inquisiteurs l'appelaient, *elle saurait leur rendre compte de sa personne* comme l'avait fait la Madre Teresa de Jesus — qui, elle aussi, avait eu des révélations et connaissait l'état des âmes du Purgatoire, elle l'avait lu dans le livre de sa vie — que les inquisiteurs avaient inquiétée et qui avait souffert quelques tourments dont elle s'était bien sortie [5]. »

Face à son confesseur, Catalina revendique l'autorité du savoir des femmes, leur droit à la parole et aux aventures de la foi. Là ou elle s'illusionne, c'est de croire que l'Inquisition, ayant laissé parler — et encore — Thérèse d'Avila, allait laisser parler les autres. La sainte allait servir d'alibi afin que précisément celles qui n'avaient pas la perfection, l'obéissance, l'humilité et les murs se taisent.

Car l'obéissance est la vertu cardinale de la dévote. « Je crois que le Démon oppose à l'obéissance sous couleur de bien, des difficultés infinies, sachant que le chemin de l'obéissance est celui qui conduit le plus rapidement à l'extrême perfection », écrit Thérèse d'Avila. Celles qui tentent de se soustraire à cet impératif en arguant de révélations sont prisonnières d'illusions démoniaques inspirant leurs erreurs dogmatiques.

A l'inquiétude du salut des siècles passés, se superposent les nouvelles interrogations nées des décisions du concile de Trente, « gauchissement dogmatique » dont l'Espagne s'est instituée championne. Questions d'autant moins exprimées que pèse désormais « la contrainte aux certitudes qui ne souffrent pas discussion ». A ces questions, c'est aux dévotes, saintes et autres béates qu'il est demandé de répondre.

A l'angoisse du salut, la Contre-Réforme a répondu par la grâce et les sacrements en liaison avec le rôle directeur et pastoral de la hiérarchie ecclésiastique. Les sacrements sont destinés à produire et à fortifier la grâce, aide surnaturelle qui rend l'homme capable d'accomplir la volonté de Dieu et de parvenir au salut.

Si l'efficacité des œuvres n'est plus discutée, celle des sacrements soulève de nouvelles questions. Les critiques contre le clergé portent désormais sur le nouveau rôle qui lui est imparti : direction de conscience, nature du pouvoir du prêtre lors de la consécration et de l'absolution.

Ainsi du dogme catholique de la transsubstantiation : en insistant avec les excès que l'on sait sur la présence réelle, il perd de plus en plus sa valeur symbolique pour devenir croyance et à la limite superstition. Béates et témoins s'inquiètent de savoir si c'est bien le Christ en chair et en os qui est là présent. Ana de Abella voit le « sang et le corps du Christ lorsque le prêtre élève l'hostie consacrée ». Pour toutes ces femmes, la Consécration est le moment privilégié de visions et de révélations attendues par une assistance médusée. De même, le sacrement de l'Eucharistie, destiné à fortifier et produire la grâce, aide pour parvenir au salut, les conduit à l'interrogation suivante : « Si l'on consomme plus d'hosties, bénéficie-t-on de plus de grâce? » Ce dont elles semblent convaincues au désespoir de leurs confesseurs.

Il faut rappeler que, loin de scandaliser, leurs hérésies et leurs « erreurs » leur valent respect et notoriété. C'est auprès d'elles que les inquiets viennent chercher des conseils pour leur salut, à elles qu'il est demandé de révéler aux vivants l'état de l'âme des défunts. Elles s'autorisent en cela de Thérèse d'Avila. La visionnaire très catholique sert de référence à des croyances qui le sont beaucoup moins. Car, dans ces affaires les morts, investis de la parole, viennent tout comme les revenants se plaindre des vivants.

C'est à elles aussi qu'il est demandé d'aider les malades à

bien mourir. Privilégiées de Dieu, elles ont l'oreille du Très-Haut, qui pourrait mieux qu'elles intercéder auprès de lui? Partant, elles remplissent des fonctions religieuses que le clergé n'est pas toujours à même d'accomplir.

Deux paramètres mesurent la rigueur de la sentence inquisitoriale : la célébrité de l'accusée et l'obéissance à son confesseur. Parce qu il châtie pour l'exemple, le Saint-Office se doit d'intervenir partout où coïncident la parole d'une *ilusa* et ces croyances populaires que les plus éclairés d'entre les inquisiteurs voient sourdre non sans inquiétude, alors qu'elles submergent déjà la belle foi espagnole.

La sévérité de la peine sera donc étroitement liée au charisme de l'accusée et sa popularité auprès d'une multitude avide de merveilleux et de sensationnel.

En 1622, les inaccessibles modèles de sainteté du siècle passé, Thérèse d'Avila et Ignace de Loyola, sont canonisés en grande pompe, pâture jetée à tout un peuple de petits dévots qui ne retient de leur sainteté que le prodige.

La sévérité de la peine ne s'analyse pas uniquement en fonction des châtiments corporels. Elle vise surtout à déconsidérer la condamnée, quels qu'en soient les moyens, à l'exclure et à la marquer d'infamie.

Ainsi, au milieu du XVIIe siècle, la béate vagabonde Ana de Abella, qui scandalise l'opinion en communiant plusieurs fois par jour contre l'avis de ses confesseurs, sera enfermée comme folle à l'hôpital de Balsamo malgré la plaidoirie impitoyable du fiscal requérant contre elle la remise au bras séculier. L'enfermement de cette femme qui ne parle à personne, s'avère un châtiment identique à celui de cette Isabel de la Cruz, maîtresse spirituelle, célèbre et respectée, ce qui lui vaut de sortir en *auto* en 1529 où elle est fouettée et condamnée à la prison à vie.

Dans l'ensemble, ces peines sont sévères. La sortie en *autodafé,* bâillonnées et revêtues du *sanbenito* des pénitentes, l'abjuration *de levi,* sont les sanctions les plus fréquentes.

Certaines sont condamnées à la prison à vie, à l'enfermement pour quelques années ou au bannissement de leur ville. Certaines au fouet, telle cette Maria de la Conception, dite la Hermana Maria, visionnaire célèbre jugée en 1621 à Madrid.

De sévère, l'Inquisition au XVIIIe siècle, se fait impitoyable. Maria de los Dolores Lopez, dite la béate Dolores, est la seule *ilusa* à notre connaissance, condamnée à mort et effectivement brûlée.

Poursuivie par le tribunal de Séville, jugée le 24 août 1781 à l'issue d'un procès de deux ans, aucune pression ne vient à bout de l'obstinée béate. Elle soutient bénéficier depuis son enfance de dons spirituels à la faveur desquels il lui a été donné d'apprendre à lire et à écrire sans enseignement.

L'habit de béate et sa cécité sont autant de signes la désignant à la vénération populaire. Maria de los Dolores est l'objet de sollicitations éblouies. Ne converse-t-elle pas familièrement avec la Vierge? N'est-elle pas l'épouse du Christ pour lequel elle s'impose supplices et flagellations? A Séville où elle sévit, nul n'ignore qu'elle obtient la libération d'âmes du Purgatoire.

Pris de remords, son confesseur la dénonce et se dénonce à l'Inquisition qui s'empare de l'affaire, déléguant vainement auprès d'elle prédicateurs et théologiens dont elle épuise la dialectique, réaffirmant devant la sentence ses certitudes hérétiques sans qu'un tremblement vienne trahir peur ou repentir. Devant la mort, à l'ultime instant, elle crie dans les larmes son vœu d'être confessée.

La personnalité de cette condamnée impassible et aveugle, vêtue d'un scapulaire blanc recouvert d'un *coroza* sur laquelle sont peints des diables et des flammes, contribue à l'émotion de l'assistance. La béate Dolores est pendue puis son cadavre est livré aux flammes.

Dans la conscience de ses contemporains l'Inquisition a condamné une sorcière [6]. Il est vrai que cette affaire intervient dans un contexte particulier. L'Espagne connaît alors, à l'état endémique, une inflation de miraculeux.

Les béates visionnaires, les religieuses faiseuses de miracles sont au faîte de leur célébrité, ainsi, à la fin du XVIIIe siècle, cette Isabel Maria Herpiaz, béate de Cuenca, mariée à un laboureur, dont la renommée est telle qu'on peut la voir, objet d'un véritable culte de latrie, portée en procession au milieu des cierges allumés et des brumes d'encens.

Là aussi, la sentence inquisitioriale ne ménage ni la béate ni ses adorateurs. Le curé de Vilar de Aguilar, ainsi que deux religieux, sont condamnés à la réclusion aux Philippines, un autre suspendu pour six ans, tandis que, sa domestique et deux villageois, coupables d'excessive adoration, sont condamnés à deux cents coups de fouet et au bagne à perpétuité.

La dureté de ces peines atteste, s'il en est besoin, de l'échec de l'Inquisition devant une superstition persistante. Au siècle précédent, elle faisait preuve, en ce domaine, de plus de subtilité, mais aussi d'hésitation, quant à la qualification d'un délit, l'*ilusión* démoniaque et à la stigmatisation d'une délinquante, la béate *ilusa*.

LES « BEATAS » : DÉSOBÉISSANCE ET CONTESTATION

La fréquence des affaires impliquant des béates est étonnante, comme si un état particulier favorisait l'erreur chez celles qui s'y engagent.

S'il est vrai qu'un soupçon pèse sur elles, il nous faudra en découvrir le pourquoi. Mais avant tout, il s'agira, à travers leurs affaires, de cerner de plus près ce phénomène typiquement espagnol pour lequel nous disposons désormais d'une source capitale : les archives inquisitoriales.

Le phénomène que représente pour nous les béates a fait couler plus d'encre au XVIIe siècle que de nos jours. Ecoutons Quevedo, dans un écrit polémique *Su Espada por Santiago*. « On appelle *beatas* ces femmes désabusées vouées à l'esprit et à la prière qui se consacrent à la milice de quelqu'un de leurs fondateurs comme celles de saint François, de saint Dominique et de saint Augustin. » Le même les voit aussi comme Tartuffes femelles :

en figura de Beata,	sous l'aspect de Béates
justificada de Ojos	aux yeux innocents
y delincuente de faldas.	mais aux jupons faciles.

Dans les années 1630, un religieux les apostrophait en chaire : « Nombreuses sont ces serpents qui, plus par oisiveté que par dévotion, passent tout le jour dans l'église alors qu'elles seraient mieux à filer. Combien sont-elles qui murmurent, critiquent et médisent de ceux qui ne sont Dieu [7]. »

Deleito y Pinuela qui le cite ajoute : « Les hommes fervents de l'époque dont de nombreux ecclésiastiques tonnaient contre les béates qui n'avaient pas reçu les ordres mineurs et qui abondaient. »

Ainsi, à en croire les contemporains, les *beatas* n'étaient pas seulement des *terciaires* (Quevedo) mais aussi et tout simplement des laïques *sin uncion religiosa.* Ce que nous confirme le mot lui-même dans la multiplicité de son sens : *beata* signifie à la fois une terciaire qui vit soit en clôture soit en communauté soit seule chez elle et une bigote ou une dévote sans aucun engagement religieux donc sans aucun contrôle.

Le fait n'est ni nouveau ni propre à la Péninsule, du moins en ce qui concerne celles qu'en Espagne on appelle *beatas* ou terciaires d'un ordre religieux et aux Pays-Bas béguines.

Il devient massif dans l'Europe de la pré-Réforme, traduisant autant des aspirations religieuses qu'une difficulté accrue pour les femmes insuffisamment dotées d'entrer au couvent.

Nous ne sommes pas en mesure d'affirmer que, pour cette période, il s'agissait de leur part d'un choix délibéré trahissant un refus de la discipline conventuelle.

Pour le XVIe siècle, Marcel Bataillon a mis en évidence le rôle important des *beatas* dans l'illuminisme et l'influence sur cette « hérésie » du *Monachatus non est pietas* d'Erasme. Alors il se dessine un autre type de *beata*. Maria Cazalla, béate de Guadalajara, sœur de l'évêque frère Juan Cazalla, est mariée. Pour elle, l'acte du mariage est un moyen d'être plus près de Dieu.

Isabel de la Cruz, principale inspiratrice des illuminées de Nouvelle-Castille dans les années 1525, est *beata*, terciaire franciscaine. Nous ne trouvons pas, dans ce premier illuminisme d'inspiration érasmienne, de refus systématique de tout engagement religieux, mais une tendance, née d'une critique de la vie conventuelle telle qu'elle se pratique, à considérer que la piété peut s'exprimer ailleurs que dans les couvents. Le même Marcel Bataillon relève d'ailleurs les liens étroits qu'entretenaient les *Alumbrados* avec le franciscanisme réformé par l'intermédiaire de Cazalla, Ortiz, Osuna.

Les *Alumbrados* du siècle suivant expriment beaucoup plus nettement et leur refus des ordres religieux et la prééminence de l'état de *beata* sur celui du mariage ou de la vie monastique. Ainsi, lors de l'*autodafé*, célébré en février 1627 au couvent de San Pablo el Real de Séville, la sentence lue publiquement au groupe d'illuminés condamnés, les accusaient ainsi : « Ils disent préférer l'état *(estado)* de béate à celui du mariage et de la vie conventuelle [8]. »

Etre *beata* est un état comme le sont pour une femme, le mariage et les ordres. Etre *beata* est une affaire de femme. Une affaire de statut féminin. L'*estado*, l'ordre auquel appartient la femme, n'est pas celui des hommes; du moins pas uniquement. La femme se situe dans une hiérarchie d'ensemble mais aussi et surtout elle est subordonnée dans une hiérarchie sexuelle. Si l'on s'interroge beaucoup pour savoir si, à l'époque moderne, la société est de castes, d'ordres ou de classes, on oublie de mettre en évidence qu'avant tout, elle est société de hiérarchie de sexe. Le femme appartient à la fois à une caste, un ordre ou une classe, mais seulement parce qu'avant tout elle se détermine par rapport à un homme d'une caste, d'un ordre ou d'une classe. Son rapport premier est à l'homme, non à l'ensemble du corps social.

« Dans notre ordre social, les femmes sont " produites ", utilisées, échangées par les hommes, leur statut est celui de " marchandises ". Comment cet objet d'usage et de transaction peut-il revendiquer un droit à la parole et plus généralement une participation aux échanges? Les marchandises, on le sait, ne vont pas seules au marché, et si elles pouvaient parler. (...) Les femmes doivent donc rester une " infrastructure " méconnue comme telle, de notre société et de notre culture. L'usage, la consommation, la circulation de leurs corps sexués assurent l'organisation et la reproduction de l'ordre social, sans qu'à celui-ci elles aient jamais part comme " sujet "[9]. »

Dans les documents d'Inquisition, l'état de la femme citée précède toujours son nom, elles sont femme de... veuve de... *doncella, mujer soltera.* Bien que veuves, Ana de Abella et doña Geronima de Noriega sont dites uniquement béates. Tel est leur état. Tout comme Juana Bautista est dite béate demoiselle.

L'état de béate est prédominant lorsque la femme qui y prétend ne vit pas dans la compagnie, sous la protection d'un homme. Du moins dans la perception qu'ont d'elles témoins et inquisiteurs, c'est-à-dire la société dans laquelle elles vivent. Quand bien même, comme c'est parfois le cas, elles ne se rattacheraient pas à un ordre religieux.

Les recensements viennent à l'appui de cette affirmation en ce qu'ils précisent toujours l'état de ces femmes sans hommes [10]. Femmes sans hommes? Il y en a d'autres : des veuves, si nombreuses; des femmes célibataires ou demoiselles, les filles publiques.

Ce qui distingue les béates, c'est qu'elles sont vouées à Dieu, à son service. Elles sont les servantes de Dieu. Afin que cela soit public, elles sont « vêtues en béates ».

Dans le cas d'Ana de Abella, le fiscal précise : « Elle porte l'habit de terciaire franciscaine. » De même, selon Menéndez

Pelayo, les femmes impliquées dans l'affaire des *Alumbrados* de Llerena en 1578 « étaient vêtues en béates avec des coiffes et un habit de bure brune ».

Quoi qu'il en soit de la composition de ce vêtement, les témoignages des contemporains concordent sur son caractère distinctif. C'est là une constante à l'époque moderne. Le vêtement vise à définir l'ordre, l'état, à signaler l'appartenance. Ce qui, dans le cas des béates, semble délicat. Qu'implique le port de l'habit lorsqu'il signale une terciaire ou une béate du Carmel?

Des terciaires, nos documents ne nous fournissent que peu de renseignements. Michaella Tribiño, ennemie jurée de l'*ilusa* Juana Bautista et terciaire franciscaine dit « s'occuper de son recueillement et observer la règle de saint François ».

D'Ana de Abella, terciaire franciscaine également, le fiscal dit qu' « elle porte l'habit et étant tenue pour telle (*tercera* de San-Francisco) elle jouit des immunités et des privilèges ». En Espagne, les terciaires franciscaines jouissent du *fuero* ecclésiastique si elles portent l'habit, il semblerait donc que cette immunité concerne aussi les femmes, leur assurant certains avantages. Les terciaires respectent la règle de l'ordre, sans obligation de clôture, sans prononcer de vœux et sont soumises à l'autorité du curé de leur paroisse et à ses éventuelles sanctions. Michaella Tribiño a un domicile fixe et ne fait pas la mendicité, Ana de Abella est une vagabonde. Toutes deux vivent cependant soit en permanence soit épisodiquement *en la compania* de laïcs dévots qui les hébergent et les nourrissent.

Doña Geronima de Noriega, plus fortunée, vit chez elle et a des domestiques. Elle est béate du Carmel. Le lien qu'elle entretient avec l'ordre n'est pas codifié (du moins, nous avons l'assurance qu'il n'y eût pas officiellement de tiers ordre carmélite). En fait, l'ordre nouvellement réformé, ses couvents plus clos que jamais, il est probable que de nombreux religieux (carmes) et confesseurs ont cherché à susciter autour de lui un courant de laïcs, intermédiaires entre la rénovation du Carmel et l'ensemble des chrétiens. Un courant analogue à celui qui se forme, à la même époque, en France. Confirmant en cela la vocation apostolique et missionnaire de la réforme thérésienne et l'esprit de la Contre-Réforme catholique.

En réformant les ordres féminins et en y réintroduisant la clôture, les tâches féminines de charité et d'assistance se trouvent vacantes. Ce vide, c'est aux béates qu'il peut être demandé de le combler. Toutefois, le concile se montre hostile au sacerdoce des laïques de par sa volonté de se déterminer sans équivoque face au luthéranisme dont le sacerdoce universel est l'une des idées forces. Le rôle des Espagnols à ce concile explique peut-être en partie cette radicalisation. Ils savaient combien étaient dangereuses certaines de ces aspirantes dévotes. C'est donc malgré les décisions conciliaires que se constitue ce courant, sous la pression des nécessités et d'une offre de dévotion et d'esprit de sacrifice de celles qu'en France on appellera sœurs et en Espagne *beatas*.

Une *affaire* comme celle de Catalina de Jésus stigmatise à souhait le danger pressenti. Cette béate du Carmel est poursuivie à deux reprises par le tribunal de Séville. En 1612, elle parvient à se disculper de l'accusation d'hérésie portée contre elle, en récusant le principal témoin, Joana de la Cruz, condamnée la même année par le Saint-Office. Son affaire est suspendue et reprise dix ans plus tard par le même tribunal de Séville, que hante l'illuminisme qui sévit à l'état endémique dans cette région. Catalina est au faîte de sa popularité que n'a pas entachée le procès de 1612. Célébrité soigneusement entretenue par un carmélite déchaussé, le maître Jean de Villapando, sorte d' « impresario » de la béate, poursuivi également par l'Inquisition.

Selon Menéndez Pelayo : « La *beata* Catalina était considérée par les siens comme une maîtresse spirituelle et avait de nombreux fils mystiques laïcs et religieux, qui la vénéraient, la fêtaient, l'accompagnaient en permanence. Elle leur faisait des causeries, leur donnait des leçons, leur cherchait des confesseurs et les conseillait pour leurs affaires spirituelles et temporelles. »

Nombre de dévots ont sans doute souhaité entretenir, avec la sainte d'Avila ou d'autres religieuses inspirées, ce lien spirituel que la clôture entravait.

Mais il y a plus grave à notre sens. De son admiration inconditionnelle pour la béate, le carmélite tire une conviction, en faveur de laquelle il milite auprès de ses filles de confession : l'état de béate est préférable à l'état de mariage et à l'engagement monastique. Conviction que les premiers illuminés du XVIe siècle avaient défendue dans un tout autre contexte, celui d'une critique généralisée des ordres religieux. Son intervention active dans ce sens, auprès des jeunes filles de la ville, n'était pas du goût des familles qui lui avaient confié leurs jeunes âmes.

Aussi, voit-on proliférer à Séville des béates répandant la renommée de Catalina de Jésus, laquelle se comparant à Thérèse d'Avila, s'estimant désignée par Dieu comme réformatrice d'une sorte de troisième ordre, celui des clercs séculiers des deux sexes.

De tels objectifs représentent un danger, d'autant plus manifeste, qu'ils émanent de membres de l'Eglise. Ils sont l'indice d'aspirations à une vie religieuse dégagée de l'autorité de l'institution, qualifiées par l'Inquisition d'hérésie illuministe.

Toutes les béates ne sont pas liées d'une telle manière à l'Eglise. L'*Ilusa* Juana Bautista, très attachée à son état de béate demoiselle, est liée à Dieu par sa seule volonté. Elle l'est autant par la façon de vivre que par l'état. Ainsi, Juana Bautista vit *en la compania* de Luis Gomez et de sa femme, respectivement âgés de 60 et 50 ans. Dans la compagnie également de Michaella Tribiño, veuve de 60 ans et terciaire de l'ordre franciscain. Elle fréquente assidûment deux béates de 60 ans qui vivent ensemble et qui sont cousines.

Toutes les béates qui viennent témoigner dans son affaire sont des femmes âgées, seules et pauvres. Donc disponibles pour prier, fréquenter les églises où elles font connaissance et aider les pauvres malades comme le fait notre dévote. Prière, assistance, fréquentation constante des églises, leur dévotion est quantitativement plus manifeste que celle du commun des mortel(le)s.

Cette dévotion si intense, alliée à leur grande pauvreté, semble inciter certains laïcs à rechercher leur compagnie; comme si leur ferveur était le signe manifeste d'une vérité cachée qu'elles posséderaient? Ou bien trouvaient-ils dans leur pauvreté une occasion de remplir eux aussi une fonction d'assistance pour se gagner le paradis en aidant des femmes « favorisées » par Dieu? Vraisemblablement les deux motivations coïncident-elles.

La vie spirituelle de Juana est entièrement centrée sur l'oraison mentale, bien qu'elle ne soit dirigée en cette matière par personne : « Jamais elle n'a eu de confesseur fameux et avec aucun d'eux elle n'a communiqué de choses spirituelles. » Elle explique ce refus : « Elle a tant changé de confesseurs parce que tous se moquaient d'elle et que les confesseurs n'aiment pas les pauvres. » Ce mode d'invocation à Dieu qu'est l'oraison mentale, ce n'est pas d'un prêtre qu'elle le tient mais : « D'une femme, Catalina de Hierera, qui est morte. Elle demandait la charité pour les pauvres dans cette ville et elle lui avait dit de se recommander à Dieu pour qu'il embrase les cœurs. » Oraison mentale dont, comme de nombreux spirituels, elle connaît les avatars : « faveurs divines » sous la forme de visions et de révélations, terreur de ce qu'elles ne soient qu'intervention démoniaque. La béate restera seule entre ses terreurs et l'Inquisition.

En retrait de l'Eglise, mais aussi du monde, des communautés de béates (*beaterios*) s'épanouissent sur le sol espagnol. Des recherches récentes font état du grand nombre de ces communautés au XVIe siècle en Nouvelle-Castille, Extremadure et Vieille-Castille. Il est vraisemblable que de telles communautés se formaient à l'extérieur des villes. Les contemporains les percevaient avec méfiance, autant pour leur composition exclusivement féminine, que pour le secret qui entoure inévitablement de telles associations.

A Almagro, par exemple, où l'Inquisition fait une visite en 1617, les langues vont bon train.

La présence du Saint-Office y déclenche, d'emblée, une logorrhée unanime. Les béates de la ville, qui se sont justement réunies récemment autour d'une femme de Manzanarès, la Hermana Maria, fournissent un bouc émissaire facile. Un témoin pervers associe cette réunion aux pluies printanières dont parle toute la ville. Mais, l'Inquisition fait la sourde oreille et se détourne d'elles. Elle semble répugner à poursuivre de tels groupes de femmes, même si leurs dévotions sentent un peu le soufre.

C'est du moins le cas de l'affaire d'Iznallos, instruite par le tribunal de Grenade lors d'une visite en 1573. A Iznallos, une veuve, Maria Garcia, a une révélation : Dieu lui indique un lieu où se rendre pour prier éloignée du monde. Il s'agit de la maison d'une femme, mariée à un apothicaire, à laquelle elle demande de s'y réunir en secret. L'apothicaire se rend aux instances de sa dévote de femme, mais ne participe pas. Les béates de la ville s'y réunissent pour prier, tellement terrorisées que les cheveux se hérissent sur leurs têtes. Maria Garcia calme leurs épouvantes. C'est là le produit de leur faible cervelle, dont Satan est prêt à s'emparer, avide qu'il est, d'entraîner dans l'erreur celles qui s'adonnent à l'oraison. Un oiseau noir, posé sur une fenêtre, leur en apporte la preuve. Elles sont littéralement mortes de frayeur. Ce que voyant, le mari, prudent, conseille d'en parler à leurs confesseurs respectifs, celui de l'instigatrice paraissant informé de tout cela. Dans cette affaire qui fait l'objet d'une longue relation, l'Inquisition, une fois encore, n'intervient pas.

Comment rendre compte de cette clémence inquisitoriale? Si ce n'est que le Saint-Office n'accorde d'importance aux agissements féminins que pour l'écho qu'ils propagent.

A contrario, dans l'affaire de Catalina de Jesus, la grande notoriété de la béate inquiète tout autant que la vague de vocations qu'elle suscite. En réponse, l'Inquisition envisage une solution radicale qui donne la mesure du danger qu'elle perçoit. Miguel de la Pinta Llorente cite une lettre du Conseil suprême aux inquisiteurs de Séville, leur demandant un rapport sur ces femmes « qui vont vêtues en béates et vivent comme telles, sans être en communauté ni en clôture, certaines se plaçant dans l'obédience de certaines personnes. Et, de ce que cela a été permis, découlent des inconvénients, qui pourraient devenir plus grands encore si l'on n'y remédie pas rapidement. Après avis du Révérendissime Inquisiteur général, nous souhaiterions être avisés des inconvénients, résultant de ce que lesdites femmes soient autorisées à porter ledit habit de béates, sans être enfermées dans leurs maisons entre elles et séparées de la communauté et à faire allégeance comme le font certaines, et s'il serait bien d'interdire cette façon de vivre et quel ordre il vous paraît qu'il nous faudra donner afin, qu'avec votre avis, il y soit apporté le remède qui convient [11]. »

On ne peut être plus clair.

Afin d'endiguer ce flot de vocations féminines, le Conseil suprême envisage le renfermement des béates, leur mise à l'écart. Ne nous y trompons pas, il vise là autant ceux qui les célèbrent et les écoutent qu'un état jugé périlleux en ce qu'il favorise l'erreur chez celle qui s'y engage. La libre circulation de ces femmes ouvre la porte au désordre.

L'INVENTION DU DÉLIT : DE L'ILLUSION À LA FOLIE

Parce qu'elles refusent l'autorité de leurs confesseurs, parce qu'elles prétendent ne pas être guidées sur le chemin de la perfection, parce qu'elles ne veulent tenir leurs certitudes que du Christ, l'Inquisition fait de ces femmes des *ilusas*. Etrange délit que celui-là.

Ilusas et *iludentes*. L'une passive : l'*ilusa*, victime d'une illusion, l'autre active : l'*iludente*, celle qui illusionne. En fait inséparables l'une de l'autre, l'*ilusa* est *iludente* en ce qu'elle rend publique l'illusion dont elle est victime, laquelle est précisément de ne pas avoir su résister à la tentation de la vanité qui fait d'elle une *iludente*. Derrière *l'ilusa iludente*, il y a Satan, la tentation et la vanité. L'*ilusa* vaniteuse se fait l'intermédiaire *iludente* de

Satan. Voilà, qualifiées en deux mots, les erreurs des béates et leur notoriété. Satan, par leur intermédiaire, illusionne leurs admirateurs, distillant l'erreur et l'hérésie.

Les qualificateurs, théologiens qui examinent ces affaires, scindent l'illusion : volontaire ou involontaire. Illusion volontaire lorsque, rejetant l'autorité de son confesseur ou du Saint-Office, l'accusée persiste dans son erreur ou son hérésie.

Ana de Abella est hérétique lorsqu'elle affirme que « dans le Saint-Sacrement ce n'est pas le corps du Christ qui s'y trouvait, mais seulement sa grâce ». Pour le théologien, elle est *ilusa* volontaire, parce qu'elle maintient ces propositions. Il l'accuse de « pacte implicite ou explicite avec le démon, croyant des illusions diaboliques contraires à la foi catholique qui l'ont conduite à commettre des délits en parole et en action contre Dieu, sa foi, son dogme ». On peut d'ores et déjà s'étonner de la référence à Satan dans un délit qui n'a rien d'original : Les *Alumbrados* soutiennent également cette proposition hérétique. On peut s'étonner aussi qu'au fil des interrogatoires, les inquisiteurs ne manifestent aucun intérêt pour ce supposé pacte implicite ou explicite avec Satan.

Par contre l'*Ilusa* trompée a commis une faute, qui relève plus de la confession que du Saint-Office. Elle n'a pas su résister à la tentation. Ce qui dans son délit relève du Saint-Office, c'est qu'elle soutient des erreurs, propositions erronées qu'elle rend publiques, risquant par là de corrompre la foi. C'est là le second degré de l'illusion : l'illusion « involontaire ». Là, pas de pacte avec le diable, mais une faiblesse individuelle devant la tentation. Faiblesse si féminine qui ne saurait être fatale car « Dieu accorde toujours à l'homme une grâce supérieure à la tentation », mais qui doit être corrigée. Tentation de la vanité, essentielle dans le christianisme, celle qui a fait déchoir Adam et avec lui tous les hommes, celle qui n'a pas été épargnée au Christ.

En fait cette position est difficile à tenir et à justifier. Si Satan peut agir à travers l'homme, c'est dire que l'homme n'est pas libre, avec l'aide de la grâce, de choisir entre pécher ou non;

c'est la porte ouverte au luthéranisme. Comment expliquer le fait que l'homme puisse être dupé par le démon, involontairement? Mot que nous retrouvons à plusieurs reprises sous la plume des qualificateurs. Il va leur falloir trouver à cette in-volonté une cause d'origine humaine, comme la volonté est capacité humaine.

Rejetant la réalité des visions et des révélations des accusées, déniant à Satan le pouvoir de s'exprimer dans un corps, le pouvoir d'agir autrement que par la tentation, les théologiens vont expliquer autrement le comportement de ces femmes.

Celui qui intervient dans l'affaire Juana Bautista refuse de tenir le moindre compte de tout le « surnaturel » que les témoins lui attribuent. Après avoir qualifié ses critiques contre l'Inquisition, son refus du pardon des offenses et sa préférence pour l'hostie entière, il ajoute : « Pour le reste cela n'a pas à être qualifié, car cela procède de sa faiblesse d'esprit (*flaqueza de cabeza*) et si elle a feint quelque chose intentionnellement, cela ne ressort pas des témoignages. »

Il oppose le naturel au surnaturel : *la flaqueza de cabeza.* Opposition que l'on retrouve dans la qualification de l'affaire Ana de Abella. Là, le qualificateur carmélite envisage deux possibilités; il commence ainsi sa qualification : « Si cette femme n'a pas toute sa raison, comme cela est possible, si la débilité de son jugement la rend vaniteuse, elle n'est pas coupable de tout ce qui est contenu dans ce papier. Mais si elle a toute sa raison... » Le qualificateur envisage alors la nature de ses propos : hérésie ou illusion, pour conclure : « Par quoi je conclue que, si cette femme n'est pas débile d'esprit ou folle, elle est volontairement *ilusa del Demonio.* » Volontairement *ilusa* parce que, nous l'avons vu, Ana de Abella soutient une proposition hérétique.

Ce que les qualificateurs insinuent, le théologien Gaspar Navarro n'hésite pas à l'écrire en 1631 dans *Tribunal de superstición Ladina :* « *Il faut que vous teniez compte du sexe de celui qui a des révélations,* à savoir si c'est un homme ou une femme. Parce que le sexe féminin est plus faible d'esprit, et les choses naturelles ou les illusions du démon, elles les tiennent pour célestes ou divines. Elles ont plus d'imagination que les hommes et pensent que ce sont là des vérités certaines. »

L'illusion démoniaque, la tentation, le mensonge, la vanité et disons la faiblesse d'esprit sont les traits d'un sexe.

L'accusation d'*ilusa* et *iludente* est une accusation forgée pour des femmes. L'illusion n'a de sens que parce qu'elle est le fait de femmes que leur nature prédispose à la vanité, à la tentation et au mensonge. L'illusion ne saurait être un délit masculin. Les mêmes erreurs seront au masculin : hérésies, illuminisme. L'homme est libre de son choix; la femme, engluée dans une « nature » dont elle n'est pas souveraine, ne saurait qu'être dupée.

Mais c'est encore leur accorder trop d'importance. Poursuivre des *ilusas,* c'est leur accorder la parole. C'est faire croire que ce qu'elles disent est important, qu'elles peuvent être dangereuses. Les théologiens espagnols sont plus subtils, ils ne discutent pas avec les femmes, ils les renvoient au néant, à la folie qui n'est ni Dieu ni Diable, qui n'est rien encore que le vide de leurs sens et de leur nature.

En 1654, dans l'affaire d'Ana de Abella, la folie est envisagée non seulement comme explication des visions et révélations, mais comme cause possible de tout son comportement et comme irresponsabilité fondamentale. De la femme, que dupent Satan et ses sens, à la folle, il n'y avait qu'un pas que les théologiens n'hésitent point à franchir. Au moment où toute l'Europe donne la parole aux sorcières et aux possédées, le Saint-Office espagnol invente, pour les femmes, une répression ingénieuse, étonnamment moderne. Ni bûcher, ni exorcisme, mais néant, très moderne, de la déraison.

Une fois établie leur conviction, les juges du Saint-Office n'en restent pas moins devant un problème. Que faire d'elles? Quelle est la solution répressive pertinente? Si la folie signe l'irresponsabilité, il ne peut y avoir lieu de punir ni même de faire appel aux remords de conscience. La folie sourd de toute part dans ces affaires, elle est alléguée par tous les témoins de la défense présentés par Juana Bautista sur les conseils de son avocat. « Si elle a en quelque façon désobéi, ce ne peut être que par ignorance et non par malice, parce qu'à la vérité, le témoin la tient pour incapable et bête (*incapaz y tonta*), tellement que tous considèrent qu'elle n'a pas toute sa raison, parce que le témoin l'a entendue souvent parler sans conséquence, ce qui est la vérité, sous la foi de son serment et que c'est notoire et public dans cette paroisse et chez tous ceux qui la connaissent. »

« C'est parce qu'il lui manque la raison, en vertu de ce que jadis elle a été folle et allait par les rues et depuis lors elle ne parle plus comme avant mais très confusément qu'elle a été folle, il y a quelque temps, et qu'elle est restée impotente parce que personne ne resort sain de cette maladie, et que le témoin se souvient que le docteur Francisco Lopez était en train de prêcher à San Miguel el Alto, la susdite a dit quelques sottises qui ont ameuté l'assistance et le prédicateur les a calmés en disant : " Apaisez-vous, vous savez tous que cette béate est folle ". »

L'argument de la folie est un moyen d'apaiser les esprits. Elle n'est pas dangereuse, elle n'a aucun pouvoir, ni divin ni démoniaque, disent les témoins aux inquisiteurs, nous le savons : « Elle n'existe pas puisqu'elle est folle. »

Le prédicateur ne dit pas autre chose à la foule scandalisée. Ne craignez rien, elle n'a aucun pouvoir. Décrétée folle, elle peut parler, dire n'importe quoi, on ne l'entend pas, elle n'existe pas.

Néanmoins, les inquisiteurs s'inquiètent des délits, des propositions hérétiques qu'ils se doivent de condamner à la suite des dénonciateurs qui la veulent coupable. Que faire de la folle? D'autant plus que ceux qui l'ont dénoncée ne la considèrent pas comme telle. S'ils sanctionnent la béate, ce sont les pouvoirs dont elle peut être investie par certains que les inquisiteurs veulent atteindre. Sa folie est dangereuse parce qu'elle est écoutée. La sentence voue en fait une Juana Bautista à cette mort et ce néant qu'est la solitude de la folle.

Condamnée à sortir en *Auto Publico* un dimanche dans l'église de San Pedro à Tolède, à abjurer *de levi*, bannie de Tolède, de ses faubourgs et de la ville de Madrid pendant deux ans, cette peine, apparemment légère, est d'une sévérité surprenante. Folle de 54 ans, pauvre et déracinée, elle est vouée à la mendicité et ses propos incohérents ne risquent pas d'entraîner quiconque à sa suite.

Ana de Abella a certainement posé plus de problèmes à ses juges.

Nous avons vu que le qualificateur envisage sa folie et, par là, sa non-culpabilité. Le procureur, dans son accusation, n'en tient pas compte et, ne retenant que les délits, l'accuse d'hérésie, d'illuminisme et de pacte satanique. Or, Ana de Abella est insensée et violente. L'Inquisition la traite en malade et recourt aux médecins pour la soigner. Elle est isolée à l'hôpital de Balsamo. Interrogée, elle répond incohérence et proposition hérétique, fantasme et sacrilège. Tout se mêle dans ces réponses. Les inquisiteurs ont tant de mal à trouver l'hérétique, l'illuminée, qu'ils demandent aux médecins si elle n'est pas folle. « Parce que, pendant les audiences, il semble que l'accusée ne se soit exprimée d'une façon normale, ordonnent que les médecins de ce Saint-Office la voient et l'examinent et que sous la foi du serment, ils déclarent ce qu'ils pensent de la capacité de cette prévenue. Et parce qu'elle a tenu des raisonnements peu conséquents, qu'ils déclarent ce qu'ils pensent d'elle d'après ses actions signalées dans ce procès et son mode d'expression. »

Les médecins, qui prêtent serment, lui prennent le pouls et, le trouvant normal, demandent à examiner la béate pendant plus longtemps. Après un second examen, les médecins concluent à la folie apparente. Mais, ils ne peuvent pas sonder les âmes, et laissent aux inquisiteurs le soin de décider si cet état est réel ou feint. Ils se refusent à considérer comme décisifs : « Les signes de moindre considération comme l'audace des yeux et la nervosité des pieds, lesquels semblent être naturels chez cette femme. » La folie ne relève pas que de la médecine, disent les médecins aux inquisiteurs. Dans le doute, l'Inquisition peut l'enfermer pour éviter le scandale, elle ne peut la punir. Ana de Abella, dont nous ne connaissons pas le sort, a sans doute fini ses jours à l'hôpital de Balsamo.

Un exemple encore. A Séville en 1612, Jeanne de la Cruz, dite béate, religieuse novice au couvent de la Paz à Séville, est accusée par treize témoins d'avoir dit qu'avec l'aide du démon elle était tombée en extase et s'était parfois élevée du sol jusqu'au plafond. Qualifiée d'ennemie formelle de la foi, suspectée d'hérésie illuministe, elle est arrêtée le 28 juin 1611, sans séquestre de biens. Lors des audiences, elle avoue avoir « involontairement et par ignorance vénéré Satan qui avait pris pour la tromper l'apparence de l'Enfant Jésus. Elle dit avoir compris son erreur lorsque le Christ se montra nu devant elle et qu'ainsi il la connut charnellement; leurs rapports tumultueux (il exige d'elle jeûnes, disciplines et cilices, et la martyrise tant qu'elle rejette du sang par la bouche) durent ainsi depuis dix ans. » La sentence ordonne qu'elle entende un jour de fête une grande messe en l'église de Triana en costume de pénitente, au cours de laquelle lui sera lu son jugement, qu'elle abjure *de levi*, qu'elle soit absoute *ad cautelam* et qu'elle soit enfermée dans un couvent ou dans un hôpital de femmes pour quatre ans.

L'hôpital prend ainsi la place des prisons secrètes du Saint-Office, une fois ces femmes brisées par le mépris dans lequel sont tenues leurs croyances. Déjà s'élabore une pratique de la répression de l'aliénation, éminemment sociale, puisque c'est l'hôpital qui prend en charge le châtiment.

Au XVIIIe siècle, son jugement est moins subtil. Lorsque la foi n'est plus que superstition, la religion à ce qu'on en dit devient pour toute une société affaire de femmes.

C'est ce que châtie le Saint-Office en brûlant la *beata* Dolores. Avant de reconnaître la femme dans l'*ilusa*, l'Inquisition a bien failli y perdre son latin.

Un exemple, l'accusation portée contre la béate doña Geronima de Noriega, déjà citée, par le Saint-Office de Tolède. « C'est pourquoi je demande et supplie Votre Suprême de considérer ladite Doña de Noriega comme ayant commis et perpétré les délits de :

— fourbe pernicieuse
— hypocrite
— vaniteuse
— téméraire
— blasphématrice hérétique
— partageant les erreurs des *Alumbrados*
— mystificatrice
— injurieuse à Dieu
— dangereuses pour ses proches pour les mystifier en de graves questions spirituelles, permettant qu'ils chutent sur son exemple dans de semblables tromperies. » Délit éclectique, dont les termes se retrouvent avec une belle constance dans toutes ces affaires. Aux travers moraux se mêlent erreurs, blasphèmes, sacrilèges, propositions erronées, voire illuminisme.

Il est vrai que nombre des propos des *ilusas* rappellent ceux des *Alumbrados*. Mais l'illuminisme nous apparaît beaucoup plus une construction mentale des inquisiteurs et des historiens qu'une hérésie cohérente. Ce que nous connaissons de l'illuminisme est un corpus de propositions rassemblées par le Saint-Office au fil des procès, à travers lequel il cherche à cerner l'hérétique. L'illuminisme en Espagne est une dissidence récurrente, indice d'une permanence d'aspirations. Selon M. Bataillon : « Au sens large, l'illuminisme espagnol est un christianisme intériorisé, un sentiment vif de la grâce » sur lequel se greffe un refus des médiations temporelles et sacerdotales. Alors, oui, les *ilusas* sont illuminées lorsqu'elles s'adonnent à l'oraison mentale loin du monde, lorsqu'elles s'affirment « confirmées dans la grâce », lorsqu'elles prétendent communier plusieurs fois par jour.

Le Saint-Office ne s'y est pas laissé prendre. La seule affaire où, à notre connaissance, l'Inquisition juge avant tout une *Alumbrada,* est celle de Catalina de Jesus, inspiratrice d'un authentique foyer d'hérésie. La présence au sein de ce groupe d'un homme d'écriture et de théorie, le carmélite Juan de Villapando est un facteur important. A presque toutes les affaires d'illuminisme se mêlent des accusations de caractère sexuel. Les illuminés, à la suite de certaines sectes païennes, se livraient à des orgies collectives au cours desquelles des clercs peu scrupuleux abusaient de naïves béates. Rien d'étonnant à cela puisque les femmes, depuis toujours, sont chargées du péché de la chair. Dans les affaires d'*ilusas* les inquisiteurs se montrent peu curieux de démêler de telles accusations portées contre ces béates dont la solitude et la chasteté dans le siècle devaient fort inquiéter les contemporains.

A Almagro, le père jésuite Luis de la Torre, confesseur et directeur de conscience des béates de la ville, est accusé d'entretenir avec certaines d'équivoques relations. C'est ainsi qu'un témoin parle de « l'amitié qu'il entretenait avec certaines *mujercillas* » (créatures, filles des rues) et aussi « qu'il souhaiterait que le Saint-Office vérifie, si cela se pouvait, dans quel but il avait eu une si importante relation avec doña Maria de Sanabria, une femme habitante de cette ville dont il est public et notoire qu'il lui manque le jugement et à laquelle aucune personne honorable de quelque état que ce soit ne se lie ni ne parle. » Le commissaire du Saint-Office de Tolède vérifie beaucoup de choses dans cette affaire, mais à aucun moment les relations du père jésuite. La béate doña Geronima est de même accusée d'avoir une liaison avec son confesseur : le Saint-Office ne lui demande sur ce point aucun éclaircissement. Cette accusation revient presque inlassablement dans toutes ces affaires.

Les Espagnols au XVIIe siècle doutent de la vertu des béates et les langues devaient se délier lorsqu'il s'agissait d'évoquer ces femmes que les clercs se réservaient.

Que pensent-ils d'elles, ceux qui ont à charge l'âme des fidèles, ceux qui, plus que réprimer, doivent guider, ceux qui désormais confessent en masse dans un confessionnal et pardonnent. Ces « nouveaux » ecclésiastiques qui prêchent la contrition, regret sincère des fautes par amour pour Dieu, face à cette Inquisition qui sollicite un regret commandé par la crainte comme condition du pardon : en un mot l'attrition. « *Con poca temor de Dios y de su consciencia* » dit le fiscal en parlant de l'hérétique.

Dans toutes ces affaires, les accusées ont été en liaison avec des religieux (jésuites, carmélites, trinitaires). Elles leur ont fait part de révélations. Ils ont essayé de les convaincre de ne pas les rendre publiques, de s'en méfier parce qu'elles pouvaient procéder d'une illusion démoniaque ou de leur imagination, de les considérer avec humilité sans les utiliser pour s'acquérir une réputation, les informant même du danger qu'elles courraient d'être incomprises et par là dénoncées à l'Inquisition. Aucun ne l'a fait. Aucun n'a collaboré avec le Saint-Office hormis le dominicain dans l'affaire d'Almagro et le curé d'Ajofrin dans celle d'Ana de Abella. Il semble que ces aspirantes dévotes se soient adressées surtout à eux, membres de ces ordres nouveaux ou réformés : carmes, jésuites, trinitaires déchaussés, etc.

Les jésuites n'ont pas d'obligation à l'égard du Saint-Office; il est probable que certaines se confiaient à eux de préférence pour cette bonne raison. Nous avons vu des carmes, en ce qui concerne les qualifications, combien les frères de cet ordre sont prudents et éclairés. De même que les confesseurs carmes auxquels s'adresse le commissaire, lors de l'enquête qu'il fait sur la vie et les mœurs de doña Geronima de Noriega, se refusent à lui fournir aucun détail quant à la conscience de leur pénitente. Ils se limitent à affirmer qu'elle va à la messe et se confesse.

Les dominicains (nous avons vu pourquoi dans l'affaire d'Almagro) et le curé d'Ajofrin sont beaucoup mieux disposés.

Le premier refuse d'entendre Catalina de Escarate en confession, pour pouvoir rapporter ses propos. Le second est moins scrupuleux, sans doute aussi moins subtilement machiavélique, et peu familiarisé aux avatars de la direction de conscience, comme les curés ignorants d'alors. Il rapporte des propos entendus en confession qu'il complète de pseudo-dénonciations anonymes et parfaitement inventées. Elles ont été élaborées pour la cause au moment de la publication des témoignages, pour étoffer en quelque sorte la dénonciation du curé par trop reconnaissable.

Pour protéger ses indicateurs, l'Inquisition fait fi de ses scrupules.

En matière de soutien inconditionnel, au Saint-Office, dominicains et curé se retrouvent dans nos affaires. Les autres ordres sont tous réticents à ce que celui-ci intervienne dans un domaine dont ils sont maîtres : celui de la direction de conscience.

LA DÉVALORISATION DE LA SORCIÈRE

L'Inquisition espagnole a fait de la dissidence féminine en matière de foi, une illusion du démon lui déniant la qualité d'hérésie, erreur de l'intelligence au nom des vices de la « nature » féminine.

Bon nombre de femmes espagnoles ne se mêlent pas des choses de la foi, mais n'en prétendent pas moins à un savoir et des pratiques que l'Inquisiteur appellera sorcellerie hérétique, avant d'y reconnaître à nouveau la bêtise féminine.

Il ne nous appartient pas ici de revenir sur la magie et la sorcellerie en général, pas plus que sur la chasse aux sorcières qui sévit dans toute l'Europe moderne. D'autres l'ont déjà fait et ces choses sont connues.

Il a été prêté en cette matière une attitude éclairée et progressiste à l'Inquisition espagnole. Elle est du moins, en Europe, le premier appareil répressif à avoir affirmé l'impuissance des sorcières et modelé ses sanctions en conséquence.

Julio Caro Baroja, dans un ouvrage essentiel, a mis en lumière le cheminement théorique et pratique qui se fit en Espagne jusqu'à l'abandon pur et simple par le Saint-Office de la chasse aux sorcières [12].

Le Saint-Office espagnol, à la suite de tous les tribunaux civils et ecclésiastiques d'Europe, autorisés en cela par la bulle *Summis Desiderantes* publiée en 1484 par le pape Innocent VII, se lança à la poursuite des sorcières.

Selon Kamen, le tribunal de Saragosse en condamna une au bûcher en 1498, une autre en 1499 et trois en 1500 [13].

Le même Kamen a recensé les procès jugés par le tribunal de Tolède au cours de deux périodes distinctes. Pour la première, 1575-1610 soit 35 ans, le Saint-Office instruisit 18 affaires de sorcellerie sur les 806 crimes jugés, tandis que, pour la période 1664-1794 soit 130 ans, il eut à connaître 100 affaires de sorcellerie sur un ensemble de 875 procès. Pour la période 1573-1577, D. Peyre recense 6 affaires de sorcellerie jugées par le Saint-Office de Grenade.

Partant, les chiffres avancés par Kamen militent en faveur d'une importance plus grande accordée alors par le Saint-Office à ces affaires. Ils n'en sont pas moins très faibles. Les agissements poursuivis relèvent plus de la sorcellerie amoureuse, fléau urbain, que de la sorcellerie collective réputée rurale.

Ainsi de cette Francisca Diaz condamnée le 12 janvier 1536 à « paraître en *autodafé* comme pénitente, un cierge de cire entre les mains pour qu'après lecture de notre sentence elle abjure le crime d'hérésie dont elle est accusée ».

Désespérant de se faire épouser de l'homme qu'elle aimait dont elle avait un enfant, Francisca avait recouru pour ce faire à une sorcière de sa connaissance qui invoquait les démons. La faute de cette délaissée est aussi bénigne que sa sanction (elle avoue ne pas avoir eu l'intention de croire au diable), son errement procède d'une mentalité magique qui lui fait considérer par exemple qu'elle sera absoute en offrant à Dieu une *blanca* (pièce de monnaie de faible valeur) et un *Ave Maria*.

Beaucoup plus graves sont les ffaires qui, au début du XVIe siècle, éclatent en Biscaye. En 1507, l'inquisition de Logroño brûle plus de 30 personnes d'après Llorente et Lea, 29 d'après Menéndez Pelayo. En 1527, à Pampelune, deux fillettes se présentent devant les auditeurs du Conseil et leur déclarent : « Messieurs, en vérité nous sommes des sorcières comme beaucoup d'autres très nuisibles et, si vous voulez les châtier, nous vous les montrerons car, dès que nous aurons regardé leur œil gauche, nous les démasquerons, étant du métier. Celui qui ne l'est pas ne peut pas les reconnaître. »

Toute la région s'avère infestée de sorciers et de sorcières, desquels l'inquisiteur Avellanada décrit minutieusement les pratiques. Il s'agit là de rites connus et quasi immuables depuis les descriptions du *Malleus* de Sprenger et Kramer. Reniement de la foi et pacte satanique, participation au Sabbat, orgie sexuelle, accouplements sataniques, exercices de pouvoirs maléfiques contre les hommes, les animaux et les récoltes, le tout joint à une inversion des valeurs et symboles du christianisme. Les rites sorciers introduisent le désordre au sein de l'ordre divin et par là même de l'ordre social et symbolique.

Ainsi jusqu'à la fin du XVIe siècle, une véritable épidémie de sorcellerie ravage cette région et nous ne reprendrons pas sur ce point le récit qu'en fait Julio Caro Baroja.

Toutes ces affaires se ressemblent en ce qu'elles ont de spectaculaire. Les enfants sont souvent à l'origine de dénonciations, dont s'empare toute une population, désignant à l'Inquisition les boucs émissaires. Mais, à la faveur de ces affaires, se révèle une différence notable entre l'Inquisition et les tribunaux civils. Ces derniers, subissant plus fortement la pression d'une opinion convaincue des pouvoirs maléfiques des sorcières et des dangers qu'ils représentent, décident d'agir pour leur propre compte sans se soucier du Saint-Office.

Vers 1555, le Conseil suprême avait rejeté parce que insuffisamment prouvées, les demandes de plusieurs villages du Guipuzcoa. Ce n'est qu'en 1576 que l'Inquisition obtînt le pouvoir quasi exclusif sur les affaires de sorcellerie. C'est là une affaire de pouvoir d'autant plus importante pour le Saint-Office qu'il s'inquiète des proportions considérables qu'a prises l'épidémie.

Déjà, lors de l'affaire de Pampelune, certains des participants à l'Assemblée spéciale d'inquisiteurs qui en délibérait, émirent des doutes quant à la validité des aveux. L'envoi de prédicateurs leur paraissait une solution plus pertinente que le bûcher pour ce qu'ils considéraient comme le produit de l'imagination de femmes ignorantes et de la crédulité d'esprits simples.

Durant tout le XVIe siècle, le Saint-Office fait preuve de prudence dans ses poursuites et de clémence dans ses jugements. H. Kamen cite le cas de Juana Izquierda qui « traduite, en 1591 devant le tribunal de Tolède, avoua sa participation au meurtre rituel d'un grand nombre d'enfants. 16 témoins purent certifier que les enfants étaient bien morts subitement et qu'elle passait pour une sorcière ». Or, cette accusation qui, ailleurs, l'eût conduite au bûcher n'entraîna pour elle qu'une abjuration *de levi* et 200 coups de fouet.

Les inquisiteurs qui ont à débattre de ces affaires sont invités, tel Valdeolitas envoyé en Navarre en 1538, à ne pas accorder entièrement foi aux descriptions du *Malleus* sans que la réalité des agissements des sorcières soit encore mise en question.

Les incidences de la célèbre affaire de Logroño devaient conduire l'Inquisition à adopter une attitude radicale. Toujours en Navarre, en 1610, eut lieu à Logroño un *autodafé* auquel furent présentés 29 hommes et femmes accusés de sorcellerie. 6 sorcières périrent sur le bûcher, tandis que 5 autres déjà mortes furent brûlées en effigie. Destinée vraisemblablement à frapper les esprits, la relation du procès fut imprimée et diffusée abondamment.

Amplement reprise par Caro Baroja, elle s'attache à démontrer l'existence, dans cette région, d'une secte de sorciers et sorcières, excessivement ritualisée, dont les pouvoirs considérables mettaient en péril toute la Navarre. Les remous provoqués par cette affaire conduisent le Saint-Office à reprendre l'instruction, tâche qu'il confie à A. Salazar y Frias. Du mémoire qu'il rédige pour la *Suprême*, nous retiendrons essentiellement sa conviction capitale pour l'histoire de la sorcellerie en Espagne.

« Après avoir considéré ce qui précède avec toute l'attention chrétienne dont je suis capable, je n'ai pas trouvé la moindre indication me permettant de déduire qu'un seul acte de sorcellerie ait réellement eu lieu. (...) J'ai également la certitude que, dans les conditions actuelles, il n'est pas nécessaire de publier de nouveaux édits ni de prolonger ceux qui existent déjà; les esprits sont si atteints que toute discussion de cette question serait au contraire nuisible et susceptible d'accroître le mal. La constatation qu'il n'existait ni sorcières ni ensorcelés jusqu'à ce qu'ils soient l'objet de conversations ou d'écrits m'a convaincu de la nécessité du silence et de la prudence. J'en ai eu récemment la révélation à Olague, près de Pampelune, où, ceux des accusés qui avouaient, déclaraient que tout avait commencé après que frère Domingo de Sardo fut venu prêcher sur ce sujet. Aussi, lorsque je me rendis à Valderro, près de Ronceveaux, pour réconcilier quelques personnes ayant avoué, et que l'alcade, alors que j'allais partir, me pria de me rendre dans le val d'Ahescoa, situé à deux lieues de là, non qu'on y ait découvert la moindre trace de sorcellerie, mais parce que le terrain y était tout aussi propice qu'ailleurs, je me contentai d'y faire porter l'édit de Grâce. Huit jours après sa publication, j'appris que de jeunes garçons étaient déjà venus se déclarer coupables. »

La *Suprême* publia le 31 août 1614 des instructions reprenant les conclusions de Salazar y Frias quant à la sorcellerie. Elles enjoignent d'examiner avec prudence les pratiques magiques des femmes, ces ridicules superstitions qui, alliées aux croyances populaires, fomentent des mouvements collectifs toujours équivoques.

Il est d'usage d'attribuer à Salazar y Frias une attitude éclairée et rationnelle; il nous semble plutôt qu'elle fut, à l'image de celle de la *Suprême*, éminemment « politique ». Car, tout de même, cette recrudescence d'affaires de ce genre dans les seules régions de Navarre et de Biscaye pose un problème.

La sorcellerie est un espace sauvage, hors-la-loi, un espace de transgression aussi, dans lequel peut se dire un autre pouvoir, satanique dit l'Inquisiteur, auquel il n'a pas accès. L'Inquisition retrouve la même attitude que les clercs du bas Moyen Age qui n'avaient que mépris pour les histoires de sorcières, héritages des cultes païens. Leur accorder de l'importance eût été une reconnaissance de ces cultes. En ce qui concerne la sorcellerie basque, Caro Baroja n'hésite pas à affirmer : « La sorcellerie basque semble, dès sa naissance, liée à une situation sociale particulière et à une tradition païenne qui fait dire parfois au XVe siècle que les Basques, pourtant si catholiques de nos jours, sont des Gentils. »

Bernardo Barreiro qui a, semble-t-il, recensé l'ensemble des procès de sorcellerie jugés par le tribunal de Saint-Jacques-de-Compostelle, aux XVIe et XVIIe siècles, considère que sorciers et astrologues sont les représentants d'une culture régionale étouffée et réprimée par l'Inquisition [14].

Examinons quelques-unes de ces affaires. Les premières surviennent dans les années 1575. La plupart des accusés sont des guérisseuses, dotées d'un savoir ancestral, associant scénarios ostentatoires et préparations herbacées de toutes sortes. Un savoir que la mère transmettait à la fille, celui de cette Garci Garcia qui connaît un procédé pour entretenir le désir de son mari, celui encore de Constanza de Pozo, qui sait guérir les nouveau-nés anémiques, celui enfin d'Isabel Bella qui aurait prétendu que le morceau de l'autel qu'elle portait en talisman lui tenait lieu d'efficace contraceptif. Des amulettes de ce genre sont aujourd'hui encore données aux parturiantes pour leur faciliter la délivrance.

Le Saint-Office se refuse à appeler démoniaque un savoir qui n'en dépasse pas moins son entendement. Sa sévérité est plus grande lorsque l'accusée avoue avoir conclu avec Satan un pacte spirituel et charnel et lui être soumise d'âme et de corps. C'est le cas de Maria Rodriguez, remise par les autorités séculières à l'Inquisition de Santiago en 1577. C'est une femme mutilée par les tortures que recueille l'Inquisition dans les prisons secrètes. Elle y est soignée le temps nécessaire à son rétablissement. Lorsqu'elle est en état de supporter les interrogatoires, elle est soumise à la torture — inquisitoriale cette fois — et avoue son délit.

La sentence est une preuve de plus au dossier de la toute

relative clémence d'alors. Maria Rodriguez est condamnée à sortir en *autodafé* avec les insignes de sorcière, à abjurer *de vehementi*, à 200 coups de fouet et au bannissement de sa ville et de Saint-Jacques. Deux ans plus tard, récidiviste, elle est brûlée sur la Plaza del Campo de Saint-Jacques de Compostelle. Il semblerait qu'elle fût la seule sorcière brûlée pour ce crime dans la province.

De 1575 à la fin du XVIIe siècle, l'attitude de l'Inquisition reste constante dans cette région que n'ont pas affectée les grandes orgies sataniques. Les peines se font plus dures lorsque des croyances magiques introduisent la confusion dans les choses de la foi. Magdalena dos Pereiras, veuve âgée de 60 ans, sera torturée et condamnée à 200 coups de fouet en public et au bannissement, pour avoir prétendu que l'Esprit-Saint, sous la forme d'une colombe, lui avait dit qu'elle avait le pouvoir de guérir avec des herbes.

L'abjuration *de levi,* les coups de fouet et le bannissement sont les peines les plus fréquentes. En effet, dans l'ensemble, ces affaires sont bénignes et relèvent plus de la superstition que de la sorcellerie, attestant de la persistance d'une mentalité magique.

L'Inquisition espagnole ne s'est pas laissée prendre à ce type de pratiques, qui ne sont pour elle que sorcelleries, « hechicerias », produit de l'imagination débridée de femmes impressionnables.

Aussi n'est-elle pas acharnée à obtenir des aveux à tout prix et utilise-t-elle peu la torture propice aux délires verbaux de toutes sortes; la plupart des accusées avouent d'ailleurs aisément leurs croyances et leurs pratiques. D'aucunes même reconnaissent avoir conclu un pacte satanique, scellé d'un accouplement avec le diable.

Il suffit de citer pour l'exemple le cas de Mencia Fernandez de Lozar, morisque, habitante de Grenade, qui paraît le 29 septembre 1576 à l'*autodafé* dans cette ville. Dénoncée comme sorcière et entremetteuse, incarcérée dans les prisons secrètes de l'Inquisition, elle confesse avoir été maure et avoir accompli les cérémonies de cette secte, avoir conclu un pacte avec Satan, qui la connut charnellement à plusieurs reprises et parce qu'elle s'était mariée avec un autre, le démon l'avait quittée. Son zèle missionnaire et sa naïveté faisaient rire Satan — c'est ce qu'elle déclare — lorsqu'elle essayait de lui apprendre les prières de l'Islam.

Elle fut envoyée à l'*auto* avec habit, tunique et vergogne publique pour ses actes de sorcellerie et condamnée à la prison pour six mois avec confiscation de biens.

A en croire Menéndez Pelayo, l'accusation de sorcellerie est fréquemment portée contre les morisques, sans que cette fréquence vienne à l'appui d'aucune certitude. Les cas qu'il cite sont ceux d'hommes possédant des livres en langue arabe! supposés détenir des formules invocatrices.

Dans l'ensemble, l'aveu du pacte satanique est rare, et lorsqu'il intervient, l'Inquisition se révèle d'une prudence extrême.

Casilda de Pabanes, interrogée par l'Inquisition de Valladolid en 1622 en est un exemple. Son affaire, si l'Inquisition lui avait accordé quelque crédit, aurait pu susciter une vague de dénonciations à Villariez où elle réside. Prise d'un remords tardif elle avoue comment, sept ans plus tôt, à Noël, elle avait été contrainte par une voisine d'adorer Satan et de s'accoupler avec lui. Elle avoue aussi des raids nocturnes au cours desquels les deux femmes suçaient les doigts de pieds et de mains de leurs voisins endormis. Il manque peu de choses au récit de Casilda pour qu'y soit reconnu le stéréotype des menées sorcières. Circonspect, le Saint-Office ordonne une enquête discrète. Il s'avère qu'à Noël 1615, elle avait attrapé une fièvre accompagnée de tremblements.

Le 16 mars 1622, le tribunal ordonne qu'elle soit réconciliée dans la salle d'audience et absoute. Une fois de plus, l'Inquisition reconnaît dans l'aveu le produit de l'imagination délirante d'une femme, cause naturelle, que le Saint Tribunal n'a pas à juger.

Les affaires de « sorcelleries » en Espagne sont bien dans leur majorité affaires de superstitions, invocations, charmes, et sortilèges.

La ligne de démarcation entre le magique et le sacré y est parfois très floue.

Lorenza Valecillo, poursuivie à Valladolid dans les années 1622-1626, prédisait l'avenir à l'aide de fèves et de l'invocation suivante : « Je vous conjure de par Dieu, aussi vrai que Dieu existe, de me dire la vérité en exprimant ce que je veux savoir. »

Face à l'impuissance ou à l'échec, la magie reste un recours. Ainsi de l'échec amoureux. Lorenza Valecillo, encore elle, invoque Satan cette fois afin que le cœur de l'ecclésiastique qu'elle aime lui reste attaché : « Je t'appelle, je te lie, je t'enchante, viens à mon appel et ne trouve plus de repos jusqu'à ce que tu viennes me chercher et ne trouve plus à ton goût d'autre femme que moi. » Condamnée à abjurer *de levi*, bannie de Valladolid pour deux ans, le Saint-Office ordonne que lui soit ôté le qualificatif de « sorcière ».

Tout ceci n'est pas le seul apanage des femmes. Frère Manuel Correas, déjà investi d'un pouvoir sacré puisqu'il est carmélite, élabore un scénario original où se mêlent de très chrétiennes prières aux plus traditionnelles pratiques démoniaques; et ce, afin d'assurer le mariage d'une adolescente qu'il convoite. Grossier psychologue, ce frère Manuel convaincu que les femmes aiment le pouvoir!

Dénoncé par sa victime scandalisée de ce qu'il utilisait les paroles de la Consécration à des fins contestables, le Saint-Office condamne le moine à l'abjuration *de levi* et à trois ans de galère à la rame sans solde.

L'étrange clémence pour cet authentique sacrilège s'explique sans doute par la condamnation à la réclusion perpétuelle et à la radiation de son ordre que, seize ans plus tôt, le tribunal de Grenade lui avait infligée et qui continuait à peser sur lui. Frère Manuel était marié alors qu'il était prêtre.

Tout le temps de son exercice, le Saint-Office aura à connaître des affaires de ce genre : trois sont entendues par l'inquisition de Valladolid de 1622 à 1626 dont une sanctionnée, celle de Lorenza de Vallecillo.

Mais les affaires de sorcellerie proprement dite ont quasiment disparu. Selon Kamen « aucun procès de cette nature ne fut plus soumis au tribunal de Valladolid passé l'année 1641, ni à celui de Tolède passé 1648. »

Le recours à la magie connut en Espagne une vogue comparable à celle des saints thaumaturges, capable de concerner les puissants : Olivarès, crédule, avait recours, dit la rumeur, à deux sorcières réputées qui lui fournissaient des amulettes destinées à le maintenir dans la faveur royale.

L'intervention de l'Inquisition tant en ce domaine qu'en celui de l'illusion démoniaque est une tactique adaptée à un objectif fluctuant : le maintien de l'ordre religieux. Pour juger l'*ilusa,* inquisiteurs et théologiens n'ont qu'un critère : l'obéissance aux doctes, aux confesseurs, à l'Eglise. Jugées désobéissantes, ces femmes n'en posent pas moins un problème. Et si elles étaient folles s'interroge le Saint Tribunal? Ce n'est plus l'accusée qui se défend ainsi. Ce sont l'Eglise et l'Inquisition qui ont recours à l'argument de la folie. Pas celle d'Erasme, folie en chacun, folie-vérité dont il fit l'éloge. L'Inquisition nomme la folle et la marque. Désormais, elle peut parler, le dogme et l'Eglise ne craignent plus rien : « Apaisez-vous, vous savez tous que cette béate est folle. » Mais là aussi, l'Inquisition hésite : Il n'y a pas de *Malleus* des *ilusas.* La folle visionnaire n'a pas de projet, elle résiste. La sorcière, dans le *Malleus,* a un projet, le désordre. Armé de son savoir démonologique, l'inquisiteur sait comment s'en sortir avec elle. Ce qui semble gêner le Saint-Office, c'est que son existence et le désordre qu'elle suppose laissent la place à d'autres contestations potentielles.

Aussi, le Saint-Office espagnol fait-il de la sorcière une variété d'*ilusa,* non plus crainte et puissante, mais folle et stupide.

En qualifiant le verbe féminin de bêtise, ou de démence, il contribue habilement à ce que sont les femmes « des aphasiques de l'histoire », alors qu'il s'agissait autant pour lui d'endiguer la superstition en en stigmatisant les grandes prêtresses.

NOTES

1. A.H.N., Inquisicion, Tolède, Leg. 114, exp. n° 9.

2. Thérèse d'AVILA : *Autobiographie,* in *Œuvres complètes,* trad. Marcelle Auclair, Desclée de Brouwer, 1964.

3. A.H.N., Inquisicion, Tolède, Leg. 115, n° 20.

4. A.H.N., Inquisicion, Tolède, Leg. 114, exp. n° 16.

5. A.H.N., Inquisicion, Tolède, Leg. 85, exp. n° 65.

6. Nous nous référons ici à ce qu'en disent Jean SARRAILH : *L'Espagne éclairée dans la seconde moitié du XVIIIe siècle,* Lib. Klincksieck, Paris, 1954 et Marcelino MENENDEZ PELAYO : *Historia de los heterodoxos espanoles,* 2e éd., Liv. VI, chap. VI, In Biblioteca de autores espanoles, Madrid, 1966. L'un et l'autre ont utilisé l'*Histoire critique* de J.-A. LLORENTE.

7. José DELEITO Y PINUELA : *La vida religiosa bajo el cuarto Felipe,* Madrid, Espasa Calpe, 1952.

8. Cité par M. MENENDEZ PELAYO : *Op. cit.* La source qu'il utilise est le manuscrit de la Bibliothèque colombine, Ms. 118.

9. Luce IRIGARAY : *Ce sexe qui n'en est pas un,* Paris, Ed. de Minuit, 1977.

10. Cf. Bartolomé BENNASSAR : *L'Homme espagnol..., op. cit.,* « le recensement de 1561 signale la présence de 11 *beatas* à Avila, celui de 1567 en dénombre 12 à Trujillo et celui de 1587 5 à Plasencia ».

11. Lettre citée par Miguel de LA PINTA LLORENTE : *Aspectos historicos del sentimiento religioso en Espana,* Madrid, C.S.I.C., 1961.

12. Julio Caro BAROJA : *Les sorcières et leur monde*, trad. franç. Gallimard, Paris, 1974.

13. Henry KAMEN : *Histoire de l'Inquisition...*

14. Bernardo BARREIRO de W. : *Brujos y Astrologos de la Inquisicion de Galicia...* Madrid, 1973, Ed. Akal, Coll. « Arealonga ».

CHAPITRE VII

LE MODÈLE RELIGIEUX : LES DISCIPLINES DU LANGAGE ET DE L'ACTION

Le Saint-Office a donc été, pour une large part, un instrument d'assimilation des minorités nouvelles chrétiennes. Mais ce n'est là qu'une facette de son action. Il a aussi travaillé en profondeur la masse de ceux qui se définissent eux-mêmes comme « de vieux chrétiens croyant en Dieu dur comme fer (...) et en tout ce que croit et soutient notre Sainte Mère l'Eglise de Rome ». C'est à eux qu'au XVIe siècle la plupart des tribunaux ont consacré l'essentiel de leurs efforts. Assez étrangement, les historiens ont longtemps oublié cet aspect des choses. Lea lui-même, pourtant si consciencieux, n'y consacre que peu de pages, sans conviction. C'est par le biais de l'ethnologie historique que, depuis quelques années, nous sommes amenés à redécouvrir cette face cachée de l'Inquisition. Nous lui consacrerons les chapitres qui suivent.

Dans celui-ci nous traitons de la grande masse des petits délits, paroles malheureuses plus que véritables hérésies, que peut lâcher un ignorant à la langue trop bien pendue, et qui ont donné tant de travail à l'Office à partir de 1525. Nous aborderons ensuite le problème du protestantisme, en essayant de suivre non seulement la répression, ce que d'autres ont fait avant nous et magnifiquement, mais surtout la publicité qu'on a organisée autour d'elle, les répercussions qu'elle a eues sur le peuple de Castille, et ce à travers l'exemple tolédan.

La prise de conscience de la Réforme, idéologie concurrente et menaçante, fait que les années 1550-1560 marquent un tournant dans l'histoire du tribunal. Mais c'est aussi l'époque du concile de Trente, ce qui a, peut-être, plus d'importance. A Trente s'élabore, entre 1543 et 1563, une série de décisions doctrinales et de décrets disciplinaires qui marquent profondément toute l'histoire postérieure de l'Europe. Deux directions principales s'en dégagent : plus grande précision dogmatique et souci pastoral, souci pour la foi du peuple, pour son éducation religieuse. Volonté de contrôle aussi. Cette vague de fond déborde largement le champ inquisitorial, en y trouvant son reflet. Pas de révolution, pas de changements brusques, mais un prestige nouveau de l'Office qui se transforme en clef de voûte de la reconquête catholique intérieure de l'Espagne. Quelques nouveautés dans son action : un renforcement considérable du contrôle sur le flux idéologique, à travers les livres, les penseurs et ces grands éducateurs du peuple que sont les membres du clergé. A travers aussi le lancement de véritables campagnes d'éducation populaire sur des thèmes précis, le mariage chrétien, par exemple, auquel nous consacrons un chapitre. Mais venons-en au fait [1].

DU BLASPHÈME

Paradoxale attitude que celle des inquisiteurs face au blasphème. Officiellement le mépris. « Quelques blasphèmes et paroles malheureuses malsonnantes de personnes basses et viles » écrit dédaigneusement un inquisiteur de Tolède. « Jusqu'ici il ne s'est rien passé d'important dont je doive aviser Votre Seigneurie. » « Tout paraît bonne chrétienté », renchérit un de ses collègues à un moment où il jugeait plusieurs dizaines de blasphémateurs chaque mois. Et pourtant. 594 cas conservés dans les archives de l'Inquisition de Tolède. Plus que les mahométisants, plus que les bigames ou les sorciers [2]. Cas particulier, dira-t-on? Mais lorsqu'en 1539 l'inquisiteur Olivas visite le comté de Biscaye ce sont 69 procès pour blasphème qu'il ramène dans ses bagages : de tous les délits le mieux représenté... Il fournit à lui seul le quart des causes jugées par l'Inquisition de Calahorra de 1546 à 1550, très loin devant les *conversos*, les morisques ou les superstitieux qui, tous ensemble, arrivent à peine à 10 % du total. Et si les juges méprisent le blasphème, il leur faut reconnaître dans leur rapports que c'est à sa répression qu'ils consacrent le plus gros de leur activité.

Cette importance, en fait, est circonstancielle. Nous ne pouvons citer que l'exemple de Tolède, mais nous le croyons représentatif [3].

Presque tous les blasphémateurs qu'a jugés le tribunal apparaissent entre 1530 et 1555. Vers 1560, il se produit une rupture brutale, un effondrement du nombre des accusés. Au moment précis où le délit très voisin de « Propositions » s'envole pour atteindre son maximum. Il est difficile de ne pas établir une relation entre ces faits : tout se passe comme si l'un avait crû aux dépens de l'autre. Tout se passe comme si la poursuite des blasphémateurs avait été un pis-aller aux moments où l'on n'avait pas autre chose à faire et comme si la montée de tâches plus urgentes l'avait relégué au second rang. Ce qui apparaît aussi dans le déclin des visites du district qui commence alors. Car c'est en visite qu'on jugeait la plupart des blasphèmes.

Le 17 juin 1552 l'inquisiteur Valtodano est à Agudo. Un certain Diego de Arevalo, 25 ans, ouvrier au moulin foulon de Marcos Hernandez, se présente. Il est de Ségovie, fils de Martin de Arevalo, cardeur, mais travaille à Agudo. « Il vient dire qu'étant, il y a trois semaines à peu près, au moulin où il travaille, il y avait là Luis, le cardeur, et un vieux d'Agudo dont il ne connaît pas le nom, qui était venu faire apprêter une pièce de cordelat. Le déposant jura alors : " Me vaille le cul de Dieu. " C'est ce qu'il vient confesser. » Surprise du juge. Où a-t-il appris ce juron? — En Catalogne ou à Valence. On n'y jure pas autrement. Non, il ne l'avait jamais dit avant — C'est très mal, on pourrait le condamner aux peines sévères que prévoient les lois civiles. Toutefois, tenant compte de sa jeunesse et de ce qu'il est célibataire, tenant compte aussi de ce qu'il s'est dénoncé spontanément alors qu'il n'y avait aucun témoignage contre lui, qu'il ouïsse une messe dévotement en récitant un rosaire. Et qu'on ne l'y reprenne plus [4].

C'est à Tolède que Maria Diaz, la femme d'un corroyeur, vient trouver ses juges. Elle y habite, au Corral de San Juan de los Caballeros. Elle présente un papier, une dénonciation soigneusement calligraphiée par l'écrivain public. « Maria Diaz, femme de Juan Becerril, domiciliée dans la présente ville, je dis que, le deuxième jour de Pentecôte dernière passée, j'allais me plaindre à la justice de Juan Aranda, qui vit à San Juan de los Caballeros. Certaines personnes me demandaient de retirer ma plainte. Et moi, à cause de la colère que je ressentais des injures que ce Juan Aranda m'avait dites, je répondis : " Ne m'en parlez pas. Même si Dieu me l'ordonnait, je ne le ferais pas ", sans prendre garde à ce que je disais. Et si j'ai erré, je demande à Monsieur l'Inquisiteur qu'il me donne une pénitence salutaire. Ce pourquoi je me présente devant lui. » Bref interrogatoire d'identité : elle a 32 ans; elle est fille de Damian Montero et d'Ana son épouse, tous deux Madrilènes. — Vieille chrétienne? — Oui — C'est sûr? — C'est sûr — Qu'elle récite ses prières — Elle le fait, bien. Elle n'a pas l'habitude de blasphémer, sa colère l'excuse, plaide-t-elle. Elle demande pénitence. Le notaire écrit la sentence, comme ce qui précède, sur la feuille même qu'a présentée l'accusée : elle fera dire une messe basse qu'elle écoutera dévotement en récitant trois *Pater* et trois *Ave* en l'honneur de la Sainte-Trinité. Qu'elle se surveille à l'avenir [5].

Et voilà! C'est ainsi qu'on expédie, avant 1560, en quelques minutes, les blasphémateurs. Certes, il y a des affaires plus longues, qui font intervenir de nombreux témoins, qui durent des jours, des mois parfois, et qui ont produit de ces bons gros dossiers qui réchauffent le cœur des scribes. Mais, sauf exception, ce sont des affaires simples, brèves, où l'on dérange le moins possible l'accusé. Il est rare qu'on le mette en prison préventive, rare qu'on le convoque à Tolède. Le plus souvent on attendra qu'il vienne se dénoncer, ou, si l'on a des témoins contre lui, il sera appelé par le premier inquisiteur qui passera par son village. Rarement la peine dépassera ce que nous avons vu : une pénitence spirituelle, souvent accompagnée d'une amende, jamais très forte, proportionnée aux ressources de l'individu.

On fait des exceptions, mais seulement dans les cas graves. Comme cet Esteban Gomez, *vecino* de la Iglesuela, un petit bourg au nord de Talavera. Nous finissons par bien le connaître, car de 1537 à 1554, il accumule dénonciations et procès. Journalier et savetier en 1537, il s'élève par le travail de ses mains et celui de sa nombreuse famille. En 1547, il s'intitule « journalier et laboureur ». Entendez qu'il possède quelques terres, mais pas assez pour en vivre. L'amende de 40 ducats que l'Inquisition lui impose cette année-là le ruine presque; il la paie sans entamer ses biens-fonds cependant, de justesse, et grâce au rabais de 6 ducats qu'on lui consent. Sept ans plus tard, il est laboureur tout court, visiblement à l'aise, employant du monde, appuyé sur deux fils qui jouent les terreurs de village. Belle ascension, à la force du poignet. Mais à quel prix. La forte personnalité d'Esteban lui a aliéné la sympathie de ses concitoyens. Avec qui n'a-t-il pas eu des mots? Isolé, battu froid, plaisanté, presque ostracisé par le village, c'est ainsi qu'il nous apparaît dans les derniers témoignages. Et plus il est rejeté, plus il blasphème. Son répertoire est impressionnant : nous avons de lui 57 formules, et des pires : « Je renie Dieu. » « Plus haut Periquete » crie-t-il à l'hostie consacrée qu'on présente au peuple...

Une première fois, il est arrêté par l'*alcalde* en 1546. Or il avait été antérieurement dénoncé au Saint-Office au cours de la visite du district de 1537. Il s'était même présenté à l'inquisiteur mais, faute de temps, son affaire n'avait pu être jugée. C'est donc à l'Inquisition qu'il exige d'être déféré. Il sort à l'*autodafé* du 13 mars 1547, puis, en chemise et bâillonné, à la grand-messe de son village, « pour que les autres prennent exemple et évitent de blasphémer contre Notre-Seigneur et la Sainte Foi catholique ». En 1554 le *corregidor* de La Adrada, la ville dont dépend La Iglesuela, l'arrête à nouveau. A nouveau on le défère au Saint-Office. A l'évidence, les juges considèrent son cas comme désespéré car ils se contentent de lui faire faire pénitence à l'*auto* du 22 novembre [6].

Après 1560, d'ailleurs, les sentences s'aggravent. On commence à en voir apparaître comme celle de cet Asiani, d'Olite en Navarre, que l'Inquisition de Logroño condamne en 1573 à l'abjuration *de vehementi,* à 50 ducats d'amende et à cinq ans de galères. Certes, c'est un récidiviste. Certes l'affaire est particulièrement grave. N'a-t-il pas dit : « Je donne mon âme au diable, je renie Dieu »? N'a-t-il pas insulté l'inquisiteur en le comparant aux ennemis de la foi? N'a-t-il pas comparé les couvents à des maisons closes? Mais Martinez n'en avait pas fait moins. Son cas n'est pas unique. Pourquoi cette aggravation des peines? Pour ce qui est des galères, le désir de Philippe II de trouver des rameurs a dû jouer un rôle. Le fait que la moitié des 13 blasphémateurs condamnés à Séville de 1606 à 1612 abjurent *de levi,* chose rare avant 1560, tendrait aussi à indiquer que les inquisiteurs prennent ce délit beaucoup plus au sérieux [7]. Il faut tenir compte enfin que seules les affaires les plus graves arrivent désormais au tribunal. Ne dramatisons pas, cependant : des sentences aussi sévères restent rares.

Et, de toute façon, il y a disproportion entre les pénitences qu'impose le Saint-Office et la gravité théologique du blasphème, qui est une injure à la divinité. Ecoutons frère Luis de Granada dans son *Guia de Pecadores* : « Des péchés mortels, le plus grave est le blasphème, très proche des trois péchés les plus graves du monde qui sont l'infidélité, la désespérance et la haine de Dieu, dans l'absolu le plus grave de tous. » Saint Thomas d'Aquin va plus loin encore qui en fait une infidélité, aggravée du consentement de la volonté et de l'expression en paroles.

Il y a disproportion aussi avec les peines féroces que prévoit la législation civile : arrachement de la langue, fouet et bannissement (1462, confirmé en 1492); prison et fouet pour avoir dit « je ne crois pas en Dieu », avec percement de la langue à la première récidive (1502), galères en sus à partir de 1566. Un mois de prison à la première broutille si on a de la chance.

Les inquisiteurs semblent ainsi avoir compris la véritable nature du blasphème qui, sauf exceptions rarissimes, ne remet pas réellement en cause la foi. Ils le savent rituel, stéréotypé, fondé sur une demi-douzaine de formules-types qui, tout au plus, permettent quelques jeux de permutation. Le stock de base varie selon les régions. Dans toute la Castille il semble tourner, par ordre de gravité croissante, autour de : « Je jure à Dieu », extrême limite du langage licite; « par la vie de Dieu »; les comparaisons entre les hommes et Dieu (« ce que je dis est aussi vrai que la parole de Dieu »); le retrait d'obédience (« même si Dieu me l'ordonne, je ne le ferai pas »); la négation de la puissance divine (« Dieu ne peut faire cela »); « je ne crois pas en Dieu » (avec un sens différent de celui que nous donnerions aujourd'hui à cette expression); « je renie Dieu »; et, par-dessus tout, « je me donne au diable ». Sur la côte méditerranéenne le répertoire est différent : nous avons vu la surprise du licencié Valtodano devant un blasphème catalan.

Rituel, le blasphème l'est aussi dans son emploi. Il peut être une marque d'appartenance à un groupe. Ce n'est pas un hasard si un pourcentage relativement élevé de nobles apparaît parmi les blasphémateurs habituels. Ce n'est pas un hasard si c'est pour blasphème qu'est jugé le personnage de rang le plus élevé que nous ayions rencontré dans les archives de l'inquisition de Tolède, le comte de Saldaña, héritier de la maison ducale de l'Infantazgo, condamné à 12 ducats d'amende en 1538 pour la mauvaise habitude qu'il avait de dire : « Je ne crois pas en Dieu », et « je renie Dieu ». Ce n'est pas un hasard si c'est en jouant qu'on blasphème le plus souvent, au point qu'il apparaît comme un condiment indispensable du jeu d'argent. Rituel, enfin, il l'est comme marque de la colère, souvent conditionnel alors, ou du désespoir, comme dans le cas de ce Francisco Gomez, esclave de Joan Suarez, de Niebla, qui reniait Dieu pendant que son maître le fouettait [8].

Ne nous pressons pas de conclure à sa totale inocuité cependant, même si le blasphème à la Don Juan, le blasphème pour le blasphème, à froid, pour insulter consciemment Dieu, reste très rare [9]. Le blasphème est trop fréquent, les mécanismes d'association mentale qu'il met en jeu sont très complexes. Métaphoriquement le blasphémateur démolit radicalement tout un système du monde, en se plaçant aux côtés des pires ennemis de la foi. Ce qui justifie l'intervention de l'Inquisition.

Laquelle a dû conquérir de haute lutte sa juridiction. La tradition vient de l'Inquisition médiévale, qui, d'après Eymerich, jugeait les blasphémateurs. Mais quand l'Inquisition nouvelle tente de reprendre le flambeau, les protestations fusent : que le Saint-Office se cantonne dans son domaine propre, judaïsants et hérétiques formels et ne vienne pas se mêler de ce qui ne regarde que les cours ordinaires. Instructions limitatives du roi en 1500, plaintes des Cortès de Monzon (1510), nouvelle instruction limitative (1514), voilà pour l'Aragon. Instructions limitatives en 1514 et 1534, voilà pour la Castille. Assez vite cependant on arrive à un *modus vivendi* : à l'Inquisition les blasphèmes « hérétiques », à la justice ecclésiastique ou royale les autres. Ce qui ne manquait pas d'imprécision, car comment définir le blasphème hérétique? Le Saint-Office, de toute façon, ne semble pas s'être gêné, dans la première moitié du XVIe siècle au moins, pour juger ce qu'il voulait [10].

Le blasphème n'était donc pas au centre des préoccupations inquisitoriales; il apparaît plutôt comme une activité d'appoint quand le tribunal n'a pas autre chose à faire. Il a joué cependant un rôle important : à travers lui beaucoup sont entrés en contact personnel avec l'Office. Non pas avec la sombre machine anonyme qu'on nous a souvent représentée, mais avec une justice rapide, familière, rassurante même : une confession plus qu'un procès. Ce fut un remarquable moyen de faire connaître l'Inquisition aux masses vieilles chrétiennes qui, jusqu'en 1530, avaient eu peu de contacts avec elle.

Francisco Becerro avait des ennuis avec son curé. « Malheur à Dieu, dit-il un jour, vous me demandez de consentir à ce que les bourriques du curé viennent braire dans mon pailler et qu'en plus ce soit moi qui apparaisse comme un voleur? Taisez-vous. » Et, tirant sur sa barbe, il se mit à genoux pour dire : « Malheur à toi, Dieu, je te renie, je cesse de croire en toi, où que tu sois. » Puis, comprenant ce qu'il avait fait, il retomba à genoux en disant : « Seigneur, pardonne-moi, je ne savais pas ce que je disais. » Et se prosternant, il baisait le sol. Pour calmer ses scrupules, il a tout essayé : condamné par les alcades à un mois de prison, il s'est ensuite dénoncé au visiteur épiscopal, puis il s'est fait absoudre par son curé en vertu de la bulle qu'il avait achetée. Mais il reste ce : « Je renie Dieu » qui ne veut pas passer. Seule l'Inquisition... Et l'alcade le fait déférer à Tolède en 1548 [11].

DU SACRILÈGE

Le sacrilège, entendu comme injure matérielle faite à des objets sacrés, donne peu de travail au Saint-Office. Les affaires sont très variées quant à leur gravité et aux sentences qui en résultent. L'été 1538, une quinzaine de jeunes moissonneurs, tous vieux chrétiens, tous originaires des environs de Guadalajara, passablement éméchés à la fin d'une journée de labeur, rentrent en groupe dans leur village, à quelque distance de leur lieu de travail. Au bord du chemin, une croix, comme il y en avait beaucoup. On l'arrache et on organise une procession pour rire. Quelques couvertures déployées font office de bannière. Les chants obscènes sur air de cantique fusent. La procession se déroule sur plusieurs kilomètres sans susciter autre chose, semble-t-il, qu'une sympathie amusée. A la première auberge on procède à une parodie d'enterrement. La seconde est fermée. Qu'à cela ne tienne. Le porteur, au milieu des rires, frappe la porte de la croix pendant que les autres entonnent l' « *Attolite, portae, capita vestra...* » qui se chante le dimanche des Rameaux [12]. L'aubergiste, bon enfant, leur ouvre, et tout s'achève à la cave entre les tonneaux mis en perce. Hélas. L'inquisiteur Vaquer séjourne alors à Guadalajara et une âme pieuse lui conte l'affaire. Tout le monde est convoqué, moissonneurs et aubergistes. Le tribunal ne prend cependant pas l'affaire au tragique : ils sont tous vieux chrétiens et n'avaient pas l'intention de ridiculiser l'Eglise. Ils referont ensemble, en chemise et pieds nus, le chemin qu'ils ont parcouru dans leur cérémonie sacrilège, de Guadalajara à Valdegrudas, en portant une croix qu'ils replanteront à la place de celle qu'ils ont enlevée. Les plus coupables se cotiseront pour payer les 6 ducats que coûtera l'érection du monument [13].

Mais que ce soit un morisque, comme Juan Carrillo, qu'on accuse d'avoir donné un coup de poignard à une statue de Notre-Dame, l'affaire prend une autre dimension. L'accusé nie. On le met à la torture. Il y résiste et on classe le dossier. Mais cela suffit à démontrer que l'Inquisition reste vigilante.

Aussi, lorsqu'on arrête Benito Ferrer, la machine, implacable, se met-elle en marche. Personnage bizarre que ce Benito Ferrer. Naturel de Camprodon, en Catalogne, il a tenté de se faire carmélite, puis franciscain et, les deux fois, on l'a chassé du couvent avant la fin de son noviciat. Après bien des péripéties, il échoue à Madrid, à la Cour, comme beaucoup d'autres aventuriers. Il vit en se faisant passer pour prêtre, quoiqu'il ne soit pas ordonné. Le juge épiscopal l'arrête. Un jour que, prisonnier, il écoute la messe, il se précipite à l'autel, arrache l'hostie consacrée des mains du prêtre et la foule aux pieds avec rage en la nommant « démon ». Le scandale est énorme : c'est Dieu lui-même que Ferrer a foulé aux pieds. On le transfère au Saint-Office. L'Inquisiteur général suit l'affaire en personne. L'accusé s'obstine et refuse de se rétracter. Une expertise de santé mentale conclut à la responsabilité. La sentence tombe : le feu.

Il aurait dû être brûlé à Tolède. Il n'y avait pas encore de tribunal d'inquisition à Madrid, et c'est Tolède qui l'avait jugé. Mais « pour avoir été si public et si atroce le délit qu'a commis ce sacrilège nommé Benito Ferrer (...) et pour avoir eu lieu dans cette Cour, il a paru nécessaire que le châtiment y ait lieu aussi, avec solennité, pour qu'on le sache partout ». La décision est de l'Inquisiteur général en personne. On organisera en outre un *autodafé* sur la *Plaza Mayor* pour ce seul condamné, chose exceptionnelle, « afin de donner plus de publicité à son châtiment ».

Le samedi 20 janvier 1624, veille de l'exécution, le Saint-Office sort en procession, bannière à la croix verte en tête, escorté par la troupe, pour annoncer la cérémonie. Le lendemain, toute la matinée, on dit des messes au pied de l'échafaud « pour la conversion de l'accusé, l'extirpation de l'hérésie et l'exaltation de notre Sainte Foi catholique ». Plus de 40 000 personnes s'agenouillent à l'Elévation, « ce qui causa grande dévotion ». L'après-midi, le condamné, qui refuse toujours de se convertir, est amené en procession. Personne ne veut se souiller en conduisant la mule sur laquelle il est juché. Après un grand sermon et la lecture d'un long extrait du procès, il est conduit au bûcher au milieu d'une foule en délire qui hurle : « Vive notre Sainte Foi catholique, et meure l'hérésie », « ce qui fut une grande consolation » pour l'officier du Saint-Office qui rédigea la relation anonyme que nous utilisons. Ferrer mourut *pertinax*.

Si l'Inquisition croyait avoir tiré le meilleur parti possible de son crime pour l'exaltation de la foi et la sienne propre, elle dut vite déchanter, car c'est une véritable épidémie de « ferrerisme » qui se déclenche. Un Antoine Maurin, Français, porteur d'eau, déclare, le lendemain, que Ferrer est mort chrétien et qu'il a, quant à lui, récupéré comme relique un bout d'os, la nuit, dans les cendres du bûcher. Un Juan de Larra, ancien galérien, jette des pierres aux statues qui ornent la porte de l'hôtipal Anton Martin et conchie une statue de Notre-Dame à l'entrée de l'église

San-Sebastian en se proclamant parent de Ferrer. Le dimanche 4 juillet 1624, Renault de Peralta, encore un Français et Gabriel de Guevara, qui semblent s'être concertés, font irruption l'un dans l'église du couvent de Santa Fe, l'autre dans celle du couvent de Santa Barbara et arrachent des mains du prêtre l'hostie consacrée qu'ils foulent aux pieds. On les arrête sur-le-champ. Le 5, l'Inquisiteur général crée une commission spéciale pour suivre leurs procès.

Nous ignorons ce qu'il advint d'eux. Mais l'Inquisition semble avoir renversé la vapeur quant à la publicité à donner à ces affaires. Maurin nia et on lui fit la charité de le croire : on classa l'affaire. Larra se prétendit fou. Il avait en effet eu quelques troubles auparavant. On se contenta de cette explication... qu'en vain avait alléguée Ferrer [14].

Que cherchait donc le Saint-Office? Réprimer le sacrilège? Certes. Mais on restait toujours à la merci d'un exalté. Quant à la tradition des fines parodies, telles celles que nous décrivions plus haut, elle ne semble pas s'être perdue à en juger par ce qui se passait à Teruel vers 1750 dans certaines réunions de notables que nous décrit Bartolomé Bennassar. Au-delà d'une simple répression, il s'agit d'une œuvre d'éducation. L'Inquisition sait que la répression seule, pour féroce qu'elle soit, ne mène à aucun résultat durable. Il s'agit bien plus de profiter du délit pour corriger le délinquant grâce à une pénitence soigneusement dosée en fonction de sa responsabilité et, surtout, d'éduquer les autres. On aura noté le caractère souvent public des peines pour blasphème. On aura remarqué la mise en scène de l'exécution de Ferrer, calculée pour chauffer à blanc un public mis en condition par l'énormité du crime, et le succès d'une opération bien montée : 40 000 personnes hurlant leur enthousiasme et leur haine de l'hérésie. Jusqu'au XXe siècle, on a rarement fait mieux. Avec toutes les difficultés d'un dosage exact et les chocs en retour toujours possibles.

« QUELQUES PAROLES MALSONNANTES DE PERSONNES BASSES ET VILES »

Les fiches dont se compose le rapport d'acitivité envoyé par l'inquisition de Calahorra à la *Suprême* en 1553 ne sont pas un modèle de précision. Treize d'entre elles concernent des affaires qui rentrent dans la catégorie que nous étudions à présent, soit un peu moins de la moitié du total. Dans sept cas nous n'avons pas de détails : un mot simplement nous informe de la nature du délit. Pour six autres cas nous pouvons préciser : Juan de Aguiñaga a dit que le corps de Notre-Seigneur Jésus-Christ était resté dans le tombeau et son âme montée au ciel; que le jour du jugement dernier il reprendrait son corps et jugerait les vivants et les morts; que Dieu est mort en fait, non en droit. Juan Saenz soutient qu'après la mort de Jésus nous allons tous au ciel; qu'il n'y a pas d'enfer. Juan de Guadalajara : que les maures se sauvent dans leur loi comme les chrétiens dans la leur. Quant à Juan de la Rioja, *vecino* de Quintanilla del Monte, un petit village du Nord de la Castille, nous l'aurions classé ailleurs si sa pénitence n'avait été plus grave : « Dans l'église de son village il s'est vêtu en prêtre, avec tous les ornements pour dire la messe. Il a convoqué une grande partie des habitants, est monté au grand-autel et célébré la messe, disant *Dominus bobisco* (*sic*) et autres paroles quoiqu'il soit laïc. Les femmes lui faisaient des offrandes et il passait entre les tombes, les aspergeant d'eau bénite avec l'hysope. » Le faisait-il sérieusement dans un village sans prêtre? Ou était-ce une plaisanterie dans le style de la fête des fous? Il fit pénitence dans l'église même qui avait été le théâtre de ses exploits.

Deux femmes complètent la liste : Beatriz de Carranza pour avoir dit qu'au ciel nous ne serions pas égaux et Maria de Izaguerri qui prétendait que Notre-Dame n'était pas restée vierge après la naissance du Christ parce qu'elle était mariée à saint Joseph et qu'ils avaient eu des relations charnelles [15].

1580, inquisition de Logroño. Pedro Avia, prêtre et, de surcroît, *converso*, est condamné pour avoir dit que quiconque garde la loi de nature se sauve, même sans être baptisé. Esteban Ortiz, laboureur et *hidalgo*, pour affirmer qu'il n'est pas péché de voler sa nourriture, que s'il manquait de bois il brûlerait les saints, qu'il ne prendrait pas la bulle mais mangerait du lait et des œufs samedis et vigiles. Maria Marcos est déjà morte quand l'Inquisition tente de l'arrêter. On la poursuit pour avoir dit à d'autres femmes, au four, qu'il n'y a pas de purgatoire, que les âmes des défunts se purgent de leurs fautes sous les gouttières des toits et sous le linceul qui couvre leur corps. La fiche suivante concerne sa fille et son gendre, pour le même délit. Ils se défendent comme de beaux diables, alléguant qu'ils l'ont entendu dire au curé, qu'ils font dire des messes pour leurs morts. Le purgatoire existe, leur a dit le vicaire — Mais alors, pourquoi asperger les tombes d'eau bénite? — C'est que les corps se purgent dans ce monde pendant que les âmes se purgent dans l'autre. Maria de Guiniz est femme de marin. L'un de ses beaux-frères est mort en mer, tué par des pirates huguenots alors que, matelot sur un navire français, mais catholique, il portait des armes aux maures de Berbérie. Les langues vont bon train, surtout chez les femmes : il est mort excommunié : le Jeudi saint, n'anathémise-t-on pas ceux qui fournissent des armes aux musulmans? Maria plaide *pro domo* : ce n'est pas un péché de vendre des armes aux maures, il faut bien vivre; si le pape l'interdit, on n'a pas à lui obéir. D'ailleurs les maures respectent leur Livre et valent bien mieux que beaucoup de mauvais chrétiens. Pour tous, les pénitences sont légères : abjuration *de levi* dans la salle du tribunal, amendes, plusieurs non-lieux [16].

Nicolas de Selve est orfèvre. En 1608 il a 24 ans et réside à Séville. Ancien élève de rhétorique, il écrit des sonnets à la louange de la croix. Mais la critique est mauvaise. Il emploie des expressions qui ne conviennent pas, en prétendant que saint Jérôme aurait écrit dans une lettre que Dieu n'avait pas de fils, que le Christ n'avait pas été engendré. A l'audience il avoue les faits, mais affirme avoir toujours cru que Jésus-Christ s'était incarné dans le ventre virginal de Marie et qu'il était le fils de Dieu. Quand il disait le contraire, le diable se jouait de lui. Il abjura *de levi* dans la salle du tribunal et on le bannit de Séville pour six mois [17].

La plus extrême variété donc. Des babioles la plupart du temps, des lapsus, le produit d'une colère ou d'une ignorance crasse du dogme. Des proverbes parfois, comme ce « tout me réussit dans ce monde, tout me réussira dans l'autre » dont on rencontre des dizaines d'exemples dans la première moitié du XVIe siècle. Les inquisiteurs ont du mal à ordonner ce fouillis. Des commissions de qualificateurs n'en finissent plus de débattre si telle parole malheureuse est seulement erronée, scandaleuse ou hérétique, si elle mérite la qualification de proposition. Mais toujours l'Inquisition est là, triant, filtrant tout ce qui peut sembler hérésie, éliminant beaucoup de choses comme inoffensives, retirant de la circulation les espèces idéologiques douteuses.

Suivons le détail de son travail dans une affaire particulière. Le 10 août 1570 un certain Francisco Hernandez Mesurado, prêtre et chapelain des *Reyes Nuevos* se présente devant l'*alcalde* de Camarena, à une trentaine de kilomètres au nord de Tolède. « Il vient de voir à Camarena un homme qu'il ne connaît pas mais qu'il reconnaîtrait. Il récitait une prière qui contenait les mots « Jésus-Christ trine et un ». Le témoin lui dit de ne pas le faire sans obtenir d'abord licence de l'ordinaire pour elle, car elle était mauvaise. L'homme lui répondit qu'il la réciterait devant qui que ce fût. Le témoin la lui fit répéter, et l'homme récita un *Ave* glosé où il était dit : « Jésus-Christ trine et un. » — Vous voyez que ça ne peut se dire, car en Jésus-Christ il n'y a que l'une des personnes de la Trinité et deux natures. L'homme répliqua que dans le Christ il y a trois personnes. Ce que voyant le témoin vient demander à l'*alcalde*, dont il sait qu'il est aussi familier de l'Inquisition, d'arrêter cet individu. » Avec lui déposent deux habitants de Camerana qui confirment sa version et affirment avoir eux aussi réprimandé l'accusé [18].

Suit le témoignage de l'*alcalde*. Il a entendu un mendiant dire ces mots, et cela lui a semblé mal. Il ne l'a cependant fait arrêter qu'à la suite de la dénonciation de Mesurado. Le visitant dans sa prison il tente de lui expliquer la doctrine catholique, mais l'autre ne veut rien entendre. Le même jour, il le défère à l'inquisition de Tolède.

Deux semaines se passent avant qu'on puisse s'occuper de lui. Le 29 août enfin, on procède au premier interrogatoire. Le coupable s'appelle Gabriel Lopez. Il a 31 ans, de Galindos, près d'Avila, sans domicile fixe. Il est vieux chrétien. Toujours sur les routes, plus ou moins vannier, valet de ferme à l'occasion, il tire le plus clair de ses ressources de la mendicité et des quelques pièces qu'on lui donne pour réciter des prières au profit de tiers. Il est baptisé et confirmé. Il se confesse régulièrement, et présente les deux cédules les plus récentes, correspondant aux Carêmes de 1569 et 1570. Il récite le *Pater*, l'*Ave*, le *Credo* en latin et en castillan. Il saute quelques paragraphes dans le *Credo*. Il sait très mal le *Salve*, mais connait les Articles de la foi [19]. Il ne sait pas pourquoi on l'a arrêté.

Au cours des premières audiences il s'obstine à nier. Fin septembre on lui lit l'accusation : pour le fiscal il est hérétique. Il nie. Il vaut la peine de suivre en détail la chaîne des questions et des réponses, car elle illustre à merveille les méthodes du Saint-Office :

« Qu'il récite les Articles de la foi — Il le fait — Croit-il en la Sainte Trinité — Oui Monsieur — En quoi consiste-t-elle — En trois personnes et un seul Dieu véritable — Quelles sont ces trois personnes — Père, Fils et Saint-Esprit — Y a-t-il division entre ces trois personnes — Non, c'est un seul Dieu véritable — Le Christ est-il trine et un? — Oui Monsieur, c'est ce que je crois et soutiens — Quelle personne de la Trinité est Jésus-Christ? — Il répondit qu'il est un seul Dieu trine et un » — Que s'est-il passé au juste avant qu'on l'arrête? — Il ne s'en souvient pas — Le Christ est-il trine et un? — Il hésite avant de répondre : Je crois qu'il est un seul Dieu véritable — Trine et un? — Trine et un. » Suivent plusieurs pages de questions et réponses où l'inquisiteur tente de convaincre Lopez de son erreur en s'appuyant tour à tour sur l'autorité de l'Eglise, sur le *Credo* et les Articles de la foi. A la fin, l'accusé, visiblement ébranlé, est un long temps répétant : « Si je l'ai dit, je demande pardon à Dieu. » L'interrogatoire reprend alors sur la réalité matérielle du délit : l'a-t-il dit ou non? Enfin Lopez donne sa version.

« Monsieur, sache Votre Révérence que, le jour de Saint-Laurent (10 août) j'étais prisonnier à Camarena. Vint à moi un clerc que je ne connais pas, mais qui est de Tolède. Quant à moi, j'avais récité une prière de l'Assomption de Notre-Dame dans l'auberge de Camarena, sur la place — Récitez-la-nous —

En haut du ciel
Est celle qui enfanta sans crainte
Ce roi de bonté.
Qui la verra là-haut,
Au-dessus de tous,
Accompagnée des anges?
Pour qu'elle nous éclaire, disons :
AVE, clarifique lumière,
MARIA, vierge sacrée,
GRATIA, telle fut envoyée,
PLENA, de douceur.
DOMINUS, sans plus de doubdance,
TECUM, avec amour débordant,
BENEDICTA, en jouissance,
IN MULIERIBUS, la fleur.
FRUCTUS et Verbe si divin,
Vraiment sacré, trine
Et un, Christ glorifié.
SANCTA MARIA, tu fus conçue,
MATER DEI, pour notre bien,

ORA PRO NOBIS, parfaite,
Car tu as enfanté,
PECCATORIBUS,
AMEN.

« Le clerc a dit que cette prière est mauvaise, et moi qu'elle est bonne. Puis il s'en est allé, et tous les témoins m'ont reproché de l'avoir dite — Croyez-vous ce que dit cette oraison? — Oui, si j'ai erré je demande pardon — Reconnaissez-vous l'erreur que vous avez commise en disant le Christ trine et un? — Oui Monsieur, je crois tout ce que croient les catholiques chrétiens et la Sainte Mère Eglise — Vos dénégations prolongées font penser que vous persistez dans votre erreur — L'accusé allègue son ignorance — Pourquoi avez-vous nié — Je croyai mieux me tirer d'affaire en niant — Vous croyez véritablement et profondément ce que vous avez dit. Vos dénégations le prouvent — Il allègue son ignorance. »

Les audiences qui suivent sont de pure forme. On lit au coupable les témoignages, il avoue tout. Le 11 octobre, deux mois jour pour jour après son entrée dans les prisons inquisitoriales, on le relâche en l'assignant à résidence à Tolède. Le 4 juin 1571 il abjure *de levi* sur la place du *Zocodover* au cours d'un *autodafé*. On lui interdit à jamais de réciter publiquement des prières non approuvées par l'Eglise [20].

Procès typique. Sur la sellette, un hérétique sans le savoir qui, de toutes ses forces conscientes, adhère à la foi sans bien la connaître. Au centre de tout, la préoccupation de l'aveu, certes, mais aussi celle de convaincre. Une argumentation serrée, qui tente de mettre l'accusé en contradiction avec lui-même, de lui faire prendre conscience que les formulations de la foi qu'il connaît par cœur et auxquelles il adhère mécaniquement contredisent ses propres paroles. Et ce, dans une ambiance de forte tension : la prison, le mot « hérétique » que l'inquisiteur n'utilise pas mais que le fiscal a brandi dans son accusation et qui domine toute la scène. La peur, l'affolement à l'idée de se voir coller une étiquette honnie, négation de la manière même dont le coupable se perçoit. Le prestige du juge, garant suprême de la foi, son évidente supériorité intellectuelle, tout cela se mêle dans l'esprit du prévenu qui finalement « craque » et admet tout ce qu'on veut.

Œuvre de conviction, œuvre d'éducation. Pour Lopez le traitement intensif. Pour les spectateurs de l'*autodafé*, à travers lui, une mise en garde solennelle et l'éclaircissement d'un point de doctrine : une séance de catéchisme à grand spectacle avec une mise en condition qui doit la rendre particulièrement efficace. Il y a gros à parier que Lopez ne parlera plus jamais du Christ trine et un. Et que des milliers de spectateurs seront vaccinés contre cette erreur.

Contrôler. corriger, instruire : ces trois mots résument tout.

L'ORDRE SOCIAL : LE PROCÈS D'EUGÉNIE LA BOURGUIGNONNE

Bien souvent l'action du Saint-Office prend une allure de défense de l'ordre social. En 1534, une femme de Tolède en dénonce une autre à l'Inquisition. « Il y a deux ou trois mois que je connais une étrangère qui va en habit de pèlerin. Je ne sais pas d'où elle est, mais elle a l'air d'une Française. J'ai entendu dire qu'elle a vécu dans un monastère et qu'on n'a pas voulu l'y recevoir pour n'avoir point de dot. Elle loge à l'auberge de Lazare de la Solanilla, à la porte de Cambron. Elle enseigne à lire dans les maisons particulières et passe le reste du temps à San Juan de los Reyes. J'ai entendu dire qu'elle apprend à lire aux petites-filles de Francisco Nuñez, le réconcilié. (...) Elle s'appelle Eugénie. (...) Parlant des bulles, elle a dit : " De saint Pierre et de saint Grégoire, je ferais cas. Mais pas de ces papes qui ne sont que des hommes, ni de leurs bulles, ni de leurs jubilés. Tout cela est une plaisanterie pour vous soutirer de l'argent "... »

On arrête la suspecte. Son affaire se dégonfle très vite. Il appert qu'elle a seulement dit que le Saint-Père signait beaucoup de choses sans savoir exactement ce qu'on faisait en son nom. D'ailleurs en 1534 l'expérience directe du luthéranisme n'a pas encore mis en alerte l'Inquisition devant de telles propositions. Elle est condamnée à faire pénitence dans la cathédrale, un bâillon sur la bouche. On ne considère pas ses paroles comme véritablement hérétiques : scandaleuses seulement, mais on prétend quand même la chasser définitivement de Tolède.

Elle y resta. Elle reçut l'autorisation de l'Inquisiteur général en personne, au grand dam des juges locaux. Et qu'elle demande en outre la permission d'enseigner, voilà qui fait déborder la mesure. Le licencié Vaquer s'adresse alors à ses supérieurs : « Il nous a paru dangereux que cette femme aille de maison en maison avec ses idées erronées, surtout vêtue comme elle est du bourdon et de la calebasse, ce qui lui donne plus de facilité encore pour entrer où elle veut. On l'a avertie oralement qu'elle peut rester dans cette ville, à condition de s'habiller comme personne qui y réside et non comme elle le fait, et de n'enseigner à lire à personne. Je crois que c'est le fait d'avoir été religieuse et de refuser de se vêtir autrement après quatorze ans de résidence (...) qui l'ont rendue suspecte. Et cette liberté d'aller ainsi me semble très mauvaise, *étant femme* [21]. Son insistance à obtenir permission d'enseigner me paraît pire encore. Si elle veut enseigner qu'elle s'habille normalement. Sinon qu'elle continue à mendier avec son bourdon et sa calebasse, comme elle le fait maintenent, puisqu'il y a quatorze ans qu'elle vit à Tolède, car sous cet habit se cache beaucoup de mal. Si elle refuse, sa malice n'éclatera que plus clairement à vos yeux. Si elle change d'habit, je n'aurai rien à objecter à la décision de Votre Seigneurie, quelle qu'elle soit. »

Le personnage avait de quoi inquiéter un homme d'ordre. Car au fil du procès se dessine la silhouette d'une femme singulièrement « libérée ». Elle est née à Châtillon-sur-Seine, à la fin du XVe siècle. Elle entra au couvent Sainte-Claire de Besançon, mais faute de dot on l'en chasse. Elle part donc a Rome, seule, solliciter une dispense du chapitre général de son ordre. Accordée. Au retour elle se fait dévaliser et pèrd le précieux parchemin. Elle renonce donc au couvent et, après avoir salué sa mère, elle part en pèlerinage à Santiago. De là à Guadalupe, puis à Tolède. La ville lui plaît. Elle y reste.

Depuis, elle enseigne à lire. Le matin des leçons payantes à domicile, l'après-midi gratuitement, dans le cloître de San Juan de los Reyes, garçons et filles confondus. Non sans difficultés, car les franciscains lui font les pires ennuis : une femme, une Française, qui enseigne à lire dans un livre d'heures qui n'est même pas en espagnol... Elle nous expose tout cela dans un long mémoire olographe qu'elle remet aux inquisiteurs. Un peu prophète, mystique, elle ne cesse de reprocher à ses voisines leurs papotages à l'église. Elle a des extases, au point que la *Suprême* l'autorise à poser à côté d'elle, quand elle prie en public, un écriteau interdisant, au nom du Saint-Office, de la déranger. Energique, pleine d'initiative, elle résiste des années durant aux persécutions des frères et en appelle à Charles Quint quand l'Inquisition prétend lui interdire d'enseigner... Elle est dangereuse. A cause de ses idées, mais surtout à cause de sa manière d'être, dont le vêtement n'est que l'expression. Et parce qu'elle est femme. Les pères de San Juan de los Reyes et Vaquer sont d'accord là-dessus : elle se comporte autrement que ne le voudrait son personnage social...

A la même époque, le même tribunal poursuivait un petit clerc d'Alcala qui lui aussi enseignait et s'habillait de vêtements curieux. Il avait nom Ignace de Loyola [22].

ET SURTOUT, PAS DE SCANDALE!

Ces mots résument une bonne part de la philosophie du Saint-Office. Il y a des choses qui, même si elles sont vraies, ne doivent pas se dire car elles risquent de troubler les simples. Rien de tel qu'un exemple pour nous le montrer.

Alonso del Moral le Vieux est un de ces « laboureurs riches » dans lesquels Noël Salomon voyait avec raison la colonne vertébrale de la société de leur temps. Personnalité indépendante, relativement éduqué puisqu'il sait lire et écrire, bon chrétien qui communie à Pâques et à Noël et sait ses prières à un moment où ce n'est pas si courant, il pense sa foi et n'hésite pas à exprimer des opinions personnelles. Dans sa jeunesse déjà, vers l'époque de la *Comunidad,* il avait eu affaire à la justice pour avoir régalé, au cours d'une fête, ses concitoyens d'un *autodafé* simulé, avec bûcher et victimes... Mais ce n'est pas ça qui l'amène devant le saint tribunal en 1546, sinon les dénonciations de plusieurs femmes d'Hontanar près de Guadalajara, son village. Elles ont coutume, comme on l'a toujours fait, de déposer une fois l'an sur les tombes de leurs morts du pain et du vin, ainsi que des gateaux de cire. Et voilà que l'accusé les interpelle : « Attendez un peu, ma commère. A quoi pensez-vous que servent les offrandes que vous portez ici? Il serait plus utile de brûler cette cire sur l'autel du Saint-Sacrement que de chauffer les pieds de vos morts [23]. » L'affaire fait le tour de la communauté féminine comme une traînée de poudre. D'ailleurs ce del Moral fait scandale. Il y a neuf ans qu'il ne met ni pain ni cire sur la tombe de sa femme et se contente de l'asperger d'eau bénite quand il entre à l'église... Notre héros ne fait aucune difficulté pour expliquer sa position aux inquisiteurs : « Je crois que la cire qui brûle sur la sépulture des défunts plaît davantage à Dieu quand on la brûle sur le grand-autel pour éclairer le Saint-Sacrement pendant la messe. » Et qu'il vaut mieux de son vivant répartir des aumônes abondantes aux pauvres que de laisser des héritiers, dont on n'est jamais sûr, faire des offrandes à l'Eglise. Lui-même, par ailleurs, accomplit tous les rites funéraires prévus par l'Eglise : il asperge d'eau bénite la tombe de sa femme et de ses enfants chaque fois qu'il entre dans le sanctuaire et dit un répons; il fait dire des messes pour eux. La première année il a même mis du pain et de la cire sur leur sépulture. Mais il lui semble mieux de mettre la cire sur le grand-autel. Surtout que les pains, les clercs les revendent à leur profit...

Au fond, rien que de très louable, tant il est vrai que ces pratiques populaires ont des relents de superstition. On sent les inquisiteurs bien embarrassés : ils hésitent à convoquer le prévenu; il est remarquable que les audiences soient menées au pas de charge, que jamais on n'entre dans le vif du problème théologique. Et cependant del Moral est condamné à 6 ducats d'amende. Pourquoi? Il s'est mêlé de ce qui ne le regarde pas, il a causé du scandale. Triomphe du conservatisme, de l'apathie? Oui et non, car nous verrons que l'Inquisition n'est pas restée les bras croisés devant les idées religieuses du peuple qu'elle a tenté de transformer profondément. Mais c'est d'en haut que doit venir cette transformation, toujours contrôlée par l'institution, pas de la base.

NOTES

1. Marquons le rapport entre ce que nous venons de dire et l'étude statistique des causes de foi de Tolède que nous donnons p. 23. Nous ventilons la catégorie « Paroles scandaleuses » de l'étude en question selon le tableau ci-dessous :

Paroles scandaleuses	Blasphèmes	
	Propositions	Simple fornication Divers
	Livres interdits	

Le contrôle du flux idéologique se traduit par des procès pour « Divers-Propositions » et pour « Livres interdits ». Le contrôle du clergé amène en outre des affaires de « Sollicitation » qui constituent une catégorie à part dans l'étude statistique. La campagne sur le mariage chrétien provoque la montée des catégories « Simple fornication » et « Bigamie », entre autres. La série « Bigamie » apparaît à part sur le graphique. Nous prions le lecteur de nous pardonner la complexité de ces correspondances.

2. Qui fournissent réciproquement la matière de 559, 309 et 373 affaires. Voir Jean-Pierre DEDIEU : « Les causes de foi de l'inquisition de Tolède, essai statistique », in *Mélanges de la Casa de Velasquez,* 1978, t. XIV.

3. Nous avons des raisons de penser que l'évolution, ailleurs, fut la même. A Séville, de 1606 à 1612, à Valladolid, de 1622 à 1626, à Llerena, de 1589 à 1592, les blasphèmes représentent environ le tiers des « Paroles scandaleuses ». Voir : Michel HUGONNET : *L'activité du tribunal de l'inquisition de Valladolid de 1622 à 1626,* Mémoire de Maîtrise, Université de Toulouse-Le Mirail, 1977 et Marie-José MARC : *Comportements et mentalités en Extremadure (1589-1592),* Mémoire de Maîtrise, Université de Toulouse-Le Mirail, s.d., ainsi que les « Relations de causes » de l'inquisition de Séville de 1606 à 1612.

4. A.H.N. Inq., leg. 31, exp. 42.

5. A.H.N. Inq., leg. 34, exp. 8.

6. A.H.N. Inq., leg. 39, exp. 21.

7. A.H.N. Inq., libro 833, F° 151V°. Nous savons, par les notes portées en marge des rapports d'activité, que, dans la seconde moitié du XVIe siècle, la *Suprême* encourageait les tribunaux à condamner le plus de monde possible aux galères (voir ci-dessous chapitre XI). On sait par ailleurs que Philippe II a systématiquement révisé ce qu'on appellerait de nos jours le Code pénal dans ce sens et a envoyé des instructions semblables aux tribunaux civils.

8. « Relations de Causes de Séville », 1609, A.H.N. Inq., leg. 46, exp. 42. Il est possible que comme en Amérique le blasphème de l'esclave soit un moyen de défense, une tentative de chantage envers son maître qui risquait de perdre le travail de son esclave pendant tout le temps qu'il était prisonnier de l'Inquisition.

9. Nous avons pourtant vu un cas où un homme tente de faire renier Dieu à un autre moyennant promesse d'argent, tout à fait comme le Don Juan de Molière.

10. Henry Charles LEA : *A history of the Inquisition of Spain,* t. IV, pp. 328-335, qui développe longuement tous ces points. Citons un bel exemple de cette imprécision : en 1562 l'inquisition de Tolède condamne Inès de la Parra pour avoir dit : « Je renie le Saint Chrême. » Or le docteur Salazar, venu inspecter le tribunal sur l'ordre de la *Suprême* fait remarquer que « de son temps » (il a été fiscal et inquisiteur de Grenade) l'Inquisition ne jugeait pas ce blasphème. Devant l'incertitude qui en résulte, on en réfère au Conseil; A.H.N. Inq., leg. 3068, exp. 40.

11. A.H.N. Inq., leg. 35, exp. 21.

12. « Portes, élevez vos frontons, exhaussez-vous portails antiques, et fasse son entrée le Roi de Gloire », Psaume XXIII.

13. A.H.N. Inq., leg. 225, exp. 8.

14. Nous utilisons la « Relation de Cause » de Benito Ferrer, A.H.N. Inq., leg. 2106, exp. 24, et une relation anonyme de son exécution extraite des archives de l'Inquisition publiée par F. ROMERO de CASTILLA : in *Revista de Archivos, Bibliotecas y Museos,* 1871, pp. 170-173. « Relations de Causes » de Maurin et Larrea, A.H.N. Inq., leg. 2106, exp. 24 et 28 réciproquement. Données sur l'affaire Peralta-Guevara : A.H.N. Inq., libro 592, F° 423R°-425V°.

15. A.H.N. Inq., libro 833, F° 61R°-64V°

16. A.H.N. Inq., libro 833, F° 442R°-481V°.

17. « Relations de Causes », Séville, 1608.

18. Il faudrait faire une étude systématique des dénonciations; nous nous proposons de nous consacrer prochainement à l'étude de celles de Tolède. Seule une petite partie d'entre elles donne lieu à un procès. Voir : A.H.N. Inq., leg. 497, exp. 3 à 5 et 8.

19. Rappelons pour les lecteurs qui ne sont pas théologiens qu'en saine doctrine catholique Dieu est Trinité, c'est-à-dire trois personnes (Père, Fils et Saint-Esprit) en un seul Dieu. Dieu est donc trine et un. Le Christ est la seconde personne de la Trinité, le Fils. Il est donc hérétique d'en faire la Trinité tout entière. Le Christ, à la fois vrai Dieu et vrai Homme, a donc deux natures. Enfin la confession est obligatoire pendant le Carême et les contrevenants étaient déférés à l'autorité laïque. Pour faire foi les confesseurs délivraient donc à leurs pénitents des certificats, les « cédules de confession ». *Pater, Ave, Credo* et *Salve* constituaient le bagage minimum que, de plus en plus, on exigeait de tout Espagnol dans la deuxième moitié du XVIe siècle. Les Articles de la foi sont un résumé en quelques lignes de l'essentiel de la doctrine chrétienne.

20. A.H.N. Inq., leg. 205, exp. 24. On nous dispensera d'insister sur le fantastique intérêt de tels documents. Nous suivons ici les inquisiteurs au fond même des consciences.

21. C'est nous qui soulignons.

22. A.H.N. Inq., leg. 200, exp. 9.

23. A.H.N. Inq., leg. 42, exp. 6. Ces pratiques restèrent très courantes dans de nombreuses régions d'Espagne. On peut voir des gâteaux de cire semblables à ceux que cite notre texte dans n'importe quel musée ethnologique.

CHAPITRE VIII

LE MODÈLE RELIGIEUX LE REFUS DE LA RÉFORME ET LE CONTRÔLE DE LA PENSÉE

LUTHER : LA CRÉATION D'UN REPOUSSOIR

Avant 1558 : un personnage lointain. — Les liens politiques créés entre l'Espagne et l'Europe du Nord par la personne de Charles Quint jouent un rôle important dans l'histoire du protestantisme espagnol. En 1520 beaucoup d'Espagnols suivent la Cour aux Pays-Bas et sont présents à la diète de Worms quand le réformateur proclame ouvertement la rupture en affirmant qu'il restera fidèle à ses idées contre le pape et les conciles. De nombreux courtisans virent leur curiosité éveillée et ramenèrent au pays livres et souvenirs. Le poison entrait en Espagne. On l'y reçut sans haine.

Les marranes d'Anvers constituèrent peut-être un deuxième relais. Ils haïssent l'Inquisition. Pour eux, Luther est l'ennemi du Saint-Office. Le bruit courut en tout cas qu'ils s'apprêtaient à inonder la Péninsule de ses livres : première manifestation d'un mythe qui aura la vie dure. Le Saint-Siège lui-même s'alarme. Le 7 avril 1521, le cardinal Adrien qui gouverne le pays en l'absence de l'Empereur, publie le premier édit inquisitorial contre l'hérésiarque : il est interdit de le lire en aucune langue et tous les exemplaires de ses ouvrages doivent être remis aux autorités. Rigueur qu'explique fort bien la lettre que les gouverneurs adressent le 12 avril à leur souverain : « Non content ce séducteur d'avoir perverti et trompé l'Allemagne, il essaie par ses astuces diaboliquement malignes de (...) contaminer vos royaumes d'Espagne. Pour cela, s'appuyant sur des gens qui ici cherchent à gêner et renverser le Saint-Office (...) il fait traduire (...) en langue castillane ses hérésies pour les (...) semer et publier dans notre nation catholique. Petite étincelle peut provoquer grand incendie. (...) Que Votre Majesté y porte remède, surtout que, vu l'état d'altération de certaines villes de ces royaumes, il pourrait se produire un grand scandale et une flambée telle qu'il serait difficile de l'éteindre. » Ou ne saurait être plus clair. Les *Comunidades* font rage. Aux oubliettes donc les projets de suppression de l'Inquisition qu'on semble avoir un moment caressés. On redécouvre que l'ordre religieux est menacé, qu'il ne fait qu'un avec l'ordre politique. D'emblée le schéma qui va dominer l'histoire des rapports entre protestantisme et Inquisition se met en place. D'un côté l'Etat. De l'autre les ennemis de l'Etat et ceux de la foi.

La prohibition de 1521 est insuffisante. Marcel Bataillon nous a dit combien, dans les années 20 le terrain, en Espagne, était favorable aux idées nouvelles. Des groupes relativement importants tentent de vivre un christianisme plus intériorisé, plus personnel, plus réfléchi, loin des chemins tranquilles du rite et de la dévotion mécanique. A la Cour, dans les universités, dans certains couvents, chez certains artisans même, des hommes et des femmes, brillants intellectuels ou demi-lisants, mais tous relativement éduqués, sont à l'écoute des nouveautés venues du Nord. Luther, comme Erasme, suscitent la curiosité. Pas d'enthousiasme pour Erasme, car enfin il est déclaré hérétique. Mais de l'intérêt. Augustin Redondo a montré qu'il y a une demande pour la littérature luthérienne [1]. Vers 1522-1523, les illuminés — Isabel de la Cruz et Alcaraz — sont influencés par les idées de Luther sur le libre arbitre. En 1523 des corsaires basques capturent une nef française. A bord, entre autres, des livres de Luther. On les distribue, et c'est tout le Pays basque que doivent parcourir les inquisiteurs pour les récupérer. En 1525 on recherche des livres hérétiques envoyés à l'université d'Alcala. En 1531 un colporteur de Salamanque offre un livre de Luther à un augustin toulousain de passage. En 1535 c'est tout un réseau qu'on démantèle : des Français passaient des ouvrages de Luther à Barcelone et, de là, on les distribuait jusqu'en Galice.

Le livre, mais aussi la parole. On a déjà conté l'histoire de frère Bernardo. « J'entrai chez un barbier. Il y avait là trois ou quatre hommes, déclare-t-il au Saint-Office. Quand ils virent que j'étais étranger, ils me demandèrent ce que je savais de Luther. Je répondis qu'il prêchait qu'il n'y a qu'un seul Dieu, qu'il n'y a ni saint ni sainte au ciel, qu'il ne doit y avoir ni clerc ni moine et que les clercs et les moines doivent se marier avec les nonnes; qu'il ne faut pas se confesser aux clercs, mais à Dieu seul, face à un mur; qu'à la messe il ne faut pas dire l'Evangile, ni mettre dans l'église de statues de saints, sinon la croix seule »...

L'impression qu'on peut retirer de l'étude d'Augustin Redondo est que, pour l'Inquisition, le luthéranisme reste un souci relativement lointain, à la mesure d'ailleurs de son influence dans le pays. Elle agit au coup par coup, sans plan d'ensemble, en position défensive. Lors de l'alerte de 1523 au Pays basque, la *Suprême* écrit à l'inquisition de Navarre pour l'inciter à visiter la région. Il faut insister pour que les juges se mettent en route. La même année on brûle à Majorque Gonsalvo el Pintor pour luthéranisme. Etait-ce vraiment un disciple de Luther, ou négligeait-il seulement ses devoirs religieux? C'est sans doute avec raison que Lea penche pour la deuxième hypothèse : on l'a étiqueté luthérien parce qu'il n'allait pas à la messe [2].

La période 1527-1535 semble marquer un temps fort dans la répression. C'est en 1527 que nous trouvons le plus ancien procès conservé dans les archives de l'inquisition de Tolède qui fasse mention de Luther : Gonzalo Mexia, notabilité d'Esquivias, est condamné à 100 000 maravedis d'amende pour l'avoir défendu et avoir parlé contre les dîmes. N'en faisons pas un martyr de la Réforme : il louait aussi le Grand Turc et expliquait volontiers en termes fort gaillards qu'il était normal de faire vivre sa concubine sous le même toit que son épouse légitime, car s'il y a des femmes, c'est pour coucher avec. De Luther il ne sait sans doute pas grand-chose, mais son nom est pour lui le symbole d'une anti-morale, une justification lointaine [3].

C'est aussi alors qu'on poursuit l'illuminisme. Illuminisme n'est pas luthéranisme, mais le *dejamento,* où la volonté humaine s'abandonne à la volonté divine jusqu'à l'anéantissement, peut se rapprocher de la doctrine luthérienne de la grâce. Les inquisiteurs le comprennent. En 1532 maître Diego Hernandez est réconcilié pour illuminisme et luthéranisme. En 1535 c'est le tour de Juan de Vergara, chanoine de Tolède, l'un des plus célèbres érasmisants espagnols : abjuration *de vehementi* en *autodafé,* un an de réclusion dans un monastère et 1 500 ducats d'amende pour s'être moqué de l'Inquisition, louer Erasme d'avoir dit que s'il avait quelque chose de plus important à faire il abandonnerait ses prières, parler contre l'oraison vocale... et approuver Luther, sauf sur le chapitre de la confession et posséder ses œuvres. Pour la première fois nous semble-t-il, la préoccupation des inquisiteurs pour l'hérétique de Wittemberg est assez forte pour exercer systématiquement son attraction sur un autre délit. Au même moment apparaissent à Tolède les premiers hérétiques étrangers. Jean de Chalons a trente-six ans. C'est un Français, horloger de son état. Semi-nomade comme beaucoup d'artisans hautement qualifié, c'est à Escalona qu'on l'arrête. Il est indéniable que ses opinions ont une teinte luthérienne soutenue : critique de ceux qui prient les saints et non Dieu, critique des moines qui ne mènent plus la vie austère des premiers Pères, critique des indulgences, de la bulle de la croisade qu'on ne connaît qu'en Espagne, doutes de la possibilité pour un accusé d'aller en enfer [4].

Les mesures répressives se succèdent, encouragées par le Saint-Siège qui invite les inquisiteurs à plus de vigueur et leur donne même en 1531 juridiction sur les évêques en cette matière, sans cependant pouvoir les arrêter. 1540 voit l'exécution du premier véritable martyr espagnol, Francisco de San Roman, un jeune marchand converti à Brême, qui tente à son tour de convaincre l'Empereur à Ratisbonne. Charles Quint le fait arrêter et l'expédie des Flandres à l'Inquisition d'Espagne. Il refuse de se rétracter et meurt sur le bûcher [5]. C'est aussi l'année où un dispositif spécial est mis en place pour contrôler les librairies. Deux commissaires sont nommés à Salamanque : frère Francisco del Castillo et le fameux Domingo de Soto. Leurs pouvoirs sont étendus : visiter toutes les librairies et les bibliothèques après y avoir apposé les scellés « à l'improviste »; saisir les livres interdits dont le Conseil leur envoie la liste; s'informer auprès des libraires du nom de leurs clients; saisir pour examen les ouvrages non interdits qui leur semblent suspects. Ils communiquent directement avec la *Suprême,* sans passer par l'intermédiaire du tribunal de Valladolid dont relève l'université du Tormes. Luther n'est nulle part nommé, mais sa figure apparaît partout en filigrane. En 1546 c'est à Alcala, l'autre grand centre universitaire du pays, qu'est nommé un commissaire avec des pouvoirs semblables. Cette fois, le Conseil précise que c'est à cause du danger luthérien [6].

La fin des années 40 et les années 50 voient un nouveau durcissement. En 1549 pour la première fois on révoque toutes les autorisations de lire des livres interdits données antérieurement. 1551 marque le début de la grande expurgation des Bibles de Salamanque et d'Alcala, tâche immense qui, pendant des années, va occuper les inquisiteurs. Parallèlement on publie les premiers index élaborés à Louvain en leur adjoignant un appendice espagnol. Le nombre des lettres concernant les livres augmente sans cesse dans la correspondance du Saint-Office. « Ça tourne à l'obsession », pour reprendre les paroles de Virgilio Pinto Crespo [7].

En ce qui concerne les personnes, le luthérien devient, aux mêmes dates, un protagoniste habituel de l'activité inquisitoriale. 30 accusés à Logroño entre 1546 et 1550, 10 % du total des personnes jugées au siège du tribunal. 12 et 3,5 % au cours du lustre suivant. Pour la plupart, des étrangers. Mais aussi un pourcentage notable d'Espagnols (entre le tiers et la moitié), souvent des clercs ou des marchands. Des pénitences légères, aucune condamnation à mort, même par contumace, aucune exécution. Une seule exception connue : au cours d'une visite sur la côte basque, un inquisiteur arrête 7 suspects, 2 Espagnols qui s'en tirent avec de grosses amendes, 5 Anglais. 4 se rétractent, le cinquième s'obstine et le paie de sa vie [8].

Le cas de Logroño, situé dans une zone d'intenses relations avec l'Europe du Nord, est particulier : c'est sans doute ce tribunal qui eut le plus tôt et massivement affaire aux luthériens. A Saragosse, frontière de la Gascogne pourtant, les pourcentages ne dépassent pas 2 ou 3 %. Aucune exécution là non plus. Pour ne rien dire de l'intérieur du pays. Après 1547, on rencontre régulièrement des luthériens dans les papiers de l'Inquisition de Tolède, 16 exactement jusqu'en 1558. Même en tenant compte des lacunes de la documentation, moins de 2 % des accusés, aux deux tiers, des étrangers, Français et Flamands. Tous les Espagnols se sont convertis à l'étranger, comme ce Rodrigo Luengo, « grand luthérien » et vigoureux propagandiste à en croire ses juges, chaudronnier, qu'ont convaincu des compagnons de captivité flamands, alors qu'il était esclave des maures en Afrique du Nord. La répression paraît plus sévère qu'à Logroño : une relaxation en personne, trois réconciliations, une abjuration *de vehementi* avec trois ans de galères pour les seules années 1554-1555.

Vers 1555 donc, Luther est un personnage bien connu dans les milieux intellectuels mais seulement par eux. L'importance donnée aux livres dans la répression inquisitoriale ne trompe pas. Quelques luthériens vivent en Espagne, artisans et commerçants étrangers pour la plupart; quelques Espagnols qui, presque tous, ont voyagé hors du pays ou sont au contact des courants de pensée européens, défendent des idées semblables. D'autres, plus nombreux, surtout des notables, sont vaguement au courant de ses doctrines et se recommandent de lui quand la discussion s'échauffe. Mais il n'apparaît nullement que le protestantisme soit une préoccupation quotidienne de la masse du pays. C'est l'Inquisition qui va se charger de le lui faire connaître.

Juridiquement, elle est en position de force. Elle seule juge le délit de luthéranisme que personne ne lui dispute, tant elle est dans son rôle le plus évident en le poursuivant. Le pape lui-même lui en a confirmé le monopole. Les pouvoirs publics l'appuient, qui n'ont jamais démenti l'alliance scellée en 1521. Jusqu'ici son action a surtout été défensive, répondant à des pressions venues de l'extérieur.

C'est du dehors encore que viennent les souffles qui attisent les bûchers de 1559. Mais cette fois-ci, l'action du Saint-Office est d'une telle ampleur, d'une telle originalité, qu'il est impossible d'en faire un simple appendice de ce qui se passe ailleurs.

Le coup de tonnerre de 1558-1559. — 1558. C'est le moment où les deux plus puissants souverains d'Europe décident d'en finir avec le protestantisme dans leurs Etats. Ainsi s'achèvent des décennies d'espoir, de doutes, de tentatives iréniques. La paix de Cateau-Cambrésis est la conséquence de l'épuisement financier des rois de France et d'Espagne et aussi de leur désir de refaire par la force l'unité religieuse. C'est dans cette perspective que se place l'éradication du luthéranisme en Espagne, sans qu'on puisse dire qu'elle en soit une conséquence directe. Il y eut plutôt coïncidence. L'Espagne réagit de façon autonome dans un contexte européen qui facilite le mouvement.

Vers 1555 encore tout est calme. Fin 1553, les inquisiteurs de Tolède, exposant au Conseil les lignes directrices de leur action, mentionnent les judaïsants, les morisques, les blasphémateurs, l'illuminisme, mais pas un mot de Luther et des siens [9]. En 1555 l'Inquisition de Séville libère le docteur Juan Gil Egidio qui achève de purger la pénitence relativement légère qu'on lui a imposée deux ans avant pour sa prédication et ses écrits trop influencés par les idées venues du Nord. On débattit en haut lieu pour savoir s'il était possible de le faire évêque... Cinq ans plus tard, alors qu'aucun élément nouveau n'était venu aggraver son cas personnel, on le relaxait en effigie comme luthérien dangereux.

C'est en 1557-1558 que tout bascule, lorsqu'on découvre des foyers « protestants » à l'intérieur même du pays. La machine inquisitoriale fait, à cette occasion, la preuve de son efficacité et du point de perfection où elle était parvenue.

Egidio et Constantino, son successeur au canonicat magistral de Séville, avaient rassemblé autour d'eux un important groupe de disciples. Des personnes de poids pour la plupart, quoique s'y mêlent quelques individus de plus humble extraction : un nombre impressionnant de hiéronymites, des franciscains, des bénéficiers influents, Don Juan Ponce de León, parent des ducs d'Arcos, près de 120 personnes. Il est difficile de savoir exactement ce qu'ils croyaient et les influences qui se sont exercées sur eux. Ce qu'il y a de sûr c'est qu'ils reçoivent des livres interdits. Un jour de 1557, leur passeur commet l'erreur fatale de remettre une *Image de l'Antéchrist* à un bon catholique qui s'empresse de transmettre ce paquet compromettant au Saint-Office. Celui-ci agit posément, pas à pas, malgré l'impatience du vieil Empereur qui agonise à Yuste. Il réussit à remonter la filière jusqu'au bout. Tous se retrouvent en prison.

Le groupe « luthérien » de la région de Valladolid s'est constitué autour d'un noble italien, Don Carlos de Sesso. Par sa composition il est assez semblable à celui de Séville, plus brillant s'il est possible : le bachelier Antonio de Herrezuelo, la fille de la marquise d'Alcañizes, le docteur Agustin Cazalla, prédicateur de l'Empereur, l'un des plus célèbres de son temps, Don Luis de Rojas, héritier du marquisat de Poza, une soixantaine de personnes. Pendant deux ou trois ans, le petit groupe, dispersé de Pampelune à Zamora, mène une propagande discrète mais efficace. En dépit des imprudences de certains de ses membres, on les ignore, jusqu'à Pâques 1558 où un habitant de Zamora décide de les dénoncer. L'Inquisition réagit avec vigueur. Seul Luis de Rojas réussit à s'enfuir à Pampelune où l'arrêtent les agents du Saint-Office lancés à sa poursuite. Sur le chemin du retour il fallut le protéger des populations qui voulaient le lyncher.

Ces événements alarment très fort les souverains. On le remarque à l'évolution de leur attitude envers l'Inquisiteur général. Valdès était au plus mal avec eux pour avoir refusé de contribuer à un emprunt forcé sur le clergé. En juin 1558, Philippe II, alors aux Pays-Bas et mal informé des derniers développements de la situation dans la Péninsule, lui enjoignait sèchement de se retirer à Séville. Mais déjà, de Yuste, Charles Quint affolé écrit à la Régente et à son fils d'appuyer à fond l'Inquisition et de le garder sous la main. Très vite Philippe revient sur sa décision et mande à Valdès de rester à la Cour. Le 6 septembre il lui écrit de sa main : « Je vous remercie beaucoup du soin que vous avez pris à cette affaire, la découverte des foyers protestants. Les événements vous justifient entièrement de ne pas avoir fait absence de la capitale. Si vous aviez été à Séville, la gravité de l'affaire vous en eût d'ailleurs rappelé. » De l'emprunt forcé et de sa disgrâce il n'est plus question [10].

Les accusés étaient-ils véritablement luthériens? Dans l'état d'imprécision où sont encore, à cette date, théologie et discipline ecclésiastique, la question est difficile à résoudre. Pour ce qui nous intéresse ici, elle est d'ailleurs secondaire. Ce qui importe c'est que Valdès, le roi, l'Empereur et la masse des Espagnols ont reconnu ou cru reconnaître Luther derrière Egidio et Cazalla [11].

La machine inquisitoriale de répression et de propagande se met en marche. Elle joue sur du velours. Le pays est sain dans son ensemble. Dès les premières arrestations, l'affaire de Valladolid est sur toutes les lèvres. Diego Soria est maquignon à Velada, à 15 km de Talavera de la Reina. Juan Martin son voisin raconte la scène : « Nous parlions des luthériens qu'on arrêtait alors à Valladolid, qui étaient gens riches, les principaux de Castille, et savants. Diego Soria me dit que c'était peut-être la bonne loi celle qu'ils défendaient. » C'était pendant l'été 1558.

Le 21 mai 1559 a lieu le premier grand *autodafé* dans la capitale de la Vieille-Castille. 30 condamnés, 15 brûlés. Le docteur Cazalla, le bachelier Herrezuelo, Juan de Ulloa, Commandeur de Saint-Jacques... Le prince Don Carlos, représentant son père, jure de défendre le Saint-Office. Melchor Cano harangue les assistants. Cazalla, en marche pour le bûcher, prêche son dernier sermon, exhortant la foule des assistants à prendre exemple sur lui, réduit au dernier rang après avoir prêché et enseigné les rois, à fuir l'hérésie et à se soumettre en tout à l'Eglise romaine.

Le retentissement est énorme. Portée par les voyageurs, diffusée par les multiples relations manuscrites qui s'en font immédiatement, la nouvelle se répand comme une traînée de poudre. Quelques jours après l'*auto,* Diego Soria se rend à Ségovie pour affaire. Sur le chemin tout le monde parle de l'événement. Il a la chance de tomber sur un témoin oculaire, Sebastián, un vacher d'Arenas. Il l'interroge avec avidité. « Oui, il y était, mais il n'a pu rien voir. Il y avait tant de monde qu'on ne pouvait approcher à une demi-lieue à la ronde. On dit qu'il y avait beaucoup de *caballeros* prisonniers, beaucoup de *letrados,* beaucoup de personnes de qualité. » Toujours cette insistance dans les récits populaires sur le rang social des victimes. Revenu à Velada Soria répercute la nouvelle.

Deux mois plus tard, l'*autodafé* de Valladolid est déjà quelque chose de mystique en Nouvelle-Castille, l'acte antiluthérien par antonomase : Miguel Sierra, Juan Clavijo soutiennent que les condamnés n'étaient pas coupables, qu'ils aimeraient être où est Cazalla. Celui-ci devient un personnage de légende : en 1570 encore, l'inquisition de Logroño condamne un individu pour dire que Cazalla s'était sauvé dans la secte qu'il avait prêchée [12].

Dans la nuit du 21 août éclate un second coup de tonnerre. Le Saint-Office arrête frère Bartolomé de Carranza y Miranda, primat des Espagnes, l'évêque le plus riche de la chrétienté après le pape, l'ancien prédicateur du roi, son favori, celui qui l'a représenté à Trente, celui qui a prêché en Angleterre contre les hérétiques. Il a publié à Anvers un *Commentaire sur le catéchisme* en langue vulgaire, un gros ouvrage assez indigeste, dont certains passages sur la justification semblent atténuer la valeur des œuvres au profit de la gratuité de la grâce divine. Leur rédaction manque de précision et ils peuvent s'interpréter en mauvaise part. A la parution du livre on les considère comme imprécisions regrettables : fin 1557 il n'y avait pas encore de frénésie antiluthérienne. Mais très vite Valdès, à qui d'ailleurs Carranza n'est pas sympathique, s'inquiète. A la lumière des événements de Séville et de Valladolid, le *Catéchisme* prend une allure dangereuse : en ces temps difficiles pour la foi, des formulations, admissibles quelques années auparavant, sont inacceptables. Le roi, averti au dernier moment de ses intentions, approuve du bout des lèvres en tenant compte de la situation générale. Ce qui suit n'est que péripétie.

L'archevêque de Tolède a été arrêté par l'Inquisition. Voilà ce que retient le peuple. Son prestige ne sera jamais plus haut. Elle est le suprême garant, la seule défense face à l'hérésie, au-dessus des lettrés, au-dessus des évêques qui se sont trompés. « Personne n'ose rien contre elle, le roi lui-même la craint », constate, mélancolique, l'*Alguazil Mayor* de Talavera la Reina. Agustin Pérez son collègue lui fait écho : « Dire qu'ils ont arrêté l'archevêque au milieu de ses vassaux et que pas un n'a osé le défendre. »

Ce prestige explique l'histoire de Juan de Montoya. Il est forgeron à Pedrezuela, tout à côté de Torrelaguna. L'Inquisition l'a recruté pour aider à l'arrestation de Carranza. Dès lors il se prétend familier. Il n'a aucun titre, on sait bien dans son village qu'il est à moitié morisque. Mais puisqu'il a participé à un événement aussi sensationnel, tout le monde le croit, y compris le familier, le vrai, qui le traite comme un collègue. Il vend lui-même la mèche en refusant de poursuivre un évadé des prisons du Saint-Office [13].

Répression et propagande. — Ce qui suit ne fait que confirmer un départ aussi tonitruant. Le 8 octobre 1559, devant une foule immense, 26 « luthériens » sortent au second *autodafé* de Valladolid. Parmi eux frère Domingo de Rojas. Le roi est là et confirme par sa présence que tout le poids de l'Etat est engagé aux côtés de l'Inquisition. Le 22 décembre, 41 nouvelles victimes font pénitence à Séville. 14 meurent sur le bûcher, 3 autres sont relaxées en effigie. Les docteurs Gil Egidio et Constantino entre autres.

Dans toute l'Espagne l'Inquisition rafle les suspects. Reconstruisons la courbe de la répression [14].

D'emblée on constate une différence de niveau entre les tribunaux des zones frontières et ceux de l'intérieur : la présence protestante est périphérique. Partout où nous avons pu remonter plus haut, 1560 marque une rupture. Partout les courbes s'envolent. Même à Cuenca, sur un mode mineur. Là où nous n'avons pas de données antérieures, nous trouvons du moins la courbe à son maximum. Ce qui veut dire qu'entre 1560 et 1565, toutes les inquisitions d'Espagne emboîtent le pas à Valladolid et à Séville. Le pourcentage des « luthériens » dans le nombre total des condamnés atteint alors des niveaux très élevés : 28 % des sentences à Saragosse, 36 % à Barcelone, le tiers peut-être à Logroño, 15 % à Tolède, 9 % à Cuenca : le protestantisme passe au premier rang des soucis de l'Inquisition. Les peines sont dures : un tiers de relaxés à Barcelone, la plupart en personne, entre le quart et le cinquième à Tolède, presque tous en personne. Elles sont publiques : tous sortent en *autodafé* à Tolède, sauf ceux qu'on déclare innocents. Il en va de même ailleurs, et cela restera vrai jusqu'à la fin du siècle : le luthérien est un personnage qu'on exhibe, sur lequel on insiste. On cherche à créer une image.

C'est entre 1560 et 1565 qu'un pourcentage important d'Espagnols apparaît parmi les condamnés. Plus du quart à Murcie; le quart à Tolède; 5 à 10 % dans les tribunaux frontières. Après, la proportion s'effondre. Passé 1570, on n'en trouve pratiquement plus. Passé la flambée de 1560 d'ailleurs, les courbes retombent très vite, sauf sur les frontières qui connaissent encore des poussées de fièvre. A la fin du siècle, tout doucement, le thème luthérien s'efface. Nous ne pouvons que répéter la conclusion d'Ernst Schäfer : il n'y eut pratiquement pas de protestants espagnols, le pays dans sa masse est resté farouchement catholique. En dix ans l'Inquisition a réussi à éliminer les poches isolées qui s'étaient créées dans ce milieu hostile, et dont elle se charge d'aggraver l'hostilité [15].

Le cas tolédan. — Les répercussions de cette affaire sont immenses, et le pays en restera marqué pendant des siècles. En août 1559 encore, après les *autos* de Séville et de Valladolid, les « luthériens » n'ont pas l'air d'inquiéter outre mesure les inquisiteurs de Tolède. Ils sont tous les deux en train de visiter leur district, l'un d'eux à Alcala, l'autre à Talavera. Certes, ces visites sont liées à la situation générale : Alcala et Talavera appartiennent toutes deux à l'archevêque de Tolède, et la présence d'inquisiteurs y est sans doute souhaitable au moment de l'arrestation de Carranza. En outre, l'un des buts principaux de la visite d'Alcala est la publication dans l'université de l'édit Valdès de 1559 sur les livres, une conséquence directe de la prise de conscience anti-protestante. Mais on n'a pas l'impression d'une situation d'alerte. Le siège du tribunal reste aux mains d'un substitut et du fiscal. Pour peu de temps.

Car le 20 septembre Don Diego Ramirez envoie un billet sybillin à l'Inquisiteur général : « On m'écrit de Tolède que des placards fort mauvais ont été apposés sur certaines maisons. J'y reviens en toute hâte. Je rendrai compte de là-bas à Votre Illustrissime, car en ce moment je n'ai pas d'autres précisions. »

Le 26, nouvelle lettre à la *Suprême* : « Alors que j'étais à Alcala, on m'écrivit de Tolède qu'on avait apposé des placards en faveur des luthériens sur certaines maisons, ce qui avait provoqué une grande altération. Ce que voyant, je partis d'Alcala et j'arrivai ici le vendredi 22 [il a voyagé à bride abattue : en deux jours il a fait plus de 90 km] et je m'occupai de savoir de quoi il retournait. On fait toutes les diligences possibles pour savoir d'où viennent ces papiers. Ils sont tous écrits de la même main. J'en envoie un exemplaire à Votre Seigneurie pour qu'elle tente de faire identifier l'écriture. J'en envoie autant aux autres inquisitions. » La *Suprême* ordonne de retrouver à tout prix les coupables.

Le 18 octobre Ramirez écrit affolé : « Je dois informer Votre Seigneurie d'un fait nouveau. La semaine dernière, samedi 14 courant, on a trouvé dans cinq chapelles de la cathédrale de Tolède cinq placards de la manière de celui qui va avec cette lettre, sans qu'on sache qui les y a mis. (...) Il pleuvait beaucoup cette nuit-là et, aux portes de nombreuses maisons réparties dans toute la ville, on a trouvé dimanche matin plus de trente papiers tous d'une main et d'une même teneur. On fait grande diligence, sans avoir jusqu'à présent aucune piste. On a appelé tous les maîtres d'école (...) et on leur a demandé sous serment s'ils connaissent cette écriture. On leur a montré les trois premières lignes du texte, en enlevant le titre, pour qu'ils ignorent ce dont il s'agit. On a inspecté toutes les auberges de Tolède pour savoir quelles personnes y ont résidé ces deux derniers mois, ce qu'elles faisaient, d'où elles venaient et les papiers qu'elles avaient en leur pouvoir. On a recherché tous les vendeurs de *coplas*. On a appelé tous les écrivains publics pour reconnaître cette écriture. Par tous les moyens on a essayé de trouver une piste, et ce dans le plus grand secret, car c'est la publicité que recherche le coupable. (...) Mon impression est que l'auteur doit être quelque moine défroqué. »

Joint à la lettre, un exemplaire du placard, quatre pages manuscrites d'une écriture fine et claire : « L'Eglise romaine et papistique est l'assemblée des gens de mal, favorables aux mauvaises œuvres, des hypocrites, des menteurs, des trompeurs, des procéduriers, des paresseux (*sic*), des cuisiniers, des fanfarons, des faussaires, des traîtres, des jugeurs téméraires, des serpentins, des persécuteurs, des dénonciateurs, des homicides. (...)

L'Eglise romaine et papistique n'est pas l'Eglise de Jésus-Christ mais l'Eglise du diable et de l'Antéchrist son fils, l'Eglise de l'Antéchrist pape, papeur et destructeur du genre humain, et tels sont les antéchrists papistes, son Eglise... » Après cette vigoureuse introduction, soixante quatrains développent le thème : « Réveille-toi, chrétien, ne reste pas là comme mort, car l'Antéchrist est découvert. Tout homme prenne garde et ne dorme, l'Antéchrist est là », etc.

Les recherches à Tolède ne devaient rien donner. Sebastián Martinez, l'auteur, se fit prendre à Séville, l'année suivante, après avoir répandu ses œuvres, de la même manière, à Avila et dans la capitale du Guadalquivir. C'était un clerc, natif d'Alcala, imprimeur de son état. Le texte de son pamphlet montre que les exécutions de Valladolid et de Séville l'avaient profondément marqué. On le brûla [16].

C'est donc le pamphlet de Sebastián Martinez qui lança à Tolède la chasse aux protestants. Cet événement ne fut pas un choc que pour les inquisiteurs, mais aussi pour la population. Le 25 octobre Francisco de Sonseca, aidé de plusieurs journaliers travaillait son champ à quelque distance de Madridejos. Un curieux personnage, vêtu en pèlerin, passe sur le chemin. On l'appelle. On le fait boire un coup, manger un morceau. Son nom? Pedro Lopez Zorito. Il est berger. Il vient de Guadalupe où il est allé accomplir un vœu. Il rentre chez lui par Baeza. Quelles nouvelles? Les luthériens, bien sûr. Il était à Tolède le jour où on a fermé les portes de la cathédrale quand on a trouvé les placards. « Il était même dans la cathédrale à ce moment-là, et il a vu comment les inquisiteurs ont examiné les livres de prière de tous les chanoines. Ils en ont arrêté trois. » D'ailleurs il est lui-même familier de l'Inquisition. Oui, déguisé. Les inquisiteurs de Tolède en ont envoyé plusieurs voir s'il y a d'autres luthériens dans le pays. « Car ces maudits fuient la loi de Jésus-Christ. » Et si vous en voyez, arrêtez-les. Remettez-les à la justice séculière, pas à l'ecclésiastique, car ceux-là ils sont trop miséricordieux. Et d'improviser un petit sermon, entrelardé de latin de cuisine, dont il ressort que « quand Notre-Seigneur Jésus-Christ a ouvert les bras sur la croix, il nous a tous sauvés, et pour pécheur qu'on soit, pourvu qu'on se repente en mourant, Jésus-Christ pardonnera ». Ah, pour les luthériens, ceux qu'on a brûlés à Séville et à Valladolid descendaient de juifs. Sonseca n'apprécie pas : « Passez votre chemin, ici nous sommes tous vieux chrétiens et nous croyons en Dieu dur comme fer et nous croyons et soutenons tout ce que croit et soutient notre Sainte Mère l'Eglise catholique de Rome. » La veille au soir Lopez Zorito racontait la même chose à deux *hidalgos* de Madridejos sur la grand-place de l'endroit. Les familiers l'apprennent. Ils vont trouver l'*alcalde* et lui demandent un mandat d'arrêt : sûrement, ce n'est pas un vrai familier. Faire du scandale en prétendant qu'il y a des luthériens chez nous... Ils l'obtiennent sans mal. On rattrape Lopez à Manzanares, 60 kilomètres plus au sud, le 26. Il était décidément bon marcheur. Le 3 novembre les inquisiteurs de Tolède interrogent le suspect, qui reconnaît les faits. Il n'est même pas passé par Tolède. Il connaît l'histoire des pamphlets par deux Flamands qu'il a rencontrés en chemin, le 19 octobre, et par un moine italien, qui, eux, étaient à Tolède et ont été interrogés par le Saint-Office. Il a dit qu'il était familier parce qu'il pensait que s'il rencontrait « une de ces mauvaises personnes » là où il allait, il l'arrêterait. Non, il n'est pas luthérien. Ce qu'il a dit du Christ en croix, il ne sait pas pourquoi il l'a dit. Il était un peu gris. Le tribunal croit un instant tenir l'auteur des pamphlets. Il lui faut vite déchanter. Lopez est pénitencié à l'*autodafé* du 25 février 1560 pour s'être fait passer pour familier [17].

Son affaire est intéressante par ce qu'elle nous révèle de la distorsion, de la réinterprétation populaire de toute l'activité de l'Inquisition. Le récit qu'il fait de l'affaire des placards fusionne en effet des éléments divers. La découverte même des placards, la fermeture des portes de la cathédrale, dont nous n'avons pas retrouvé trace dans la documentation mais qui semble logique pour éviter le scandale, fermeture en elle-même impressionnante car elle était aussi l'un des signes de l'interdit; l'examen des livres des chanoines, qui n'est sans doute que la transposition, dans un registre différent, de la publication de l'édit sur les livres de 1559. Quant à l'arrestation des chanoines, il est impensable, si elle avait eu lieu, que Ramirez ne l'ait pas mentionnée dans sa lettre du 18. Ce qui est vrai c'est la tension qui règne à cette date entre le chapitre et les inquisiteurs. Valdès vient d'obtenir du pape un bref attribuant au Saint-Office les revenus du premier canonicat vacant dans tous les chapitres d'Espagne. Or, un chanoine de Tolède vient de mourir et ses collègues résistent. D'où exploits, citations, mandements, sans doute largement commentés en ville. Et toujours cette idée que l'Inquisition châtie les puissants...

Nous voyons comment la rumeur se répand, la curiosité avide de toutes les couches de la population pour avoir des nouvelles, la haine générale pour le protestant, assimilé au nouveau chrétien, le farouche phénomène de rejet du protestantisme, négation du principal symbole d'appartenance au groupe espagnol et le prestige immense de l'Inquisition, lié à celui de la justice du roi, contre l'Eglise corrompue et laxiste. On saisit là l'instant où Luther devient un personnage familier, qui prend place aux côtés du juif dans l'esprit des paysans de Nouvelle-Castille. Un Luther de la doctrine duquel on ignore tout : ni Lopez ni les témoins ne se rendent compte que ses paroles sur la justification tirent au luthéranisme. Un cadre vide, donc, mais lourd d'une charge négative immense : l'inverse de ce par quoi se définissent ces hommes, « de vieux chrétiens qui croient en Dieu dur comme fer, et qui croient et soutiennent tout ce que croit et soutient notre Sainte Mère l'Eglise de Rome ».

C'est alors qu'entre en jeu le formidable résonateur des *autodafés*. Dès janvier 1560 des adolescents tolédans révèlent une étonnante connaissance des points sensibles de la foi et un flair étrange pour déceler les erreurs « luthériennes » d'un camarade flamand. Sans doute l'influence de la Cour qui vient précisément d'arriver à Tolède, porteuse de détails sur l'affaire de Valladolid [18].

Le 25 février 1560, une cérémonie solennelle se déroule sur la place du *Zocodover* : 9 luthériens formels, dont un relaxé en personne, constituent le clou du spectacle. Les 9 mars et 31 août 1561, le 19 septembre 1563, le 17 juin 1565 enfin, où toute une société d'artisans français, qui se réunissaient pour chanter les psaumes de Marot, font les frais du spectacle, l'Inquisition exhibe des « luthériens ».

Or, l'*autodafé* est un instrument pédagogique. C'est là que, par la lecture des sentences, qui toutes comprennent un résumé plus ou moins long des délits du coupable, le Saint-Office impose son image du luthérien. Nous avons relevé dans quelque 32 sentences et relations de causes des années 1559-1565 les points que met en valeur le tribunal[19].

Il en ressort que le luthérien se caractérise par : 1) les éloges qu'il fait de Luther et de ses idées; 2) ses attaques contre le clergé, directes ou indirectes en lui refusant le pouvoir de distribuer les sacrements ou en lui refusant ses privilèges cultuels. Les indulgences, les sacrements, le culte des saints et les rites viennent loin derrière ces deux points fondamentaux. La justification par la foi, l'expression claire de la possibilité pour le chrétien d'interpréter l'Ecriture guidé par l'Esprit Saint ne viennent qu'en position très moyenne. Les questions dogmatiques ne sont donc que discrètement évoquées. On ne saurait trop insister sur le caractère « éducatif » d'une telle présentation. L'Inquisition utilise le cadre du protestantisme pour marquer négativement un certain nombre de comportements et d'opinions, poür renforcer la cohésion de la société espagnole autour d'une idéologie par elle régulée. Le nationalisme n'est d'ailleurs pas absent de tout cela, jouant sur la forte présence étrangère parmi les coupables. Il est instructif de voir se dessiner une géographie populaire de la Réforme : « Les usages nouveaux viennent de France à Valladolid, et de Valladolid à Tolède »; « on verra bientôt de grandes choses en Allemagne et en Angleterre, c'est tout un, et dans une grande partie de la France et des Flandres. Tous bientôt s'uniront pour faire la guerre au roi d'Espagne », aurait dit un Flamand [20]. La politique pointe derrière la foi.

Il n'est d'ailleurs pas besoin de complications inutiles. Pour l'Inquisition jusqu'à la fin du XVIe siècle, et après seulement avec discrétion, peut-être surtout à usage interne, il n'y a pas de différence entre les sectes protestantes. Ce n'est que dans les années 1580 qu'on voit apparaître, timidement, mention de huguenots, d'anglicans. C'est la secte de Luther, ou la Loi de Luther, qui, en vrac, permute avec la Loi de Moïse ou la secte de Mahomet, et s'opposent au terme « chrétien » qui, lui, permute avec l'expression « ce que croit et soutient notre Sainte Mère l'Eglise catholique de Rome » selon le schéma suivant [21] :

Loi de Luther/Loi de Moïse
Secte de Mahomet/Secte de Luther
≠
Chrétien / « Ce que croit et soutient
notre Sainte Mère l'Eglise de Rome. »

Dès le déclenchement de cette campagne, c'est une véritable hystérie qui s'instaure. Ecoutons un témoin qui dépose le 14 mai 1560 : « Il y a une demi-heure j'étais chez Caravajal, le chantre de la cathédrale, dans la maison duquel est installée une taverne de cour. (...) Il y avait là un étranger dont je crois qu'il était Bourguignon et, quoiqu'il ne parle pas bien le castillan, on comprenait ce qu'il disait. Cet homme expliquait que chez lui la terre est très bonne, riche, et que tout est bon marché. Je lui dis, moi, et d'autres qui se trouvaient là, que chez lui ils étaient tous luthériens, et que c'est pour ça que son pays lui semblait meilleur. L'homme répliqua que les luthériens croient en Dieu aussi bien que les gens d'ici, car ils croient en un seul Dieu, et rien d'autre; il affirma deux ou trois fois que les savants luthériens sont plus savants que les savants d'ici, et qu'à Tolède il y a plus de cent luthériens. Je lui dis que si les inquisiteurs le savaient, ils les brûleraient. Il répondit que les inquisiteurs brûlaient les gens pour leur argent. Je lui dis que je devais le dénoncer au Saint-Office. Deux amis à lui m'invitèrent à boire, ce que je refusai. (...) Je m'en fus sur le champ voir Castilla et Villaescusa, familiers, et alors que je discutais avec eux pour qu'ils l'arrêtent, je vis sortir cet homme. " Le voilà ", dis-je. Et l'homme se mit à dévaler la rue vers l'église San Isidro, si vite qu'il semblait qu'un cheval ne le rattraperait pas. Aux cris de : " Au luthérien ", la foule se mit à le poursuivre, et moi je demandai : " Faveur au Saint-Office... " Je sus par le curé de San Isidro que l'accusé s'était réfugié dans le clocher et lui avait lancé la clef. Quand je l'informai qu'il était luthérien, le curé le livra. »

Le « luthérien » en question était un jeune laquais bourguignon du comte de Horn. Deux jours après, l'Inquisition le relâchait, libre de toute charge : il semble qu'il ait seulement dit que s'il y avait des luthériens en France, il y en avait aussi en Espagne, Cazalla, par exemple [22].

Hystérie, disions-nous. Hystérie religieuse et xénophobie. Où est la religion, où est la politique? Elles se compénètrent si bien qu'elles ne font plus qu'un. Tolède est chauffée à blanc, et le mouvement gagne les campagnes. Quand un soir d'avril 1561 un certain Martin de Gamboa se présente aux autorités municipales de Puertollano, dans la Manche, et demande qu'un *alguazil* l'accompagne inspecter les tavernes et les auberges à la recherche des luthériens qu'il poursuit, il ne vient même pas à l'idée de l'*alcalde* que ce pourrait être une usurpation de fonction. Il l'aida à réveiller la moitié de la ville en pleine nuit pour satisfaire la lubie d'un mythomane. Ce n'est que le lendemain qu'il commença à avoir des doutes [23].

Le relâchement à la fin du siècle. — Après 1570 les *autodafés* spectaculaires contre les réformés se font rares en Espagne. Les protestants disparaissent même de l'activité de certains tribunaux et ce sont les mahométisants qui arrivent maintenant au premier rang. Il y a là plus qu'une coïncidence. Mais le choc a eu lieu. Le peuple espagnol est vacciné, et pendant les décennies qui suivent on ne compte pas les affaires semblables à celle que nous venons de décrire où la moindre déviance pseudo-luthérienne, surtout venant d'un étranger ou d'un Espagnol ayant voyagé hors du pays, provoque des réactions de rejet frénétiques. La prédication, la confession, toute la pastorale quotidienne de l'Eglise, se chargent d'ailleurs de consolider les résultats acquis. Et aussi la lecture régulière des édits de foi, où le luthéranisme vient en bonne place, juste après le judaïsme et le mahométisme.

A la fin du siècle, ce système mental est tellement assuré qu'on peut se permetre une certaine tolérance envers les protestants étrangers, ce que la situation politique, en outre, conseille. En 1597 les commerçants hanséatiques sont autorisés à venir dans les ports espagnols. L'Inquisition ne les inquiétera pas, sauf s'ils causent du scandale. Il est précisé qu'on ne les obligera pas à entrer dans les églises, précautions nécessaires pour éviter les incidents avec la population. En 1605 c'est au tour des Anglais, admis aux mêmes conditions. Puis des Zélandais et des Hollandais en 1612. Les autorisations se suivent au rythme des traités de paix. En 1626, les dispositions concernant les Anglais sont abolies avec la reprise des hostilités, puis rétablies en 1631.

Au-delà de ces mesures, dictées par les convenances diplomatiques et économiques, une tolérance plus large et plus informelle s'instaure. Au XVIIe et au XVIIIe siècle des centaines de protestants, français ou allemands, installés à leur compte ou appelés par le service du roi, soldats des régiments étrangers, ou aventuriers, vivent en Espagne. Moyennant un minimum de discrétion on ne s'occupe pas de leurs opinions. S'ils veulent se convertir, l'Inquisition, qui a prévu un dispositif spécial pour ces cas-là, les reçoit à bras ouverts et ne souffle mot de leur situation illégale. Plus personne ne craint sérieusement la contagion. La présence réelle des protestants importe peu. Ce qui compte c'est le mythe, ce formidable instrument d'intégration politique et sociale, cet instrument puissant entre les mains de l'Eglise et de l'Etat grâce auquel on fond en un seul corps la diversité des masses espagnoles [24].

LES LIVRES

Le livre. Cet « hérétique muet », ce « porteur d'hérésie »... L'Inquisition a tardé à s'y intéresser. En 1490, elle brûle un grand nombre de Bibles hébraïques. Peu après, à Salamanque, plus de 600 ouvrages sur la sorcellerie et le judaïsme. Cisneros organise un *autodafé* de manuscrits arabes à Grenade. Rien de systématique encore. La réédition valencienne du *Repertorium inquisitorum pravitatis hereticae* de 1494, est plus que discrète sur ce thème et la première loi espagnole sur la fabrication et la diffusion de l'imprimé (1502) ne fait pas mention du Saint-Office. Seuls sont compétents les juges des Chancelleries royales, les archevêques et les évêques. En pratique, l'Inquisition n'envisage le sujet que par la bande, comme un sous-produit de la répression de la forme particulière d'hérésie qui la préoccupe à tel moment. Nous avons vu les mesures qu'elle prend depuis 1521 contre les livres luthériens et leur introduction en Espagne. Mais nous avons vu aussi que jusqu'en 1540 ces mesures restent limitées.

Il semble bien cependant que ce soit la menace luthérienne qui ait donné au livre la place de choix qu'il finit par occuper dans l'activité du tribunal. C'est contre les luthériens qu'on met en place les premiers dispositifs spécifiques de contrôle de la production écrite dans les universités, c'est contre eux qu'on rédige, en 1540, les premières listes d'ouvrages condamnés, simples récapitulations à l'usage strictement interne du tribunal. C'est alors qu'on lutte contre eux, qu'entre 1550 et 1560 le livre devient un souci de premier plan. Marquons les principales étapes. En 1550, sans doute pour la première fois, un index, celui de Louvain, traduit en espagnol, est diffusé dans le public. Carlstadt, l'ami de Luther, ouvre la liste, Zwingli la ferme. En appendice un *Catalogue des livres antérieurement réprouvés par le Saint-Office*, purement espagnol et assez confus, où Luther voisine avec « tous les Corans en arabe ou toute autre langue, qui contiennent les erreurs de Mahomet », « toutes les Bibles en langue vulgaire » et un *Gamaliel* sans nom d'auteur, « livre imprimé en romance où on interdit de donner à autrui conseil de se marier, de se faire prêtre ni d'entrer en religion, pour que chacun suive en cela sa propre inclinaison ». L'Allemagne commande. En 1559 c'est le *Catalogue des livres interdits donné par le Très Révérend D.D. Fernando de Valdès, Inquisiteur Général d'Espagne,* œuvre bâclée, produit d'un moment de panique, d'interprétation difficile même pour les contemporains comme le prouvent les nombreuses lettres où les tribunaux de province demandent des éclaircissements. La même année le Saint-Office acquiert la juridiction exclusive sur les possesseurs de livres interdits en vertu d'une bulle pontificale. Peu avant, il avait publié une censure générale des Bibles, fruit de l'examen systématique de ces ouvrages auquel on se livrait depuis deux ans. « Période de tâtonnements » dit Virgilio Pinto Crespo. Au moins des précédents se créent-ils qui affermissent la juridiction de l'Office sur l'imprimé.

Car l'Etat aussi durcit ses positions. En 1554 Philippe II et Charles Quint décident que seul désormais le Conseil royal pourra délivrer des licences d'impression en des termes qui ne laissent aucun doute sur leur volonté de réduire la production : « Informés que les licences d'impression s'accordent avec facilité et qu'on imprime beaucoup de livres inutiles, sans intérêt et pleins de choses impertinentes... » En 1558 on promulgue une pragmatique féroce : « Quiconque imprimerait ou ferait imprimer aucun livre (...) sans notre autorisation (...) qu'il encourre la peine de mort et la perte de tous ses biens, et que ledit livre soit brûlé publiquement. » Au moment même où, à Valladolid, on démantèle une communauté « luthérienne ». Dans les années qui suivent, le dispositif inquisitorial achève de se mettre en place. Il nous faut maintenant le décrire tel qu'il se présente vers la fin du XVIe siècle.

L'Inquisition ne se mêle pas de censure préalable; c'est l'affaire de l'Etat qui dispose d'instruments appropriés. Certes, il y eut quelques hésitations, comme en 1527 où le Saint-Office accorda une licence pour l'impression des œuvres de saint Bernard, comme en 1536, où la *Suprême* revendiqua pour elle ce pouvoir. Mais dès 1550 une *Carta Acordada* interdit cette pratique et désormais on ne trouve plus que des cas isolés, sans valeur légale. C'est *a posteriori* que s'exerce son contrôle [25].

Virgilio Pinto Crespo [26] nous a décrit le « procès d'un livre ». Au commencement, la dénonciation de l'ouvrage, au Conseil ou à l'un des tribunaux provinciaux. Dénonciation encouragée par l'Office; le catalogue de Valdès s'achève sur ces mots : « Pour autant, on ordonne, sous peine d'excommunication, à toutes les personnes de quelque état ou condition que ce soit, qui sauraient que dans un livre en latin ou en romance ou en toute autre langue, il y aurait des doctrines fausses, mauvaises ou suspectes, qu'elles en avertissent immédiatement les inquisiteurs et leurs commissaires pour que ceux-ci prennent les dispositions nécessaires. » Le tribunal qui reçoit la dénonciation fait alors qualifier le livre par ses propres qualificateurs, puis remet le dossier à la *Suprême, qui seule a pouvoir de décision* [27]. Pendant cette procédure les exemplaires non vendus de l'ouvrage sont saisis et sa diffusion interdite. Dès lors, trois possibilités. Ou la décision est favorable et, dans ce cas, on lève toutes les mesures de précaution et la diffusion de l'ouvrage est libre. Ou l'œuvre est condamnée, auquel cas tous les exemplaires du livre sont recueillis et brûlés sauf un qui reste en dépôt au tribunal. Ou certains passages seulement sont jugés pernicieux. Les commissaires, parfois les qualificateurs eux-mêmes, les « caviardent » alors. La vente des exemplaires corrigés est libre.

On constatera deux choses : d'une part les efforts qui sont faits pour obtenir la censure la plus impartiale possible, pour éviter les personnalismes : concentration du pouvoir de décision dans le Conseil, multiplication des qualifications, toujours demandées à plusieurs individus, parfois à un Collège majeur tout entier, quelquefois à une Université en corps. Mais on voit que l'auteur n'a pas le droit d'exposer son point de vue, ce qui, dans l'optique inquisitoriale peut se comprendre : quand le lecteur aura le livre entre les mains, il ne sera pas là pour lui expliquer les passages délicats. On aura d'autre part remarqué le rôle essentiel des qualificateurs : c'est sur leur rapport que la *Suprême* prend sa décision. Qui sont-ils? Presque toujours des moines, tous munis de titres universitaires brillants, quelques-uns remarquables : Mariana, Soto, Miguel de Medina, Melchor Cano, Carranza, entre autres. Ils travaillent bénévolement, sans autre rétribution que le prestige attaché à leur titre. Chaque tribunal en a un groupe, et le Conseil un autre, plus important. On s'attache à maintenir un équilibre entre les ordres, qui doivent être tous représentés. Mais les dominicains dominent nettement le lot, surtout si on ne tient compte que de ceux à qui on donne vraiment du travail, car beaucoup ne sont là qu'à titre honorifique. Puis viennent les augustins, les franciscains, les jésuites, qui ne laissent aux autres familles que la portion congrue. C'est donc sur l'élite intellectuelle des réguliers que repose en dernière analyse la censure inquisitoriale, et sur la collaboration des couches de la population qui savent lire.

C'est pour elles qu'à coups de censures et de prohibitions, le Saint-Office définit le champ de l'orthodoxie. Ses décisions sont portées à la connaissance du public par des édits de prohibition ou d'expurgation que le Conseil envoie au coup par coup, tout imprimés, aux tribunaux locaux qui les répercutent sur les commissaires. Au jour dit, ils sont solennellement lus à la grand-messe, dans les formes de l'édit de foi. La remarquable organisation territoriale de l'Inquisition lui permet de diffuser rapidement, dans tout le pays, les décisions de l'organisation centrale.

Les édits de prohibitions sont comme les troupes légères qui suivent au jour le jour les avances et les reculs de l'hérésie. De temps en temps, un gros catalogue, un index, vient occuper le terrain et fournir une base de départ pour l'avenir. Le premier véritable index espagnol est celui que publia l'Inquisiteur général Quiroga en 1583-1584. Car un index n'est pas seulement un recueil des édits antérieurs. Outre qu'il inclue des ouvrages nouveaux, c'est un ensemble organisé, hiérarchisé, qui définit systématiquement et clairement l'orthodoxie, l'hérésie, et les principes qui président à leur reconnaissance. C'est un instrument qui non seulement doit éliminer un certain nombre d'œuvres précises, mais encore guider les intellectuels dans leurs recherches; c'est un instrument de régulation idéologique qui tente de définir le contenu global de ce que liront les Espagnols.

Le *Catalogue* de Quiroga est d'une extrême souplesse en dépit des deux forts volumes qu'il occupe. Le premier tome (1583), avec la liste des ouvrages interdits dans leur totalité, publie les 14 « règles générales » qui ont présidé à sa confection et qu'il faut suivre pour son interprétation. Il est remarquable que rien n'est absolument interdit : sauf précision contraire, les ouvrages prohibés le sont seulement en langue vulgaire (règle 14), et la lecture de ceux qui le sont aussi en latin est permise à une petite élite à qui le Saint-Office donnera une licence spéciale. On détermine donc trois niveaux de lecture : le commun, l'intellectuel et l'élite. Le second volume contient la liste des expurgations à effectuer dans une longue liste de livres, tâche que bien peu d'index étrangers oseront entreprendre, mais qui permet d'autoriser nombre d'ouvrages intéressants qu'une méthode plus rigide aurait supprimés.

Revenons aux quatorze règles. Elles donnent au lecteur les moyens de combler les lacunes de l'index et de trier les livres publiés postérieurement. Y sont définis comme particulièrement dangereux les ouvrages publiés après 1515 (règle 1), interdits les livres de sorcellerie et de magie (règle 9), toutes les publications, chansons, poèmes, qui traitent des choses sacrées de manière trop humaine (règle 10), tous les livres d'heures en langue vulgaire pour contenir des prières superstitieuses, comme celles dont la récitation garantirait contre tel ou tel type de mort... Le champ ne se limite d'ailleurs pas au livre, mais atteint tous les moyens de communication graphique : interdiction « de tous les images, portraits, statues, monnaies, impressions, inventions, masques, représentations et médailles, en quelque matière que ce soit, estampés, peints, dessinés, ouvrés, tissés, figurés ou autrement faits en dérision ou irrévérence des saints, de leurs statues, reliques et miracles (...) ou qui seraient contraires au respect dû au Saint-Siège (...) aux cardinaux et aux évêques » (règle 12).

L'index est minutieux. Sa préparation, lancée vers 1570, a duré quatorze ans. On y inclut des livres en allemand, alors que presque personne ne connaît cette langue en Espagne. On réclame à l'Inquisition du Portugal des ouvrages qu'elle avait inclus dans son propre index et qui étaient introuvables en Espagne... C'est une œuvre collective, à laquelle collabore tout ce qui compte intellectuellement dans le pays : le gros du travail est fait par l'université de Salamanque en corps, et accessoirement par celle d'Alcala. Jamais l'Inquisition n'aura été moins isolée, jamais elle n'aura été davantage en communion avec les élites du royaume. Travail original, enfin. L'index de Quiroga est indépendant, comme tous ses successeurs, des catalogues romains dont la série s'amorce avec la publication de l'*Index tridentin* en 1564 : les livres condamnés par l'un ne le sont pas forcément par l'autre, et si les quatorze règles générales s'inspirent de celles de Trente, les divergences sont notables : inclusion dans les règles espagnoles de l'interdiction d'œuvres juives et musulmanes en hébreu ou en arabe (règle 4); plus grande sévérité à l'égard des superstitions du peuple, ce qui montre bien que, si en Espagne plus qu'ailleurs dans le monde catholique, les élites ont assumé des formes de piété populaire, cela n'a pas été sans les épurer fortement; absence de référence au caractère moral des œuvres jugées : ce qui intéresse à cette date, c'est la lutte contre l'hérésie *stricto sensu*. La situation changea plus tard : à partir de 1640, la censure inquisitoriale s'attacha de plus en plus à ces aspects. Le *Catalogue* est publié dans les formes de l'édit et un exemplaire est déposé chez tous les libraires, à la disposition du public.

Informer c'est bien, contrôler, c'est mieux. Outre les index, l'Inquisition dispose d'autres outils qui lui permettent de surveiller le marché du livre. Les sorties, tout d'abord, les exportations, essentiellement à Séville où l'on examine ce qui s'embarque pour l'Amérique. Mais ce n'est pas là le plus important. La surveillance s'exerce surtout sur les importations. Cette préoccupation est ancienne et liée, nous l'avons vu, au péril protestant. Elle le reste. Nous avons conservé une série de *Cartas Acordadas* de la seconde moitié du XVIe siècle qui toutes tournent autour du même thème : les hérétiques préparent des éditions immenses en castillan pour inonder le pays : il faut redoubler de vigilance. Les chiffres cités sont tellement élevés, les formules tellement stéréotypées qu'il est difficile de ne pas voir là un mythe propre à sous-tendre et à renforcer la méfiance à l'égard de l'imprimé et à maintenir en alerte les agents du Saint-Office. C'est alors que se met en place l'instrument par excellence de ce contrôle : la visite des navires. Dans les ports principaux le commissaire de l'Inquisition monte le premier à bord des vaisseaux qui se présentent pour vérifier qu'ils ne transportent pas de livres interdits. Les problèmes sont multiples : rivalités avec les douaniers, protestations des marchands furieux d'une inspection supplémentaire, astuce des fraudeurs (Simon Ruiz, le célèbre marchand de Medina Del Campo, passait des livres dans les ballots de laine qu'il importait), négligence et vénalité des commissaires. En dépit de tout, jusqu'à la fin du XVIIe siècle, le système fonctionne. Quant aux livres légalement importés, on a vite dû renoncer à les faire transporter à la capitale pour examen par le Conseil. C'est dans le port même que les commissaires les vérifient.

Au contrôle des points d'entrée, correspond le contrôle des points de vente. C'est l'une des tâches essentielles des commissaires ordinaires, outre, bien sûr, les commissaires spéciaux d'Alcala et de Salamanque dont nous avons vu le rôle. A coups d'inspections des librairies, ils doivent s'assurer de l'orthodoxie des ouvrages vendus. Parfois ils montent des opérations de grand style. Le 25 octobre 1566, Séville se réveille littéralement occupée par les familiers qui cernent toutes les librairies de la ville. Puis les commissaires apposent les scellés. On procède ensuite à l'examen des fonds, livre par livre. Depuis 1605 d'ailleurs, les librairies doivent tenir à jour la liste des ouvrages en stock et pointer le nom des acheteurs.

Ce qui nous amene au dernier maillon de la chaîne, le lecteur, lui aussi est surveillé. Depuis 1549 il doit dénoncer les livres interdits qu'il possède; depuis 1559 seul l'Inquisiteur général peut le relever des excommunications qu'il encourrait en cette matière. Les édits de foi assimilent le non-respect des décisions inquisitoriales sur ce point à l'hérésie formelle. Les bibliothèques privées sont théoriquement soumises au même régime de visites que les librairies. Les procès en forme sont rares, mais les pressions de détail, l'auto-contrôle, sans doute fréquents.

Un système remarquable, donc, qui permet de surveiller toute la chaîne de la production, de la commercialisation et de la consommation du livre, en étroite collaboration avec les pouvoirs civils. L'Inquisition est le seul organisme en Espagne et peut-être en Europe, qui puisse faire ce travail, le seul qui domine suffisamment l'espace du pays pour pouvoir diffuser et faire appliquer partout et de manière uniforme les prohibitions décidées dans la capitale.

Nous manquons encore de données pour évaluer les conséquences de ces mesures. Elles ont gêné le commerce du livre, c'est certain; elles portent une part, peut-être importante, de responsabilité dans le déclin de l'imprimerie espagnole : sans cesse la menace d'une saisie, d'une édition perdue, de frais sérieux et de retards dans le meilleur des cas. Elles ne peuvent qu'avoir favorisé le conservatisme le plus extrême des auteurs, incités à la plus grande prudence. Elles ont surtout constitué une formidable contre-propagande envers le livre. Pendant 200 ans on a répété aux Espagnols que c'est un produit dangereux, de la dynamite, à manier avec précaution, surtout le livre étranger. Et il est bien possible qu'on les en ait convaincus. C'est là le plus grave.

Il faudra d'ailleurs se garder de toute exagération. L'Inquisition ne condamnait tout de même pas tous les ouvrages, et nous avons vu que le *Catalogue* de 1583-1584 se montrait libéral envers les œuvres de divertissement. On s'étonne parfois de voir circuler sans encombre des œuvres comiques ou érotiques qui nous semblent fort insultantes pour le clergé... Le réseau de contrôle du

Saint-Office, pour être remarquable, n'en comportait pas moins des failles. Surveiller toute la côte était impossible; quant aux frontières terrestres... Le Pays basque tout entier était au point de vue douanier hors d'Espagne, et les agents de la douane d'Agreda pour la plupart de nouveaux chrétiens portugais! Quelle ardeur pouvaient-ils mettre à collaborer avec l'Inquisition [28]? Lire en détail de gros ouvrages n'est pas facile, et bien des choses peuvent échapper au qualificateur le plus vigilant; sans parler des interventions plus ou moins discrètes de tel haut personnage...

Il faut surtout distinguer selon les époques. C'est à la fin du XVIᵉ siècle et au début du XVIIᵉ que le contrôle inquisitorial fut le plus efficace. Dès la publication de l'Index de Quiroga on en met un autre en chantier, qui voit le jour en 1612 (Index de Sandoval y Rojas, du nom de l'Inquisiteur général du moment). Un autre paraît en 1632 (Zapata); un autre encore en 1640 (Sotomayor). Puis un trou de 67 ans. L'Index Vidal-Marin (1707) est une œuvre sérieuse, originale, fruit d'un travail soutenu. Il est difficile d'en dire autant de celui de 1747 (Prado y Cuesta), dont la rédaction fut confiée à deux jésuites qui se laissèrent quelque peu emporter par des passions particulières : d'où la condamnation souvent injustifiée d'adversaires de leur ordre confondus sous le nom de jansénistes. C'est l'aboutissement d'un processus de repliement sur soi de la censure inquisitoriale auparavant largement ouverte à l'ensemble du monde intellectuel. Le prestige de l'Index en souffre. Le roi autorise la publication de libelles contre lui... D'ailleurs, sous Charles III, les rapports entre les deux pouvoirs, Etat et Inquisition, traversent une crise. Quarante ans s'écoulent avant la publication du dernier catalogue en 1790. De taille plus réduite que les précédents (un seul volume), il est loin d'avoir leur précision et ne comporte plus d'expurgatoire. Marcelin Defourneaux a dénoncé la baisse de la qualité du travail inquisitorial de l'Office au XVIIIᵉ siècle, la multiplication des condamnations en bloc, sans exposé des motifs, les lenteurs, les retards. Les *Essais sur l'entendement humain* de Locke, traduits en français en 1723, sont soumis aux qualificateurs en 1736; ils les condamnent... en 1804. Le système de contrôle s'effondre. Des enquêtes faites au XVIIIe siècle révèlent que depuis des dizaines d'années les visites de navires ne se font plus. Comment d'ailleurs une institution qui disposait en tout et pour tout d'une douzaine d'agents en Catalogne vers 1750 aurait-elle pu les effectuer? On sait la relative facilité avec laquelle les livres français ont pénétré en Espagne au XVIIIe siècle. Tout au plus note-t-on un durcissement à la fin du siècle, quand la Révolution fait peser un danger direct sur l'Ancien Régime. Mais cette dernière flambée, d'ailleurs plus directement politique que religieuse, ne fait que mettre en évidence la décadence du tribunal.

PENSEURS ET INTELLECTUELS

Le contrôle de la diffusion du livre s'accompagne du contrôle des écrivains, des penseurs, essentiellement des universitaires, producteurs de schémas idéologiques. Nous serons plus bref sur ce point car le sujet a été et continue à être étudié par des spécialistes plus compétents que nous-mêmes. C'est à partir des années 1520 que cette facette de l'activité inquisitoriale commence à se développer, dans une premier temps pour surveiller les érasmisants. En 1534 Juan Luis Vives écrivait au sage de Rotterdam : « Nous passons des moments difficiles, dans lesquels on ne peut ni se taire ni parler avec sécurité. » Mais, en dépit des procès qui frappent les plus notables d'entre eux, l'action de l'Inquisition reste limitée : même l'érasmisme reste fort jusque dans la deuxième moitié du siècle, et rien n'indique que, luthéranisme et illuminisme mis à part, l'Inquisition ait gêné le développement d'autres tendances.

C'est encore une fois à partir des années 50 que tout bascule et que brutalement, devant le danger protestant, la politique à l'égard des intellectuels se durçit. Gardons-nous cependant de faire du Saint-Office le *deus ex machina* qui aurait assassiné une culture espagnole en pleine floraison : les responsabilités sont largement partagées. Par l'Etat qui, en 1559, interdit à ses ressortissants d'enseigner ou de suivre des cours dans aucune université étrangère, sauf Bologne, Rome, Naples et Coïmbre. Par les intellectuels eux-mêmes que nous avons vu collaborer étroitement avec l'Inquisition, y compris ceux qui auront plus tard les pires ennuis avec elle : Mariana, Miguel de Medina, Carranza... Enfin, jusqu'au début du XVIIe siècle au moins, l'action du tribunal fut sélective, laissant une bonne marge de manœuvre à la création et à la recherche.

Il n'en reste pas moins que, dans la seconde moitié du XVIe siècle, il devient dangereux de parler trop haut en certaines matières. Frère Luis de Léon, l'un des plus grands théologiens espagnols, fut jeté en prison, accusé d'avoir douté de la fidélité du texte de la Vulgate à l'hébreu. Il y croupit cinq ans, jusqu'en 1576, avant de rétracter quelques propositions mineures. On montre encore à Salamanque la salle où, récupérant sa chaire, il aurait prononcé, après une si longue absence, les mots fameux : « Nous disions hier... » On l'arrêta à nouveau en 1582, mais l'amitié de l'Inquisiteur général Quiroga termina l'affaire sans dommage majeur. D'autres eurent moins de chance, comme Gaspar de Grajal, son collègue et ami, qui, détenu presque en même temps que lui, mourut avant de recouvrer sa liberté; ou frère Miguel de Medina, l'une des gloires de l'ordre de saint François, qui subit le même sort avant que l'inquisition de Tolède ne reconnût *post mortem* son innocence [29]. Le père José Sigüenza, professeur à l'Escorial, accusé d'avoir soutenu qu'il fallait prêcher l'Evangile et l'Evangile seul, d'avoir attaqué la théologie scolastique qu'il estimait inutile, d'avoir loué au-delà de toute mesure Arias Montano, fut absout au bout de six mois de détention à La Sisla. Quant au jésuite Mariana, il fut poursuivi pour son *Tractatus Septem* qui contenait des attaques contre les manipulations monétaires. Après deux ans d'une prison assez confortable dans un monastère madrilène, il abjura *de levi* et se rétracta dans la salle du tribunal [30]. Beaucoup de ces procès sont provoqués par des rancunes personnelles : celui du père Sigüenza par la jalousie de ses collègues, surtout de son prieur Diego de Yepes, et du confesseur du roi, Garcia de Loaisa [31]. Le groupe de Salamanque pâtit de la rancune d'un ancien professeur, par ailleurs savant estimable, qui ne savait pas distinguer entre rivalité scientifique et inimitié personnelle. D'autres que ceux que nous avons cités connaissent les cachots. Leur nombre, au total, reste limité et les sentences n'ont rien de féroce. Mais beaucoup, qui jamais n'ont été arrêtés, finirent par adopter le point de vue de Martin de Cantalapiedra à l'issue de son procès : « Il vaut mieux avancer avec prudence et rester dans de sages limites. » Ou comme soupirait sainte Thérèse : « Les temps sont durs. » Force des exemples...

Au XVIIe siècle la surveillance sur les intellectuels ne se relâche pas, au contraire. La moindre soutenance de thèse donne lieu au contrôle de l'orthodoxie des conclusions par le commissaire local du Saint-Office. C'est parfois tout le jury qui rejoint le candidat sur le banc des accusés, comme ces jésuites d'Alcala jugés en 1604 à Tolède pour avoir approuvé un futur docteur qui voulait soutenir « qu'il n'est pas de foi que telle personne précise soit le pape légitime [32] ». A la fin du XVIIIe siècle encore un candidat se vit reprocher par l'Inquisition de soutenir le système de Copernic. On l'autorisa à le présenter comme hypothèse, pas comme thèse [33]. Quant à frère Manuel Santos de San Juan il paya de dix ans de réclusion dans un couvent et d'une abjuration *de vehementi* la hardiesse dont il avait fait preuve en écrivant un *Ensayo del teatro de Roma*, au milieu du XVIIIe siècle [34].

LE CLERGÉ

Nous avons fait quelques sondages dans les relations de causes de l'inquisition de Tolède pour déterminer la place des clercs parmi les accusés [35] [(a)] [(b)] :

	1535-1539 (a)	1561-1565	1601-1605	1646-1650	1696-1700	1741-1750 (b)
Nombre	19	20	22	18	5	8
% du total des accusés	5,15	6,97	14	11,76	13,51	33

Une certaine régularité en chiffres absolus, jusque dans la seconde moitié du XVIIe siècle. Mais ce n'est pas là l'important. Il est plus intéressant de constater que leur part dans le travail inquisitorial est de plus en plus forte, comme si le Saint-Office concentrait sa surveillance sur eux. Il est remarquable que les délits pour lesquels on les poursuit changent. De 1535 à 1539, nous trouvons quatre *alumbrados,* deux « luthériens », deux blasphémateurs, deux faux-témoins, deux insulteurs du Saint-Office, un *inhabil*, un guérisseur, un indéterminé, deux clercs mariés et un qui avait dit des choses peu orthodoxes au prêcheur. De 1601 à 1605 le panorama change complètement : un faux-témoin, un blasphémateur, mais aussi six membres d'un jury de thèses accusés d'avoir soutenu une proposition hérétique, huit prêtres accusés d'être sortis de l'orthodoxie en prêchant ou en enseignant, six sollicitants. On passe donc de délits « communs », que tout le monde peut commettre, à des délits plus typiquement cléricaux, plus (précisément) spécifiques de ce qui constitue l'esesntiel de la fonction du clergé dans l'optique du concile de Trente : la pastorale, l'éducation religieuse du peuple, la transmission d'une idéologie à travers la confession et la prédication.

Il est difficile d'exagérer l'importance qu'on accorde alors à la prédication. « Elle acquiert une importance extraordinaire à cette époque : c'est presque la seule forme d'instruction religieuse, la seule manière d'accéder aux textes sacrés [36]. » Prêcher est une tâche qu'on ne confie pas à n'importe qui. Le sermon, qui a lieu souvent en dehors des offices, est un long discours de plusieurs heures, un peu à la manière des actuelles conférences de Carême. Seule peut en prononcer l'élite du clergé espagnol, les prêtres à qui leur évêque a donné licence et en leur accordant le titre envié de prédicateur. Les curés ordinaires se contentent d'une homélie, bref commentaire de l'Evangile du jour, qu'ils disent à la grand-messe en s'en tenant au pense-bête que les statuts synodaux leur font obligation d'acheter. C'est que prêcher est une lourde charge : il s'agit de traduire, de transposer la théologie d'école dans un langage et des schémas concrets, accessibles aux humbles. Plus d'un y commet des faux-pas.

Ce bénédictin d'Oña par exemple qui, vers 1750, pour mettre en valeur combien il était important de ne point travailler les jours de fête s'écriait : « Respectez les fêtes, ou je saisirai la croix, je la lèverai et je passerai au parti de Mahomet en criant : " Mahomet, Mahomet ". » Ou ce bachelier Cotoria qui, expliquant aux fidèles de Cornago les décrets du concile sur le mariage, eut un scrupule : comment leur présenter que l'on déclare nuls les mariages clandestins qui, hier encore, étaient valables? Et de distinguer : quant à Dieu le mariage clandestin reste valable; l'Eglise l'annule quant à ses manifestations dans ce monde : « Que l'homme ne sépare pas ce que Dieu a uni. »

La prédication des saints semble avoir présenté des problèmes particuliers. Il s'agissait de louer le saint du jour et de l'exalter au-dessus des autres, sans passer la mesure. C'était aller trop loin que de dire que saint Jean l'Evangéliste est le plus grand de tous les saints, car si saint Jean-Baptiste est le plus grand dans l'ordre de la pénitence, saint Paul dans l'ordre de la prédication, saint Pierre dans l'ordre de la foi, l'Evangéliste l'est dans l'ordre de la charité. Or la charité est la plus grande des vertus cardinales. Donc l'Evangéliste est le plus grand de tous les saints. Proposition inadmissible : chacun sait que le plus grand de tous les saints, c'est la Vierge...

Se faire comprendre, tel était le problème du curé de San Martin de Valdeiglesias. Dans son sermon de Noël 1540 il traita de la virginité de Marie, de sa virginité physique. Le choix du sujet est en lui-même révélateur. Plus intéressante encore la manière. Quelques esprits forts refusent d'admettre qu'elle soit restée vierge « avant, pendant, après l'enfantement ».

Il faut les écraser sous un argument définitif : quand Notre-Dame mit Dieu au monde, il y avait là deux sages-femmes; voyant qu'elle ne saignait pas, elles la sondèrent. L'hymen était intact...

L'Inquisition n'est pas sévère. Elle sait bien que ce sont là excès de langage qui ne préjugent en rien de l'hétérodoxie de leur auteur. Le danger, c'est la publicité donnée à la chose, aggravée par son rôle d'enseignant. C'est donc à réparer les dégâts que vise la sentence, presque toujours la même : réprimande au coupable, jamais en public, tout au plus devant quelques-uns de ses collègues pour qu'ils en prennent de la graine, rétractation publique plus ou moins déguisée à l'endroit même et devant le public où il a commis le délit, interdiction de prêcher à temps, et quelque interdiction de séjour comme peine annexe.

Elle est beaucoup plus sévère pour les sollicitants. Il faut rappeler l'importance fondamentale de la confession dans l'Eglise post-tridentine, qui ne se contente pas de renouveler l'obligation de la confession annuelle, instrument de premier ordre pour la pastorale, mais exalte le sacrement de toutes les manières possibles. Ce qui amène l'Inquisition à s'y intéresser. La sollicitation consiste, pour le confesseur, à proposer à un pénitent ou à une pénitente une activité sexuelle avec lui, au cours de la confession, ou en utilisant les liens créés par elle. Le cas inverse, où l'initiative vient du pénitent, est très rare. C'est un risque psychologique connu depuis longtemps, qui découle tout naturellement de la proximité physique et morale établie entre ces deux personnes, mais qui inquiète de plus en plus les contemporains. C'est pour lutter contre lui qu'on impose à la même époque l'usage du confessionnal, meuble qui isole physiquement les partenaires en les empêchant même de se voir.

La gravité nouvelle attribuée au délit amène Paul IV, en 1561, à enlever, en Espagne, sa connaissance aux tribunaux des évêques, instances disciplinaires normales du clergé, pour l'attribuer à l'Inquisition [37]. Peu après les premiers cas apparaissent sur les courbes de Tolède, et le flux est continu, quoique jamais très important, jusqu'à l'abolition du Saint-Office. La relative poussée des débuts est normale, succédant à une période de relâchement.

Quant aux sentences, elles sont sévères : abjuration *de levi*, car le délit est assimilé à l'hérésie; interdiction perpétuelle de confesser; entre cinq et dix ans de réclusion dans un couvent; pénitences spirituelles (jeûnes, dernier rang dans les cérémonies, discipline). Ce serait aller contre le but qu'on se propose (qui reste la défense du prestige du clergé et des sacrements) que de mettre les laïcs au courant de pareilles turpitudes. « Qu'on ne fasse pas trop de zèle dans la poursuite des religieux, commente Peña, car le procès d'un prêtre peut toujours s'interpréter comme celui du cléricat tout entier. » Un moment même on hésite à mentionner la sollicitation dans l'édit de foi pour éviter le scandale... Aussi le châtiment a-t-il toujours lieu dans la salle du tribunal, devant un groupe choisi de collègues-confesseurs du coupable.

Au fil du temps on note des nuances nouvelles : renforcement, s'il est possible, de la dureté des sentences et souci plus grand de retirer définitivement de la circulation les confesseurs peu sûrs. Alors qu'au début il est fréquent de leur permettre de continuer à confesser les hommes, de plus en plus on leur interdit hommes et femmes. Remarquable également la tendance à assimiler molinisme et sollicitation, quand apparaît cette école, ce qui explique peut-être la hausse relative des courbes tolédanes dans la seconde moitié du XVIIe siècle.

Quant aux accusés, il est à peine besoin de dire que tous sont prêtres et que leur répartition entre les différentes familles correspond en gros à l'importance de chacune dans l'administration de la pénitence. Reprenons les statistiques que donne Lea pour le XVIIIe siècle. Les séculiers sont peu nombreux : 981 contre 2 794 réguliers. Parmi ces derniers, la prédominance des franciscains est écrasante : 1 058 représentants, toutes branches de l'ordre confondues. Les suivent les carmélites (355 cas), les dominicains, les augustins et les trinitaires. Tous ensemble représentent les quatre cinquièmes des réguliers [38].

Soulignons enfin que pour l'Inquisition la sollicitation est une préoccupation grave et constante, ce qui se marque par la création de registres spéciaux pour noter les cas, des demandes de rapports incessantes de la part de la *Suprême,* la soumission de tous les procès en cours au Conseil... S'il y a un rôle que l'Office a pris au sérieux, c'est bien celui de gardien du sacrement de pénitence.

Nous ne voudrions pas qu'à la lecture de ce qui précède on s'imagine que l'Inquisition s'en est tenue à une politique répressive à l'égard du clergé. Elle le défend, l'exalte aussi de bien des manières, en réprimant les manifestations anticléricales, surtout, comme cette opinion, si bien ancrée en Castille, que l'état de mariage est supérieur ou égal en dignité à l'état de célibat... Les premières affaires apparaissent peu après le concile de Trente, et deviennent si nombreuses que dans la classification inquisitoriale le délit d' « états » en vient à constituer une classe à part... Mais par un autre côté cela n'est qu'un aspect d'une campagne bien plus vaste que mène l'Office, dans la seconde moitié du XVIe siècle, sur le problème du mariage chrétien.

NOTES

1. Augustin Redondo : « Luther et l'Espagne de 1520 à 1536 », *Mélanges de la Casa de Velasquez,* 1965, t. I, pp. 109-165, que nous suivons pour l'essentiel de ce paragraphe en le complétant.

2. Henry Charles LEA : *A History of the Inquisition of Spain, op. cit.,* t. III, p. 413.

3. A.H.N. Inq., leg. 221, exp. 19.

4. A.H.N. Inq., leg. 204, exp. 43.

5. Henry Charles LEA : *Op. cit.*

6. A.H.N., Inq., libro 574, F° 18V°-21V° et F° 141V°

7. Virgilio PINTO CRESPO : *Censura inquisitorial en la secunda mitad del siglo XVI...,* thèse de licence, université autonome de Madrid, 1977, exemplaire dactylographié, p. 61.

8. A.H.N. Inq., libro 833, F° 1-10.

9. A.H.N. Inq., leg. 3067, exp. 82 et 84.

10. José Luis NOVALIN : *El Inquisidor General Fernando de Valdés...,* Oviedo, 1968, pp. 182-184.

11. José Luis NOVALIN : *Ibid.* Sur le fait de savoir s'ils étaient luthériens ou non, voir la contribution de Marcel BATAILLON : *Erasme et l'Espagne,* trad. franç., 2e édition, Mexico, 1966, p. 515 sq. L'auteur nous semble aller un peu loin dans la défense d'une thèse fondamentalement juste.

12. Voir Ernst SCHÄFER : *Geschishte des spanischen Protestantismus und der Inquisition im sechzehnten Jahrhundert,* 3 vol., Gütersloh, 1902, qui reste en dépit de sa date une mine inépuisable de renseignements et que nous avons largement mis à contribution dans tout ce chapitre. A.H.N. Inq., leg. 210, exp. 18; leg. 2072, exp. 30; libro 833, F° 115V°.

13. A.H.N. Inq., leg. 126, exp. 9; leg. 78, exp. 3.

14. Sources : Pour Tolède, Jean-Pierre DEDIEU : « Les causes de foi de l'Inquisition de Tolède, essai statistique », in *Mélanges de la Casa de Velazquez,* t. XIV, 1978. Pour Cuenca : Sebastian CIRAC ESTOPAÑAN : *Registros de documentos del Santo Oficio de Cuenca y Sigüenza,* Cuenca, 1965. Pour le reste, Ernst SCHÄFER : *Op. cit.*

15. Ernst SCHÄFER : *Op. cit.,* t. II, pp. 271-342.

16. A.H.N. Inq., leg. 3067, exp. 131, 132, 133; Ernst SCHÄFER : *Op. cit.,* vol. II, p. 312 et p. 107 sq. où il publie le texte intégral du pamphlet de Sebastian Martinez

17. A.H.N. Inq., leg. 77, exp. 6.

18. A.H.N. Inq., leg. 200, exp. 8.

19. Ce graphique ne saurait constituer qu'une simple indication. La colonne de gauche étudie les éléments de la figure du luthérien telle que la définit l'édit de foi sur la base d'un édit de 1629.

20. A.H.N. Inq., leg. 2072, exp. 30.

21. On s'est étonné de voir des Espagnols distinguer entre chrétiens et luthériens, comme si les luthériens n'étaient pas chrétiens, voulant voir là une preuve de l'inculture religieuse. Nous ne

pouvons pas être d'accord avec l'inférence. Les inquisiteurs eux-mêmes suivent ce schéma dont l'étude serait du plus haut intérêt.

22. A.H.N. Inq., leg. 205, exp. 2. Les gens poursuivis par le Saint-Office ne jouissaient pas du droit d'asile dans les églises.

23. A.H.N. Inq., leg. 76, exp. 10.

24. A.H.N. Inq., libro 1233, F° 297 R°, 301R°, 308V°, 312R°. Sur les protestants en Espagne au XVIIe et au XVIIIe siècle, voir : A.H.N. Inq., libro 1150, qui est un registre de conversions au catholicisme tenu par le Saint-Office.

25. Henry Charles LEA : *Op. cit.*, t. III, pp. 482-483. Lea émet l'hypothèse que l'Inquisition aurait voulu éviter d'avoir à condamner des ouvrages qu'elle aurait antérieurement approuvés, au fur et à mesure que l'orthodoxie se faisait plus chatouilleuse. On peut ajouter qu'une censure préalable sérieuse de tous les ouvrages imprimés aurait exigé un système que les moyens financiers limités dont jouissait le Saint-Office ne lui permettaient pas de créer.

26. La littérature sur le contrôle des livres par l'Inquisition est considérable, mais de valeur inégale. Un groupe de recherche de l'université autonome de Madrid s'est attaqué au problème. Le premier produit de son travail est l'excellent mémoire de licence de Virgilio PINTO CRESPO : *Op. cit.*, dont le contenu constitue la base du présent paragraphe, et de tout ce que nous disons sur le sujet. Nous utilisons en outre : Antonio SIERRA CORELLA : *La censura en España. Indices y catalogos de libros prohibidos*, Madrid, 1947; H. REUSCH : *Die indices librorum prohibitorum des sechszehnten Jahrhunderts*, Tübingen, 1886; Marcelin DEFOURNEAUX : *L'Inquisition et les livres français au XVIIIe siècle*, Paris, 1963.

27. Le Conseil fait parfois requalifier l'œuvre par ses propres qualificateurs, ou par ceux du tribunal d'origine, ou prend tout de suite sa décision.

28. Nous devons ce renseignement à M. SANTA MARIA qui prépare actuellement un travail sur l'inquisition de Logroño.

29. A.H.N. Inq., leg. 2105, exp. 52.

30. Il abjura *de levi* contrairement à l'affirmation qu'on trouve parfois qu'il fut déclaré innocent. A.H.N. Inq., leg. 2106, exp. 10.

31. Gregorio de ANDRES : *Proceso inquisitorial del Padre Sigüenza*, Madrid, 1975, pp. 24-25.

32. A.H.N. Inq., leg. 2106, exp. 2.

33. A.H.N. Inq., leg. 3182, dont le contenu est livré en vrac. Cette surveillance explique que nous trouvions, dispersés dans la correspondance des tribunaux, une importante collection

de placards annonçant les soutenances avec la liste des points que le candidat se propose de défendre.

34. A.H.N. Inq., leg. 1, exp., F° 273V°; leg. 497, exp. 2; leg. 3175; leg. 3180 qui, outre un important paquet de lettres le concernant, contient un message qu'il a essayé de faire sortir de sa prison, brodé au fil à repriser sur un morceau de toile.

35. *a*) Chiffre absolu incomplet; *b*) nous prenons une période de dix ans, vu le faible nombre des accusés au XVIIIe siècle.

36. *Diccionario de Historia eclesiastica de España,* art. « predicacion ».

37. Henry Charles LEA : *Op. cit.,* t. IV, pp. 99-100. Le concile de Trente avait d'ailleurs posé explicitement le problème de la sollicitation. Attribuer la connaissance de ce délit à l'Inquisition fut une politique constante de la papauté : les inquisitions romaine et portugaise reçurent juridiction sur lui au début du XVIIe siècle. Il est à noter que le Saint-Office, en dehors de ce cas, ne s'est guère intéressé à la vie sexuelle des clercs. Encore nest-ce pas tant l'aspect sexuel de la chose qui l'intéresse (quoique pour établir le délit on nous décrive avec un luxe inouï de détails ce qui s'est passé) que le fait que ce soit passé pendant la confession.

38. Henry Charles LEA : *Op. cit.,* t. IV, p. 136, note. Les procès de sollicitants sont une mine pour l'histoire de la confession.

CHAPITRE IX

LE MODÈLE SEXUEL : LA DÉFENSE DU MARIAGE CHRÉTIEN

MARIAGE ET VIE SEXUELLE : LA DOCTRINE

Depuis longtemps sans doute, l'Occident était monogame et son mariage stable : c'est là l'une de ses grandes originalités, l'un des thèmes constants de sa civilisation. Mais il l'était avec souplesse car, pendant des siècles, on a pu divorcer, à certaines conditions, beaucoup plus difficilement qu'en pays musulman, certes, mais enfin on le pouvait. La sexualité ne semble pas non plus avoir été enfermée dans les limites strictes du couple légal, même si celui-ci avait une importance que d'autres sociétés ne lui accordaient pas. La polygamie de fait (parfois de droit) restait possible. Surtout, tout cela était affaire civile, dans laquelle l'Eglise n'avait pas grand-chose à voir. Au XIe siècle seulement, elle se mêla de contrôler ce qui jusqu'alors était considéré comme étranger à sa sphère propre.

Ce n'alla pas sans mal. Car, si elle réaffirmait des principes de toujours, elle les durcissait aussi : le mariage est indissoluble et le chrétien monogame; on ne peut être légitimement conjoint de plusieurs personnes à la fois; seule la mort de l'un des époux libère l'autre; toute relation sexuelle extra-matrimoniale est illicite. A ce noyau central s'ajoutent des règles secondaires d'origines diverses : l'état de chasteté est supérieur à l'état de mariage en dignité et en perfection, ce qui implique comme corollaire que le prêtre soit célibataire et chaste; la définition du champ de l'inceste, étendu très loin, jusqu'au quatrième degré canonique de consanguinité, jusqu'au quatrième degré d'affinité, jusqu'au deuxième de parenté spirituelle... Il fut déjà difficile de convaincre les clercs eux-mêmes que c'étaient là des règles strictes. N'avait-on pas vu des synodes approuver des divorces? Quant aux fidèles... A la fin du XVe siècle beaucoup restait à faire. C'est alors qu'en Espagne au moins, certains pasteurs tentent de faire passer la théorie dans la pratique [1].

Le 10 juin 1480 Don Alfonso Carrillo, archevêque de Tolède, réunit à Alcala de Henares un synode où, contrairement à la coutume, le problème du mariage tient une grande place. Deux préoccupations informent son action. D'une part la lutte contre la polygamie : « Qu'aucun homme ni femme n'ose se marier ou épouser sciemment deux personnes vivantes. (...) Nous ordonnons que celui qui se marierait deux fois avec deux femmes vivantes, ou la femme avec deux hommes vivants, ou qui les épouserait par paroles de présent, même s'il n'y a pas eu copule charnelle (...), encoure, outre les peines prévues par la loi, la peine de deux marcs d'argent s'il est notre vassal (...) et d'un marc s'il ne l'est pas » (Canon 34). Il insiste sur l'interdiction du divorce : « Le mariage (...) est perpétuel et indissoluble (...) et la Vérité évangélique (...) nous a ordonné que, pour aucune cause, les maris n'abandonnent leur femme, ni les femmes leur mari. En dépit de quoi, beaucoup donnent, devant notaire ou devant un juge, des lettres de répudiation et abandonnent ainsi la mutuelle cohabitation matrimoniale, pire encore, se marient avec d'autres (...) se croyant libres du fait desdites lettres. (...) Voulant extirper cet abus [il déclare privés de leur charge les juges ou les archiprêtres qui couvriraient l'opération de leur autorité] » (Canon 35). Il veille enfin à l'application pratique des principes : « Beaucoup de femmes mariées, en l'absence de leur mari, feignent qu'il est mort pour pouvoir se marier avec un autre, faisant courir ce bruit et le faisant dire par des personnes qui l'affirment alors que c'est faux ou qu'elles n'en sont pas sûres. Puis, lorsque les maris reviennent, il s'ensuit scandale et d'autres dommages et inconvénients. Nous ordonnons que de telles femmes n'osent se marier avec d'autres en l'absence de leur mari sans savoir et être sûres de leur mort par information véritable, dont elles feront relation à nos vicaires, et l'autorisation de ceux-ci sera nécessaire à la célébration du mariage (...) sous peine d'excommunication et d'un marc d'argent » (Canon 36).

Son second souci est d'éviter les mariages clandestins. Rappelons qu'en saine doctrine ce sont les fiancés eux-mêmes qui se donnent le sacrement : la présence du prêtre et des témoins n'était pas essentielle à la validité du mariage et rien n'empêchait deux jeunes gens de devenir mari et femme le plus régulièrement du monde sans que personne n'en sache rien. D'où un problème social car, vu les répercussions du mariage, les familles exigent de le contrôler. D'où aussi et surtout un problème religieux : comment être sûr qu'un individu est marié ou célibataire, comment assurer le respect des interdits ecclésiastiques? Carrillo rappelle donc l'obligation établie par le concile du Latran IV (1215) de publier antérieurement des bans, afin qu'on puisse dénoncer les empêchements éventuels. En outre : « Nous ordonnons que dorénavant aucun clerc, prêtre ou laïc n'assiste à des épousailles clandestines ou secrètes, ni ne prenne les mains des personnes qui veulent se marier secrètement, sans que soient présents au moins les père et mère des contractants (...) et les témoins dont on parlera plus bas, ou le frère, seigneur, tuteur ou curateur au pouvoir desquels elles seraient (...), ou s'il n'y en a pas, leurs parents les plus proches, ou les habitants du lieu... » Si un prêtre est présent, que ce soit le curé de l'endroit ou qu'il en ait licence (Canon 33) [2].

Le concile de Trente se contente de généraliser tout cela à l'échelon de la chrétienté, en le complétant. Là aussi le problème semble important, d'autant que c'est sur le mariage que les protestants ont fait porter bon nombre de leurs critiques. La préoccupation pour les implications sociales du mariage clandestin est, par ailleurs, unanime dans l'Europe d'alors. Dès 1556, le roi de France a pris des mesures très sévères contre les fils de famille qui se marient sans le consentement de leurs parents. C'est donc une bonne partie de l'année 1562 et tout 1563 que les pères consacrent à la question. Ils réaffirment et précisent la doctrine : hiérarchie des états, indissolubilité, empêchements... Pour la première fois ils définissent clairement le mariage comme un sacrement et proclament avec force le droit de l'Eglise d'en fixer les règles : « Si quelqu'un dit que l'Eglise n'a pas le pouvoir de constituer des empêchements dirimants au mariage ou qu'elle a erré en les constituant, qu'il soit anathème. (...) Si quelqu'un dit que les causes matrimoniales ne sont pas de la compétence des juges ecclésiastiques, qu'il soit anathème. » C'est l'aboutissement de la cléricalisation commencée vers l'an 1000. Le contrôle ecclésiastique se fait omniprésent, non seulement au plan des principes mais aussi dans l'exécution matérielle de la cérémonie.

Car on établit des formes qui rendent possible un contrôle social efficace. Pour que le mariage soit valide, on impose désormais une triple publication antérieure des bans, à la messe solennelle. La présence du curé du lieu, ou d'un prêtre par lui mandaté, est rendue obligatoire, ainsi que celle de deux ou trois témoins. Le mariage sera inscrit sur un registre qui portera la date et le nom des témoins : sa tenue par le curé est obligatoire. Les époux enfin sont fortement encouragés à ne pas résider ensemble après les fiançailles avant la bénédiction ecclésiastique. Des mesures spéciales sont prises à l'égard des étrangers et des personnes sans domicile fixe : le curé fera une enquête qu'il soumettra à l'évêque avant de les marier. En cas de rapt, ravisseur et complices sont excommuniés *ipso facto*. Bref, assurer l'application des principes que pose l'Eglise, assurer un certain contrôle de la société et des familles, faire du mariage quelque chose de religieux. C'est dans ce contexte que s'inscrit l'action de l'Inquisition, qu'à notre grand regret et faute de place, nous ne pourrons étudier que sur deux points, essentiels certes, mais qui n'épuisent pas le sujet : le problème de la polygamie et celui des relations hétéro-sexuelles extra-matrimoniales [8].

POLYGAMES ET POLYANDRES

La polygamie n'est pas délit d'Inquisition au Moyen Age. Du moins le *Manuel des inquisiteurs* d'Eymerich est-il muet sur ce point. Et si, dès 1486, le tribunal de Saragosse brûle pour ce motif un certain Denis Guinot, c'est que la bigamie n'est là qu'un aspect du judaïsme. En 1488 cependant Saragosse nous fournit le premier procès pour bigamie pure jugé par l'Inquisition espagnole. Dès lors, les tribunaux entrent en ligne les uns après les autres, ceux d'Aragon avant ceux de Castille, car ce n'est qu'en 1524 qu'apparaît le premier cas à Cuenca et Tolède ignore ce type d'affaire jusqu'en 1530 [4].

Cette intrusion du Saint-Office dans un domaine nouveau fait problème, et, comme dans le cas du blasphème, les résistances furent appréciables. Car la justice laïque poursuivait déjà les bigames, que les *Partidas,* par exemple, condamnaient à cinq ans d'exil « dans une île » ou à la confiscation des biens. Ici encore on arrive à une solution de compromis : les bigames seront jugés par les évêques ou les tribunaux royaux, « sauf les cas qui impliquent doutes sur le sacrement ou suspicion sur la foi ». Compromis boîteux, comme dans le cas du blasphème. Le champ légal, en fait, est neutre. L'Inquisition est comme un ludion, en équilibre. Ce sont les circonstances extérieures qui vont lui accorder ou lui refuser la juridiction sur la polygamie. Entendez le pouvoir royal.

Dès les années 1530, ce genre de procès se fait courant dans les archives du tribunal. Regroupons dans un tableau, dont on nous pardonnera la nécessaire aridité, les données dont nous disposons [5].

Nous sommes conscients du caractère hétérogène de ces séries. Quelles que soient les réserves qu'on peut faire sur leur compte, cependant, leur enseignement nous semble clair : avant 1545, l'Inquisition ne s'intéresse que sporadiquement à la bigamie. De 1545 à 1575, précisément à l'époque du concile, le

Les procès pour bigamie

DATE	CUENCA (a)		TOLÈDE (b)		LOGROÑO (c)	
1521-1525	8	3,5 %	0		?	
1526-1530	0		1 (d)		?	
1531-1535	3		17	8 % (d)	?	
1536-1540	1		12	3,8 % (d)	20	7,5 % (e)
1541-1545	1		4		?	
1546-1550	2		5 (d)		87	16 %
1551-1555	7		23	6,2 % (f)	44	12,5 %
1556-1560	33	9,6 %	21	5,7 %	?	
1561-1565	24	7,2 %	20	7 %	?	
1566-1570	19	5,5 %	24	6,6 %	?	
1571-1575	5	2,4 %	5	1,7 %	24	10 %
1576-1580	11	3 %	3	1,7 %	10	2,6 %
1581-1585	6		6	3 %	9	2,7 %
1586-1590	7		4	2,5 %	11	4,3 %
1591-1595	8		10	5,7 %	?	
1596-1600	2		5	3,4 %	9	2,83 %
1601-1605	4		12	7,4 %	?	
1606-1610	1		7	5,7 %	?	
1611-1615	6		8	5,8 %	?	
1616-1620	5		4	2,8 %	?	
1621-1625	1		6	4,3 %	?	
1626-1630	2		5	5,7 %	?	
1631-1635	1		10	6,2 %	?	
1636-1640	2		5	6 %	?	
1641-1645	0		9	6,2 %	?	
1646-1650	1		5	3,3 %	?	

nombre des délinquants jugés s'élève considérablement pour retomber presque aussi vite, avant de se perdre dans des valeurs infimes après le milieu du XVIIe siècle. Les variations régionales sont importantes : modestie de Cuenca (sans doute réelle en dépit du caractère partiel de nos données); très forts niveaux de Logroño, sans doute le seul tribunal où ces affaires arrivent à représenter une part importante du travail, l'explication doit sans doute s'en trouver dans les caractères spéciaux de la famille et de la vie sexuelle basques; relatif maintien de Tolède à l'époque de la décadence, à cause de la présence de la Cour, comme nous verrons, alors que les chiffres de ce tribunal restent modestes à l'apogée, peut-être parce que les ordonnances de l'archevêque Carrillo ne sont pas restées sans effet. Bref, les rythmes de l'action inquisitoriale correspondent bien à ceux de la pastorale de l'Eglise telle que nous l'avons définie plus haut.

Ils correspondent aussi aux préoccupations de l'Etat, qui, au moment où l'Inquisition poursuit avec le plus de vigueur les coupables, augmente les peines contre eux. Charles Quint en 1532, reprenant une loi d'Henri III, déclare les bigames coupables d'*alevosia* et les condamne à perdre la moitié de leurs biens. Or l'*alevosia* est la plus grave des circonstances aggravantes, celle qui consiste à commettre un délit « en allant contre la confiance qu'a la victime dans le coupable », liée dans le tréfonds de la pensée des contemporains à l'idée de trahison et de lèse-majesté [6]. En 1548, doña Juana, « vu la gravité du délit et sa fréquence à cause de la peine encourue », ordonne : « Que notre justice apporte un soin spécial à la punition des coupables et leur impose rigoureusement (...) les peines établies par les lois du royaume. » Elle transforme les cinq ans d'exil prévus par les *Partidas* en cinq ans de galères et maintient les châtiments accessoires. Philippe II confirme son obsession pour les problèmes de la mer en refondant totalement la loi : les bigames sortiront désormais à la *vergüenza* publique et feront dix ans de galères (1566) [7]. Telles sont les lois que va appliquer le Saint-Office.

Pourquoi lui? Aucun texte à notre connaissance ne permet de le savoir exactement. On nous permettra deux hypothèses : le délit semble plus grave et se rapproche, dans l'esprit des gens, de l'hérésie formelle, en prenant une coloration religieuse de plus en plus accentuée du fait de la propagande de l'Eglise et des attaques protestantes contre le mariage catholique; l'Inquisition était la seule institution espagnole qui contrôlait suffisamment l'espace péninsulaire pour être efficace en une matière où les délinquants sont souvent des migrants. L'action du Saint-Office de toute façon est liée aux attitudes vécues face à la polygamie.

Lucia Fernandez a épousé vers 1515 un pasteur de Burujon, à une journée de marche à l'ouest de Tolède, au bord du Tage. Quelques années plus tard son mari s'en va. Il revient, puis repart. Il se serait fait soldat. On le croit mort dans une expédition contre Barberousse. Vers 1525, lassée d'attendre, Lucia se remarie à Mascaraque, à 50 km de Burujon. Il y a cinq ou six ans que son époux a disparu. Personne ne proteste. Mais en 1528 le frère du premier mari reçoit une lettre de celui-ci : il est vivant, il habite Torrija et réclame ses enfants. Le second couple s'enfuit à Tolède. Une indiscrétion de l'un d'eux, qui raconte toute l'histoire à une voisine, les amène devant l'Inquisition en dépit des efforts du deuxième mari qui fait tout pour que les témoins se taisent : promesses, menaces... On les condamne à abjurer *de levi.*

En 1534 Francisca de Cobarrubias se dénonce au Saint-Office : « Je baise les mains de Vos Très Révérendes Paternités, et je confesse être (...) mariée légitimement à la face de la Sainte Mère Eglise avec Cristobal Ruiz (...) avec qui j'ai fait vie maritale comme mari et femme, quoique pour peu de temps. Il est paralytique et ne se déplace qu'avec des béquilles. Il est entré comme oblat dans un monastère de nonnes appelé San Salvador, près de Burgos, où on lui donne à manger moyennant les services qu'il peut rendre. Quand je le vis ainsi, dans l'incapacité de m'alimenter (...) je l'abandonnai, avec son consentement. Ainsi libre, j'épousai par paroles de présent Diego Suarez, alors que mon premier mari vit toujours, il y a à peu près quatre ans (...) et je fais avec lui vie maritale. (...) Ayant été informée que j'ai commis le crime d'hérésie et qu'il appartient à Vos Révérentes Paternités de m'en donner pénitence (...) je les supplie de me recevoir... » L'Inquisition ne fit même pas d'enquête. La coupable abjura *de levi.*

Le premier mari de Francisca Hernandez a disparu peu après

son mariage. Il serait mort. Elle convole à nouveau, à Tolède, où tout le monde la connaît, où tout le monde la sait mariée. Quinze jours plus tard, elle est dénoncée au Saint-Office, non par les témoins de la cérémonie, ni par le curé de San Andres qui a officié sans pouvoir ignorer que son collègue de San Antolin, à deux rues de là, avait célébré le premier mariage, mais par les parents de son deuxième époux qui ne veulent pas entendre parler de cette union. Le premier mari réapparaît d'ailleurs au cours du procès, retour d'Italie, et déclare vouloir reprendre sa femme. On la lui rend après l'avoir faite abjurer *de levi* et lui avoir infligé 100 coups de fouet.

Un homme maintenant. Le pauvre bougre n'a pas de chance. Il se brouille avec sa première femme pour une question d'argent et le vicaire épiscopal les sépare. Il se remarie. Au bout de trois ans sa seconde épouse, qui jusque-là ignorait tout, est mise au courant. La mention de la séparation a vite fait de calmer ses scrupules. L'accusé, lui, sait très bien qu'elle ne lui donnait pas le droit de se remarier. Il s'en confesse, et le prêtre ne semble pas faire trop de difficultés pour l'absoudre. Il garde, non sans raison, quelques doutes sur la validité de cette confession, si bien qu'en 1531 il se dénonce au Saint-Office qui le condamne à une abjuration *de levi* et à 100 coups de fouet [8].

Il semble donc que, dans les années 1530, être bigame n'était pas un drame. Quand on les connaît, on traite avec une belle désinvolture les exigences de l'Eglise. Non qu'on ne soit bon chrétien par ailleurs, non qu'on ait quelques scrupules. Mais si on admet que ce soit un prêtre qui célèbre la cérémonie (c'est le cas général dans l'archevêché de Tolède), le mariage n'est pas encore considéré comme affaire d'Eglise. L'Inquisition elle-même se fait une raison. En 1537, le docteur Giron de Loaysa, rendant compte d'une visite de Tolède et signalant le nombre élevé des bigames, a beau demander des mesures spéciales, lui-même ne semble pas faire grand-chose pour activer la recherche des délinquants. D'ailleurs, quand on en tient, on ne les condamne pas au maximum prévu par la loi...

Tout change dans les années 1550-1560. En 1559 encore, les inquisiteurs de Calahorra se limitaient à condamner les coupables à une amende (parfois élevée) et à une abjuration *de levi*. En 1565, quand nous les retrouvons après une lacune de notre documentation, la peine des galères est systématique pour les hommes physiquement aptes, l'exil pour les femmes et les réformés [9]. Même tendance à Tolède, où nous suivons l'évolution avec plus de précision. Vers 1555-1557 apparaissent les premières sentences de galères, sept ans après l'ordonnance de doña Juana, mais ce n'est qu'en 1561 qu'elles deviennent systématiques. En 1565 enfin, la *Suprême* envoie une circulaire à tous les tribunaux pour leur rappeler la nécessité de châtier les polygames avec toute la rigueur des lois du royaume. Le durcissement du milieu du XVIe siècle se confirme donc. S'il y a plus de condamnés, ce n'est pas qu'il y ait alors plus de coupables. C'est qu'on est en train de vider un vieil abcès. Les peines d'ailleurs acquièrent un caractère de publicité nouveau : systématiquement l'*autodafé*. On a visiblement le désir de faire des exemples; il y a volonté publicitaire.

La sociologie du délinquant évolue. Coincé entre des lois plus sévères, une Inquisition plus active, une Eglise plus vigilante qui, en Espagne, met très vite en place les dispositifs de sécurité prévus par le concile, gêné sans doute aussi par une moindre tolérance de la population, sa tâche devient plus difficile. Le délit se masculinise : deux hommes pour une femme parmi les coupables jugés à Tolède avant 1555, une proportion semblable à Calahorra jusqu'en 1560. Après, très vite, la présence féminine se fait rare, dans ces régions tout au moins. Sans doute parce que le délinquant enraciné, celui qui célèbre ses deux mariages au même endroit, le bigame de bonne foi, assez bien représenté auparavant, nous l'avons vu, tend à disparaître. Désormais, il s'agit presque toujours d'un migrant, souvent d'un soldat, un aventurier parfois. Facilité matérielle, moindre assimilation de la discipline tridentine se conjuguent pour les faire céder plus facilement à la tentation.

Martin Diaz est un jeune galicien de 26 ans. Comme beaucoup d'autres il a émigré à quinze ans, et, après avoir servi bien des maîtres, il échoue à Madrid vers 1570. Sachant lire et écrire il entre comme gratte-papier dans l'étude du licencié de la Vega, où il fait la connaissance d'une bien jolie servante. Mais laissons-lui la parole : « Alors qu'il n'y avait que deux ou trois jours qu'il écrivait dans cette étude, on le fit monter en haut de la maison, où se trouvaient Doña Ana, la sœur du licencié, et Isabel de Morales, une voisine. Elles firent venir un prêtre dont il ignore le nom et une jeune fille qui servait dans la même maison qui s'appelle Ana Hernandez. Le prêtre prit la main de l'accusé et d'Ana, et il ne se souvient plus des paroles qu'ils échangèrent — Interrogé si ce furent des paroles de mariage — Il dit que c'est bien possible, mais que, par le serment qu'il a fait, il ne s'en souvient plus. Et, quoiqu'il ait connu charnellement ladite Ana Hernandez avant son mariage, il n'a pas consommé celui-ci... » Bref, ses maîtres l'ont marié avec une camarade de travail qu'il avait déflorée. Devant l'inquisiteur, qu'on nous pardonne l'expression, il fait l'âne. Il sait parfaitement pourquoi on l'a arrêté, car ce que nous venons de transcrire, il le dit au juge dès le début de l'interrogatoire, alors qu'il n'a encore aucune piste pour deviner de quoi on l'accuse : on ne peut dire qu'il ignore que la bigamie soit un crime, il se sait coupable. Coupable d'avoir très vite abandonné son épouse, de s'être enfui à Tolède et de s'y être remarié avec une certaine Maria de Torres, servante elle aussi. « Interrogé comment il fit information de célibat pour se marier à Tolède (...) alors qu'il l'était déjà à Madrid — Il dit qu'il le fit pour croire que son premier mariage était nul parce qu'on lui avait dit que le concile avait interdit de se marier dans les maisons particulières [et avait rendu obligatoire de célébrer la cérémonie à l'église, ce qui est inexact] et parce qu'on lui avait dit que sa première femme était morte. » Explications contradictoires : il continue de faire la bête. D'ailleurs, dit-il, il a consulté un religieux qui l'a autorisé à se remarier puisqu'il était sûr de la mort de sa première épouse. Les témoins, eux, ne l'entendent pas de cette oreille. C'est Isabel de Morales qui découvre tout et proclame bien haut que si elle avait été là, elle aurait empêché ce sacrilège. Scandalisée, elle informe Ana Hernandez qui prévient le Saint-Office... Beaucoup de choses ont changé en quelques années donc. Un accusé coupable, visiblement de mauvaise foi, des formalités qui rendent difficile la cérémonie, une meilleure connaissance de ce qu'exige l'Eglise, des témoins moins complaisants, une sentence plus dure : abjuration *de levi*, 100 coups de fouet, 5 ans de galères...

C'est un aventurier aussi que ce Francisco Flores, ou Sánchez, on ne sait plus très bien car il change de nom au gré des circonstances. Il est né dans la Manche, mais il a parcouru une bonne partie de l'Espagne orientale en faisant tous les métiers : journalier, jardinier, soldat, charretier... Il finit à la Cour, ce grand abcès de fixation où se rassemblent, comme à Séville, tous les inadaptés du pays. Or, de passage à Tolède, il avait épousé une femme de dix ans plus âgée que lui. Sans affection : il cherchait à se faire payer un apprentissage et ignorait jusqu'au nom de son beau-père. Quand il se rendit compte que sa belle-famille refusait de le faire vivre, il s'en fut à Madrid, plantant là épouse et belle-mère. On le supplie de revenir. Rien à faire. D'autant que, dans la capitale, il se remarie. La sentence fut semblable à celle de Martin Diaz.

Des aventuriers de cet acabit, on en trouvait quelques-uns avant 1550. Des personnes de bonne foi, on en trouve encore après, car les mécanismes de sécurité tridentins ne sont pas infaillibles en ces temps où l'état civil n'existe pas. Anton Cuevas naquit à Peñafiel, en Vieille-Castille, près de Valladolid. A huit ans, il émigre avec son père. Ils s'installent à Ciempozuelos, aux environs de Madrid, où le garçon sert de valet de ferme. Jeune marié, il est réquisitionné pour servir le roi en Aragon avec une mule et une charrette. A son retour, sa femme a disparu. On la dit morte à l'Hôpital Anton Martin de Madrid. Cuevas obtient un certificat de décès du curé qui l'aurait enterrée et se remarie sur-le-champ. Or, voici qu'une personne se présente qui se prétend sa première épouse. Scandale. Le curé de Ciempozuelos lui ordonne de cesser la vie commune avec l'autre, l'*alcalde* veut l'arrêter, lui, il s'enfuit à Baeza. Là-dessus sa soi-disant première femme disparaît sans qu'on ait pu vérifier son identité, et Cuevas, veuf de la seconde, retourne au villages où plusieurs personnes le dénoncent à l'Inquisition qui l'acquitte [10].

L'action du Saint-Office, donc, se combine avec celle des justices séculières et ecclésiastiques et s'insère dans une campagne de propagande dont elle constitue l'un des éléments mais qui se déroule aussi sur d'autres plans et dont nous avons des indices par ailleurs : explication des décisions du Concile, prédication, conseils donnés au confessionnal ou de bouche à oreille. Il serait intéressant de développer tout cela. Du moins, à travers les exemples que nous avons cités, avons-nous pu nous rendre compte des résultats d'un effort qui, incontestablement, porta ses fruits.

Dès 1573, la *Suprême* peut inviter les tribunaux à modérer leur zèle : on n'arrêtera plus les bigames que si le premier mariage est formellement prouvé. Le nombre des accusés s'effondre, le délit se marginalise, en confier la répression au Saint-Office s'impose de moins en moins. D'autant que l'administration de la justice tend à se laïciser. Si bien qu'au XVIIIe siècle le monopole de l'Inquisition est battu en brèche par ce même Etat qui lui avait permis de s'imposer. Dans les années 1750, les restrictions se multiplient : que l'Inquisition n'enlève pas aux tribunaux civils la connaissance des affaires que ceux-ci ont déjà commencé à juger; qu'elle se limite strictement aux cas d'hérésie. L'avènement de Charles III durçit les positions, et on en arrive, pour satisfaire tout le monde, à diviser en trois la bigamie : le dommage causé au partenaire trompé et aux enfants, jugé par les cours séculières; la validité du mariage, par les cours ecclésiastiques; l'hérésie éventuelle par le Saint-Office. Système évidemment impraticable. Dans la pratique, la juridiction inquisitoriale paraît fort menacée vers 1770-1780. Et quoiqu'elle semble se rétablir à la fin du siècle, l'autorité du tribunal n'est plus alors ce qu'elle a été [11].

LA SIMPLE FORNICATION

La simple fornication se définit comme « une copule charnelle hors mariage entre deux personnes libres de tout lien, de consentement mutuel ». Elle s'oppose à la fornication qualifiée, inceste, adultère, stupre, rapt, viol, fornication sacrilège et relations homosexuelles. Le concubinage est une forme de la simple fornication [12]. N'imaginons pas que l'Inquisition se soit lancée dans la tâche immense de réprimer ces délits. Elle en laisse le soin à d'autres tribunaux laïcs et ecclésiastiques, comme les cours épiscopales qui pourchassent les concubins. Ce que poursuit le Saint-Office c'est la *croyance* que la simple fornication, ou plutôt la fornication au sens large, qu'elle soit simple ou qualifiée car les juges ne semblent guère faire de différence, n'est pas un péché mortel. Dans ce qui suit, le terme « simple fornication » se réfère donc à cette croyance.

L'Inquisition médiévale ne s'y intéressait pas. Le *Directorium* d'Eymerich est muet là-dessus. D'ailleurs, l'Eglise ne semble pas considérer cette opinion comme véritablement hérétique : tout au plus un péché mortel... Jusqu'à la fin des années 1550, l'Inquisition espagnole ne s'en est pas mêlée non plus. C'est en 1559 que Lea trouve le premier cas à Séville. Il attire ensuite l'attention sur la place importante que prennent, en revanche, ces affaires dans l'activité du tribunal de Tolède au cours de la seconde moitié du XVIe siècle [13]. Mais résumons les données statistiques que nous avons nous-même pu rassembler à ce sujet. Jusqu'en 1560, à Tolède, quelques cas isolés : un en 1532, un autre pour chacune des années 1535, 1546, 1556 et 1560: quand, par hasard, on tombe sur un coupable, on le juge, mais on ne poursuit pas véritablement le délit. Panorama semblable à Calahorra : quatre affaires de 1551 à 1555, à peine plus de 1 % des procès dont nous avons conservé la trace. Mais là aussi tout change à partir de 1560 : partout nous retrouvons ce tournant qui se confirme décidément comme l'un des plus importants qu'ait pris l'institution inquisitoriale. Laissons parler les chiffres [14] [(a)] [(b)].

	TOLÈDE		LOGROÑO		SÉVILLE	
1561-1565	17 (a)	5,9 %				
1566-1570	77	21,2 %				
1571-1575	45	15,1 %	16	6,6 %		
1576-1580	61	36,1 %	17	4,3 %		
1581-1585	66	33 %	54	16,4 %		
1586-1590	54	34 %	55	21,6 %		
1591-1595	17	9,7 %				
1596-1600	9	6,1 %				
1601-1605	40	24,7 %				
1606-1610	17	9,7 %			16	16 % (b)
1611-1615	28	22,5 %				
1616-1620	6	4,3 %				
1621-1625	6	4,3 %				
1626-1630	3	3,5 %				
1631-1635	4	2,8 %				
1636-1640	0	—				

Pour le reste du XVIIe siècle, six cas à Tolède; aucun au XVIIIe. Il semble donc que nous soyons en présence d'une campagne centralisée, planifiée, étendue à toutes les Espagnes. Les différents tribunaux y entrent les uns après les autres à des dates diverses, Tolède sans doute plus précocement, Logroño plus tard. Dans les années 1570, la *Suprême* prend l'affaire à son compte et généralise l'opération. Par les *Cartas Acordadas* des 20 novembre 1573 et 20 novembre 1574, elle ordonne de poursuivre la simple fornication selon la procédure applicable à l'hérésie et de l'inclure dans les délits énumérés par l'édit de foi, signe non équivoque qu'une volonté consciente sous-tend l'action inquisitoriale.

L'explication de tout cela nous semble claire au point où nous en sommes arrivés : c'est une conséquence du concile. Que le délit ait, au moins au début, une certaine coloration protestante, n'est pas fait pour nous démentir. En 1582 par exemple, le tribunal de Logroño qualifie de luthériennes les paroles de Pedro Cameno qui soutenait que « c'est péché véniel et non mortel de faire l'amour à une prostituée ». Nous connaissons par ailleurs des cas où la simple fornication entre dans le cadre clinique du protestantisme, comme celui de Diego de Cabañas, accusé en 1561 de mal parler du pape et des bulles, mais aussi de dire que le péché de chair n'est pas si grave. En 1570 encore, Miguel de Assiayn déclare que chez les luthériens le frère couche avec la sœur, la fille avec le père, l'ami avec l'amie, le voisin avec la voisine, les parents avec les parentes, que tous se connaissent charnellement, que c'est très bien ainsi, et qu'il est dommage qu'on ne puisse le faire en Espagne. « Il ne m'importerait pas que ma femme fasse l'amour avec un autre, ajoute-t-il; les luthériens de France le font, c'est bon usage et bonne loi. [15] » Association d'idées que le Saint-Office se garde bien de démentir, mais qui reste assez secondaire à côté de l'influence tridentine. Approfondissons l'exemple de Tolède.

Une analyse sociologique des délinquants, effectuée sur la base des procès conservés, nous permet de suivre de plus près le déroulement de la campagne. Elle porte sur l'âge, le sexe, la résidence, l'état matrimonial des coupables, plus trois indicateurs de leur intégration au milieu dans lequel ils vivent, à savoir la nationalité, les déplacements effectués au cours de leur vie et la profession, en isolant celles de soldat et de domestique comme révélatrices d'un faible degré d'intégration. Nous rejetons en appendice le tableau statistique correspondant (Appendice I, p. 336).

Première constatation : la simple fornication est massivement masculine, ce qui tendrait à confirmer qu'en matière sexuelle, au moins en public, l'initiative appartient aux hommes. Second point, les délinquants sont jeunes : près d'un cinquième a moins de vingt ans (le plus jeune en a quinze), les deux tiers la trentaine ou moins. Ce qui correspond à la place disproportionnée des célibataires qui se maintiennent avec une curieuse régularité à tout moment aux alentours de 40 %. L'accusé typique appartiendrait donc à cette masse de jeunes gens sexuellement mûrs mais qui ne disposent pas encore d'un partenaire légal. Constatation qui n'est pas pour surprendre, sur laquelle nous aurons à revenir pour l'approfondir et la nuancer.

Les variations des différents indicateurs au cours du temps sont instructives. Au lancement de la campagne, les coupables apparaissent en bonne partie comme des marginaux : un tiers d'étrangers, trois quarts de migrants... Pour ce qui est de leur résidence, on note une concentration dans les villes, particulièrement nette si on remarque que pratiquement tous les villages d'où viennent les ruraux sont situés dans un rayon de 30 kilomètres autour de Tolède : la propagande du Saint-Office ne touche pas encore les campagnes. Vers 1575 c'est chose faite. Presque tous désormais sont Espagnols; le pourcentage des gens mariés et bien enracinés dans leur communauté s'élève, et ce — la coïncidence vaut la peine d'être signalée —, au moment où la *Suprême* prend des mesures pour amplifier la campagne. Entre 1585 et 1590, celle-ci est à son apogée : c'est le pays profond qu'on travaille au corps. Au début du XVIIe siècle, à nouveau le délit tend à se marginaliser : remontée des étrangers, des migrants, des professions instables. Mais, à la différence de ce qui s'est passé cinquante ans avant, cela ne semble pas dû au fait qu'une partie de la population échappe à l'action de l'Inquisition : les quatre cinquièmes des accusés continuent à provenir des villages et des bourgs. On ne peut se défendre de l'impression que la campagne a été efficace, que les Castillans ont effectivement appris que la simple fornication était un péché et que, s'ils n'en ont pas été entièrement convaincus (ce qui reste à démontrer), ils sont du moins devenus suffisamment prudents pour ne plus le nier trop fort. Impression confirmée par le fait que la plupart des délinquants que nous considérons comme « stables » au cours de la dernière période, n'ont défendu la proposition que sous des formes très atténuées. Une analyse plus détaillée de quelques affaires nous renforcera dans cette conviction tout en mettant en valeur les multiples relais qui prolongent l'action inquisitoriale jusque dans les plus petits villages.

Mais à propos, qu'est-ce qui se cache sous ces mots « simple fornication »? De quelle sexualité hors-mariage s'agit-il? Certainement pas de ce que nous qualifierions aujourd'hui de libération sexuelle. Il est unique, à Tolède au moins, le cas de ce journalier, notre frère, qui déclarait : « Ce n'est pas un péché que de faire l'amour à une femme, qu'elle soit célibataire, vierge ou mariée, sans la payer, sans lui mentir, sans rien lui promettre, pourvu qu'elle le consente librement. Car la femme ne possède rien d'autre que son corps; mais de lui elle peut disposer librement. » L'image qui ressort de la comparaison systématique de 406 formules extraites des Relations de causes de Tolède est bien différente. Dans 186 cas il s'agit, sans que le moindre doute soit permis, de justifier la visite des prostituées : « Ce n'est pas un péché que d'aller voir les " femmes du monde ", ou " les femmes du parti ", ou " les femmes de la maison close ", ou " les p... " (toutes expressions équivalentes), à condition de payer. » Cette idée de paiement est fondamentale, et parfois exprimée avec une grande force : « Ce n'est pas un péché, à condition de leur payer leur travail, comme on paie les ouvriers qui bêchent les vignes. » La femme publique est conçue comme une espèce de commerçant, un peu spécial peut-être, mais un commerçant, et les relations avec elles comme une prestation de services exempte de tout caractère répréhensible. Tout au plus sa fréquentation est-elle un péché véniel « qui s'enlève avec un peu d'eau bénite »; encore ne sommes-nous pas sûr que cette dernière interprétation ne soit pas un produit de la propagande inquisitoriale. C'est que, comme le dit un des accusés, « il vaut mieux faire l'amour avec de telles femmes libres qui vivent de leur corps que d'en forcer une sur le chemin ». « C'est Dieu qui veut qu'il y ait de telles femmes pour éviter de plus grands maux. » « C'est le roi qui autorise les maisons closes. (...) Or, qui garde la loi du roi, garde la loi de Dieu. » La sexualité, notamment celle des jeunes célibataires sexuellement mûrs est dangereuse pour les filles de famille et les femmes mariées. La prostitution est un exutoire, une soupape de sûreté, qui permet le maintien de l'ordre social. Equivalence prostitution-mariage qu'exprime à sa manière un jeune artisan : « Je ne vais pas me marier quand j'ai à Tolède des femmes qui me donnent ce que je veux pour quatre *cuartos.* » C'est le vieil argument dont les théologiens se servent pour justifier les maisons de tolérance. Et dans toute l'Europe d'alors elles étaient des institutions municipales, réglementées et on ne peut plus officielles.

Dans 66 cas il s'agit d'appels à une liberté sexuelle plus large : « Maudit soit l'homme qui ne prend pas ce que la femme lui offre : il n'a pas à le confesser s'il le fait. » Qui, dans 9 cas, débouche sur une justification de l'inceste au sens ecclésiastique, mais aussi au sens commun : « En Flandre, ils font l'amour avec leur mère et leurs sœurs, et on les absout pour une livre de cire. » « Ce n'est pas un péché de faire l'amour à sa mère si les deux partenaires sont d'accord et en ont nécessité. » Mais dans une vingtaine de cas, tout se réduit à des limites infiniment plus précises : une défense de concubinage et des relations prématrimoniales entre fiancés, directement dirigée contre, ou provoquée par la rigidité nouvelle de l'Eglise en cette matière : « Il n'est pas mal, au contraire il est bon, d'avoir une femme pour amie. » C'est l'opinion que soutiennent la plupart des délinquantes. « Il est bien de vivre en concubinage et de ne pas aller d'un homme à l'autre. » « Ce n'est pas un péché pour les fiancés de coucher ensemble avant le mariage, s'ils sont sûrs de se marier. »

Dans 164 cas, enfin, il est difficile, sur la base des seules relations de causes, de savoir s'il s'agit de prostitution ou d'autre chose. Mais les formules sont telles qu'il nous est permis de soupçonner que c'est bien de cela qu'il s'agit.

Nous devinons donc à quoi se heurte et s'attaque le Saint-Office. Avant tout à un consensus sur l'inocuité morale de la fréquentation des prostituées, au moins pour les gens non-mariés et à certaines conditions, car la complexité des théories qui ont cours dans le peuple est considérable, comme nous verrons. C'est essentiellement cela que l'Inquisition va révéler comme délit. Plus minoritaires nous trouvons ensuite des attitudes permissives, dont nous nous réservons de prolonger ailleurs l'analyse pour évaluer leur poids et leurs implications exactes, mais qui, généralement, limitent assez largement le choix du partenaire en imposant un certain nombre de conditions : « Il vaut mieux pour une femme faire l'amour avec un célibataire qu'avec un homme marié. » Il faut enfin mentionner les résistances à la rigidité nouvelle de l'Eglise sur la nature des unions stables. Mais rarement, pour ne pas dire jamais, on défend l'idée de l'amour véritablement libre. Ce contre quoi lutte l'Inquisition c'est contre un (ou des) systèmes normatifs complexes, différent de celui de l'Eglise post-tridentine. Certainement pas contre l'absence de normes.

Les peines appliquées sont, à Tolède au moins, presque toujours publiques. Dans neuf cas sur dix, l'accusé sort à l'*auto* ou fait pénitence dans son village au cours de la grand-messe. Souvent la publicité est renforcée par une peine de *vergüenza* ou de flagellation. Les sentences exécutées dans la salle d'audience ou en privé sont réservées aux coupables les plus jeunes ou aux formes les plus atténuées de la simple fornication. Dès 1650 l'abjuration *de levi* est systématique (90 % des cas) : la simple fornication est assimilée à l'hérésie. Ce caractère public joue un rôle-clef dans la tactique inquisitoriale. Nous allons voir pourquoi.

C'est Francisco Montero qui raconte. « La veille de Notre-Dame de septembre [de 1565] j'étais sur la place de Chozas avec Sebastian Lopez, Juan Luengo et Cristobal Alonso. (...) La conversation vint sur ce que le Saint-Office avait fouetté un homme à Tolède pour avoir dit que dormir avec les prostituées et les connaître charnellement n'était pas un péché. Cristobal Alonso disait l'avoir vu, et soutenait que ce n'était pas un péché. Nous le répréhendions (...) et lui insistait : " Péché, péché, ce sera un péché, mais pas mortel. " Plus nous le répréhendions, plus il insistait, en disant que nous n'avions qu'à demander à n'importe qui, que nous verrions bien... »

Ou encore : « Vers la Saint-Barnabé qui vient de passer

[1566] je moissonnais à la Sinilla, près d'Alcazar, avec Pedro de Consuegra (...) et d'autres, raconte Pedro Vela. Mon père dit qu'il avait assisté à un *autodafé* à Tolède où on avait brûlé plusieurs personnes et où on en avait fouetté d'autres pour avoir dit que coucher avec les femmes de la maison close n'était pas un péché. " Mais ce n'en est pas un " s'exclama alors Juan de Villena. Mon père lui répondit qu'il avait mal parlé. Et lui, il insistait : " C'est vrai, ce n'est pas un péché mortel. " (...) Je lui dis de se taire et il répondit qu'il ne voulait pas se taire. »

On voit ici la surprise d'une bonne partie de la population masculine de Nouvelle-Castille au début de la campagne inquisitoriale et la réticence à admettre cette idée étrange. Tout au plus, on veut bien reconnaître que c'est une faute vénielle. Pas grand-chose... On touche aussi du doigt la force de propagande que renfermaient les *autodafés* et la démultiplication de leur message par les autorités locales informelles comme le père de Vela.

Le clergé tenait aussi son rôle. Au printemps 1567, sept jeunes paysans discutaient devant l'église de Mascaraque. La conversation tomba sur les femmes et chacun de raconter ses exploits amoureux. Peu de temps auparavant, ils s'étaient mis à plusieurs pour louer une prostituée et en jouir ensemble. « La belle affaire, lance alors Andres Diaz, un tailleur, le seul artisan du groupe. Il aurait mieux valu pour vous faire autre chose — Mais ce n'est pas un péché d'aller voir les p... si on les paie. » Et Andres de les détromper : « Mais oui, c'est un péché, un péché mortel, le péché de simple fornication. » Décidément les artisans ont toujours été le ferment intellectuel des campagnes. Ils commencent à disputer. Andres propose alors de consulter le curé, « comme ça vous me croirez ». Le prêtre, bien sûr, confirme que c'est un péché, et tous se rendent à son autorité. C'est notre tailleur qui raconte l'histoire aux inquisiteurs. Il ne les a pas dénoncés sur-le-champ, car il croyait que ce n'était pas nécessaire, jusqu'à ce qu'il en ait parlé au docteur Alarcon qui les a tous envoyés au juge ecclésiastique, lequel les remet au Saint-Office [16].

Tout le monde ne se rend pas aussi facilement aux arguments

d'autorité. Certains refusent désespérément de voir révéler comme péché un comportement qui leur semblait naturel, cherchant partout des justifications. Nous en avons vu quelques-unes. Mais l'argument suprême est tiré de la Genèse : Dieu ordonne de multiplier. C'est ici qu'on cite un conte dont nous avons trouvé au moins douze versions dans les papiers de l'inquisition de Tolède et qui fonctionne comme mythe justificatif. « Quand Dieu allait dans le monde avec ses disciples, saint Pierre un jour, s'attarda dans une auberge. Le Christ savait où il était. Il descendit donc à la cave, et là, derrière les barriques, Pierre et la servante faisaient la bête à deux dos. " Pierre, que fais-tu? — Seigneur, je multiplie. — C'est bien. Achève et rejoins-nous. " Vous voyez bien que ce n'était pas un péché. Le Christ lui-même approuve. » Il va sans dire que, pour le Saint-Office, le simple fait de raconter cette histoire constituait un délit.

Petit à petit cependant ces pressions font leur œuvre. La liceité de la simple fornication n'a jamais été unanime. Elle perd du terrain, surtout quand une forte pression sociale commence à s'exercer sur les personnes les mieux enracinées dans leur communauté. Ecoutons Juan Montero, le tavernier de Moralzarzal. « Le dimanche de Lazare, il y a deux jours, j'allais sur la route de Navalcarnero avec ma charrette en compagnie d'Andres Benito, quand je tombai sur deux femmes. » Deux femmes inconnues seules sur la route, il n'est pas besoin de leur demander leur métier. Bref, il fit l'amour avec elles. « Au retour, Felipe de Salamanca qui allait avec nous, nous devança au village et dit à ma femme de me préparer un bon repas, que j'en avais besoin, que j'avais fait l'amour avec une femme sur le chemin. A mon arrivée, une vingtaine de personnes, les clients de la taverne, commencèrent à me brocarder : " Comment, avec la femme que j'avais, allais-je en voir d'autres "? » Voilà, soit dit en passant, qui nous confirme qu'il y a des normes de comportement sexuel que la communauté se charge de faire respecter. « Moi, je répondis que si je l'avais fait, je l'avais bien fait, parce que j'avais payé, un real, et qu'en payant ce n'était pas un péché. Felipe de Salamanca me répliqua : “ Fais attention, tu parles mal ”. » L'affaire fait le tour du village. On en discute jusque dans les agglomérations voisines. Les témoins rapportent l'affaire au curé. Laissons-le parler : « J'appris cette affaire par Felipe de Salamanca qui m'en informa comme pasteur que je suis, pour que j'y porte remède. Il me demanda s'il était obligé de la dénoncer au Saint-Office. » Vers 1585 donc, au pied de la Sierra de Guadarrama, on sait parfaitement que l'Inquisition condamne la simple fornication. « Je lui répondis que si le délinquant y allait de lui-même ce n'était pas nécessaire, car le but de l'Inquisition est de châtier les coupables, et ainsi il serait châtié. Mais s'il n'y allait pas, ou s'il tardait à y aller, alors ledit Salamanca serait obligé à le dénoncer sous peine d'excommunication majeure. » Salamanca fit la commission à Montero, qui, après s'être fait un peu prier, part se dénoncer à Tolède au milieu de la curiosité générale, et muni d'une lettre de son curé qui explique le cas aux juges en témoignant des bonnes vie et mœurs du coupable. Si après un tel coup d'éclat tout le village n'était pas convaincu...[17]

Quels furent les résultats de cette campagne? Nous avons vu les indices qui incitent à penser qu'elle fut couronnée d'un certain succès. A-t-on pour autant réussi à confiner la sexualité dans les strictes limites du mariage? En 1623, Philippe IV ferme les maisons closes de l'ensemble du royaume. La mesure resta toute théorique, mais il est probable que sans la préparation qu'a constituée cette propagande inquisitoriale, il ne l'aurait pas prise.

Bigamie, simple fornication... L'action du Saint-Office en matière sexuelle. Mais, toujours, elle reste au plan des principes. Il poursuit sans relâche dans la seconde moitié du XVIe siècle tout ce qui s'oppose à la doctrine catholique, nouvellement précisée, sur ce que doit être le mariage chrétien, provoquant un retour de fermeté sur des principes que l'Eglise n'a pas créés mais qu'elle applique de manière nouvelle. Quelles seront les répercussions sur le comportement en général et la psychologie des individus? Nous l'ignorons encore.

NOTES

1. Voir les articles « Mariage », « Affinité », « Empêchement », « Divorce », « Honnêteté publique » du *Dictionnaire de Théologie catholique,* en se méfiant de la tendance qu'a parfois cet ouvrage à gommer les variations de la doctrine.

2. Actes publiés par José SANCHEZ HERRERO : *Concilios provinciales toledanos de los siglos XIV y XV*, La Laguna, 1976, pp. 301-327. En Castille, au XVIe siècle, la cérémonie de mariage comporte deux phases. Le *desposorio,* que nous traduisons par « épousailles », et la *velación.* Celle-ci est une bénédiction solennelle donnée aux époux quelque temps après les épousailles et n'est en rien essentielle au sacrement. Le *desposorio* lui-même se dédouble en *desposorio* par paroles de futur, où les époux se promettent l'un à l'autre, espèce de fiançailles qu'on a longtemps considérée comme véritable mariage, et le *desposorio* par paroles de présent, où les deux époux se donnent véritablement l'un à l'autre, seule cérémonie valable aux yeux de l'Eglise.

3. Session XXIV, « Canons du saint-sacrement de mariage », publiés par Charles-Joseph HEFELE, in *Histoire des conciles,* t. X (1), p. 508 sq.

4. Henry Charles LEA : *Op. cit.,* rééd. 1966, t. IV, p. 316.

5. *a*) Source : Procès conservés, d'après Sebastian CIRAC ESTOPAÑAN : *Registros de los documentos del Santo Oficio de Cuenca y Sigüenza,* t. I, Cuenca, 1965. *b*) Source : Jean-Pierre DEDIEU : « Les procès de foi de l'Inquisition de Tolède », in *Mélanges de la Casa de Velazquez,* 1978, t. XIV. *c*) Sources : Relations de Causes, A.H.N. Inq., libro 831, 832, 833. *d*) Données incomplètes. *e*) Données très incomplètes. *f*) Les données qui suivent sont complètes pour Tolède.

6. Francisco TOMAS Y VALIENTE : *El derecho penal de la monarquia absoluta,* Madrid, 1969, pp. 346-350.

7. *Novisima Recopilation,* t. XII, tit. XXVIII. Précisons que le monopole de l'Inquisition sur les causes de bigamie ne fut jamais complet. On trouve dans ses archives des allusions à des procès commencés et parfois jugés par d'autres juridictions; les sentences inquisitoriales renvoient systématiquement le délinquant aux cours ecclésiastiques pour déterminer lequel de ses mariages est valable.

8. A.H.N. Inq., leg. 24, exp. 2, 4, 21, 25.

9. « Relations de Causes », A.H.N., Inq., libro 831 et 833.

10. A.H.N. Inq., leg. 24, exp. 10, 15 et 27.

11. Henry Charles LEA : *Op. cit.*, t. IV, pp. 323-327.

12. Sur tout cela, voir le *Dictionnaire de Théologie catholique*, art. « Simple fornication ».

13. Henry Charles LEA : *Op. cit.*, t. III, p. 552 et t. IV, p. 146.

14. Sources : Tolède : Jean-Pierre DEDIEU : *Art. cit.* Logroño : « Relations de causes », A.H.N. Inq., libro 832 et 833. Séville : « Relations de causes » 1606-1610. Pour chaque tribunal, la première colonne donne les chiffres absolus de procès pour simple fornication et la seconde le pourcentage des affaires de ce type dans l'ensemble des causes de foi jugé pendant la période considérée. (a) Peut-être incomplet; (b) Evalué.

15. A.H.N. Inq., libro 833, F° 113V°.

16. A.H.N. Inq., leg. 69, exp. 5; leg. 70, exp. 4; leg. 75, exp. 33.

17. A.H.N. Inq., leg. 73, exp. 13.

CHAPITRE X

LE MODÈLE SEXUEL : L'INQUISITION D'ARAGON ET LA RÉPRESSION DES PÉCHÉS « ABOMINABLES »

On le sait déjà : l'Inquisition, selon une interprétation très extensive de son rôle et grâce à l'excellence de son organisation, au caractère tentaculaire de ses prises, s'était emparée de causes à la connaissance desquelles elle n'avait pas été destinée. C'est ainsi qu'elle est devenue, puis est demeurée pendant deux siècles au moins, le rempart le plus efficace d'un ordre moral qui avait ses justifications propres, indépendantes d'un ordre politique et social quelconque, mais dont la défense contribuait cependant à préserver l'ordre établi.

LES PÉCHÉS ABOMINABLES : JUGEMENT DE DIEU ET JUGEMENT DES HOMMES

La sodomie et la bestialité étaient des péchés qui ne pouvaient manquer de susciter l'attention vigilante de l'Inquisition et de provoquer de sa part une tentative pour les inclure dans son champ juridictionnel. L'une et l'autre étaient bien ces « actes humains désordonnés » qui, selon saint Augustin, qualifiaient le péché. Elles figuraient évidemment parmi les péchés capitaux dans la catégorie des péchés charnels définie par saint Grégoire et elles étaient même les deux formes les plus abominables du péché de luxure. Circonstance aggravante, la sodomie était *à la fois* un péché contre Dieu, contre soi-même et contre le prochain;

la bestialité était *à la fois* un péché contre Dieu et contre soi-même. Autrement dit sodomie et bestialité étaient simultanément des attentats contre la foi et contre la morale; péchés de sensualité et de raison, elles étaient péchés d'erreur, elles pouvaient être comportements hérétiques.

Ce qui rendait abominables dans l'Occident chrétien la sodomie et la bestialité, c'était la conviction qu'il s'agissait d'actes contre la nature. Les péchés de luxure étaient d'ailleurs divisés en deux espèces : les péchés naturels qui distinguaient la fornication simple et la fornication qualifiée (non seulement l'adultère et le sacrilège charnel mais aussi l'inceste); et les péchés contre nature dont la pollution (notamment la masturbation) et l'onanisme mais dont les formes les plus graves étaient de loin la sodomie et, pire encore, la bestialité. Au point que ce sont des péchés que l'on n'ose pas nommer (ainsi dans la pragmatique des Rois Catholiques de 1497), que l'on désigne par l'expression de *pecado nefando* : c'est-à-dire le péché abominable, exécrable.

La nature et les lois naturelles étaient l'œuvre de Dieu. Contrevenir à l'ordre de la nature, c'était donc défier Dieu, se révolter contre lui. Et que dire de l'homme ou de la femme créés à l'image de Dieu qui déformaient cette image jusqu'à la rendre grimaçante en s'accouplant avec des bêtes!

C'est en raison de leur qualité d'actes contre la nature que toutes les formes de sodomie ou de bestialité étaient considérées avec une égale sévérité : la sodomie en effet était dite parfaite lorsqu'elle mettait en rapport des personnes de même sexe et imparfaite lorsqu'il s'agissait de personnes de sexe différent s'unissant contre nature (coït anal, buccal, etc.). Elle pouvait comporter ou non l'effusion de semence humaine et il en allait de même sur le plan de la bestialité considérée comme aussi grave, quel que soit l'animal ou le mode de la relation.

La rigueur des lois religieuses et civiles à l'égard de la sodomie et de la bestialité ne s'était jamais relâchée en Occident. Les condamnations impitoyables de l'Ancien Testament avaient inspiré le droit médiéval de l'Occident chrétien. Le livre de la *Genèse* avait signalé le châtiment réservé aux sodomites. Le verset 13 du chapitre XIII de la Genèse indique déjà que « les habitants de Sodome étaient pervers et péchaient grandement contre Yahweh » mais ne précise pas leur péché. Au chapitre XVIII, verset 20, ce péché est qualifié de « vraiment grave ». Et le chapitre XIX ne laisse aucun doute sur la nature du péché que commettaient tous les hommes du peuple, « jeunes et vieux ». Ne vont-ils pas jusqu'à vouloir « connaître » les deux anges de Dieu envoyés pour les châtier et qui se sont abrités dans la maison de Lot, le seul juste de la ville? Et le châtiment c'est la mort, la pluie de feu et de soufre sur Sodome et Gomorrhe (*Genèse*, XIX, 20). Le droit pénal européen se souviendra du feu.

D'autre part, la condamnation à mort est reprise par le *Lévitique* (XX, 13) : « Si un homme couche avec un autre homme comme avec une femme les deux auront commis une abomination et seront frappés de mort : leur sang est sur eux. »

Le même *Lévitique* (XX, 15 et 16) frappe de sentence de mort les coupables de bestialité : « Si un homme s'accouple avec une bête il sera frappé de mort et l'on tuera la bête. Quant à la femme qui s'approcherait d'une bête quelconque pour s'accoupler avec elle tu la tueras ainsi que la bête. » Le livre de l'*Exode* (XXII, 19) proclame lui aussi : « Quiconque a commerce avec une bête sera puni de mort. »

Le Moyen Age espagnol, sans doute influencé par le droit coutumier germanique, sanctionnait le coupable par l'ablation du membre concerné! Il donnait ainsi la consécration juridique à la pratique populaire, à la réalité vécue. Le sixième concile de Tolède par exemple (en 693) punissait les sodomites de castration, puis de bannissement, éventuellement de dégradation (dans le cas des clercs), mais épargnait leur vie. Le *Fuero Real* du XIIIe siècle, qui recueillit les lois des divers *fueros* territoriaux, infligeait aux coupables des actes de sodomie et de bestialité le châtiment suprême en donnant à la peine une publicité atroce :

le condamné est châtré devant le peuple, après quoi il est pendu par les pieds jusqu'à ce que mort s'ensuive. Mais les *Partidas* d'Alphonse X rompirent avec la pratique populaire et, s'inspirant du droit romain, établirent avec soin la nécessité de la preuve. Elles n'en maintenaient pas moins la peine capitale. La 7e *partida*, titre 21, lois I et II, décidait : « Et si cela est prouvé il doit mourir pour celà aussi bien celui qui le fait que celui qui le consent. » Cependant, les *partidas* épargnaient celui qui avait été sodomisé par force et les mineurs de moins de 14 ans. La 7e *partida*, titre 22, loi II, punissait aussi de mort l'homme bestial et autorisait le peuple à faire justice.

Ce sont les pragmatiques des Rois Catholiques d'août 1497, promulguées à Medina del Campo qui retrouvèrent le feu. Celle du 22 août décida : « Que toute personne, quels que soit son état, condition, privilège ou dignité, qui commettrait le péché abominable *contra naturam* et qui en serait convaincue par les preuves qui, selon le droit, sont suffisantes pour prouver les délits d'hérésie ou lèse-majesté, *soit brûlée vive dans les flammes de feu* sur le lieu du délit. » La peine était accompagnée de confiscation des biens. La procédure pouvait être déclenchée à l'initiative de toute personne et des juges. Mais la liste des témoins et la copie de leurs déclarations devaient être communiquées à l'accusé pour qu'il puisse sauvegarder son droit.

La pragmatique du 27 août infligeait la même peine aux condamnés pour bestialité et leurs cendres devaient être dispersées. La tentative devait être punie à l'égal de l'acte consommé. Toutefois, dans la pratique, il semble que la peine du garrot ait souvent remplacé celle du bûcher.

Les pragmatiques de Philippe II en 1598 renforcèrent la sévérité de la loi en rendant la preuve plus facile, compte-tenu de la difficulté qu'il y avait à démontrer la sodomie. Il suffisait désormais de trois témoins majeurs entendus séparément (de quatre en comptant les déclarations du partenaire) pour que la faute soit établie. Il fallait cependant qu'aucun de ces témoins ne puisse être considéré comme « ennemi capital » de l'accusé.

Les rigueurs de la loi répondaient ainsi au scandale de l'opinion à l'égard de ces pratiques sexuelles comme le montrent, par exemple, les réactions des Espagnols qui découvraient en Amérique que la sodomie était fort répandue parmi les Indiens. Ce ne sont pas seulement les moines qui s'indignent et voient dans la diffusion de cette coutume, et à plus forte raison de son caractère rituel, la preuve de la forte emprise des démons sur les Indiens, tels les franciscains évangélisateurs du Mexique comme frère Toribio de Benavente Motolinia ou frère Andrès de Olmos. Il en est de même des civils, par exemple des grands chroniqueurs comme Bernal Diaz del Castillo au Mexique ou Pedro Cieza de Léon au Pérou. La plupart d'entre eux pratiquaient la sodomie, particulièrement dans les pays chauds et sur les côtes où « de jeunes garçons allaient vêtus en femmes et gagnaient leur vie *à ce diabolique et abominable métier* » (Diaz del Castillo). Et : « Je dirai un grand méfait du *démon* et c'est que dans quelques régions du Pérou, c'est-à-dire dans les villages proches du Puerto Viejo et de l'île de la Puna, et seulement là, ils commettaient *le péché abominable* » (Cieza de Léon).

LES DÉBUTS DE L'INTERVENTION INQUISITORIALE

L'intervention de l'Inquisition en la circonstance se situe dans le climat des pragmatiques royales de 1497. Elle recueille une tradition pénale et un jugement d'opinion impitoyables à l'égard de la sodomie et de la bestialité. Il semble que les Rois Catholiques aient facilité, volontairement ou non, cette intervention en faisant référence à l'hérésie dans le texte même de la pragmatique. Pourtant, dès le 18 octobre 1509, un décret du Conseil suprême de l'Inquisition ordonna aux tribunaux du Saint-Office de ne plus connaître des cas de sodomie sauf s'ils coïncidaient avec des cas d'hérésie caractérisés. Nous ignorons malheureusement les circonstances dans lesquelles fut pris ce décret, sans doute consécutif à des événements précis. Mais, en 1524, un bref de Clément VII permettait aux tribunaux du Saint-Office du royaume d'Aragon de se saisir des cas de sodomie et de bestialité. Désormais, et jusqu'à l'extinction de l'institution, il y eut deux pratiques différentes : les tribunaux inquisitoriaux de Barcelone, Saragosse et Valence (mais non celui de Majorque) firent la chasse aux sodomites et aux coupables d'actes bestiaux tandis que les tribunaux de Castille abandonnaient la répression de ces délits aux justices civiles et ecclésiastiques. Il convient de préciser qu'en Aragon même le délit demeura de juridiction mixte. Les juges ecclésiastiques ordinaires ou civils continuèrent à procéder contre la sodomie et la bestialité et les suspects purent indifféremment tomber sous le coup d'une juridiction ou de l'autre. Nous verrons plus loin qu'ils avaient grand avantage à être jugés par l'Inquisition : c'était l'une des rares chances de sauver leur peau.

Le bref de Clément VII ne répondait pourtant pas à une pratique devenue courante. Ricardo Garcia Carcel, qui a publié en annexe de son beau livre sur les débuts de l'Inquisition à Valence, la liste complète des 2 354 individus poursuivis par l'inquisition valencienne de 1484 à 1530 n'a pas trouvé, durant cette période, un seul cas d'accusé poursuivi pour de tels délits. Le seul homme qui confesse le péché de sodomie, Antonio Masco, était poursuivi comme judaïsant. Nous manquons de livres comparables à celui de Garcia Carcel sur les débuts de l'inquisition à Barcelone et Saragosse, mais nous avons tout lieu de croire que les poursuites contre les sodomites furent alors très rares. Un examen exhaustif des relations de causes de Saragosse montre que la répression de la sodomie et de la bestialité par l'Inquisition ne prend d'importance qu'à partir de l'*autodafé* de 1546. Parmi les condamnés à l'*auto* de 1540 aucun ne l'a été pour l'un ou l'autre de ces délits et l'*auto* de 1541 ne sanctionne qu'un homosexuel, d'ailleurs livré au bûcher comme « sodomite qualifié », le prêtre Mossen Salvador Vidal, curé de Maella.

La discrétion de la répression inquisitoriale contre ces péchés pourtant considérés comme abominables, s'explique fort bien. A cette époque, les préoccupations majeures de l'institution sont ailleurs. Et cela est plus vrai encore des tribunaux d'Aragon à cause de la conjoncture historique propre à ce royaume.

La traque des crypto-judaïsants a longtemps, on le sait, mobilisé toutes les forces du Saint-Office dont on connaît, par ailleurs, les difficultés pour s'implanter en Aragon. Quant à Valence, faut-il le répéter, 91,6 % des 2 354 individus recensés par Garcia Carcel pour les années 1484-1530 ont été poursuivis comme judaïsants.

Mais l'issue des *Germanias* et les édits de Charles Quint obligeant les *mudejars* [1] du royaume d'Aragon à se convertir ont désigné un nouvel adversaire. Devenus des morisques [2], les anciens musulmans sont d'emblée suspects de nostalgies islamiques et de pratiques clandestines. Jusqu'à l'expulsion de 1609-1614, les morisques seront la cible majeure des inquisiteurs d'Aragon [3]. Seule la Catalogne échappe à cette situation.

D'autre part, le déclenchement de la Réforme et son succès dans le Sud de la France a fait de la Catalogne et de l'Aragon, provinces frontières, des régions particulièrement exposées à la diffusion de l'hérésie. Les progrès du protestantisme dans le Béarn rendent tout spécialement délicate la situation de l'Aragon. De sorte que les Béarnais, suspects par définition, vont devenir une des clientèles préférées du tribunal de Saragosse. Si, parmi les sodomites jugés et condamnés par ce tribunal, les Béarnais sont nombreux, ne serait-ce pas aussi parce qu'ils ont été très surveillés pour d'autres motifs?

Sollicitée par ses véritables adversaires, les porteurs d'hérésie, les semeurs de l'erreur : judaïsants, morisques, luthériens, l'inquisition d'Aragon n'est devenue disponible pour d'autres activités répressives que vingt ans après le bref de Clément VII et même davantage. Entre-temps elle a abandonné la répression de la déshonnêteté, de la sorcellerie, de la bigamie, de la sodomie et de la bestialité aux justices civiles ou ecclésiastiques ordinaires. Mais, au cours de la décennie 1541-1550, la situation se modifie et les tribunaux du royaume d'Aragon commencent à procéder, épisodiquement puis régulièrement, contre les accusés des « péchés abominables ».

Le compte des personnes poursuivies par le tribunal de Saragosse pour actes de sodomie ou de bestialité a été fait pour les années 1540-1580. Il est résumé dans le tableau suivant.

Nombre des personnes poursuivies par le tribunal de Saragosse pour actes de sodomie et de bestialité

Décennies	*Sodomie*	*Bestialité*	*Total*
1541-50	16	0	16
1551-60 [1]	7	2	9
1561-70 [2]	33	5	38
1570-80	44	48	92
	100	55	155

1. La série 1551-1560 est certainement incomplète, plusieurs pages manquant dans le microfilm qui nous a été transmis.

2. La série 1551-1560 s'entend jusqu'à l'*auto* du 17 mai 1560 inclus. La série 1560-1570 commence après cet *auto* et s'interrompt à la veille de l'*auto* du 6 juillet 1570 qui est donc inclus dans la série 1570-1580. Celle-ci s'achève en fait par l'*auto* du 16 novembre 1579.

Même si nous ne tenons pas compte de la série 1551-1560, les leçons de ce tableau sont claires. Elles peuvent se résumer ainsi :

1. L'inquisition de Saragosse exerce dès les années 1540 une répression attentive de la sodomie. La chasse aux sodomites ne devient cependant très active qu'après 1560.

2. La bestialité échappe aux prises de l'Inquisition avant 1550. Elle n'est réprimée de façon intensive qu'après 1570.

Rien dans ce que nous savons de l'évolution des mœurs,

du climat intellectuel ou des attitudes à l'égard de la sexualité ne permet de penser que la sodomie se soit développée de 1540 à 1580 ni qu'une épidémie de bestialité se soit soudainement déclenchée après 1570. L'accroissement important du nombre de procès, la montée en flèche des causes de bestialité s'expliquent à l'évidence par les orientations nouvelles de l'institution déjà soulignées dans un chapitre précédent. L'Inquisition est devenue plus disponible après ses succès dans la répression dirigée contre les judaïsants et les luthériens. D'ailleurs, dès qu'elle sera sollicitée par d'autres objectifs, de caractère prioritaire, sa rigueur contre « le péché abominable » se relâchera. C'est ainsi qu'après l'intense répression des années 1570-1577, une flambée d'agitation morisque détournera l'Inquisition aragonaise des délits sexuels : les *autos* de 1578 et 1579 sont presque uniquement consacrés aux morisques. Aucun acte « contre nature » n'est impliqué dans l'*auto* du 21 avril 1578 et celui du 16 novembre 1579 n'en condamne que 6, tous sanctionnés par le châtiment suprême pour bestialité.

D'autre part le tournant des années 1560 correspond, on l'a deviné, à l'achèvement du concile de Trente. On a vu, avec Jean-Pierre Dedieu, que les positions dures du concile contre les délits sexuels, déjà poursuivis avec acharnement par les sociétés acquises à la Réforme, avaient lancé l'Inquisition à la défense du mariage chrétien. En Aragon la panoplie de la répression des anomalies sexuelles est seulement plus vaste puisqu'elle inclut sodomie et bestialité mais il s'agit bien du même combat. A Saragosse comme à Tolède, les années 1560-1590 représentent le temps fort de l'action du Saint-Office pour la normalité sexuelle.

Mais qui étaient les accusés? Quelle était la nature exacte des délits? Comment l'Inquisition en appréciait-elle la gravité? Quelles étaient les sanctions? Combien de victimes? La documentation fournie par le tribunal de Saragosse pour les années 1540-1580, à laquelle nous avons ajouté l'*auto* du 1er décembre 1593 et une trentaine de procès valenciens jugés entre 1572 et

1817 permettront de donner à ces questions des réponses non définitives mais déjà suffisamment fondées [3].

SOCIOLOGIE DE L'ABOMINABLE

Dans cette galerie d'affreux, de réprouvés, une seule femme. Nous ne savons presque rien d'elle. L'information est sèche, imprécise. Elle paraît à l'*auto* du 7 juin 1549 avec l'indication suivante : « Juana de Martinez; morisque, pour tentative de sodomie, bannie perpétuellement de Saragosse. » Il s'agit vraisemblablement de saphisme car la sodomie « imparfaite » est généralement dénoncée comme telle mais nous n'avons aucune certitude.

Ainsi les maudits sont presque tous des hommes. Nous serions tenté de préciser : des hommes jeunes.

Malheureusement, l'âge des accusés n'est généralement pas indiqué. Il l'est seulement lors des *autos* du 3 décembre 1576 et du 1er décembre 1593, soit pour 23 sur les 168 personnes de Saragosse dont nous avons étudié les cas : échantillon un peu court pour qu'il soit possible de généraliser. Cependant, 13 de ces 23 personnes ont moins de 30 ans, 27 au maximum. Et 8 ont moins de 20 ans, soit 19, 18, 16, 14 et même 11 ans, comme Juan Navarro, originaire des environs de Pampelune, « patient » de Francisco de Sévilla, mendiant andalou âgé de 32 ans. Comme 3 autres n'ont que 30 ans, la jeunesse des accusés s'affirme. Deux hommes seulement ont plus de 43 ans, un mendiant de 64 ans et un morisque de 50 ans qui démontre d'ailleurs la fausseté de l'accusation de bestialité pour laquelle il était poursuivi.

Les procès valenciens confirment cette impression : dans les affaires de sodomie les âges des délinquants sont parfois indiqués. Sur 17 personnes dont nous connaissons les âges, 11 ont moins de 20 ans et l'une des affaires ne concerne que des jeunes garçons de 16 à 9 ans. Les âges des hommes coupables de bestialité ne sont pas communiqués.

Il arrive même que les initiateurs soient jeunes. Le corrupteur des gamins a 16 ans. Pedro Antonio Santandreu, jeune marin de Palma de Majorque, initié à 16 ans par un Français, devient à son tour l'initiateur d'Antonio Moro. Cependant, plusieurs des hommes qui tentent de sodomiser de jeunes garçons sont sensiblement plus âgés, comme don Jesualdo de Felices, gentilhomme valencien de 48 ans qui initie à coups de pièces d'argent de nombreux adolescents.

Ces résultats provisoires sont sans surprises. La plupart des hommes en cause sont des jeunes gens qui ne peuvent maîtriser des pulsions sexuelles qu'ils n'ont pas d'autres possibilités de satisfaire. Cela n'est certes pas vrai de Jesualdo de Felices et de quelques autres, homosexuels à part entière, mais ça l'est très probablement de plusieurs des jeunes hommes pris en flagrant délit de bestialité.

On peut risquer une classification socioprofessionnelle quoique notre information soit incomplète : nous connaissons la profession ou le statut de 70 des 105 sodomites et de 36 des 63 accusés de bestialité, soit des proportions comparables. Ainsi, la sociologie de la bestialité semble simple : 20 laboureurs, 5 bergers, 2 travailleurs agricoles font déjà une large majorité. Plusieurs d'entre eux vivent dans de petits villages ou des écarts de la montagne aragonaise. On trouve encore un garçon d'écurie, un jeune homme (*mozo*), un adolescent, 5 artisans et un étudiant. Point final. La bestialité est une affaire de pauvres gens, souvent d'hommes très seuls. Elle ne se prête guère aux jeux variés que les homosexuels réinventent ou répètent.

Le péché entre hommes se pratique dans une société beaucoup plus contrastée. Laboureurs, bergers et journaliers consommaient les trois quarts des amours bestiales (27 sur 36). Ils ne sont plus qu'une fraction notable (13 sur 70) des sodomites répertoriés. Les artisans sont déjà un peu plus nombreux, 16. Presque toujours de petits artisans : tisserands de toiles ou de futaines, cardeurs; matelassier, parcheminier ou maréchal-ferrant. Quelques gens de service : cuisinier ou garçon de cuisine, domestique, valet d'épée. Mais surtout une vingtaine d'hommes bien mieux situés dans l'échelle sociale : un médecin, un maître de grammaire qui recherche le plaisir auprès de ses élèves, un homme de loi fort disert « qui se défendit bien et détruisit l'accusation », le sacristain de Saint-Paul de Saragosse et un chantre; plus encore, quatre gentilshommes dont un Italien, Julio Picolomini chevalier de Sienne, mort en prison le 13 décembre 1571 après avoir été condamné à quatre ans de galères. On sait peu de chose des trois autres *caballeros* : don Pedro de Zuñiga qui réside à Saragosse, don Juan de Granada y de la Cerda, de Calatayud; enfin don Luis de Guzman, originaire d'Ecija.

Le clergé est fort représenté dans la galerie des homosexuels : 10 des 107 homosexuels recensés [4] sont des ecclésiastiques, sept prêtres séculiers et trois moines dont un défroqué, le dominicain français Bernat Alaguèdes, qui exerçait le métier de chapelier et qui fut condamné à mort comme le prêtre de Maella, *mosen* Salvador Vidal. Il est vrai que le doute subsiste pour 3 des 10 cas examinés parmi lesquels on distingue un chanoine de Huesca et un religieux cistercien entre plusieurs prêtres de paroisse.

A l'autre bout de l'échelle, quelques marginaux errants : deux mendiants, un pèlerin, un soldat, un colporteur. Et quelques jeunes hommes célibataires ou adolescents *(mozos, mancebos, muchachos)* dont on ne nous dit rien.

Les procès valenciens confirment, aux nuances près. Parmi la dizaine d'hommes poursuivis pour bestialité il y a trois ruraux : berger, laboureur, garde-champêtre. Mais Valence est port de mer et la société valencienne a longtemps compté de nombreux esclaves : un marin français et trois esclaves figurent parmi les accusés. Logique!

Mais, à Valence également, les sodomites composent une confrérie infiniment plus contrastée : on retrouve, certes, esclaves et marins et même le soldat napolitain de service; mais aussi un grand seigneur, don Luis Perez Garceran de Borja, fils légitime du duc de Gandia, dont le procès eut lieu en 1575; un gentilhomme don Jesualdo de Felices, déjà évoqué. Et surtout plusieurs ecclésiastiques : un prêtre qui s'amusait avec un gamin de 12 à 13 ans, un religieux trinitaire d'Alcira qui se faisait sodomiser dans sa cellule par ses invités, tous des séculiers, et surtout plusieurs mercédaires du couvent de la Merci de Valence, devenu à l'évidence un repaire de sodomites sous l'influence de frère Manuel Sanchez de Castellar, brillant docteur en théologie et dialecticien subtil qui parvient à se sauver malgré l'importance des charges retenues contre lui.

Il faut tout de suite observer, en revanche, que le tribunal de Saragosse a pris peu de morisques dans ses filets. Une dizaine de nouveaux convertis seulement ont été accusés du péché abominable : encore deux d'entre eux ont-ils pu se justifier! Ce chiffre signale une proportion doublement faible : elle est très inférieure à celle de la population morisque dans la population aragonaise; elle est aussi très faible au regard du grand nombre de morisques jugés par l'Inquisition pour d'autres motifs et qui auraient pu voir leur dossier s'alourdir d'une accusation supplémentaire. Il faut se rendre à l'évidence : une très grande majorité des criminels « exécrables » sont des vieux chrétiens. Et ce d'autant plus qu'aucun *converso* ne figure parmi eux. Il est remarquable qu'à Valence où les morisques étaient encore plus nombreux, du moins avant 1609, la situation soit comparable : à l'exception des esclaves, un seul morisque apparaît dans notre court répertoire.

Ces vieux chrétiens sont souvent, il est vrai, des gens mal fixés, hommes déracinés, loin de leur terre natale. Au royaume de Valence, et si l'on fait exception des religieux, la plupart des accusés sont des hommes sans foyer, exclus ou parias : esclaves, soldats, marins, vagabonds, originaires de Catalogne, de Castille, de Navarre ou de France. Devant le tribunal de Saragosse comparaissent quantité de nos Aragonais : 55 accusés, soit la moitié de ceux dont on connaît l'origine, viennent d'ailleurs et souvent d'outre-monts puisque l'on compte parmi eux 25 Français, nombre sans doute inférieur à la réalité car un *Arnau Gascon* n'est pas signalé comme Français! Parmi eux 7 sont qualifiés de Béarnais mais le nombre réel des Béarnais est certainement supérieur à ce chiffre puisqu'un garçon originaire d'Arzacq n'est pas dit Béarnais alors qu'Arzacq se trouve en Béarn. Plusieurs hommes sont définis comme Français sans autre précision, ou bien le lieu indiqué selon une orthographe très libre est impossible à identifier.

Mais, lorsque le lieu d'origine ne fait pas problème, il s'agit toujours d'une ville ou d'un village du Sud-Ouest de la France : Bayonne, Rabastens-de-Bigorre, Auch, Agen, Monclar-d'Agenais, Beaumont-de-Lomagne... Aussi, pour les inquisiteurs de Saragosse, tous les Français sont-ils Béarnais ou Gascons!

Les autres étrangers au pays? Deux Italiens (un Sicilien et un Siennois), six Basco-Navarrais, trois Catalans et trois Valenciens, neuf Castillans (dont un *montañés*), quatre Andalous, un Murcien, un Extrémègne, un « Turc » de Tetouan! L'extrême mobilité des populations d'Europe occidentale au XVIe siècle se trouve une nouvelle fois confirmée.

Certains des accusés se trouvaient dans une situation de dépendance les uns à l'égard des autres. Dépendance professionnelle : en 1566, Juan de la Rosa, morisque, est poursuivi pour avoir commis le péché abominable avec son domestique Juan de Mediana mais les deux partenaires supposés nient avec obstination et, le doute subsistant, l'Inquisition se contente de leur enjoindre la séparation. Même accusation à l'égard de Bernard de Zuba, parcheminier, et de son domestique Miguel Barbaran en 1571 : cette fois encore les deux hommes nient avec persévérance et sont finalement libérés.

Relation conjugale : Antonio Prat qui n'a guère plus de 20 ans est accusé par sa femme d'avoir commis avec elle la sodomie imparfaite. Très tard, en 1817, le maître cordonnier de Segorbe, Vicente Perez, et sa femme Pascuala Gil viennent confesser spontanément la même perversion : Pascuala, d'abord réticente, s'était laissé faire finalement de bon gré, pour donner du plaisir à son mari, prétend-elle, à moins qu'il ne s'agisse d'une méthode contraceptive.

Rapport hiérarchique enfin : tel le cas du maître de grammaire Antonio Nicholas Creixans avec ses jeunes élèves en 1593; ou celui du régent des études de la Merci de Valence, frère Manuel de Arbustante qui a sodomisé au moins 8 novices incapables d'échapper à sa fascination; et celui du provincial de Valence de ces mêmes mercédaires qui avait l'habitude de s'en prendre aux choristes et qui a sodomisé au moins 4 moines, les frères Jaime Vicens, Josef Burguete, Fernando Berneu et Isidoro Montaner, sans parler du gamin de 13 à 14 ans qui partage sa cellule. Comme ces procès ont lieu en 1685 et 1687, cela signifie que le couvent des mercédaires valenciens est devenu un temple de l'homosexualité.

Comment ignorer que les circonstances favorisaient souvent les célébrations de Sodome! Le cas de la vie conventuelle est connu. Mais c'est en prison que Joseph Estravagante, laboureur de son état, commit le péché avec le tisserand Bartolomé X. C'est sur les chemins que les vagabonds sodomisent les enfants. Surtout, dans les milieux populaires, dans la majorité pauvre de la population, il est très fréquent que deux, trois ou quatre personnes du même sexe dorment dans le même lit. Et c'est dans de telles occasions que s'opèrent quantité d'approches homosexuelles : voici le tailleur Joachim Ximeno dormant avec un gamin qu'il tente à plusieurs reprises de pénétrer; *mosen* Joan Bastan, prêtre de la paroisse de Torre del Conde, dormait lui aussi avec le jeune partenaire qui se plaint de ses entreprises; Martin de Araguer couchait en compagnie de plusieurs hommes de même que Hernando Lopez, un vieux mendiant qui partageait sa couche avec deux garçons dont l'un n'avait que 14 ans. Antonio Nicholas dormait avec deux autres hommes et Joan Rodriguez, un homme de 42 ans, couchait dans le même lit que les deux gamins par qui il voulait se faire pénétrer. Les exemples de cette promiscuité tentatrice sont innombrables. Que dire des bergers ou des paysans de la montagne isolés du monde et qui ne fréquentent quotidiennement pas d'autres êtres vivants que les animaux!

EXPLORATION DE L'ABOMINABLE

L'affaire est trop grave, le châtiment possible trop définitif pour que l'Inquisition ne procède pas avec la plus extrême prudence. Elle veut tout savoir des circonstances, de la nature exacte du crime, de son degré d'accomplissement. Surtout, elle veut connaître le destin de la semence virile qui a reçu mission, dans le plan divin, de propager l'espèce par le corps de la femme. S'est-elle répandue, s'est-elle perdue? A-t-elle été profanée, offerte à l'anus féminin, à l'anus masculin, ou, suprême abomination, au sexe d'un animal? Ne s'agit-il au contraire que d'une tendance suspecte à la sodomie ou à la bestialité, qui peut encore être surmontée? Toutes les questions sont posées et parce qu'il faut savoir à tout prix, le soupçon de sodomie ou de bestialité est un de ceux qui conduit le plus souvent à la salle de torture. Pour juger des effets, notamment sur les enfants sodomisés, l'Inquisition peut convoquer les médecins et leur demander une expertise.

Aussi savons-nous beaucoup de choses! Plus de huis-clos, pas de secret d'alcôve. Si les « relations de causes » ne sont que des résumés, parfois réduits à deux lignes mais dont le contenu s'enrichit avec le temps (voir le tableau de l'*auto* de 1593 donné à la fin du chapitre, p. 367), les procédures valenciennes abondent en détails minutieux : approches, séductions, menaces, attouchements, défenses, réactions scandalisées et justifications, gesticulations, tentatives manquées et réussies, jurons obscènes. Impudences, cynismes et remords. Le temps et le lieu. Les partenaires, consentants ou forcés. Les effets de l'acte. Les récidives... La nature de l'animal.

Une première certitude. Entre hommes, il s'agit souvent de viol ou de tentative de viol, surtout lorsque la relation s'effectue entre un adulte et un gamin. L'animal aussi est parfois violé : Tristan de Almendariz, jeune Navarrais, bénéficie de l'aide d'un de ses camarades, le futur dénonciateur, lorsqu'il tente de pénétrer une truie...

Il est donc très fréquent qu'un adulte tente de forcer un gamin ou un adolescent (*muchacho*), voire un autre adulte. Il est vrai que la tentative échoue souvent à cause de la résistance du partenaire souhaité. Jeronimo de Aysa, de Jaca, qui essaya vainement, à quatre reprises, de posséder des adolescents, reconnaît qu'il aurait consommé l'acte si les garçons y avaient consenti. Antonio Nicholas avoue de même qu'il n'est pas parvenu à ses fins à cause de la résistance de ses deux compagnons d'auberge. Le berger de Bujaraloz, Anton Lap, 38 ans, est tout près de consommer l'acte lorsque son patient réussit à lui échapper et sa semence se répand sur le sol; le peintre Diego Martinez agresse un adolescent qui lui échappe également. Joseph Guisot qui, dans les années 1770-1775, amène souvent des garçons dans son verger pour les sodomiser voit parfois ceux-ci lui échapper et l'un d'eux se défendre même à coups de couteau. C'est aussi d'un couteau que voudrait disposer le gamin de 14 ans empoigné par un vieux mendiant afin, dit-il franchement, de sectionner son membre.

Au jour du jugement cette résistance sauve les violeurs parce que l'Inquisition ne punit jamais de mort ceux qui n'ont pas consommé leur acte, quelle qu'ait été leur intention. Car elle ne se soucie pas uniquement de punir les coupables mais plus encore de sanctionner de manière éclatante les actes exécrables qui bafouent le plan providentiel.

Mais les enfants doivent parfois subir : tel le jeune noir de 14 ans, contraint, en 1736, de se faire sodomiser deux fois par jour par un vagabond herculéen, Francisco Marti Moyano, un détraqué sexuel dont le sexe monstrueux fait souffrir le gamin.

Quelquefois cependant c'est avec de l'argent que les adultes séduisent les adolescents : Hassan Danadolia, esclave de 40 ans, offre aux nombreux partenaires de ses parties valenciennes de l'argent et de la boisson; le gentilhomme valencien, don Jesualdo de Felices, qui aime beaucoup les jeunes garçons, fait cadeau à chacun d'un real d'argent (nous sommes dans les années 80 du XVIIe siècle, après la grande déflation de 1680 et un real d'argent est appréciable) : il recrute ainsi quantité de partenaires âgés de 11 à 16 ans, une fois même un bambin de 7 à 8 ans, très innocent et qui se trompe fort sur la nature du corps étranger qu'il reçoit dans l'anus. Le soldat napolitain Nicolas Mont, qui fait ses propositions aux enfants dans les latrines publiques, offre aussi de l'argent mais refuse de payer quand il s'estime frustré, tout en jurant affreusement : « Par la Vierge santissime je ne te l'ai pas mis! » C'est encore pour de l'argent que le jeune Joseph Vicente Martin, 18 ans, fils d'un drapier valencien, accepte en 1651 d'être le patient d'un autre individu.

Quelle que soit la relation, l'Inquisition veut savoir le rôle exact de chaque homosexuel, qui est l'agent et qui le patient, elle veut connaître les doubles rôles. Elle veut savoir ce que disent les hommes, si aux perversions de la chair correspondent celles de l'esprit. Il est très grave pour le chantre tolédan, Alonso de Ribera, d'affirmer que les relations sexuelles entre hommes ne sont pas un péché contre nature. Sans doute frère Manuel Arbustante, sodomite de luxe, se permet dans la sacristie, en simple prélude, des gestes lascifs avec les novices, puis va dire sa messe en lançant au jeune homme : « Tais-toi, joli! Ce n'est pas un péché. » Mais le système de défense de frère Manuel est sans égal.

Les inquisiteurs sont donc très soucieux d'établir la gravité du péché, de le situer sur l'échelle de l'abominable. Il peut s'agir seulement de caresses, précises certes mais sans suites : de telles pratiques ne sont pas qualifiées de sodomie mais plus modestement de « mollesse tendant à la sodomie ». Déjà plus graves sont les « pollutions » volontaires qui impliquent la participation de tiers, ainsi lorsque le maître de grammaire Creixans ou le soldat Mont se font masturber par des enfants : ces actes sont considérés comme contre nature et sont dits proches de la sodomie (*propincuos a la sodomia*). Enfin il y a sodomie qualifiée lorsque l'un des partenaires tente de pénétrer le corps de l'autre « par derrière », selon l'expression courante, qu'il y parvienne ou non. Il arrive en effet assez souvent que l'homosexuel actif échoue dans sa tentative, surtout quand il s'efforce de sodomiser des enfants, en raison de la douleur éprouvée par ceux-ci ou à cause de leur jeune âge, ainsi quand ils ont 11 ou 12 ans. L'Inquisition fait presque toujours, en la circonstance, examiner les patients par les médecins et enregistre les résultats (sphincter déchiré, etc.). Elle ne semble guère établir une distinction en faveur de ceux qui ont placé leur pénis entre les cuisses du partenaire, généralement jeune, comme s'ils cherchaient à remplacer une femme absente et ne se livraient à l'homosexualité que par défaut.

Quoi qu'il en soit, la sodomie qualifiée apparaît encore plus grave dès lors que l'acte a été consommé, qu'il y a eu émission de la semence virile dans le corps d'un autre homme. Il est révélateur que beaucoup d'accusés allèguent pour leur défense la non-consommation du coït ou même, beaucoup plus rarement, prétendent que le péché n'existe pas lorsqu'il n'y a pas consommation.

La bestialité propose beaucoup moins d'interrogations. Les témoins, parmi lesquels les femmes sont en nombre, et avec une certaine fréquence les jeunes filles (*moza*), décrivent régulièrement leur découverte d'un individu arrimé à l'arrière-train d'un animal dans l'exercice de mouvements qui ne leur laissent aucun doute sur la nature de l'acte car il s'agit de mouvements qui évoquent pour eux l'acte sexuel accompli par un homme et une femme. L'expression utilisée ressemble souvent à celle-ci: « Il se remuait comme celui qui connaît charnellement une femme. » La scène se passe généralement dans une écurie, une étable, un champ ou un bosquet.

Dès lors, l'Inquisition n'a plus qu'à établir la véracité ou la fausseté de l'accusation et, si l'acte bestial est prouvé, à découvrir s'il a été consommé avec émission de semence « dans la nature » de l'animal ou si, pour une raison quelconque (découverte en flagrant délit, retrait de l'homme, etc.) la consommation a été évitée. Le Saint-Office considère habituellement ce fait comme de grande importance. Cette fois encore, le caractère abominable de l'acte semble prendre le pas sur l'intention.

L'immense majorité des animaux sont des femelles. Surtout des ânesses (*asna* ou *burra*) et des mules qui, à elles seules, comptent pour plus de la moitié des partenaires connues, soit 43 sur 67. En plus des 28 ânesses et des 15 mules recensées, on signalera 6 juments, 6 chiennes, 3 truies, 2 brebis et 2 vaches, 1 chèvre. Mais il faut indiquer aussi 2 animaux mâles, un cheval et un jeune âne, sans que l'on puisse se prononcer sur le sexe du *rocin* (rosse, haridelle?). Il est bien évident que ces animaux partenaires sont bien ceux qui accompagnent la plupart de nos accusés dans leur vie quotidienne : paysans, bergers, charretiers, garçons d'écurie, que ce soit aux champs, sur les pâtures, sur les chemins, ou dans la pénombre des écuries.

CHATIMENT DE L'ABOMINABLE

La justice civile de l'époque devait punir de mort, on l'a vu, les actes de sodomie ou de bestialité. Dans le cas de la sodomie, la pragmatique de 1497 laissait cependant subsister un doute : la peine de mort devait s'appliquer à toute personne qui commettait l'acte de sodomie. L'interprétation la plus favorable aux accusés était que la peine frappe les actes réellement consommés. En revanche la pragmatique était impitoyable dans le cas de bestialité puisqu'il était précisé que la tentative devait être punie à l'instar de l'acte consommé.

Mais l'extrême soin de la procédure inquisitoriale, conduite avec une rigueur quasi scientifique, met en lumière la grande variété des cas de figure. Ce qui peut expliquer la variété inattendue des peines et leur extrême inégalité : de la réprimande à la mort administrée par le bras séculier auquel le condamné est préalablement remis.

La seule réserve d'importance, que nous avancions à propos du caractère scientifique des méthodes de l'Inquisition, est relative à la place accordée à la torture et au comportement des accusés soumis à la torture. Les relations de causes de Saragosse font référence, au moins une vingtaine de fois entre 1540 et 1579, aux réactions des accusés torturés mais il est à peu près certain que le nombre des accusés torturés a été sensiblement plus élevé. Sodomie et bestialité relèvent fréquemment du *potro* ou de la *toca,* surtout du *potro.* Mais comme cela a déjà été précisé, et comme l'avaient observé avant nous bien des auteurs tels Lea, Kamen, Tomàs y Valiente, l'Inquisition usait de la torture avec beaucoup de prudence et, dans les cas que nous avons examinés, elle n'allait jamais jusqu'au bout de la résistance physique des malheureux patients.

Pourtant, les inquisiteurs étaient impressionnés par ceux qui surmontaient la souffrance physique. Dans la plupart des cas où la torture est évoquée, en effet, l'accusé « a vaincu » la torture. Et la grande majorité des 14 accusés absous (11 poursuivis pour sodomie et 3 pour bestialité) sont des hommes qui ont « vaincu » la torture. D'autres qui l'ont également surmontée, sans avoir réussi cependant à faire disparaître tout soupçon, évitent en tout cas des châtiments graves : ils ne sont condamnés qu'à des pénitences spirituelles, à une année de réclusion (cas d'un étudiant); au pire, au bannissement pour une ou deux années. Deux dizaines d'accusés sont dans ce cas. Les autres figures signalées sont celles de l'accusé qui avoue sous la torture, puis se rétracte au moment où on lui demande de confirmer ses aveux en audience, avoue à nouveau sous la torture, se rétracte encore, etc.; ou bien celle de l'accusé qui avoue un délit en audience, sans avoir été torturé, et qui, une fois sur le *potro,* nie absolument d'autres délits. Dans ce cas l'Inquisition ne tient compte que du crime avoué.

D'autre part, les juges examinent les témoignages avec vigilance. Plusieurs témoignages concordants emportent en général leur conviction. Mais s'il n'y a qu'un témoin et que l'accusé puisse le *tachar,* c'est-à-dire démontrer qu'il s'agit d'un « ennemi capital », le Saint-Office ne donne pas suite; si le témoin paraît fiable l'accusé est soumis à la torture et s'il la vainc le doute subsiste mais la peine est légère. Il peut se faire aussi que l'accusé ou les accusés démontrent l'inanité des prétendues preuves réunies contre eux. Tout cela fait que l'on trouve dans les relations de causes des comptes rendus du genre de ceux-ci. « Pedro Vezerril, laboureur, habitant de Burbaguera, pour un acte de sodomie avec une ânesse (*sic*). Un témoin. Il fut soumis à la torture et la « vainquit ». Absous.

« Joan Aparicio, laboureur, habitant de Guarmocha (Catalogne). Fut accusé de certains actes de sodomie par un témoin qu'il récusa comme « ennemi capital ». La cause fut suspendue et l'accusé libéré.

« Miguel de Colas, laboureur, habitant de la ville de Sabada, fut accusé par des témoins d'avoir commis la sodomie avec un jeune homme (*mozo*). Il nia, fut torturé et « vainquit ». Il fut absous et libéré.

« Joan de Aynas, étudiant, naturel et habitant de Larues, dans la « Montagne », fut accusé d'un acte de sodomie avec une jugement (*sic*). Il nia, fut torturé et « vainquit ». Le soupçon demeura et il fut condamné à être reclus pendant un an à l'université de Huesca avec des pénitences spirituelles.

« Bernard de Zuba, parcheminier, habitant de Saragosse, fut accusé par un témoin d'avoir commis la sodomie avec son domestique Miguel Barbaran. Ils nièrent, se défendirent bien et récusèrent les témoins. Ils furent absous et libérés. »

Dans ce dernier cas l'Inquisition n'a pas jugé la torture nécessaire car elle a pu confronter les déclarations des deux accusés interrogés séparément et secrètement, comme il était d'usage.

Il serait vain de multiplier les exemples. Dans tous les cas comparables, les accusés en ont été quittes pour quelques jours ou semaines de détention, la peur, quelques moments de souffrance, et, au pire, une année de bannissement ou de réclusion.

D'autre part il y avait deux catégories de délinquants avec qui l'Inquisition faisait preuve d'une relative indulgence. D'abord ceux qui, selon les relations rédigées par le tribunal lui-même, venaient se confesser spontanément sans qu'une instruction ait été engagée contre eux et, naturellement, sans avoir été convoqués. Ils ne sont pas très nombreux puisque nous n'en comptons que 5 sur les 155 causes jugées à Saragosse auxquels il faut ajouter le couple de sodomites « imparfaits » qui vint se dénoncer à Valence en 1817. Dans une telle situation il arrive que l'Inquisition maintienne le secret et deux des personnes en question ne sont pas nommées.

A une exception près ces gens ne sont condamnés qu'à des pénitences spirituelles et pécuniaires, même lorsqu'ils s'accusent de fautes très graves comme cet anonyme qui a commis quatre actes de bestialité et qui n'est que très fermement réprimandé. L'exception surprend un peu, compte tenu des informations que les « relations » nous livrent. Pedro Estèbe est venu avouer des actes lascifs et un péché abominable commis avec un adolescent (*muchacho*). Celui-ci lui en reproche plusieurs. Or, Pedro nie, « vainc la torture et détruit les indices ». Pourtant, il est durement puni par une peine de quatre ans de galères tandis que les juges ajoutent : « On ne lui infligea pas une peine plus grave étant donné sa confession spontanée et sa condition de mineur. »

Une deuxième catégorie est précisément composée de garçons jeunes ou très jeunes. Le tribunal s'attribue une mission d'éducation, il entend redresser l'erreur et sauver s'il est possible l'âme éternelle des pécheurs. Or, on le sait, un grand nombre de nos délinquants sont jeunes, même si nous ne connaissons pas leur âge exact : beaucoup ont moins de 25 ans et même moins de 20 ans. Ils sont donc en état de minorité civile. Or, sauf erreur de notre part, le Saint-Office de Saragosse n'a jamais condamné à mort, entre 1540 et 1580 ni en 1593, un jeune homme de moins de 25 ans. Deux fois cependant il en fut très près, avec votes « discordants », la *Suprême* commuant la peine en galères perpétuelles : pourtant Joan Taberner, laboureur, habitant de Nonaspe, n'avait que 12 ans quand il consomma l'acte bestial! On s'étonne ici de l'extrême sévérité du Saint-Office alors que quantité de *muchachos* impliqués dans des affaires de sodomie ou de bestialité s'en tirent avec 100 ou 200 coups de fouet et un bannissement d'une ou quelques années.

Joan Navarro, jeune Navarrais qui n'avait que 11 ans lorsqu'il fut le patient du mendiant gaditan Francisco de Sevilla, est certes banni pour toujours du district mais c'est précisément parce qu'il est Navarrais. Il peut même arriver que l'Inquisition fasse fouetter secrètement ces jeunes gens avant de les bannir comme si elle voulait sauvegarder leur réputation et épargner le scandale à la population : c'est ce qui advint, par exemple, au morisque de Belchite Joseph de Vinès, « très jeune quand il commit le délit », que l'on menace cependant de galères en cas de récidive, à un autre morisque Adam Salcedo, à Pedro de Vitoria, marchand exilé pour dix ans mais fouetté secrètement et qui avait commis l'acte bestial avec une rosse, à Guillen Cullero, *mozo*, laboureur d'Alcañiz, coupable du même délit avec une mule.

Certains de ces jeunes gens ont tout de même subi une condamnation très dure : ainsi lors de l'*auto* de 1593 trois garçons, âgés de 18, 16 et 14 ans, sont condamnés respectivement à 5 ans, 3 ans et 3 ans de galères [5]. Mais pour le même délit, lors du même *auto*, deux bergers âgés de plus de 25 ans sont envoyés au bûcher. Et le jeune Français, Antonio Prat, qui a plus de 20 ans mais moins de 25, convaincu à la fois de sodomie « imparfaite » et de trois ou quatre actes de bestialité — avoués sous la torture, il est vrai — s'en tire avec 6 ans de galères. Il conserve une chance.

Il est vrai que Prat, comme quelques autres, a fait preuve de beaucoup d'imagination pour se défendre. Accusé par deux femmes, dont la sienne, d'avoir commis (avec elle) deux fois le péché de sodomie « imparfaite », il confesse que la première nuit où il coucha avec sa femme il ne s'était pas rendu compte s'il l'avait pénétrée par devant ou par derrière car c'était la première fois qu'il connaissait charnellement une femme! Mosen Joan Bastan, prêtre à la paroisse de Torre del Conde, accusé par un garçon et la mère de celui-ci d'avoir tenté de le sodomiser et de l'avoir « pollué », révèle qu'il était en train de rêver des délices de l'union sexuelle avec une femme! Et il a été tout surpris de se réveiller en étreignant le garçon qui couchait près de lui! C'est ainsi que Joan Bastan limite sa punition à 8 ans de réclusion dans un monastère avec privation de son ministère.

Il n'en reste pas moins que la sodomie et la bestialité comptent parmi les délits punis par l'Inquisition avec le plus de rigueur. Alors que le même Saint-Office de Saragosse fait preuve avec les sorcières de beaucoup de compréhension et de mansuétude, il frappe durement les hommes convaincus de l'acte abominable, très durement même tout en se montrant moins sévère que les justices civiles. Le tribunal de Valence semble agir de même. Sur les 132 cas de sodomie et les 64 cas de bestialité que nous avons examinés, 16 sanctions nous demeurent inconnues, 10 relatives à des affaires de sodomie et 6 à la bestialité. Soit 180 sentences connues.

La mort pour 38 condamnés, soit 21,1 % des accusés. Les galères à temps ou à vie pour 63 condamnés, soit pour 35 % d'entre eux. Ainsi plus de la moitié des accusés ont été frappés de peines très graves : la mort immédiate ou, souvent, la mort à terme par la chiourme et la guerre.

En fait, le tribunal de Saragosse avait condamné 9 personnes de plus au bûcher dans les années 1572-1574. Leur peine a été commuée par la *Suprême* en galères perpétuelles car la *Suprême,* à l'écoute du roi et des autres conseils de gouvernement, sait que les flottes de Sa Majesté Catholique ont grand-besoin de galériens. Voici pourquoi ces 9 jeunes hommes ont sauvé leur vie, au moins provisoirement.

Mais conduisons l'analyse au plus près. Il apparaît immédiatement que le traitement des sodomites est infiniment moins sévère que celui réservé aux coupables du crime de bestialité.

15 sodomites (sur 122 sentences connues) ont été envoyés au bûcher, soit 12,29 % des accusés. Mais 23 des condamnés à mort le sont pour bestialité (sur 58 sentences connues), soit 41,07 %. La proportion des galériens est à nouveau plus forte dans les condamnations pour bestialité que pour sodomie : 43,1 % contre 31,14 % (25 et 38 condamnations). On s'aperçoit alors que plus de 80 % des hommes poursuivis pour bestialité (84,17 %) ont été frappés des deux peines les plus graves tandis que cette proportion s'abaisse à 43,43 % dans le cas de sodomites. Ceux-ci, plus nombreux à être absous ou à voir leur cause suspendue (12 contre 4), à écoper seulement de pénitences spirituelles (5 contre 1), s'en tirent fréquemment avec une peine de fouet assortie de bannissement : cela se produit pour 31,96 % d'entre eux contre seulement 8,62 % dans les cas de bestialité.

Peines infligées pour crimes de sodomie et bestialité

	Sodomie		*Bestialité*	
	Nombre	%	*Nombre*	%
Nombre des cas examinés	132	100	64	100
Sentences inconnues	10	7,57	6	9,37
Absous ou causes suspendues *	12	9,83	3	5,17
Pénitences spirituelles et pécuniaires seulement*	7	5,74	2	3,45
Réclusion (Religieux) *	7	5,74	—	—
Prison perpétuelle *	1	0,81	—	—
Fouet et bannissement *	39	31,96	5	8,62
Préside d'Oran *	3	2,45	—	—
Galères à temps ou à vie *	38	31,14	25	43,10
Mort *	15	12,29	23	41,07

* Pourcentage calculé par rapport aux sentences connues.

Notre échantillon — 40 années d'activité d'un tribunal important traitées de manière exhaustive assorties de l'*auto* de 1593 et d'une trentaine de procédures valenciennes réparties sur près de trois siècles —, nous paraît avoir une valeur statistique suffisante pour témoigner de la nature des peines que nous résumons dans le tableau ci-dessus.

Bien entendu et malgré le léger correctif apporté par l'intervention des causes valenciennes dans le tableau, celui-ci informe essentiellement le XVIe siècle. Nous avons de bonnes raisons de penser que ici comme ailleurs, la rigueur inquisitoriale s'est relâchée à partir de la deuxième moitié du XVIIe siècle. Plusieurs des condamnés valenciens auraient été punis de mort un siècle ou un siècle et demi plus tôt, compte tenu de la gravité des charges qui pesaient sur eux : ainsi certainement Francisco Marti Moyano, Jesualdo de Felices ou Joseph Guisot. Ils ont eu la chance que leurs affaires soient jugées en 1736, 1748 ou 1775.

Mais qui étaient les condamnés à mort? Il ne semble pas que l'origine sociale ou le statut ait influencé les juges au moment de rendre leur sentence. Certes, aucun des 5 nobles que nous avons rencontrés, n'a fini sur le bûcher. Mais aucun d'entre eux n'était poursuivi pour bestialité, crime jugé le plus exécrable; nous ignorons le sort du fils du duc de Gandia et nous venons de voir que le cas de don Jesualdo de Felices se situait en 1748, en une époque où le châtiment suprême en de telles affaires est devenu extrêmement rare. De plus, don Luis de Guzman a bel et bien été condamné au bûcher par le Saint-Office en 1574. C'est la *Suprême* qui a commué sa peine en galères perpétuelles pour les raisons que l'on sait. Un autre noble, don Pedro de Zuñiga, a été condamné à 5 ans de galères et le chevalier de Sienne, Julio Picolomini, à 4 ans de la même peine. Les nobles n'ont joui d'aucun traitement de faveur, bien au contraire.

Pas plus que les religieux dont 3 (sur 10, forte proportion) ont été remis au bras séculier pour être brûlés : le prêtre de Maella, *mosen* Salvador Vidal, « sodomite qualifié », en 1541;

le trinitaire valencien, frère Michel de Moralès, « patient » en de nombreuses occasions, qui a aggravé son cas par une tentative de suicide en 1574; et le dominicain français défroqué, Bernat de Alaguèdes, en 1574 également. Tous étaient des récidivistes. De fait, la plupart des autres sodomites condamnés à mort sont des hommes qui ont commis plusieurs fois le péché et qui en recherchent les occasions : tel le Tolédan Alonso de Ribera (en 1559); l'Aragonais Pedro de la Sierra; le cuisinier maestre Luis de Herrera venu de Grenade; le « Turc » de Tetouan, Antonio Navarro; le Béarnais d'Arzacq, Jean de Pechaves; l'esclave valencien, Hassan Danadolia... Tous ces gens ont confessé de nombreux actes de sodomie : l'un des condamnés de 1579, par exemple, en avoue neuf. A l'inverse nous ne connaissons pas de cas où un acte unique de sodomie, même consommé, ait été sanctionné par la mort.

Il en va différememnt dans les affaires de bestialité. Plusieurs des victimes du Saint-Office ont été condamnées pour un seul acte avoué de bestialité, dès lors qu'il avait donné lieu à l'émission de la semence virile dans la « nature » de l'animal. Une fois de plus se trouve confirmée la rigueur presque impitoyable de la répression des actes bestiaux.

L'Inquisition donnait évidemment une grande publicité aux châtiments qu'elle infligeait, sauf si elle désirait conserver le secret. Les condamnés étaient fouettés publiquement et sortaient à l'*auto* revêtus de la tunique infamante, un cierge à la main. La lecture des sentences se faisait dans les formes accoutumées.

Quelles que soient les pratiques et l'opinion de nos contemporains, il faut admettre que l'Inquisition d'Aragon n'a fait que se conformer, en l'occurence, aux lois civiles et religieuses du temps. En fait, elle les a appliquées avec une grande recherche de discernement, éliminant les faux témoignages, accordant aux accusés le bénéfice du doute, usant de la torture avec prudence (un seul cas d'évanouissement), épargnant les vies des jeunes gens. Comme dans les cas de sorcellerie, elle a imposé une pratique judiciaire plus sereine et moins aveugle que celle des justices civiles. Il y a décidément, sans même qu'il soit nécessaire de faire intervenir la chronologie, deux Inquisitions : celle qui réprimait les erreurs dogmatiques, celle qui jugeait les mœurs.

NOTES

1. Musulmans qui résidaient dans un territoire soumis à l'autorité d'un prince chrétien.

2. Rappelons que les *mudejars* sont devenus des morisques lorsque, la pratique de l'Islam ayant été interdite en Espagne, ils ont dû se convertir.

3. Les relations de causes de Saragosse proviennent de l'A.H.N., Inq., Saragosse, Libros 988 et 989. Quant aux procès valenciens, ils proviennent du même fonds, Leg. 560 et 561 pour les procès de sodomie, Leg. 518 pour ceux de bestialité.

4. 107 parce que nous ajoutons aux 100 de la période 1541-1580 les 7 de l'*auto* de 1593.

5. Voir ci-dessus, chapitre IV. Sur les 13 condamnés à l'*auto* de 1593, 3 ont été torturés. Mais cette proportion ne signifie pas grand-chose parce que les accusés qui avouaient facilement n'étaient pas torturés.

CHAPITRE XI

POUR L'ÉTAT, CONTRE L'ÉTAT

Au fil des chapitres précédents de nombreux cas se sont présentés naturellement, illustration parfaite de la collaboration étroite qui s'instaura entre l'Inquisition et le pouvoir monarchique et qui fit de la première un instrument essentiel du second. Ce serait une erreur importante que d'accorder une trop grande attention aux conflits de juridiction, certes nombreux, entre la justice royale et le Saint-Office : ils ne concernent guère que les cas de personne, sans portée politique. Mais l'action de l'Inquisition concorde si bien avec les objectifs de la politique royale qu'il nous est impossible de suivre Lea lorsqu'il affirme que le tribunal ne s'employa pas à poursuivre les objectifs de la Couronne. Kamen lui-même, qui déclare se rallier à la position de Lea, n'en remarque pas moins, avec à-propos : « Une menace toutefois demeurait suspendue sur les non-Castillans, qui était en même temps une tentation pour le roi, dans le fait que l'Inquisition se trouvait être le seul tribunal à exercer une autorité absolue sur tous les royaumes espagnols dont la moitié jouissait de libertés provinciales *(fueros)* qui les soustrayaient à l'autorité royale. La Couronne était donc obligée d'avoir recours à elle lorsque tous les autres moyens de coercition avaient échoué [1]. » Depuis, l'ouvrage de Garcia Carcel a montré à quel point Kamen avait été avisé en écrivant ces lignes.

Il est donc temps de rassembler quelques-uns au moins de ces exemples et d'en produire d'autres pour en dégager toute la signification. En fait, pendant deux siècles et demi, l'Inquisition fut, de façon subtile sans doute, au service de l'Etat. Bien évidemment, elle visait d'abord le but qui lui était propre, celui de créer un peuple unifié par la même croyance, conforme à l'orthodoxie catholique la plus exacte. Jusqu'au concile de Trente, cette entreprise s'était exercée surtout de façon négative par la répression de toutes les manifestations collectives ou individuelles qui fleuraient la loi de Moïse ou celle de Mahomet, voire les idées de Luther. A partir du concile de Trente, elle s'érigea en valeur positive parce que les dogmes et la discipline étaient désormais définis de façon claire. Ce n'est donc pas par hasard que l'Inquisition s'intéresse de plus en plus aux vieux chrétiens dont il s'agit désormais de conforter et surtout de préciser la foi et ce n'est pas non plus un hasard si l'exigence morale devient plus rigoureuse et si le modèle du mariage chrétien est imposé avec plus de force.

Mais la portée politique d'une telle entreprise — qui construit une nation spirituellement et idéologiquement homogène (ou s'efforce de le faire) au service de la monarchie catholique, face à une France divisée par la Réforme, à une Angleterre qui vire à l'hérésie et au Sultan, champion de l'Islam —, ne peut échapper à personne et les apologistes de l'Inquisition n'ont d'ailleurs cessé d'exalter cette tâche unificatrice. De sorte qu'il est inutile d'insister sur ce point.

En revanche, il est indispensable de montrer comment l'Inquisition a pu devenir en diverses occasions l'arme politique absolue de la monarchie, comme, dans d'autres cas, le Saint-Office n'hésite pas à interrompre son activité répressive, fût-elle dirigée contre des hérétiques notoires, pour se conformer aux inspirations du pouvoir royal, comment aussi il peut modifier ses sentences pour fournir au roi la main-d'œuvre gratuite dont il a besoin.

L'INQUISITION, ARME ABSOLUE DE LA MONARCHIE

Juan Antonio Llorente, inquisiteur repenti, eut à cœur de montrer la vive opposition que l'installation de l'Inquisition provoqua dans tous les royaumes d'Espagne, où elle introduisait une procédure en rupture avec le droit médiéval. Les étroites liaisons établies entre la haute société castillane ou aragonaise et des familles d'origine israélite avaient fortifié cette opposition mais Juan Antonio Llorente insiste beaucoup sur les résistances du royaume d'Aragon : « Les nouveaux convertis du lignage des juifs commençaient à s'inquiéter et à se soulever et non seulement eux mais de nombreux chevaliers *(caballeros)* et *personnes principales* qui déclaraient que *ce mode de procéder était contraire aux libertés du royaume.* » Le deuxième chapitre de ce livre a fait une large place à ces résistances qui se situent très nettement, on vient de le dire, sur le plan politique. Or la politique constante de Ferdinand le Catholique fut de soutenir à fond l'Inquisition, contre ses sujets et contre le pape. Llorente l'avait fort bien vu et les travaux de Ricardo Garcia Carcel viennent de confirmer d'éclatante manière cette thèse pour le cas de Valence. L'Inquisition a été, pour le Roi Catholique, la meilleure arme contre les *fueros,* soit l'agent le plus efficace de l'absolutisme. Nous renvoyons, pour plus amples détails, à ce chapitre ainsi qu'à l'édition récente de l'*Inquisition y los Españoles* et au livre déjà si souvent cité de Garcia Carcel [2].

Mais la position tenue par Ferdinand le Catholique le fut ensuite, sans désemparer, par tous les souverains espagnols jusqu'à Charles III. Les adversaires de l'Inquisition purent fonder de grands espoirs sur le prince Philippe le Beau, époux de Jeanne la Folle (Philippe Ier), mais celui-ci mourut prématurément. La mort du Roi Catholique en 1516, l'avènement de Charles de Gand (Charles Ier, bientôt Charles Quint) et les Cortès de Valladolid de 1518 furent l'occasion, comme on l'a déjà signalé, d'une manifestation très ferme d'opposition au Saint-Office de la part des représentants légaux du royaume et le Chancelier Jean Le

Sauvage rédigea même une Pragmatique Sanction qui réformait profondément l'Inquisition et notamment sa procédure, abolissant le secret et l'inhabileté de façon à ce que les descendants des condamnés ne soient pas marqués d'infamie. Le texte de cette Pragmatique avait obtenu l'adhésion des universités, grands collèges et experts consultés. La mort de Jean Le Sauvage, l'influence d'Adrien d'Utrecht, précepteur de Charles et déjà nommé Inquisiteur général, conduisirent le jeune roi à suspendre la publication de la Pragmatique malgré la pression des Cortès de Saragosse en 1519. Sur quoi survinrent les *Comunidades*. Le roi avait déjà découvert la commodité de l'institution pour ses fins politiques.

Philippe II et ses successeurs ne cessèrent de renforcer le Saint-Office dont ils pouvaient mesurer l'efficacité à leur service. Après l'extinction de la dynastie des Habsbourg, Philippe V, arrivé récemment de France, refuse sans doute une première fois d'assister à un *autodafé*, mais il s'affirme en même temps « convaincu de ce que l'Inquisition était un auxiliaire trop nécessaire à la suprématie royale pour ne pas être favorisée par la Couronne ». Certes les Lumières vont désormais jouer leur rôle de contestation à l'égard de l'institution et nous en débattrons mais, jusqu'à la fin, la liaison du tribunal à une conception absolutiste du pouvoir demeurera et Valentina Fernández Vargas note fort à propos : « Le retour de Ferdinand VII sur le trône d'Espagne suppose le rétablissement de l'Inquisition, intégrée définitivement dans le jeu de ses intérêts politiques, de sorte que les suppressions et les rétablissements [de l'Inquisition] seront directement liés aux périodes institutionnelles ou absolutistes. »

Voilà pour le général. Encore faut-il que nous montrions comment, au-delà de 1520, l'Inquisition a pu en effet servir concrètement l'absolutisme royal et de façon plus large, les intérêts de la monarchie.

La première intervention importante du Saint-Office pourrait bien s'être produite en 1527 à l'occasion de l'épidémie de sorcellerie qui se déclencha en Navarre. Les inquisiteurs parcoururent alors le pays et il semble bien qu'ils s'en soient pris essentiellement aux sorciers qui s'identifiaient avec le parti navarrais, hostile à l'union du royaume avec la Castille et l'Aragon qui était récente, puisque consommée en 1512. Cette affaire mériterait à coup sûr de plus amples recherches.

Considérons maintenant le cas des années 70 du XVIe siècle. L'analyse des courbes de relations de causes constituées par Contreras et Henningsen montre que la répression anti-morisque s'accroît considérablement dans les ressorts de Saragosse et Valence et Dominique Peyre a fait la même constatation pour le royaume de Grenade qui n'est pas vidé de ses morisques contrairement à ce que l'on imaginerait trop facilement. Pourquoi cette envolée de la répression? Parce que nous vivons le temps fort de la politique méditerranéenne de Philippe II dirigée contre les Turcs et les Barbaresques, les années de Lépante et de l'après-Lépante. Il y a action concertée entre cette politique et l'action du Saint-Office qui traque les morisques pour éviter tout danger de collusion avec les musulmans de l'extérieur. On sait que la hantise du débarquement turc a longtemps pesé sur l'Espagne moderne et que les raids barbaresques n'étaient pas une vaine menace.

Le phénomène se répète exactement dans les années 1609-1614 au moment de l'expulsion. Tous les morisques n'ont pas été expédiés facilement de l'autre côté de la Méditerranée et l'Inquisition a mené alors une grande chasse aux morisques. Nous avons tout spécialement étudié les relations de cause de Saragosse et de Séville pendant ces années. A Saragosse, plusieurs des morisques poursuivis avouent nettement leur espoir de revanche, une sorte de messianisme musulman dont ils attendent le rétablissement de l'Islam dans la péninsule et la réduction en esclavage de leurs persécuteurs chrétiens. Et l'Inquisition châtie tout autant le délit politique de rébellion ou de dissidence, la possession clandestine des armes ou des chevaux achetés aux passeurs français, que le délit religieux d'apostasie. Rappelons qu'à Saragosse le pourcentage des causes de mahométisme dans les courbes Contreras-Henningsen est de 56,5 % pour la période 1560-1614! Plus de la moitié du total! Mais ce pourcentage est très largement dépassé dans les années 1609-1614.

A Séville la situation est différente parce que les morisques sont naturellement peu nombreux. Mais l'Inquisition poursuit et juge de nombreux morisques revenus clandestinement d'Afrique du Nord et qui sont généralement classés comme renégats : 16 en 1610, 17 en 1611, 26 en 1612. Ces derniers, qui se sont présentés d'eux-mêmes au retour de Berbérie, sont d'ailleurs absous *ad cautelam,* ce qui semble indiquer qu'il s'agissait de morisques devenus réellement chrétiens et qui n'avaient pu se résoudre à vivre en Afrique du Nord.

Venons-en maintenant à l'épisode le plus connu de l'action politique de l'Inquisition : l'affaire Antonio Pérez. Cette affaire a été relatée cent fois avant que Gregorio Marañon ne lui consacre en 1947 un gros ouvrage qui fait le point et dont Henry Kamen a fait un résumé concis et clair dans son livre sur l'Inquisition. Nous n'allons pas à notre tour raconter l'affaire, mais il est indispensable d'en rappeler les éléments pour mener à bien notre démonstration.

Antonio Pérez, protégé du prince d'Eboli, Ruy Gomez, était devenu secrétaire d'Etat en 1571 et, après la mort de son protecteur, il devint le conseiller préféré de Philippe II qui ne faisait plus rien d'important sans prendre son avis, au point que Pérez acquit une situation prééminente dans la monarchie et construisit une importante fortune tout en devenant l'amant de la princesse d'Eboli après quelle se fut trouvée veuve. Grisé par le succès, Antonio Pérez se mit à intriguer et il s'efforça en particulier de ruiner, dans l'esprit de Philippe II, le crédit de son brillant demi-frère, don Juan d'Autriche, le vainqueur de Lépante, qui se trouvait alors en Flandres et le secrétaire de celui-ci Juan de Escobedo. Au point que don Juan finit par s'émouvoir et envoya Escobedo en Espagne pour se faire une idée de la situation et rétablir la vérité. Antonio Pérez persuada alors le roi qu'Escobedo était le responsable des initiatives malheureuses (à son avis) de don Juan en Flandres et finit par le convaincre qu'il fallait faire disparaître Escobedo. Philippe II donna carte blanche à Antonio Pérez qui fit exécuter Escobedo par des tueurs à gages le 31 mars 1578. Le crime était signé pour l'opinion, et la famille de la victime, appuyée par le deuxième secrétaire d'Etat Mateo Vazquez, demanda justice. Or, au même moment, don Juan mourut en Flandres et ses papiers d'Etat furent renvoyés à Madrid. En les compulsant, Philippe II s'aperçut que don Juan et Escobedo étaient restés parfaitement loyaux à son égard et que Pérez l'avait trompé. Dès lors, la situation d'Antonio Pérez s'aggrava, Mateo Vazquez intensifia son action et le 28 juillet 1579, Antonio Pérez et la princesse d'Eboli furent arrêtés.

Le procès se prolongea plusieurs années en raison des précautions qu'il fallait conserver à l'égard de Pérez, détenteur de secrets d'Etat. Nous négligerons les détails qui n'intéressent pas notre propos. L'important est qu'Antonio Pérez parvint à s'évader en avril 1590 et se réfugia en Aragon.

Les institutions politiques des Espagnes étaient telles qu'en Aragon, Pérez se trouvait à l'abri des *fueros*. A Madrid, il avait été poursuivi au nom du roi de Castille. En Aragon, il relevait du Grand Juge d'Aragon, magistrat très indépendant à l'égard de Philippe II, dans la prison duquel il jouissait en fait d'une grande liberté au point de pouvoir entreprendre une campagne d'opinion destinée à persuader les Aragonais qu'il était une victime de la raison d'Etat.

La seule solution pour Philippe II, c'était le recours à l'Inquisition, véritable arme absolue parce que le Conseil suprême de l'Inquisition était le seul, on le sait, qui ait juridiction sur tous les royaumes d'Espagne. Gabriel Quiroga, Inquisiteur général, ami de longue date de Pérez et qui lui avait témoigné cette amitié même après son arrestation, fut donc contraint de forger de toutes pièces une accusation d'hérésie contre Pérez et ce fut le confesseur du roi, le père Chaves, qui fournit les éléments nécessaires à l'accusation en découvrant dans certains propos de Pérez des blasphèmes hérétiques. Et c'est pour ce motif que les inquisiteurs de Saragosse firent transférer Antonio Pérez de la prison du Grand Juge dans celle du Saint-Office, le 24 mai 1591.

C'était l'exemple le plus caractérisé d'intervention politique pour raison d'Etat et personne ne pouvait s'y tromper. Les Aragonais ne s'y trompèrent d'ailleurs pas et considérèrent l'intervention de l'Inquisition dans cette affaire comme une atteinte directe à leurs *fueros*. C'est au cri de « liberté » que l'émeute populaire de mai 1591 alla arracher Pérez à la prison du Saint-Office pour le ramener dans celle du Grand Juge et l'émeute se déclencha a nouveau en septembre lorsque l'Inquisition essaya de récupérer le prisonnier. Le vice-roi d'Aragon mourut des blessures reçues lors de la première émeute et Philippe II, pour châtier ce défi à son autorité, expédia l'armée castillane à Saragosse où les rebelles furent écrasés tandis que le Grand Juge était condamné à mort et exécuté après un procès sommaire. Pendant ce temps, Pérez s'était enfui en Béarn jusqu'en France et en Angleterre où il fut l'un des créateurs de la fameuse *Légende noire*.

Les historiens, et Kamen lui-même, limitent à cet épisode l'action de l'Inquisition dans l'affaire Antonio Pérez. Ils n'accordent aucune attention au rôle que le Saint-Office joua dans la répression politique contre ceux qui avaient participé aux émeutes de 1591, répression qui se poursuivit pendant plusieurs années. Nous avons eu la curiosité de lire les relations de causes de Saragosse des années 1590 et le résultat est édifiant : le 1er décembre 1593 encore, soit plus de deux ans après les événements, 16 personnes sont condamnées par le tribunal de Saragosse pour « les émeutes passées » qui suivirent l'affaire Antonio Pérez [3].

D'autre part, le *British Museum* conserve une très abondante correspondance entre le Conseil de l'Inquisition ou l'Inquisiteur général et le tribunal de Saragosse au sujet de l'affaire Antonio Pérez, correspondance qui s'étale tout au long des années 1592 et 1593 et qui concerne l'action du Grand Juge d'Aragon,

Martin Lanuza et de notables aragonais qui soutinrent la cause d'Antonio Pérez, notamment le professeur de grammaire de Saragosse Juan Basante, quelques nobles aragonais comme don Pedro Bolea, don Cristobal Frontin, don Juan Agustin, et aussi Rodrigo de Mer, Manuel Donlop, etc. Cette correspondance souligne que, jusqu'à l'*auto* de décembre 1593, l'inquisition de Saragosse a consacré une bonne part de son énergie à poursuivre les personnes compromises dans une affaire dont le caractère exclusivement politique est évident [4]. Encore faudrait-il signaler que les divers tribunaux du Saint-Office reçurent mission de rechercher et de confisquer l'ouvrage intitulé *Aventuras de Antonio Pérez.*

Henry Kamen signale d'autre part quelques cas d'intervention politique du Saint-Office : « Lorsque éclata en Catalogne la révolution de 1640, le Grand Inquisiteur lui-même suggéra que son tribunal s'attaquât aux rebelles [5]. » A la même époque, les tribunaux de Llerena et de Valladolid s'intéressaient avec dilection aux *conversos* portugais compromis dans le mouvement national portugais. Et pendant la guerre de Succession d'Espagne, de 1702 à 1714, l'Inquisition s'en prit à ceux qui ne se ralliaient pas à Philippe V, l'édit de 1706 ordonnant même aux pénitents de dénoncer les prêtres qui auraient dit au confessionnal que Philippe V n'était pas le souverain légitime. En 1747 lors des difficultés soulevées avec Rome par la publication de l'Index inquisitorial, parce qu'il condamnait plusieurs ouvrages jugés orthodoxes par Rome, l'Inquisiteur général rappelait que l'Inquisition espagnole agissait « depuis son érection (...) sans aucune dépendance de l'Inquisition romaine », et que le droit pour l'Inquisition espagnole de censurer les ouvrages de son choix faisait partie des « règles concédées au roi et incorporées dans les lois du royaume [6] ».

Dès le début du XVIIe siècle l'action politique de l'Inquisition apparaissait si naturelle aux Espagnols que la ville de Medina del Campo, principal centre des foires de Castille, proposa en 1606 de confier au Saint-Office la répression des exportations clandestines de monnaie et des cas de fausse monnaie; que Sancho de Moncada, un des grands théoriciens économistes, proposa de même, en 1619, que l'Inquisition ait juridiction sur la contrebande des marchandises parce qu'il considérait cette contrebande comme une affaire d'Etat...

Voici maintenant 1789. L'Inquisition est en pleine décadence et depuis plus d'un demi-siècle n'entretient plus avec le pouvoir monarchique les mêmes rapports confiants. Nous y reviendrons. Mais la Révolution française se déclenche, menace l'ordre politique espagnol. La propagande révolutionnaire franchit les frontières. La monarchie de Charles IV, affolée, redécouvre les mérites de l'Inquisition. L'édit inquisitorial de décembre 1789 accumule les ouvrages interdits : le *Traité sur la tolérance* de Voltaire, la *Théorie des lois criminelles* de Brissot de Warville, *De l'importance des opinions religieuses* de Necker, *Le Procès des trois rois Louis XVI de France, Charles III d'Espagne et George III de Hanovre,* et surtout de nombreux ouvrages sur les Etats Généraux de 1789.

L'ordonnance royale de 1792 disposa que dans toutes les villes où était installée une administration douanière seraient nommés deux contrôleurs des livres, l'un fonctionnaire royal et l'autre commissaire de l'Inquisition, et jusqu'à la paix de Bâle en 1795, l'Inquisition retrouva ainsi un rôle politique. Mais il était désormais au-dessus de ses moyens.

Pour faire un bilan définitif des services rendus par l'Inquisition à l'Etat il ne faut pas se cantonner dans le champ des grandes affaires mais observer la relation entre l'activité du Saint-Office et la conjoncture politique.

L'INQUISITION A L'ÉCOUTE DE LA CONJONCTURE

Nous sommes en 1572 après Lépante. La monarchie juge nécessaire de développer sa flotte de galères et de renouveler sa main-d'œuvre : elle décide de transformer les détenus de toutes les prisons du royaume en galériens. Le Saint-Office suit le mouvement : la *Suprême*, pendant plusieurs années, commue systématiquement en peines de galères perpétuelles les condamnations à mort prononcées par les tribunaux de province pour cause d'hérésie, de sodomie ou de bestialité, tandis que les polygames valides se voient condamnés régulièrement aux galères à temps. Les navires du roi seront pourvus en rameurs.

1604 : paix avec l'Angleterre après un long conflit et esquisse d'une alliance. Une *Carta acordada* de la *Suprême* recommande aux tribunaux de province d'agir avec ménagements à l'égard des sujets anglais qui auraient été poursuivis pour hérésie. Nous avons vérifié dans le cas de Séville le sort fait à cette recommandation : les affaires concernant les Anglais sont régulièrement suspendues à moins que l'accusé ne soit finalement absous. Voici par exemple Tetos Cuit, marin de 36 ans dont le bateau est ancré à San Lucar, originaire de Rochester, arrêté par le Saint-Office en 1605 sur la dénonciation de témoins qui l'accusent d'avoir affirmé en langue espagnole qu'il croyait en Dieu seulement et qu'il méprisait les images sur lesquelles il crachait, dont il se moquait sans qu'il y ait là le moindre péché. Lors des audiences, il se déclare chrétien baptisé, pratiquant mais avoue ne s'être jamais confessé parce qu'en Angleterre on ne se confesse pas « suivant les ordres de la reine ». Il admet qu'il existe en Angleterre des sectes luthériennes et calvinistes et qu'il a écouté des sermons prononcés par des hommes mariés. Sanction : absous *ad cautelam*. Exceptionellement, Jérôme Ylard (?) originaire d'Exeter, sera condamné à l'abjuration *de levi* et à deux ans de formation religieuse dans la chapelle de San Lucar parce qu'il a fait preuve de prosélytisme et développé son argumentation sur la relation directe avec Dieu, l'inutilité des confesseurs, les erreurs de l'Espagne qui faisait un dieu du pape de Rome, etc. Il serait facile d'opposer cette indulgence à la rigueur dont sont frappés les Français qui professaient les mêmes thèses. La même tolérance, explicitement recommandée par les *cartas acordadas*, s'étendra aux Hollandais à partir de la trêve de

12 ans en 1609, disparaîtra lors de la reprise des hostilités en 1621, sera rétablie avec la paix revenue. Est-il besoin d'insister?

1605 : la monarchie de Philippe III en difficultés financières obtient en janvier, du pape, un bref qui accorde aux *judeoconversos* d'origine portugaise un pardon général moyennant le versement à la couronne de 1 800 000 ducats. Devenu presque tout-puissant à l'avènement de Philippe IV, le comte duc d'Olivarès s'appuie financièrement sur les *conversos* portugais. Cela signifie pour eux, sauf pratiques judaïsantes trop évidentes ou provocations, un répit d'une trentaine d'années. L'examen des relations de causes des tribunaux de Séville et de Valladolid, dans le ressort desquels les *conversos* d'origine portugaise étaient nombreux, confirme nettement cette rémission. Même lors de l'affaire de l'enterrement du docteur Enriquez à Alba de Tormes, la peine capitale sera finalement évitée aux accusés les plus compromis [7].

Mais que change la conjoncture, qu'Olivarès soit affaibli, puis écarté du pouvoir, que la monarchie besogneuse soit incapable de résister à la tentation que constituent les énormes fortunes des marranes portugais et la répression s'abat sur eux, culmine dans les années 1650-1680! Il existe des registres de biens confisqués, comme pour le tribunal de Séville, qui n'ont pas encore fait l'objet de dépouillements exhaustifs et qui permettront de prendre la mesure de cette gigantesque spoliation.

Il est d'autre part certain que l'Inquisition a joué d'une certaine façon au moins, le rôle d'une police politique. Elle a assuré le contrôle des étrangers, peut-être parce qu'ils étaient par définition suspects d'hérésie et cela est surtout vrai des tribunaux frontaliers ou maritimes, tels ceux de Logroño, Saragosse, Séville et peut-être ausi Barcelone. On a déjà signalé que le pourcentage des étrangers parmi les personnes poursuivies était particulièrement élevé dans les tribunaux de Logroño et de Séville. Ce rôle de contrôle des étrangers a été également tenu par les tribunaux américains de Lima, Mexico et Carthagène. D'autre part nous avons des exemples de demande d'informations et références faites par le roi au Saint-Office : telle cette lettre du 1er janvier 1586 de Philippe II aux inquisiteurs de Saragosse, Barcelone et Valence qui sollicite des informations secrètes sur des personnes susceptibles d'occuper des postes de *letrados* [8]. Comme il s'agit de fonctions à exercer dans le royaume d'Aragon, il est significatif que le roi s'adresse aux membres d'une institution commune aux divers royaumes, placée directement sous son autorité.

Au cours du XVIIIe siècle, cependant, la situation a évolué. Dès le règne de Philippe V, l'Inquisition ne semble plus répondre aussi parfaitement aux nécessités de la monarchie comme le montre l'affaire Macanaz. Le conflit éclatera un peu plus tard entre une nouvelle génération d'hommes du roi et un Saint-Office dont la justification n'est plus évidente.

LES LUMIÈRES CONTRE L'INQUISITION

Comme le démontre au milieu du XVIIIe siècle encore l'affaire de l'Index de 1747, l'Inquisition n'avait cessé de se considérer comme engagée au service de la monarchie et elle avait, à diverses reprises depuis le début du XVIe siècle, pris des positions nettement régalistes. Rien d'étonnant à cela puisque les inquisiteurs étaient souvent des hommes qui faisaient carrière dans l'appareil d'Etat, dont les intérêts et le sort pouvaient apparaître comme liés à celui de l'Etat.

Mais au milieu du XVIIIe siècle une nouvelle génération de *lettrés,* eux-mêmes profondément imbus des principes régalistes, arrive à l'âge du pouvoir. A cette époque la carrière ecclésiastique tend à se différencier plus tôt et plus nettement de la carrière civile alors qu'au siècle précédent encore, comme vient de le souligner la thèse de Jean-Marc Pelorson, beaucoup de jeunes hommes hésitaient jusqu'au dernier moment entre l'Eglise et l'Etat laïque. Alors qu'au XVIIe siècle encore la majorité des *letrados* étaient des clercs, une laïcisation des lettres et des carrières administratives et politiques se produit incontestablement. L'introduction en Espagne, à partir de l'avènement de Philippe V, du modèle administratif français a joué son rôle dans cette évolution parce qu'en France les gens d'Eglise n'avaient jamais pris une telle part aux affaires publiques. Les hommes qui vont occuper le devant la scène politique (Patiño, Carrasco, La Ensenada, Aranda, Campomanes, etc.) n'ont plus de liens étroits avec l'Eglise. L'analyse de la bibliothèque d'Olavide par Marcelin Defourneaux a montré quels étaient les nouveaux maîtres à penser : Bayle, Locke, Pope, Montesquieu, Voltaire, le marquis d'Argenson, Diderot et plus tard Rousseau [9]. Or, pour les nouveaux ministres qui rêvent d'une Espagne éclairée, pleinement accordée à l'Europe moderne, l'Inquisition est devenue à la fois inutile et nuisible.

Inutile parce que les raisons d'exister du Saint-Office semblent avoir disparu : l'Inquisition espagnole a été créée pour combattre les crypto-judaïsants. Or ceux-ci ont pratiquement disparu de la péninsule et après la dernière flambée des procès, de 1721 à 1727, les inquisiteurs n'ont plus à s'occuper que de cas isolés de plus en plus rares. L'Inquisition est devenue l'instrument de combat contre les musulmans mal convertis mais depuis les années 1609-1614 ils ont, eux aussi, disparu. De nouvelles hérésies ont surgi, les diverses manifestations du protestantisme, le quiétisme. Alliée aux jésuites, l'Inquisition a même combattu durement les jansénistes et l'index de 1747 est un avatar de ce combat. Mais au milieu du XVIIIe siècle aucun poison hérétique ne paraît menacer l'unité religieuse des Espagnes.

Sans doute le Saint-Office s'est-il occupé dès 1560 d'imposer à l'Espagne le modèle moral du concile de Trente. Mais il a en partie réussi et les juridictions ecclésiastiques ordinaires suffisent amplement à la tâche. Certes, il reste à assurer le contrôle de l'imprimé. Mais beaucoup de ceux qui veulent moderniser l'Espagne (ecclésiastiques compris) ne souhaitent pas que ce filtrage soit sévère.

Il y a pire, l'Inquisition leur apparaît comme une tare. Depuis la diffusion de la *Légende noire* en Europe (et Antonio

Pérez en est largement responsable), l'Inquisition, écrit Marcelin Defourneaux est « de toutes les institutions espagnoles (...) celle qui, aux yeux de l'opinion éclairée, constitue le symbole le plus parfait du " fanatisme " ibérique ». Peu importe que cette opinion soit contestable. Elle est largement partagée. La littérature des Lumières est à cet égard édifiante, qu'il s'agisse de l'article consacré au comte d'Aranda dans le *Dictionnaire philosophique* de Voltaire, des articles de l'*Encyclopédie* ou même du *Nouveau Voyage en Espagne* du chevalier de Bourgoing bien disposé à l'égard de l'Espagne mais qui qualifie l'Inquisition de « monstre ».

Il est très possible que de nombreux ministres de l'Espagne éclairée aient souhaité supprimer l'Inquisition. Le comte d'Aranda s'en est au moins vanté et a rejeté sur d'imprudents articles de Voltaire la responsabilité de son échec. L'œuvre de Campomanes atteste de son hostilité profonde à l'égard du tribunal et les sentiments de Jovallornos n'étaient pas différents.

L'affaire Macanaz avait indiqué dès le début du XVIIIe siècle que les attaques contre le Saint-Office pourraient venir de très haut. Légiste fervent, voué au renforcement de la monarchie et de ses pouvoirs politiques, Macanaz rédigea en 1713 pour le compte de Philippe V un document extrêmement ferme où il déniait à Rome tout droit judiciaire sur l'Eglise espagnole et sur le Saint-Office. Tout en s'affirmant partisan de l'Inquisition, Macanaz déclarait : « L'Inquisition espagnole n'a pour maîtres que Dieu et le roi. » Macanaz réagissait contre l'indépendance que le tribunal avait acquise sous le règne du malheureux Charles II et qui tendait à faire de lui un Etat dans l'Etat.

Les intrigues personnelles et diplomatiques qui voient le triomphe du parti italien (auquel était alors affilié le cardinal Giudica, Inquisiteur général) et l'effacement de Macanaz sont de peu d'importance pour notre sujet. Quoi qu'il en soit, en 1747, lors de l'affaire de l'index, les inquisiteurs n'ont plus la même attitude et reviennent au régalisme. Or si le roi et ses ministres entendent diminuer les pouvoirs du Saint-Office, cela peut devenir une position dangereuse.

C'est ce qui se produisit avec l'avènement de Charles III, précédemment roi de Naples, où il avait, avec son ministre préféré Tanucci, limité la juridiction inquisitoriale. Il est significatif que le conflit entre le roi « éclairé » et l'Inquisition se soit produit à propos d'une affaire de livre, désormais le gibier principal de l'Inquisition. L'*Exposition de la doctrine chrétienne*, du père Mesenguy, autorisée à Naples par Charles III après une expurgation due à des propositions jansénistes, avait été à nouveau condamnée à Rome par le bref du 14 juin 1761. Or, l'Inquisiteur général, Manuel Quintano Bonifaz, ordonna sans en avoir prévenu Charles III, la publication du bref pontifical transmis par le nonce apostolique.

Charles III réagit vivement et demanda au Grand Inquisiteur la suspension du bref. Celui-ci refusa, déclarant que l'Inquisition espagnole, malgré l'indépendance de ses censures, faisait siennes les condamnations émanant directement de l'autorité pontificale. Charles III imposa alors ses volontés, exila l'Inquisiteur général à quelques lieues de Madrid jusqu'à ce qu'il fasse acte de soumission puis, avec l'accord du Conseil de Castille, il publia la cédule du 18 janvier 1762 qui « subordonnait à l'autorité préalable du souverain la publication des bulles et brefs pontificaux »; et quant aux condamnations de livres prononcées par Rome, elles ne pourraient devenir effectives en Espagne « qu'après que l'ouvrage incriminé aurait été examiné par l'Inquisition espagnole qui en prononcerait, le cas échéant, la prohibition sous sa propre autorité, et sans y insérer le texte de la bulle pontificale. Mais l'Inquisition elle-même ne pourrait publier ses propres édits et index qu'après en avoir sollicité et obtenu la permission du monarque [10]. »

La tutelle de la monarchie sur une Inquisition qui avait cru pouvoir s'ériger en pouvoir indépendant était donc solennellement réaffirmée. Il est vrai que la cédule de janvier 1762 fut suspendue dès 1763 sur l'intervention du confesseur du roi, le père Eleta. Mais ses principes régalistes demeurèrent ceux du gouvernement de Charles III et furent même amplifiés par la cédule de 1768 qui définit avec précision les modalités de la censure inquisitoriale. Les attendus des procureurs du Conseil de Castille (dont Campomanes) soulignaient ouvertement les abus de pouvoir dont l'Inquisition s'était rendue coupable dans le passé et affirmaient la nécessité de la ramener à ce qu'elle avait été, *une émanation de l'autorité monarchique*. Le rapport précisait même que Sa Majesté disposait du droit de « l'éclairer et de la diriger, de réformer ses abus, de la limiter et même de la supprimer si la nécessité et l'utilité le demandaient... ».

La menace était explicite. Elle explique dans une large mesure la réaction de défense du Saint-Office que fut le procès d'Olavide, le dernier grand procès d'Inquisition dont nous avons donné une relation rapide dans le chapitre II mais dont l'histoire a été faite avec talent par Marcelin Defourneaux. Olavide fut une cible idéale. Comme il n'était pas tout à fait au sommet de la hiérarchie politique, son procès n'atteignait pas directement le roi. De plus, Olavide avait commis diverses imprudences, affiché trop ouvertement ses amitiés philosophiques, ses livres, ses relations, son pèlerinage auprès du patriarche de Ferney. Les dénonciations du capucin allemand, frère Romuald, contre Olavide furent l'occasion que l'Inquisition sut saisir. Car, si Charles III était un souverain réformateur, c'était aussi un homme très religieux, fort scrupuleux et facile à inquiéter. Le plus surprenant peut-être est que le procès d'Olavide se soit produit alors que l'Inquisiteur général était Felipe Beltran, prélat tolérant et modéré, d'inspiration janséniste, dont la nomination avait été saluée par l'opinion éclairée. Mais la majorité du Conseil suprême de l'Inquisition semble avoir suivi en l'affaire le confesseur du roi, le père Eleta, lui-même membre très influent du Conseil.

Le dernier coup de cymbale ne peut égarer. L'esprit des Lumières et la laïcisation de l'administration royale, l'inutilité désormais évidente d'une institution dont l'activité a baissé dans des proportions considérables au cours du XVIIIe siècle ainsi que nous l'avons montré d'emblée, font de l'Inquisition un mort en sursis. L'Etat et la société espagnole n'ont plus besoin du Saint-Office. Les suppressions de 1812, 1834 et 1843 ne seront que la sanction législative de la réalité.

NOTES

1. Henry KAMEN : *Op. cit.*, p. 248.
2. Voir par exemple l'édition présentée par Valentina FERNANDEZ VARGAS : *La Inquisicion y los españoles*, Ed. Ciencia Nueva, Madrid, 1967. Et, naturellement, Ricardo GARCIA CARCEL : *Op. cit.*
3. A.H.N., Inq., Saragosse, Lib. 989, fol. 615 à 618.
4. *British Museum*, Ms. Eg. 1507. Voir le détail dans le catalogue publié par Enrique LLAMAS : *Documentacion Inquisitorial. Manuscritos espanoles del siglo XVI existentes en el Museo britanico*, Fundacion Universitaria espanola, Madrid, 1975, pp. 55-62; Ms. Eg. 1508 (catalogue, pp. 62-72).
5. Henry KAMEN : *Op. cit.*, p. 248.
6. Marcelin DEFOURNEAUX : *L'Inquisition espagnole et les livres français au XVIIIe siècle*, Paris, P.U.F., 1963, p. 58.
7. Voir Michel HUGONNET : *L'activité du tribunal de l'Inquisition de Valladolid de 1622 à 1626*, Maîtrise d'Histoire, Toulouse-Le Mirail, 1977.
8. *British Museum, Ms.* AD 28 358. Enrique LLAMAS : *Op. cit.*, note 4.
9. Marcelin DEFOURNEAUX : *Pablo de Olavida el afrancesado, op. cit.*
10. Marcelin DEFOURNEAUX : *L'Inquisition espagnole et les livres français..., op. cit.*, pp. 59-60.

CONCLUSION

LE ROYAUME DE LA CONFORMITÉ

Si l'Inquisition espagnole avait été un tribunal comme les autres je n'hésiterais pas à conclure, sans craindre la contradiction et au mépris des idées reçues, qu'elle leur fut supérieure. Plus efficace sans nul doute : l'occupation du territoire presque complète, le réseau de collaborateurs et d'informateurs, ont assuré, pendant deux siècles au moins, un contrôle social sans défaut, encore renforcé par le prestige de l'institution et la terreur sacrée qu'elle inspirait puisque le prestige et la terreur suscitaient fréquemment les aveux spontanés et la délation, protégée ici comme ailleurs par le secret des témoignages. Et, au XVIe siècle, le système des visites dont nous avons montré l'importance a produit une justice rapide, dépouillée de tout formalisme, à la fois paternaliste et redoutable, une sorte de justice dans la rue à laquelle le petit peuple vieux chrétien semble avoir apporté une adhésion empressée, quel que soit le caractère ambigu de cette adhésion.

Plus efficace à n'en pas douter. Mais aussi plus exacte, plus scrupuleuse, en dépit des faiblesses d'un certain nombre de juges, qu'ils fussent orgueilleux, cupides ou paillards. Une justice qui pratique un examen très attentif des témoignages, qui en effectue le recoupement minutieux, qui accepte sans lésiner les récusations par les accusés des témoins suspects (et souvent pour les motifs les plus minces), une justice qui torture fort peu et qui respecte les normes légales, contrairement à certaines justices civiles et qui, après un quart de siècle d'atroce rigueur, ne condamne presque plus à la peine capitale et distribue avec prudence le châtiment terrible des galères. Une justice soucieuse d'éduquer, d'expliquer à l'accusé pourquoi il a erré, qui réprimande et qui conseille, dont les condamnations définitives ne frappent que des récidivistes.

Une justice difficile à abuser, dont la subtilité dialectique sauve les vies des accusés si elle dévalorise leurs discours : l'attitude de l'Inquisition à l'égard des femmes, des *beatas* et des sorcières, est à ce propos révélatrice. Enfin, envers les homosexuels, l'Inquisition va très loin dans l'analyse du délit, le décompose en une multitude de cas de figure que les lois civiles n'avaient pas prévus et réserve sa rigueur aux « irrécupérables ».

Pourtant ce livre, très loin d'être une réhabilitation de l'Inquisition, fait à l'institution le plus grave des procès, l'accuse du péché contre l'esprit, celui-là même que poursuivait le Saint-Office. Car l'Inquisition ne peut pas être considérée comme un tribunal comme les autres.

L'Inquisition n'était pas chargée comme les justices civiles de protéger les personnes et les biens des multiples agressions qu'ils peuvent subir. Elle fut créée pour interdire une croyance et un culte; au fil du temps, elle poursuivit d'autres croyances et d'autres cultes. Elle emprisonna, dépouilla, ruina, déshonora des milliers d'hommes et de femmes parce que leurs croyances et leurs rites n'étaient pas conformes au seul modèle que reconnût la société chrétienne d'Occident et dont le concile de Trente, au milieu du XVIe siècle, donna une définition complète et précise. Par extension, l'Inquisition poursuivit et punit les comportements qui paraissaient mettre en cause, directement ou indirectement, les dogmes et la discipline de l'Eglise romaine, qu'il s'agisse des paroles, des gestes, ou des comportements sexuels qui enfreignaient les règles du célibat ecclésiastique ou du mariage chrétien.

Bien entendu, l'Inquisition espagnole n'est pas née de père inconnu. Elle est l'exposant d'une société. Les dogmes et la morale qu'elle défendait étaient revendiqués dans d'autres pays d'Occident chrétien où il n'y eut pas d'Inquisition même s'il est vrai que ces pays connurent des persécutions religieuses violentes, la mort pour croyance religieuse hétérodoxe, la mort pour délit de sorcellerie ou d'homosexualité.

Ce n'est pas par hasard que l'Inquisition espagnole a condamné au bûcher quelques milliers de judaïsants et quelques centaines de musulmans. Les autres catégories de victimes ont payé un tribut beaucoup plus faible à la mort légale, encore que les condamnés à mort pour péchés « abominables » de sodomie et de bestialité par les trois tribunaux d'Aragon (Barcelone, Saragosse, Valence) aient dû dépasser la centaine, et peut-être aussi les condamnés pour sorcellerie, à cause des sévérités du premier XVIe siècle. Mais ceci n'est même pas certain.

Ainsi l'Inquisition fut-elle d'abord l'expression de l'hostilité du peuple vieux chrétien contre les judaïsants et les musulmans qu'il jalousait pour leurs richesses et leurs talents. Ce n'est pas simple coïncidence si les « familiers » de la première génération ont été recrutés dans le peuple des villes où l'animosité antisémite était la plus forte. Les Rois Catholiques se sont servis de cette hostilité comme d'une arme politique. Cela se comprend dans le cas de Ferdinand d'Aragon soucieux de limiter les *fueros*. Cela est plus difficile à comprendre dans le cas d'Isabelle car les *conversos* étaient fort bien placés dans les élites du royaume de Castille. Mais Isabelle subissait l'influence des moines dont la solidarité profonde avec le peuple vieux chrétien ne fait guère de doute.

Une fois créée, constituée, organisée, une fois les *conversos* espagnols éliminés ou assimilés, une fois les morisques placés sous surveillance, l'Inquisition s'empara du peuple vieux chrétien pour le modeler selon les idéaux définis et les règles édictées par le concile de Trente et c'est ce qu'établissent notamment les recherches très nouvelles de Jean-Pierre Dedieu. Elle commença la chasse aux livres, aux clercs audacieux, aux étudiants vagabonds que l'Europe de la Renaissance avait produits en abondance. En même temps, elle mit à la disposition de l'Etat monarchique un peupe homogène, aux croyances et aux réflexes conformes, aisément mobilisable contre l'hérétique facile à confondre avec l'étranger. Elle joua, lorsque c'était nécessaire, le rôle d'une police politique habile à suivre et à interpréter les rumeurs, à retrouver les espions.

Pourtant l'Inquisition n'a pu assurer aux Espagnes l'unité spirituelle, cela est très évident aujourd'hui. En revanche, par sa présence et sa persévérance, par la peur qu'elle a inspirée, elle a fait de l'Espagne et pour longtemps le royaume de la conformité. J'entends de la conformité politique, de la conformité intellectuelle. En éliminant les judaïsants, en traquant les *conversos*, l'Inquisition a étouffé une bourgeoisie espagnole créatrice d'idées et de richesses, dont les juifs étaient le levain, médecins, financiers, hommes de science. Ricardo Garcia Carcel l'a démontré récemment dans le cas de Valence. Elle a tari les sources vives de la recherche et de la spéculation théorique, dont la théologie a souffert tout autant que les autres activités de l'esprit au point que l'Espagne, foyer ardent de théologiens au XVIe siècle, n'en produit plus guère au XVIIe. Elle a créé une méfiance pour le livre dont les hommes des Lumières constateront au XVIIIe siècle les effets néfastes et qui demeurera jusqu'à une époque très proche de nous. Elle a remplacé la réflexion, la méditation religieuse par l'affirmation.

Les défenseurs de l'Inquisition croient tenir leur réplique. Si l'Inquisition avait exercé cette fonction, étouffé la vie de l'esprit, comment expliquer le *Siècle d'Or* espagnol? Car il est bien vrai que l'apogée de la littérature, du théâtre, de la peinture et de la sculpture espagnoles coïncident avec l'apogée de l'Inquisition. Mateo Aleman, Cervantès, Lope de Vega, Quevedo, Gongora, Calderon de la Barca, Tirso de Molina, Alonso Berruguete, Miguel Montanés, Le Greco, Velazquez, Zurbaran, et quelques autres, sont contemporains de la grande époque du tribunal et, sinon de Torquemada, de Fernando de Valdès ou d'Antonio Zapata de Mendoza.

Cela n'est pas contestable. Mais il vaut la peine de s'attarder un instant sur la nature des créations du *Siècle d'Or* espagnol.

Au-delà des années 1560-1580, c'est-à-dire à partir du moment où l'Inquisition accorde une attention vigilante aux vieux chrétiens, ces créations sont de nature esthétique : elles visent à la beauté formelle de l'écriture, ainsi dans le cas de Gongora, ou à la beauté plastique. Elles exaltent souvent les idéaux de la Contre-Réforme, même si elles sont l'œuvre d'auteurs d'origine *conversa*. Les œuvres les plus profondes, celle de Cervantès ou celle de Calderon, même si elles expriment un « sentiment tragique de la vie », ne remettent pas en cause, du moins explicitement, l'ordre du monde. Par contre, l'Espagne, pourtant remarquablement placée au Moyen Age grâce à ses contacts avec l'Orient musulman dépositaire de la pensée antique et lui-même créateur, est absente ou presque du grand mouvement scientifique et philosophique du XVIIe siècle, où se renouvellent les structures de la pensée, comme elle sera presque absente des « applications » du XVIIIe siècle. Penser est devenu dangereux et des milliers d'Espagnols l'ont appris à leurs dépens.

Le péché contre l'esprit ne se limite pas à cet étouffement de la réflexion créatrice. Il est aussi de nature religieuse. L'Eglise catholique de la Renaissance, puis le concile de Trente ont affirmé contre Luther le libre-arbitre de l'homme, la liberté majeure de l'homme, celle de se sauver ou de se perdre, pour l'éternité. L'Inquisition, en imposant un modèle de croyance unique, en soumettant chaque individu à la surveillance permanente d'une opinion conditionnée, a détruit les possibilités authentiques d'exercice du libre-arbitre, a fait disparaître d'Espagne l'idée même de liberté religieuse.

Je ne sais pas quelle est la pensée profonde de chacun de mes collaborateurs. Je n'ai même pas voulu la connaître. Pour moi qui n'ai plus le temps de ménager les personnes ou les idées et qui veux croire à l'existence d'un Dieu personnel, reconnu dans la liberté, l'histoire de l'Inquisition espagnole est l'illustration fascinante du drame qui menace les hommes chaque fois qu'une liaison organique s'établit entre l'Etat et l'Eglise. Il va sans dire que le mot Eglise doit être entendu au sens large et qu'il peut facilement être remplacé par celui d'idéologie. La coïncidence exacte entre l'Etat et une idéologie unique, qu'elle soit proclamée ouvertement, incarnée par un parti, ou distillée subtilement par les mass media, qu'elle soit de nature religieuse, « scientifique » ou économique, tel est le vieux rêve, toujours menaçant, de Léviathan.

INDICATIONS BIBLIOGRAPHIQUES

Outre les ouvrages cités dans le texte, on pourra consulter :

En français

Solange ALBERRO, *Inquisition et Société au Mexique, 1571-1700*, Centre d'études mexicaines, Mexico, 1988.

Jean-Pierre DEDIEU, *L'administration de la foi. Le tribunal de Tolède*, Bibl. de la Casa Velazquez, Madrid, 1988.

Michèle ESCAMILLA-COLIN, *Crimes et châtiments dans l'Espagne inquisitoriale*, 2 vol., Ed. Berg International, Paris, 1992.

Anita GONZALEZ-RAYMOND, *La Croix et le Croissant. Les Inquisiteurs des îles face à l'Islam*, Ed. du CNRS, Paris, 1992.

En anglais

William MONTER, *Frontiers of Heresy. The Spanish Inquisition from the Basque Lands to Sicilia*, Ed. Cambridge University Press, Cambridge, New York, 1989.

Sara T. NALLE, *God in the Mancha, 1500-1650*, Ed. John Hopkins University Press, Baltimore and London, 1992.

En espagnol

Consuelo MAQUEDA ABREU, *El auto de fé*, Ed. Istmo, Madrid, 1992.

TABLE DES MATIÈRES

COLLECTION « PLURIEL »

PHILOSOPHIE

KOSTAS AXELOS
Métamorphoses

FRANÇOIS CHÂTELET
Histoire de la philosophie

BENJAMIN CONSTANT
Principes de politique

SYLVIE COURTINE-DENAMY
Hannah Arendt

MARCEL DETIENNE
Dyonisos à ciel ouvert

RENÉ GIRARD
La Violence et le Sacré

ANDRÉ GLUCKSMANN
Le Bien et le Mal

JÜRGEN HABERMAS
Après Marx

ANDRÉ JARDIN
Alexis de Tocqueville

BERTRAND de JOUVENEL
Du pouvoir

LA ROCHEFOUCAULD
Maximes, réflexions, lettres

KARL LÖWITH
Nietzsche

OLIVIER MONGIN
Face au scepticisme

FRIEDRICH NIETZSCHE
Aurore
Le Gai Savoir
Par-delà le bien et le mal

PASCAL ORY
(sous la direction de)
Nouvelle Histoire des idées politiques

JACQUELINE de ROMILLY
La Douceur dans la pensée grecque

JEAN-JACQUES ROUSSEAU
Du contrat social

RAYMOND RUYER
La Gnose de Princeton

JEAN-FRANÇOIS SIRINELLI
Sartre et Aron, deux intellectuels dans le siècle

SCIENCES

CLAUDE ALLÈGRE
L'Ecume de la terre

JOHN BARROW
Les Origines de l'Univers

JEAN BERNARD
De la Biologie à l'éthique

MICHEL CAZENAVE
(sous la direction de)
Aux frontières de la science

JEAN-PIERRE CHANGEUX
L'Homme neuronal

GILLES COHEN-TANNOUDJI
Les Constantes universelles

PAUL DAVIES
L'Esprit de Dieu

RICHARD DAWKINS
Qu'est-ce que l'Evolution ?

JEAN DIEUDONNÉ
Pour l'honneur de l'esprit humain

TIMOTHY FERRIS
Histoire du Cosmos de l'Antiquité au Big Bang

THIERRY GINESTE
Victor de l'Aveyron

SHELDON GLASHOW
Le Charme de la physique

ROBERT KANDEL
L'Incertitude des climats

LOUISE L. LAMBRICHS
La Vérité médicale

RICHARD LEAKEY
L'Origine de l'humanité

SIMON SINGH
Le Dernier Théorème de Fermat

JAMES D. WATSON
La Double Hélice

SCIENCES HUMAINES

SÉLIM ABOU
L'Identité culturelle

RAYMOND ARON
Essai sur les libertés
L'Opium des intellectuels

BERTRAND BADIE
et PIERRE BIRNBAUM
Sociologie de l'Etat

BRUNO BETTELHEIM
Le Cœur conscient
Dans les chaussures d'un autre
Dialogues avec les mères
Freud et l'âme humaine
Le Poids d'une vie
Pour être des parents acceptables
Psychanalyse des contes de fées
Survivre

BRUNO BETTELHEIM
et KAREN ZELAN
La Lecture et l'enfant

PIERRE BIRNBAUM
La Fin du politique
Le Peuple et les gros

RAYMOND BOUDON
La Logique du social
L'Inégalité des chances

LOUIS-JEAN CALVET
La Guerre des langues
Histoire de l'écriture

JEAN-PAUL CHARNAY
Sociologie religieuse de l'Islam

BERTRAND CRAMER
Profession bébé

BORIS CYRULNIK
La Naissance du sens
Mémoire de singe et paroles d'homme
Sous le signe du lien

FERNAND DAFFOS
La Vie avant la vie

DIDIER DUMAS
La Sexualité masculine

JEAN-PIERRE DUPUY
Libéralisme et justice sociale

ALAIN EHRENBERG
Le Culte de la performance
L'Individu incertain

HELEN FISCHER
Histoire naturelle de l'amour

PETER GAY
Freud, une vie

ANDRÉ GREEN
La Déliaison

ANTONIETTA et GÉRARD
HADDAD
Freud en Italie

GÉRARD HADDAD
Manger le Livre

JEAN LAPLANCHE et
JEAN-BERNARD PONTALIS
Fantasme originaire. Fantasmes des origines. Origines du fantasme

HENRI LERIDON
Les Enfants du désir

MICHEL MALHERBE
Les Religions de l'humanité

PIERRE MANENT
Histoire intellectuelle du libéralisme
Les Libéraux

ERIC MENSION-RIGAU
Aristocrates et grands bourgeois

FRANÇOIS PERRIER
L'Amour. Séminaire 1970-1971

CATHERINE PONT-HUBERT
Dictionnaire des symboles, des rites et des croyances

DENYS RIBAS
L'Enigme des enfants autistes

MARC RICHIR
La Naissance des dieux

MICHEL SERRES
Les Cinq sens
Le Parasite
Rome

ALAIN-GÉRARD SLAMA
L'Angélisme exterminateur
Les Chasseurs d'absolu

NINA SUTTON
Bruno Bettelheim. Une vie

TZVETAN TODOROV
Les Morales de l'Histoire

Histoire

MAURICE AGULHON
La République (1880 à nos jours)

GUILLEMETTE ANDREU
Les Egyptiens au temps des pharaons

MICHEL ANTOINE
Louis XV

PIERRE AUBÉ
Le Roi lépreux, Baudouin IV de Jérusalem
Les Empires normands d'Orient

JEAN-PIERRE AZÉMA
et MICHEL WINOCK
La Troisième République

GÉNÉRAL BEAUFFRE
Introduction à la stratégie

GÉRARD BÉAUR (présenté par)
La Terre et les hommes, Angleterre et France aux XVIIe et XVIIIe siècles

GUY BECHTEL
La Chair, le diable et le confesseur

BARTOLOMÉ BENNASSAR
L'Inquisition espagnole, XVe-XIXe siècles

YVES-MARIE BERCÉ
Fête et révolte

ANDRÉ BERNAND
Alexandrie la grande
Sorciers grecs

JEAN-PIERRE BIONDI
et GILLES MORIN
Les Anticolonialistes (1881-1962)

FRANÇOIS BLUCHE
Le Despotisme éclairé
Louis XIV

HENRY BOGDAN
Histoire des pays de l'Est, des origines à nos jours
Histoire des peuples de l'ex-URSS, du IXe siècle à nos jours

JEAN-CLAUDE BOLOGNE
Histoire de la pudeur
Histoire du mariage en Occident

JEAN BOTTÉRO
Babylone et la Bible

JEAN BOTTÉRO,
CLARISSE HERRENSCHMIDT
et JEAN-PIERRE VERNANT
L'Orient ancien et nous

ALAIN BROSSAT
Les Tondues

ZBIGNIEW BRZEZINSKI
Le Grand Echiquier

EDMUND BURKE
Réflexions sur la Révolution en France

CLAUDE CAHEN
L'Islam, des origines au début de l'empire ottoman

PIERO CAMPORESI
Les Baumes de l'amour

HÉLÈNE CARRÈRE D'ENCAUSSE
Nicolas II, la transition interrompue
Lénine

PIERRE CHAUNU
Le Temps des réformes
3 Millions d'années, 80 milliards de destins

GUY CHAUSSINAND-NOGARET, JEAN-MARIE CONSTANT, CATHERINE DURANDIN et ARLETTE JOUANNA
Histoire des élites en France, du XVIe au XXe siècles

JEAN CHÉLINI
Histoire religieuse de l'Occident médiéval

JEAN CHÉLINI et HENRY BRANTHOMME
Les Chemins de Dieu
Histoire des pèlerinages non-chrétiens

VITALI CHENTALINSKY
La Parole ressuscitée

JEAN-CLAUDE CHESNAIS
Histoire de la violence

LOUIS CHEVALIER
Classes laborieuses et classes dangereuses

ANDRÉ CHOURAQUI
Jérusalem, une ville sanctuaire

EUGEN CIZEK
Mentalités et institutions politiques romaines

ROBERT et MARIANNE CORNEVIN
La France et les Français outre-mer

MAURICE DAUMAS
La Tendresse amoureuse

JEAN DELUMEAU
La Peur en Occident
Rome au XVIe siècle

GEORGES DUBY
Le Chevalier, la femme et le prêtre
Le Moyen Age (987-1460)

ALAIN DUCELLIER
Le Drame de Byzance

PIERRE DUCREY
Guerre et guerriers dans la Grèce antique

JACQUES DUPAQUIER et DENIS KESSLER
La Société française au XIXe siècle

JEAN-BAPTISTE DUROSELLE
L'Europe, histoire de ses peuples

GEORGES EISEN
Les Enfants pendant l'holocauste

PAUL FAURE
Parfums et aromates dans l'Antiquité

JEAN FAVIER
De l'or et des épices

MARC FERRO
Pétain

ALFRED FIERRO-DOMENECH
Le Pré carré

MOSES I. FINLEY
On a perdu la guerre de Troie

JEAN FOURASTIÉ
Les Trente glorieuses

CHIARA FRUGONI
Saint François d'Assise

FRANÇOIS FURET
La Révolution

FRANÇOIS FURET et DENIS RICHET
La Révolution française

FRANÇOIS FURET, JACQUES JULLIARD et PIERRE ROSANVALLON
La République du centre

FRANÇOIS FURET et ERNST NOLTE
Fascisme et Communisme

EUGENIO GARIN
L'Education de l'homme moderne (1400-1600)

LOUIS GIRARD
Napoléon III

RAOUL GIRARDET
Histoire de l'idée coloniale en France

PIERRE GOUBERT
L'Avènement du Roi-Soleil
Initiation à l'histoire de France
Louis XIV et vingt millions de Français

FRITZ GRAF
La Magie dans l'Antiquité gréco-romaine

ALEXANDRE GRANDAZZI
La Fondation de Rome

MICHEL GRAS,
PIERRE ROUILLARD
et XAVIER TEIXIDOR
L'Univers phénicien

PIERRE GRIMAL
Les Erreurs de la liberté

JACQUES GUILLERMAZ
Une vie pour la Chine

JEAN-PIERRE GUTTON
La Sociabilité villageoise dans la France d'Ancien Régime

DANIEL HALÉVY
La Fin des notables, la République des ducs

PAUL HAZARD
La Pensée européenne au XVIIIe siècle

JACQUES HEERS
Fêtes des fous et carnavals
Esclaves et domestiques au Moyen Age
La Ville au Moyen Age en Occident

ERIC J. HOBSBAWM
L'Ere des empires

ERIK HORNUNG
L'Esprit du temps des pharaons

MICHAËL HOWARD
La Guerre dans l'histoire de l'Occident

LUCIEN JERPHAGNON
Histoire de la Rome antique

HUGH JOHNSON
Une histoire mondiale du vin

ANTOINE-HENRI de JOMINI
Les Guerres de la Révolution (1792-1797)

MAURICE KRIEGEL
Les Juifs à la fin du Moyen Age dans l'Europe méditerranéenne

JACQUES LACARRIÈRE
En Cheminant avec Hérodote

DENIS LACORNE
L'Invention de la République

LUCIEN LAZARE
Le Livre des Justes

FRANÇOIS LEBRUN
Histoire des catholiques en France

JACQUES LE GOFF
La Bourse et la vie

EMMANUEL LE ROY LADURIE
L'Ancien Régime
L'Etat royal

EVELYNE LEVER
Louis XVIII

ROBERT MANDROU
Possession et sorcellerie au XVIIe siècle

PHILIPPE MASSON
Une Guerre totale (1935-1945)
Histoire de l'armée allemande

SABINE MELCHIOR-BONNET
Histoire du miroir

HENRI MICHEL
Jean Moulin

DANIEL MILO
Trahir le temps

ROBERT MUCHEMBLED
L'Invention de l'homme moderne

HUGUES NEVEUX
Les Révoltes paysannes en Europe (XIVe-XVIIe siècles)

CLAUDE NICOLET
L'Inventaire du monde

GÉRARD NOIRIEL
Réfugiés et sans-papiers

ERNST NOLTE
Les Mouvements fascistes

JEAN-ROBERT PITTE
Histoire du paysage français

JULIAN PITT-RIVERS
Anthropologie de l'honneur

RENÉ POMEAU
L'Europe des Lumières

YVES POURCHER
Les Jours de guerre

JACQUES RANCIÈRE
La Nuit des prolétaires

JACQUES REVEL (présenté par)
Fernand Braudel et l'Histoire

STÉPHANE RIALS
La Déclaration des droits de l'homme et du citoyen

PIERRE RICHÉ
Les Carolingiens

RÉMY RIEFFEL
Les Intellectuels sous la Vᵉ République

JEAN-NOËL ROBERT
Eros romain

FRANÇOIS ROTH
La Guerre de 70

YVES ROUMAJON
Enfants perdus, enfants punis

DAVID ROUSSET
Les Jours de notre mort
L'Univers concentrationnaire

JEAN-PAUL ROUX
Les Explorateurs au Moyen Age

WILLIAM SHIRER
La Chute de la IIIᵉ République

CLAUDE SINGER
Vichy, l'Université et les Juifs

ANTHONY SNODGRASS
La Grèce archaïque

JACQUES SOLÉ
L'Age d'or de la prostitution, de 1870 à nos jours

MARLIS STEINERT
Hitler

SUN-TZU
L'Art de la guerre

ÉTIENNE TROCMÉ
L'Enfance du christianisme

JEAN TULARD
Napoléon

PIERRE VALLAUD
(sous la direction de)
Atlas historique du XXᵉ siècle

JEAN-MARC VARAUT
Le Procès de Nuremberg

JEAN VERDON
Le Plaisir au Moyen Age
La Nuit au Moyen Age

JEAN-PIERRE VERNANT
La Mort dans les yeux

PIERRE VIANSSON-PONTÉ
Histoire de la République gaullienne

EUGEN WEBER
L'Action française

ANNETTE WIEVIORKA
Déportation et génocide

ALAIN WOODROW
Les Jésuites

CHARLES ZORGBIBE
Histoire des relations internationales

Art, Musique, Critique littéraire

FRANÇOISE CACHIN
Gauguin

KENNETH CLARK
Le Nu

JEAN-LOUIS FERRIER
De Picasso à Guernica
Brève histoire de l'art

RENÉ GIRARD
Mensonge romantique et vérité romanesque

ROBERT GRAVES
Les Mythes grecs

FRANCIS HASKELL et NICHOLAS PENNY
Pour l'amour de l'antique

PIERRE-ANTOINE HURÉ et CLAUDE KNEPPER
Liszt en son temps

LOUIS JANOVER
La Révolution surréaliste

GEORGES LIÉBERT
L'Art du chef d'orchestre

HERBERT LOTTMAN
Flaubert

JOHN REWALD
Le Post-impressionnisme

JACQUELINE de ROMILLY
Tragédies grecques au fil des ans

VICTOR L. TAPIÉ
Baroque et classicisme

DORA VALLIER
L'Art abstrait

JEAN-NOËL VON DER WEID
La Musique du XXe siècle

LE MONDE AUJOURD'HUI

DENISE ARTAUD
Les Etats-Unis et leur arrière-cour

VLADIMIR BOUKOVSKY
Jugement à Moscou

ANTOINE BOUSTANY
Drogues de paix, drogues de guerre

GUY BURGEL
La Ville aujourd'hui

JEAN-CLAUDE CHESNAY
Le Crépuscule de l'Occident

COLLECTIF
Le Piège de la parité

ALAIN COTTA
La Troisième Révolution française

PAULO DAVID
Enfants sans enfance

PIERRE DÉVOLUY et MIREILLE DUTEIL
La Poudrière algérienne

PETER DRUCKER
Les Entrepreneurs

FONDATION DES ÉTUDES DE DÉFENSE (sous la direction de)
La Manipulation de l'image et du son

JEAN FOURASTIÉ
La Réalité économique

ALAIN GENESTAR
Les Péchés du Prince

ANDRÉ GLUCKSMANN
De Gaulle où es-tu ?

ALFRED GROSSER
L'Allemagne en Occident

DENIS HUISMAN
L'Age du faire

YVES-MARIE LAULAN
La Planète balkanisée

HERVÉ LE BRAS
Marianne et les lapins

MAURICE MASCHINO
L'Ecole, usine à chômeurs
Voulez-vous vraiment des enfants idiots ?

JULIETTE MINCES
La Femme voilée
Le Coran et les femmes

LUCIEN POIRIER
Le Chantier stratégique

HUBERT PROLONGEAU
Sans domicile fixe

FRANÇOIS RACHLINE
De zéro à epsilon
Que l'argent soit

UTA RANKE-HEINEMANN
Des eunuques pour le royaume des cieux

JEAN-FRANÇOIS REVEL
Comment les démocraties finissent
La Connaissance inutile

PIERRE ROSANVALLON
La Question syndicale

PIERRE RUFIN
La Dictature libérale

JEAN-CHRISTOPHE RUFIN
Economie des guerres civiles
L'Empire et les nouveaux barbares
Le Piège humanitaire

MYLÈNE SAULOY
et YVES LE BONNIEC
A qui profite la cocaïne ?

GUY SORMAN
Le Bonheur français
Le Capital, suite et fins

PIERRE THUILLIER
La Grande Implosion

ALVIN et HEIDI TOFFLER
Guerre et contre-guerre

PAUL VEYNE
et CATHERINE DARBO-PESCHANSKY
Le Quotidien et l'Intéressant

PAUL-EMILE
et JEAN-CHRISTOPHE VICTOR
Planète antarctique

SLIMANE ZEGHIDOUR
Le Voile et la bannière

PLURIEL INTERVENTION

CLAUDE BARROIS
Psychanalyse du guerrier

YVES LEMOINE
et FRÉDÉRIC NGUYEN
Tristes Justices

Imprimé en France, par l'imprimerie Hérissey à Évreux (Eure) - N° 89057
HACHETTE LITTÉRATURES - 43, quai de Grenelle - Paris
Collection n° 25 - Édition n° 01
Dépôt légal : 12489 - février 2001
ISBN : 2.01.279021.6